高一涵评传

吴汉全　高大同 / 著

GAOYIHAN
PINGZHUAN

人民出版社

自　序

历史人物的研究是史学研究的基础，撰写重要历史人物的评传是史学研究中极为重要的工作。道理很简单，历史是由人们自己创造的，重大的历史事变、历史事件，都是人的主体性活动的产物。恩格斯 1890 年 9 月在致约·布洛赫的信中就说，“我们自己创造着我们的历史”，“历史是这样创造的：最终的结果总是从许多单个的意志的相互冲突中产生出来的，而其中每一个意志，又是由于许多特殊的生活条件，才成为它所成为的那样”。在此，如果对历史人物没有足够的把握，则很难说能够通晓历史的真谛。因而，从历史人物下手来研究历史，应该说是一个正确的研究路径，这已为古今中外的史学实践所证明。

然而，史学界对于个人研究的兴趣似乎发生了很大的转移，可以说已经不大重视个人经历的研究。此种现象，大致也不是近年来才出现的。李大钊在 1924 年出版的《史学要论》这部史学名著中，就对忽视个人经历研究的倾向提出了批评。他指出：

> 人以个体而生存，又于种种团体而生存，故人生有为个体的生存，有为团体的生存。人的团体的生存，最显著的例，即是国民的生存。今日史学所研究的主要问题，似为国民的生存的经历。记述为个人生存的经历者，谓之传记；讨究文化的发展者，谓之人文史，亦曰文化史；传记与文化史，虽均为历史的特别种类，然而个人经历与文化发展的研究，亦不能说不是史学范围以内的事。有人说，史学是专研究关于团体的生活者，而不涉及个人的生活。是亦不然。个人生活与团体生活，均于其本身有相当

的价值。团体生活的荣枯兴衰,固为吾人所急欲知,所急欲解喻者,而个人的经历与运命,又何尝不一样的感有此兴味?此等要求,盖为吾人自然的要求。且个人生活的研究,不但于其本身有必要,即为团体生活的研究,有时亦非研究个人生活不可。盖个人为构成团体的要素,个人的活动为团体生活的本源,个人在团体的生活中,实亦有其相当的影响,即亦有其相当的意义,故史学不能全置个人于度外。我们固然不迷信英雄、伟人、圣人、王者,说历史是他们造的,寻历史变动的原因于一二个人的生活经历,说他们的思想与事业有旋乾转坤的伟力,但我们亦要就一二个人的言行经历,考察那时造成他们思想或事业的社会的背景。旧历史中,传记的要素颇多,今日的史学,已不那样的重视个人的传记,因为团体的生活,在历史上的意义渐次加重了。然为团体生活的研究,似仍有为传记的研究的必要。

笔者从2002年初开始研究高一涵这位五四时期著名的历史人物,在相关刊物发表了有关的研究论文,并在10年之后的2012年出版了《高一涵五四时期的政治思想研究》著作。这是学术界第一部高一涵研究的专著。在此期间,高大同先生编著的《高一涵先生年谱》及《高一涵监察工作文选》、六安市金安区政协委员会编撰的《高一涵文选》、郭双林和高波编的《高一涵卷》,也相继出版。这为研究工作提供很大的方便,也为高一涵评传的撰写提供了条件。但是,目前尚未有正式的《高一涵评传》公开出版。尽管我在多年前就想写出一部《高一涵评传》,但因为种种原因,一直未能动笔,这次与高大同先生合作,终于把这部评传写出来了,总算完成了自己的这个心愿。研究历史人物,必须要有年谱、文集、史料编年等资料性的准备工作。如果再有一部评传,那对研究工作将是一个很大的促进,并有助研究工作向深化的方向前进。因此,这部《高一涵评传》的撰写,应该说对于高一涵的研究是有意义的。

撰写历史人物的评传,不同的研究者,有不同的研究路数,不必要求同一。但要写出一部较好的评传,还是要有所讲究的。我认为,撰写历史人物的评传,必须在马克思主义指导下开展严谨的研究工作,坚持实事求是的原则,对历史人物进行客观的评价。同时,还需要有这样的几条:

第一,全面把握,突出重点。历史人物的思想、活动是丰富多彩的,有一个不断演进的线索,并表现出多个层面。由此,我们对历史人物的把握也就需要是全面的,不全面就不能把握整体,就不能揭示其丰富的内涵。然而,历史人物无论是思想还是活动,也是有其重点所在的,面面俱到地记述,写作中平均用力,就会成为流水账,读者看了也会把握不住重点及关键。因此,在全面把握的基础上,又需要突出重点。以高一涵这位历史人物为例,"全面把握"就是不仅要注意到其早年特别是五四时期的辉煌历程,也要注意到中年的监察生涯及诗词创作,以及晚年的工作、生活等情况;而"突出重点"就是要将高一涵的思想家、报人、文化人、著名学者这些方面凸显出来,尤其是要展示出其作为启蒙思想家的身份,及其在五四时期向西方探求真理、积极引进西方思想、引领舆论前进的形象。于此可见,"全面把握"是前提、基础,有助于凸显整体形象;"突出重点"是关键,有助于展示其特色、体现其精要、反映其风格、把握其主流。概而言之,评传的撰写既要"全面把握",又要"突出重点"。

第二,坚持社会史的研究理念。唯物史观运用到历史研究中,就是要坚持社会史的研究理念,把历史人物放在其特定的社会范围之中加以考察和研究。社会是复杂的并且是一个系统,包含有政治的、经济的、文化的各个方面。于此,就要分析社会为历史人物提供怎样的条件,使历史人物能做什么和不能做什么,能做到怎样的程度。从社会演变来解释历史人物,这话说起来容易,但真正地贯彻起来却是不那么容易。这还只是一个方面,即从社会演变来诠释历史人物。另一方面,就是要研究历史人物怎样具体地影响社会的变化,说明历史人物发挥了怎样的主体性,又是如何发挥主体性,通过了那些关键的环节或关键的要素,来造就历史的。以高一涵研究为例,五四时期的历史环境对于五四时代的重要历史人物来说大致是一样的,那为什么高一涵不同于李大钊,没有率先成为中国最早的马克思主义者呢?高一涵也受十月革命的影响,在思想上是积极地欢迎十月革命的,并且也是最早地研究苏俄的政治制度,在唯物史观研究方面也有创造性的成就,可他与李大钊还是有很大的差别。事实上,他此时与胡适的思想更接近一些,但与胡适又有很大的不同,颇有些偏左一些的"自由主义者"的特色,或者说介于马克思主义者与自由主义者之间。对此,研究者当然可以列举出诸多的理由而加以解释。但笔者以为,从社会演变的角度进行解释，社会是多层面的，但具体到某一个人来说，社会的各个层面的影响也是不一样的。有些人，是在政治的这方面接受社会的影响大一些，而在经济的、文化的方面接受的影响可能就小一些。换言之，不同的人作为精神自主、思想独立的个体，其实是千差万别的，对社会变化的感受程度和接受程度是不一样的，这自然会影响其思想的变化与发展。就此而言，同样是十月革命的“炮响”，高一涵对于十月革命的感受要比胡适强一些，因为他自觉地研究十月革命，但又不及李大钊，因为他对共产主义的“暴力革命”还保持着很大的距离。因此，坚持社会史观研究历史人物，要落实到位、走向具体化，仍然是需要认真研究的课题。

第三，对基本材料的考证和诠释。撰写人物评传必须根据既有的材料，将历史人物的活动和思想呈现出来。但是，材料不是能直接地使用的，而是需要加以必要的考证，将真确的部分揭示出来，方能正确地使用到研究之中。如果不加以必要的考证，就会对历史事实的梳理产生严重的障碍，所记载的内容也就可能以讹传讹。就高一涵的研究而言，他早年是否参加安庆光复和北伐队，就值得加以考证。确实，有一些回忆录曾说高一涵参与其事，但高一涵本人的相关文字中没有相关的记载。因此，关于高一涵是否参加安庆光复和北伐队，就得存疑。使用的材料需要经过考证这个环节，这是中国传统史学的一大特色，这个传统在近现代历史人物的研究中要加以继承。有人认为古代史研究需要强化考证的功夫，近现代历史的研究，考证就没有那么重要了。这个看法不对。事实上，撰写近现代的历史，须臾也离不开考证，例证很多，不一一列举。这里还要说的，对于业已考证的史料，研究者还要加以相当的诠释，使史料的历史意义尽可能地呈现出来，写人物传也是这样。譬如，高一涵在 1920 年春曾到日本进修政治学，现有著述中有一些记载，但记载失实的不在少数，如说他是游日学生团的成员，这就需要做细致的考证。而在基本史实清楚之后，具体地说明这次进修之中高一涵思想所发生的变化，这次进修对于高一涵后来政治学研究的影响，这就是一种诠释。又譬如，高一涵在留学日本期间参加反对袁世凯复辟帝制的斗争，在考证出高一涵是“中华民国留日学生总会”的主要成员，是总会“评议部”的评议员、“文事委员会”委员长、“经费委员会”委员之后，还需要作出新的解释。根据留日学生总会章程中“本会设经费委员会,其会员以各省同乡会会长充之”规定,结合高一涵是“经费委员会”委员这一事实,可推定高一涵为留日学生安徽同乡会会长。高一涵既然担任“文事委员会”委员长,而这个“文事委员会”又以委员长地位为最高,其次才是“编辑主任”(由李大钊担任),再下面就是5人担任“编辑委员”、18人担任“文事委员”;而按总会规定“文事委员会司本会(留日学生总会)撰著及刊行书报等事”,及《民彝杂志简章》规定“本志设编辑部于日本东京中华民国留日学生总会文事委员会”,可推知高一涵对《民彝杂志》负有最高的领导责任。经过这样的解释,不仅考证的史料得到具体而又有效地运用,而且史料的意义也得以显著地提升。因此,史料的考证是基础和前提,但史料考证之后还要加以进一步的诠释,从而真正地呈现史料的意义与价值,这样才能说研究工作比较地到位。

第四,具有多学科的研究视阈。撰写人物评传需要多学科的视阈,这不难理解。因为过去的历史人物,特别是学术大家,不是只涉猎一个学科或一个学科的某一领域,因而今天的研究者对这样的历史人物进行研究,则必然地需要多学科的研究视阈。然而,今天的研究者要具有多学科的视阈却是相当的困难,这与今天的学科单一化、专门化的教育有关。客观地说,学科专门化是学术研究的进步,有助于研究者专精一业、突出重点、促进研究工作的深入,但在研究的专门化之后不能通晓其他学科,也是很大的缺陷。就高一涵研究而言,也是特别需要有多学科的研究基础。高一涵是政治思想家、政治学家、政治活动家,研究者把高一涵作为历史人物进行研究,自然需要史学研究的基础,但如果仅有史学基础而没有政治学的相关知识,也是不能写出高一涵的政治思想家、政治学家的身份,当然也就写不出高一涵作为政治活动家的学理底蕴。高一涵在五四时期参与创办了不少报刊,有着报人、出版者、文化人的身份,研究者如果不懂得新闻学、新闻史、编辑学等相关学科,也是难以将研究工作推向深入。高一涵在“五四”以后花费了很大精力研究唯物史观,研究者如果没有马克思主义的理论基础和学术素养,也就很难说清楚高一涵在唯物史观研究方面的贡献及其所达到的程度。高一涵中年之后从事监察活动,并写下了大量的诗词,是著名的诗人,研究者如果没有古典诗学的功底,研究工作也就难以为继。这说明,撰写历史人物评传,特别是撰写具有丰富学术内涵的历史人物的评传,必须要有多学科的研究视阈。

撰写历史人物的评传需要不断地创新,并且这种创新是没有止境的。我近来开始研究“话语体系”问题,这起初是源自于文本的研究工作,思考于学科的建设问题。按照我现在的看法,研究话语体系固然需要探讨许多具体的问题,但有三个基本的方面却是要重点研究的。其一,是要研究“话语结构”,主要研究和把握“研究对象”的历史观、方法论、基本命题假设、关注的主要问题、关注问题的视角及基本的范畴等六个层面,这样就能解决“是什么”的问题。其二,是要研究“逻辑谱系”,主要是在社会历史演进的视阈中研究历史逻辑、理论逻辑及实践逻辑,把握传承中的逻辑进路与逻辑关系,这就需要梳理其内容,解析其相互关系,从而在更高的层次上来把握“研究对象”,使研究工作上升到探求规律的层面。其三,是要研究“基本维度”,即要进一步探讨“研究对象”所展示的历史维度、民族维度、现实维度、世界维度及实践维度这五个层面,看看“研究对象”有着怎样的视阈及达到了何种的地步。如果有可能,我打算写一部《话语体系论要》的著作,系统地说明自己关于话语体系研究的主张。这里要说的是,话语体系本来是用来研究文本的,但同时也是可以用来研究各个学科的,因为不同的文本、不同的学科皆有话语体系的问题。进而言之,话语体系的理论作为研究工作的基础性理论,也是可以用来研究具体的历史人物的。譬如,历史人物要有所作为,历史人物作为独特的社会存在,大致也不能不涉及历史观、方法论、基本命题假设、关注的主要问题、关注问题的视角、基本的范畴这六个层面。如此,我们的研究如果能将这六个层面弄清楚,就能更好地接近历史人物的本身。又譬如,历史人物作为社会的存在,都得在一定的历史条件下活动,都得展示其历史逻辑和实践逻辑,自然也就可以从研究的角度来抽绎出其理论逻辑。那么,研究者如果将历史人物活动的历史逻辑、实践逻辑、理论逻辑叙述清楚,则对历史人物的认识就可以更进一层。再譬如,历史人物作为有意识、有目的的生命体,总得展开自己的思维、提出自己的主张、形成自己的思想,甚至还创造出理论体系,故而也就会在这种思维、主张、思想或理论体系中表现出历史维度、民族维度、现实维度、世界维度及实践维度,尽管这种表现不一定都达到深刻、精湛、到位的程度,但存在着这五种维度也是很显然的。于此,我们的研究者如果能将这五个基本维度描述出来,并尽可能探求这五个维度基本成因、衍化轨迹及相互关系等问题，这肯定有助于研究者把握历史人物的视阈之维，并进一步刻画历史人物的心理世界及其在思想上理论上所达到的高度。我提出运用话语体系的相关理论来研究历史人物，在现在还只是一种初步的学术设想，但应该说是有助于历史人物研究的。笔者的看法是，写历史人物的评传如果要有所创新的话，也是可以有意识地运用话语体系的相关理论或相关观点，尽管话语体系的系统理论在目前还没有成型。

从学术研究的规律来看，写出的历史人物的评传，只是阶段性研究工作的完成，并不是说这项工作就此结束了。事实上，评传的工作还要继续下去。这部《高一涵评传》是学术界研究高一涵的第一部评传，对高一涵的一生作了历史的描述和学术的评价，并尽可能地汲取了笔者撰写的《高一涵五四时期的政治思想研究》著作及发表的相关论文的研究成果。当然，这部《高一涵评传》只是在当下的学术研究背景中的一个研究成果，随着研究工作的深入，还要写出不同的《高一涵评传》的。我希望，在不久的将来，能够看到更多的《高一涵评传》及高一涵研究专著的出版。

吴汉全

2016 年 2 月 5 日

目　　录

第一章　少年时代

高一涵的少年时代在其一生中占有重要的地位，值得加以记述。1885 年 4 月 4 日（清光绪十一年二月十九日卯时），古六安州南官亭堡田埠榜——皖西一个山清水秀的小村庄内①，一个婴儿呱呱落地，高家大书房庄的主人高显墀，为他取名永灏。这就是后来成为中国近现代史上著名的启蒙思想家、政论家、法学家、新文化运动的先驱者、中国现代政治学重要奠基人的高一涵。

家　世

根据六安《陈门高氏宗谱》②记载："自胡公满封于陈，以国为姓，历周秦汉……至道寿公九十六世，由沔阳迁六安，易里改姓，而陈姓之九十六世孙，遂为高氏之一世祖云。"即六安陈门高氏一世祖道寿公，系陈姓九十六世孙，元末明初，由沔阳迁六安，易里改姓，成为六安陈门高氏一世祖③。

高一涵为六安陈门高氏三门思让公支下第二十三世孙。本支世家中最显

---

① 即现六安市金安区东河口镇内，距六安市一百二十余里，东与舒城接壤，西与霍山毗邻，北与皖西大裂谷大华山景区交界，金狮寨古战场也在境内。相传天公得知皋陶帮助大禹治水，降下 36 头镇水狮，其中，头就蹬在金狮寨寨南坡，故而得名。清代兵部尚书涂宗瀛、台湾道台熊一本、太平天国天官丞相朱纮、民革中央主席朱蕴山、国民党地方首席法官邵六清、周恩来黄浦校友邵行阁等都出生、生长在这块人杰地灵的土地上。

② 本书所引《陈门高氏宗谱》，引自安徽六安《陈门高氏宗谱》第十三届修缮本，以下简称"宗谱"。

③ 高一涵本门一族世系表，摘选见《高一涵先生年谱》，上海文化出版社 2011 年版，第 9 页。

赫，对高氏子孙影响最大的，当属其高祖高熙爽（庠名贤）和祖父高灿炉。

高祖高熙爽（1758—1817年），为清郡庠生①，庠名贤，字见恩，号燕左，亦号圣宗。清光绪三十年（1904年），礼部据六安州公举、安徽巡抚奏请，上奏呈请将高贤入祀乡贤祠，奏章称："高贤安徽六安州人。少能励志，长益多闻，为学专以圣贤大义微言为本，荟萃先儒性理之书一意，著作有《四书解读》、《春秋节释》、《周礼义疏》、《河洛理解》、《道统一贯述》及《马史韵编续》、《龙文鞭影》诸书……高贤学有渊源，品臻纯粹……居平必衣冠而处，虽盛暑不去长衫，品行清高……公同酌核请将高贤入祀乡贤祠。"此奏请，获皇太后慈禧和光绪皇帝恩准②。这一年，高一涵9岁。

祖父高灿炉（1821—1854年），字纯青，年甫十三，丧父，"弱冠授室，任理家务，操持门户，性至孝奉。"早年守祖业而读父书，应童子试，名列前茅。1853年，太平天国数十万大军，入皖攻城略地，四乡土匪蜂起，其挺身而出，"起练保乡，编丁壮、整器械、募劲勇、明号令，剿匪御贼，期不受屈辱，以报国家。每贼至堵击，君同诸英俊率练身先，所向辄捷。而君沉勇多谋，擒捕土捻尤众。众群匪震慑敛迹，闾里获安。"1854年5月，匪患又起，终遭匪设伏，身中五十余处创伤而身亡，时年33岁。咸丰十一年（1861年），奉旨入祀本乡忠义祠，事载六安县志③。

本门家族中二位先辈，均受皇恩奉旨入祀乡贤祠和忠义祠，对皖西这一僻静的小山庄，所带来的震撼是无与伦比的。巨大的光环，随之而来的也带给儿孙们以巨大的压力。

高一涵的父亲高显墀（1842—1892年），清纵九品衔，部名赞臣，字联臣，号殿南。因父亲早逝，十三岁时便不得已弃读经商，然心有不甘，时时不忘继承书香门风。为人忠厚，刻苦持己，宽厚待人，孝友睦婣，为乡人所赞颂。平日疏财济急，至去世时已负债累累。晚年谆谆嘱儿孙："吾家自高曾以来，除耕读两件外，别无生业，如吾者，权为衣食计，不足为后人法也。汝等就读就耕，恪遵先业，则吾无憾矣。"终其一生，他把承继高祖遗风的重任，压在了儿孙们

① "郡"为古代行政区域，相当于州；"庠"为古代学堂，"庠生"是对秀才的尊称。

② 《礼部奏折》，《宗谱》卷三十三，第78—79页。

③ 《旌表义烈高君纯青传》，《宗谱》卷三十一，第72—74页。

的身上①。

高一涵的母亲胡夫人（1845—1917 年），幼时随外祖母逃避战乱，常在深山丛林间过夜，还不能自保温饱，故入高家当童养媳，备尝艰辛。一生勤劳节俭，每日早起亲理园圃，除草灌水，事毕即在房中率二女纺织，每晚必至三更后方休。年出纱数十斤，制布二十余匹，除婚嫁外，家中用布皆出自自纺。胡夫人一生共生四子二女。四十一岁时，生高一涵，为第四子，对其疼爱有加②。

高一涵长兄高永著（1862—1916 年），清郡庠生，庠名梦溪，字熔经，号册章，九岁读私塾，背负传承高祖遗风的重任，以求科举功名。41 岁时，仍第四次应江南乡试（即省级考试），“消磨毕生精力，仅以一附生（秀才）终其身”。高永著 31 岁时，父亲去世，亲理家政，靠教私塾、收田租营生，省吃俭用，历时九年，方与二弟合力将债务还清。光绪三十年（1904 年），“为先高祖入祀乡贤祠及其所著《易经初学快观》之刊行，所费不下数百金”。高一涵自幼便从长兄读书，从中学堂到高等学堂“每年学膳书籍等费，均由先兄节衣缩食以供应”。高一涵“在外读书期间（含留日），得先兄之书数百封”，故其“对于先兄，总觉畏惧之心少，而爱戴之意多”③。

二兄高永昭（1871—1942 年），清郡庠生，庠名梦龄，字涣文，号德章，科举制度下，“寝馈于八股制艺中二十余年，应童子试八九次，始得补博士弟子员（秀才）”。民国以来，六安地区迭遭匪患，匪患刚平，又逢抗战，二兄节衣缩食，以供粮草、以纾国难，而自奉益薄。于抗战中，溘然长逝。高一涵 17 岁时，从二兄读书，亦深受其影响④。

三兄高永澈（1880—1919 年），清纵九品，部名梦松，字澄清，号槛章，科榜无名，捐了个清纵九品衔⑤。故家乡人称：“高氏一门三秀才，三不秀才。”

高一涵有两个姐姐。大姐 1869 年生人，嫁徐门；二姐 1877 年生人，嫁胡

---

① 高永著：《联臣府君行述》，《宗谱》卷三十二，第 56—58 页。

② 高一涵：《先母胡夫人行述》，《宗谱》卷三十二，第 96—98 页。

③ 高一涵：《先兄熔经传》，《宗谱》卷三十二，第 103—113 页。

④ 高一涵：《二兄德章传》，《宗谱》卷三十三，第 1—4 页。

⑤ 《宗谱》卷十五，第 69—70 页。

门①。两个姐姐对高一涵皆呵护有加。

高一涵的家庭环境是很特别的。出生于这样一个带着光环的耕读世家，高一涵自童年起，即背负着承继高祖、祖父遗风，精忠报国、光宗耀祖的重任。好在，有饱读经书爱他疼他的大哥，做了他的启蒙老师。

启　　蒙

高一涵少儿时代的启蒙老师，是比他大 23 岁的长兄高永著。从幼童起，长兄就着力引导他对读书的兴趣。所用教材，即为当时普遍选用的《三字经》、《百家姓》、《千字文》、《千家诗》等。高一涵在《先兄熔经传》中记道："余幼从长兄读，且读，且与群儿戏，一句书，每口教数十遍，而不怒。"且读，且游戏，不逼不怒，日积月累，慢慢培养起高一涵对读书的兴趣。

高一涵 7 岁时，父亲去世，长兄高永著挑起了亲理家政的重任，在家设立私塾，教育村中贫寒子弟，以补家用。高一涵也正式进入长兄的私塾就读。在识字、作文之余，开始阅读经、史、历、算等知识，兼习当朝律令以及冠、婚、丧、祭等礼仪。教材也逐步增加到《孝经》、《小学》、《论语》、《孟子》、《大学》、《中庸》、《诗经》、《易经》、《礼记》等等，当然高祖所著的《四书解读》、《春秋节释》、《周礼义疏》、《河洛理解》、《易经初学快观》等诸书，更是高一涵求学时必读之书。对长兄的教育方法，高一涵多年之后仍记忆犹新，并称赞有加："先兄教余，不执己见，常因势利导，俾余性有充量发展之余地。故余对于先兄，总觉畏惧之心少，而爱戴之意多。于此见先兄循循善诱之功焉。"②

高一涵从入家兄私塾起，便开始了每日的夜读。高一涵在《先母胡夫人行述》中记道："余幼从先长兄读，夜读每至二更时始罢，每归寝室，见先母率诸姐犹在灯下纺织。先母展被褥使余寝，待余熟睡后，仍起纺织如初，非至三更后不辍。邻人有夜过吾门者，辄羡曰：有读书声与纺织声，若此家安得而不

---

① 《宗谱》卷十五，第 66 页。

② 高一涵：《先兄熔经传》，《宗谱》卷三十二，第 103—113 页。

兴哉!”少年时代的高一涵养成了勤于读书的习惯。

高一涵天资聪慧,加以勤奋好学,很快便脱颖而出,成为同龄人中的佼佼者。宗谱《一涵公传略》中记道:“十三岁即能诗善文,十七岁考中了清光绪年间秀才,家乡人都以小才子称之。”高一涵考中秀才后,长兄非常欣慰,常自慰道:“余生平无他长,惟为高祖请祀乡贤祠及培养四弟成学,为余在贫寒家庭中差强人意之两事。”对此,在《先兄熔经传》中,高一涵不无感叹地记道:“先兄之快意如此,而先兄之苦心可知矣!”在长兄的熏陶下,少年时代的高一涵坚忍不拔、独立不羁的性格特点逐步形成,极力挣脱传承先祖遗风的压力和科举八股牢笼的束缚。对此,我们可从高一涵冷眼观察二位兄长科举之路的文章中,看出端倪。

高一涵考中秀才后,移居二兄南官亭茶叶冲的新宅(即今高德章小庄),随二兄高德章游学,准备乡试。在《德章二兄传》中,高一涵记道:“余年十七,辞长兄塾而从二兄游。二兄日则课徒,夜则默读前人制艺。余中夜偶醒,辄从纱橱中见一灯如豆黯瞻,二兄犹瞑目端坐,隐隐闻沉吟默诵之声焉。”科举制度下,高家兄弟在继承累代书香门风的美名下,为求金榜题名,光宗耀祖,备尝艰辛。高一涵目睹二位兄长“寝馈于八股制艺中各二十余年,皆应童子试八九次,始得补博士弟子员。鸡窗灯火,假寐不遑,此中甘苦有非局外人所能知其万一者。”由此,高一涵对科举制度产生强烈的不满,其在《先兄熔经传》中,更以长兄的经历,痛斥科举对人才的摧残:“光绪六年,先兄年十九,初应童子试,终覆;年二十二,再应童子试,小试取列第六名;年二十三,三应童子试;年二十五,四应童子试;年二十六,五应童子试;年二十八,七应童子试,始入学。先兄性谨慎,故每届考试前,日夜默诵诗文,至夜深人静始辍。入后每次落第,辄愤慨而泣。吾家距州城几百里,每缘夜步行归,惧于途中逢友人询问。先兄前后计考试四十余场,始博得一领青衿。清廷之玩弄文人有如此!先兄入学后,仍攻八股文不懈,窗课文稿,积至数十卷。先是多作小巧清浅之文,至是,始揣摩名家,务得博大精深之作。年三十,初应江南乡试,邀房荐而未中;年三十二,再应江南乡试;年三十三,三应江南乡试;年四十一,四应江南乡试;再邀房荐。先兄消磨毕生精力仅以一附生终其身,益不能不归咎于科举制之贱人才矣!”

高一涵接受启蒙教育的时期，正是清政府加速衰败的时期：1895 年，甲午战败，清政府签订了丧权辱国的《马关条约》；1898 年，百日“戊戌变法”失败，谭嗣同问斩，梁启超流亡；1900 年，八国联军攻陷北京，次年《辛丑条约》签订。中国正被列强所瓜分，危在旦夕。这些重大事件，都带给高一涵一次次巨大冲击，促使他思考该何去何从，如何能够救国家于危亡。

1905 年 9 月 2 日，清政府发布谕令，停罢科举。科举制度戛然而止，高家四兄弟金榜题名的科举梦，遂被击碎。

清廷废除科举后，高一涵随即入六安州中学堂求学，开始了新的启蒙求学之路①。从此，高一涵也就正式接受新式教育。

步入新式学堂

1904 年 1 月 13 日（清光绪癸卯二十九年十一月二十六日），清政府公布《奏定学堂章程》，是年为旧历癸卯年，故称“癸卯学制”。这是中国近代由国家颁布的第一个在全国范围内推行的系统学制。该学制规定学堂的立学宗旨是“以忠孝为本，以中国经史文学为基，俾学生心术壹归于纯正，而后以西学瀹其知识，练其艺能，务期他日成才，各适实用”。不仅规定了三段七级（一、初等教育：蒙养院、初等小学堂、高等小学堂；二、中等教育：中学堂；三、高等教育：高等学堂或大学预科、大学堂、通儒院）培养体制，而且规定了各级各类学堂的性质任务、入学条件、修业年限及相互衔接的关系，以使“中学为体，西学为用”的理念得以贯彻和落实。“癸卯学制”颁布后，各省、州、县纷纷依制开设新学堂，中国近代的新式教育由此铺开。

六安的新式教育也随即开展起来。1904 年（清光绪三十年），六安州议办中学堂一所，划书院田租为经费。翌年，以庚飏（书）院为堂址，招生两班开办六安州中学堂，开学上课。孝廉汪祖树为首任监督，继任者为喻康候、江朴斋、王兰庭。

---

① 《高一涵自传》，1959 年 12 月。此件现存江苏省委统战部。

1905年,高一涵入学六安州中学堂,这对高一涵早年的求学生涯来说,是一个巨大的变化。从私塾到学堂,从小山庄到六安州府,对高一涵的思想促动很大。高一涵以后曾描述这一重大变化对其思想的影响:

> 那时学校与科举之争,新学与旧学之争,西学与中学之争,固然对青年学生都有一定的影响,但其中影响最大的还是清廷废科举设学堂这一重大改革。今天所说的青年学生,就是那时所说的"童生"、"秀才"。在那时,凡属于小资产阶级家庭的,多借科举为进身之阶。他们都是为应科考而学习,考八股则学八股,考策论则学策论。自废科举设学堂之后,他们进身的道路由科举转到学堂,在学堂中所学的课程则是西学重于中学,科学重于经史。他们看到清廷腐败,国势危急,瓜分惨祸,迫在眉睫,非变法不能图存,非科学不能救国,因而都迫不及待地走出私塾,进入学堂,弃八股,废策论而学西方科学,想从西方的自然科学和社会科学中找到富国强兵之道。当时凡具有爱国思想的青年学生,民族大义耿耿在心,无论他们的政治理想如何,而对丧权辱国、腐朽无能的清廷统治则深恶痛绝,因而他们的思想都从四面八方汇合成为推翻清廷、恢复中华的革命主流。①

高一涵在六安州中学堂,开始接触到梁启超主办的《新民丛报》之类刊物。梁启超在"新民说"中所强调的"新民为今日第一急务",宣扬人们都要摆脱封建奴性,树立独立、自由和爱国家、爱民族的思想,逐渐被高一涵所接受。《新民丛报》也成为这一时期高一涵最喜欢读的刊物。

高一涵在六安州中学堂勤奋读书,并很快以其扎实的国学基础,出类拔萃的作文,崭露头角,脱颖而出。学堂监督喻康候对高一涵十分赏识,极力向六安州县府推荐,选送高一涵投考安徽高等学堂,这为高一涵打开了一扇跳跃式跨入高等学堂的大门。

---

① 高一涵:《辛亥革命前后安徽青年学生思想转变的概况》,《辛亥革命回忆录》,文史出版社1981年版,第431—432页。

安徽高等学堂的求学之路

安徽高等学堂坐落在原安徽省省会、文化古城安庆市，是安徽省办学历史最悠久的一所高校。1897 年（清光绪二十三年），兴办 200 多年的清代安徽著名“省学”敬敷书院移建于这里，1902 年书院改为安徽大学堂。1904 年，《奏定学堂章程》规定各省只能在省城设高等学堂一所，以教大学预备科为宗旨，而大学堂当时只能“先就京师设立以为之倡，俟将来各学大兴，即择繁盛重要省份增设”。根据这个章程，1904 年，安徽大学堂改为安徽高等学堂。

安徽高等学堂于 1905 年由鹭鸶桥迁往同安岭老敬敷书院旧址，并新建成校舍，同时将学额扩大到 240 名，实际招生 300 名。根据《奏定学堂章程》，高等学堂的新生须从中学毕业生中考选，但当时中学堂也才开办不久，无毕业生可招，于是只好“甄留在大学堂肄业各生及考选中国经史文学具有根底者入堂”①。1906 年，高一涵由六安州府选送，考取安徽高等学堂。

高一涵进入安徽高等学堂求学是幸运的。他入学后不久，1906 年 4 月 8 日（农历 3 月 15 日），我国近代著名的思想启蒙家、教育家严复，接受安徽巡抚恩铭邀请，正式就任安徽高等学堂监督之职。

严复上任伊始，就对学堂的办学方向和教学管理进行了大刀阔斧的改革。改革措施主要有：其一，确立学制，五年为限。规定该校学生先学三年基础知识，然后再分政法、实业两大专业，深造两年，学制总计为五年。其二，调整教学内容。根据该校学生实际情况，规定学生在校五年以学习西学为主，而且“西学必用西文教授”。中学方面，如伦理、道德、经学、国史等课程，用国语讲授。两年后仅留有月课，不设讲席，以学生自学为主。其三，甄别学生，分堂肄业。根据学生的水平，按照不同的情况，进行分类教学。其四，整顿校务，贯彻民主精神。规定以教员兼任庶斋两长，设立一名监膳官，学生民主挑选董事一人，参与后勤管理，加强监督。其五，整顿教师队伍。经过严格的考试，淘汰滥竽

---

① 皮后峰：《严复的教育生涯》，《史学月刊》2000 年第 1 期。

充数的教员(包括日籍教员数人),聘用合格的教员,加强外语教学。1906年底,又针对预备班学生良莠不齐、人数过多的情况,进行淘汰考试,有38人被淘汰。

严复的到任及其整顿,使学堂的风气为之一新,学生勤奋学习,教师严谨治学,蔚然成风。高一涵记道:"那时安徽青年学生羡慕西方文明成了风气,大家认为要想学西方科学,必须先学西方文字,因而把学习英文看作压倒一切的功课,别的功课考试不及格不要紧,千万不要使英文不及格。于是安徽高等学堂内从讲堂、自修室、寝室、饭堂一直到操场上,处处都听到朗诵英文之声。"①

严复是近代中国的启蒙大家,西学在中国的传人。他在安徽高等学堂期间,更是以其思想的魅力,吸引和引导着学生们探索西方的文明与制度。

严复认为一个国家的强弱存亡决定于三个基本条件:"一曰血气体力之强,二曰聪明智慧之强,三曰德性义仁之强。……是以今日要政统于三端:一曰鼓民力,二曰开民智,三曰新民德。"所谓鼓民力,就是全国人民要有健康的体魄,要禁绝鸦片和禁止缠足恶习;所谓开民智,主要是废八股,以西学代替科举;所谓新民德,主要是废除专制统治,实行君主立宪,倡导"尊民"。严复在政治上主张维新变法,坚持发展的综合性和渐进化,故而提出通过教育来实现其政治变革的愿望。

严复作为近代中国的思想启蒙大师,积极提倡西学,反对洋务派"中学为体、西学为用"的观点。他曾将中学与西学作比较:"中国最重三纲,而西人首言平等;中国亲亲,而西人尚贤;中国以孝治天下,而西人以公治天下;中国尊主,而西人隆民……其于为学也,中国夸多识,而西人恃人力。"总之,西学"于学术则黜伪而崇真"。他还指出,"中国之人好古而忽今,西之人力今以胜古",而"古之必敝"。所以,他认为就是尧、舜、孔子生在今天的话,也要向西方学习的。要救中国,必须学西学和西洋"格致":"盖非西学,洋文无以为耳目,而舍格致之事,则仅得其皮毛。"严复在治学上强调中西结合,认为"中学有中学之体用,西学有西学之体用,分之则两立,合之则两止",如此就应做到"体用一致"、"本末一致"。故而,中国社会的变革,要从政治制度上进行改

① 高一涵:《辛亥革命前后安徽青年学生思想转变的概况》,《辛亥革命回忆录》,文史出版社1981年版,第436页。

革,坚持“以自由为体”。严复认为,对于青少年的教育应重于引导,学生只有学到专深的知识,才能有所收益,触类旁通、左右逢源。科学方法问题亦是严复西学观中的一个重要方面,他曾翻译《穆勒名学》,并积极进行对“名学”的宣传介绍。在他看来,归纳和演绎是建立科学的两种重要手段,中国几千年来“演绎”甚多,“归纳”绝少,这也是中国“学术之所以多诬,而国计民生之所以病”的一个原因。鉴于这样的认识,严复更重视归纳法的运用,主张要“亲为观察调查”,反对“所求而多论者,皆在文字楮素(纸墨)之间而不知求诸事实”。他曾用赫胥黎的话说:“读书得智,是第二手事。唯能以宇宙为我简编,各物为我文字者,斯真学耳。”

严复对青年学生的影响是巨大的,高一涵回忆道:

> 那时极大多数安徽青年学生对推翻清朝封建统治没有什么不同意见,但是革命后究竟要建立怎样的政治制度,心中还没有底。最基本的原因,就是他们所知道的西方政治制度不多。恰好,这时留学生中负有盛誉的严复任安徽高等学堂的监督,他用中国古文笔法翻译了资产阶级学者的名著,计有斯密亚丹的《原富》、孟德斯鸠的《法意》、甄克斯的《社会通诠》、约翰穆勒的《群己权界论》以及赫胥黎的《天演论》等。这一类著作都是资本主义上升时期的学术著作,引起了全国学者的重视。安徽青年学生对西方国家的经济发达,政治开明,产生羡慕的心情。他们看见西方国家自产业革命后,工业进步,生产力大大提高,比我国落后的农业生产相差很远。同时,又看到自一六四〇年到一六八八年的英国革命,自一七八九年到一七九四年的法国革命和一八四八年的德国革命,推翻了封建阶级专政,建立了资产阶级民主,宪法上规定人人生而平等,公民有选举权利,有言论、出版、集会、结社的自由。因而对封建的隶属关系、等级制度、王公贵族的无上特权更加反对,认为西方资产阶级民主政治制度是代替我国封建政治制度的最符合理想的好制度。①

---

① 高一涵:《辛亥革命前后安徽青年学生思想转变的概况》,《辛亥革命回忆录》,文史出版社 1981 年版,第 435—436 页。

高一涵在安徽高等学堂，不仅打下了扎实的英文基础，而且比较系统地接受了严复的政治与学术主张。可以说，严复的著述引领高一涵进一步去探寻西方近代思想和制度的优劣，并深刻地影响着高一涵此后的人生轨迹。1959年，高一涵在自传中写道："对我思想有重大影响的，在求学时代，有严复。因为他是'安徽高等学堂'的监督，是我们学校的校长，他所翻译的关于政治、经济、哲学的书籍，都是资本主义上升时代的名著，我读了受到的影响很大。"可以说，严复是高一涵形成资产阶级民主思想的引路人，对于高一涵早年思想的演进发挥着重要的作用。

革命带来的冲击

高一涵在安徽高等学堂求学时期，正处于辛亥革命的前夜。孙中山领导的武装起义，不时在两广爆发，在多地亦产生呼应。为近代屡屡开启全国风气之先的安徽省会安庆，也正处于资产阶级民主革命的风口浪尖之上。高一涵在《辛亥革命前后安徽青年学生思想转变的概况》一文中，曾这样描述资产阶级民主革命思想和武装起义所带给他的巨大冲击：

> 一九〇五年在日本东京出版的《民报》，更使革命思潮弥漫全国，自有杂志以来没有像《民报》这样脍炙人口、激动人心的。我个人关于《民报》有一段小故事。我在考取安徽高等学堂以前，曾在六安县中学肄业。这个中学监督喻康侯是一位"道学先生"，他在学校中兼任国文教员，对我的作文大加赏识。当六安县政府选送我投考安徽高等学堂时，他在临别赠言中说："你的前途很有希望，但千万不要同革命党往来，千万不要看《民报》！"他把《民报》说得那样可怕，反而引起我的好奇心，一到安庆就设法寻找《民报》，但是没有找到。嗣后与霍邱革命前辈徐迂亭谈起想寻找《民报》事，他教我不要声张。一天他把藏在旅馆房间内地板下的一册《民报》拿出给我看。我在先是喜欢读梁启超主办的《新民丛报》和《中国魂》之类刊物的，看到《民报》后，才认识到国家不强是"政府恶劣"，而

不是"国民恶劣",应该建立共和,不应该维持专制,种族革命与政治革命必须同时进行,种族革命绝不会妨害政治革命。由此可见,《民报》对宣传革命思想,是有显著成绩的。

过去安徽青年学生处在风气闭塞的农村中,新事物接触得不多。这时他们到了城市,进入学堂,看到报纸。他们听到了皖籍革命青年万福华刺王之春,吴樾炸五大臣,倪映典参加广州起义,宋玉琳、石竞武在黄花岗一役中牺牲等等轰轰烈烈的革命义举,所受的教育极为深刻。尤其是一九〇七年他们亲眼见到徐锡麟因枪杀恩铭,被清廷用剖腹剜心的惨刑处死,及一九〇八年熊成基率马炮兵起义,株连到许多青年军官如薛哲等被清廷就地正法,枭首示众的惨事,感受更深。这两件事都发生在安庆。我同一些青年学生都见到有人捧着徐锡麟的血心在恩铭灵前致祭;看到了薛哲的头颅被砍在抚台衙门的门前。可是清政府这样的血腥镇压革命,不但没有吓倒青年学生,反而激起了人民对清廷刻骨的仇恨。①

在剖腹剜心处死徐锡麟的刑场,高一涵少年时代的同乡好友朱蕴山也被绑赴刑场陪斩,以示惩戒;而徐锡麟的血心、薛哲的头颅,都以血淋淋的现实,冲击着高一涵的心灵:暴力革命终究是要流血的!除了激起他对反动、腐朽、血腥的清廷政府的刻骨仇恨外,也引起高一涵更多的思考。可以说,这也是高一涵以后的生涯中,先后赞同过章士钊的"调和主义",反对军阀干政、主张联邦制、合议制、委员制,力主民主宪政,主张"好人政府",从而始终游离于陈独秀、李大钊的政治主张与胡适的政治主张之间的一个因素。

1911 年夏,高一涵毕业于安徽高等学堂预科,因成绩卓著,奖给优贡生②。

数月后,辛亥革命爆发,并很快波及到安徽全省。安徽的寿州(今寿县)由革命党人张汇滔领导的义军,迅速发动农民参军,组建淮上军,然后兵分三路,挥师两淮,转战千里,光复了许多州县,并于 11 月 5 日光复寿州后,直逼省

① 高一涵:《辛亥革命前后安徽青年学生思想转变的概况》,《辛亥革命回忆录》,文史出版社 1981 年版,第 434 页、432 页。

② 《宗谱》卷十五,第 71 页。

会安庆①。而省城安庆的光复更是几经周折，终于在11月8日成立维持皖省统一机关处。1911年12月2日，临时参议处选举孙毓筠为都督，1912年1月2日孙毓筠就职，正式成立皖省军政府，同时驰电孙中山，祝贺孙中山元旦就任临时大总统职，并宣布安徽光复。安徽光复期间，由同盟会员韩衍（号著伯）在安庆领导组建的北伐队，并联合各方力量组成的维持皖省统一机关处，在光复安徽中发挥着不可替代的重要作用。

辛亥革命时期，高一涵是否在安庆参加了韩衍领导的北伐队或是参与了安庆的光复活动，说法不一。1962年8月29日，朱尊一撰写的回忆录《辛亥革命安庆光复记》中，曾记载高一涵参与了北伐队：

> 黄焕章借饷倒朱，殃及市民，引起人民愤怒。当时韩著伯、王肖山、史大化、黄中、高一涵以及中等学校学生如我辈者十余人，假近圣街六安涂公馆组织北伐队。发出声明……
>
> 孙毓筠旋即成立军政府，幕府中，聚纳了一时知名人士……韩著伯矫矫不群，不作入幕之宾，而以北伐队为基础，改组为青年军，自任军长。并又主办《安徽船》报刊社，聘高亚宾为主编。高一涵和我们几位同学，亦在其网罗中。②

支持这一说法的，还有李宗邺撰写的《回忆高语罕》。该回忆录中所记："1911年……语罕和韩衍每天必到萍萃楼客栈走动，陆军小学、测绘学堂及省中各中学的先进分子，如吴旸谷、廖海粟、王尚山、朱蕴山、常藩候、石大化、李光炯、卢仲农、易白沙、高亚宾、高一涵、管鹏等也都常在萍萃楼聚会筹划安徽革命事。"③

然而，高一涵在《辛亥革命前后安徽青年学生思想转变的概况》一文中提

① 陈德辉：《安徽爱国志士在辛亥革命中的壮举》，《江淮文史》2011年第5期。

② 朱尊一：《辛亥革命安庆光复记》，载《泾县文史资料》。转引自《高一涵文选》，天马出版有限公司2013年版，第742页、745页。

③ 李宗邺：《回忆高语罕》，载中共寿县党史办公室：《寿县革命回忆录》，安徽人民出版社1989年版，第25页。

到这段史事时，并没有提及自己曾经参加过安庆光复和北伐队的事："当辛亥革命在武昌发动后，各省纷纷响应，皖抚朱家宝临事逃亡，省城陷入无政府状态，秩序大乱。江西黄焕章的军队到处抢劫，并且杀害了安徽革命志士吴春阳（号旸谷）。这时进步人士韩衍（号著伯，江苏海门人，入安徽太和籍）、易白沙（号月村，长沙人）出来组织学生军，名为青年军，分为三大队，韩衍自任青年军总监，易白沙、廖少斋等分任队长。青年军主持正义，保卫地方治安，枪决了清政府侦探，镇压了一批反动分子。一般认为皖省光复，青年军之功不可抹煞。"高一涵又在《先兄熔经传》中记道："余于辛亥冬返家居留三越月"。新中国成立后，在高一涵所填写的各类登记表和撰写的自传中，也都没有涉及其参加安庆光复和北伐队的叙述。

高语罕①是安庆光复和北伐队的主要参与者和组织者之一，他曾在回忆的文章中说："我们一面派人报告武昌革命政府，要求撤回黄焕章军队；一面则做驱黄的实际运动的准备。我们的机关，就在我假寓的前清两江总督涂朗轩的孙子涂卓庭的公馆里。我们把全部工作同志及一些热心而勇敢的青年，都一齐出发到集贤关。但是我们到了北门，城门已经紧闭，黄氏的守军把我们押解到他的司令部，幸而那时还托庇'革命'两字所赐，虽然留难了我们几个钟头，但终于未加搜查，就把我们放了。不然的话，必然要步吴旸谷的后尘，做了黄氏的枪下之鬼。因为我们用北伐队的名义报告武昌政府攻击黄氏的一切文件，都在我的皮箱内，黄氏果然看见的话，决不会饶我们的。"②

---

① 高语罕（1887—1947年），中国早期的马克思主义者。原名高超，安徽寿县正阳关盐店巷人。1912年赴日留学，1914年结识李大钊，1915年参与陈独秀等发起的新文化运动。五四运动时在安徽芜湖策动学生声援北京学生爱国运动。是上海共产主义小组发起人之一。1920年8月参加北京共产主义小组和马克思主义研究会。"五四"后又留学欧洲，是朱德的入党介绍人。国共合作后任黄埔军校政治总教官。大革命失败后，参与策划南昌起义，是南昌起义中央委员会宣言的起草者。1929年支持陈独秀政见，1930年被开除党籍。后被"取消派"推为中央委员，但未参加"取消派"的会议。著有《白话书信》（上海亚东图书馆1921年版）、《理论与实践：从辩证法唯物论的立场出发》（署名张其柯，上海亚东图书馆1921年版）、《青年书信》（现代书局1932年版）等宣传马克思主义的著作。高语罕是中国"通俗宣传马克思主义哲学的先驱"，其详细事略，参见胡为雄：《马克思主义哲学在中国传播与发展的百年历史》（上），百花洲文艺出版社2015年版，第224—235页。

② 王军：《高语罕年谱》，黄山书社2012年版，第45页。

高语罕在《烽火归来——武汉小住》一文中，曾这样介绍自己与高一涵的交往："'高涵庐'先生即'高一涵'，原名'梦弼'，号'效梁'，安徽六安人。我们于民国元年在安徽教育厅同事。后来我到日本读书，他不久也到日本。一九二五年我自欧洲回国后，在上海大学教课，我们在上海会过面，一九二六年我们又在上海见面。后来我在武汉奔走，'涵庐'先生也调武汉中山大学任教授，因此和邓择生[邓演达]相识，当邓择生出走以前，涵庐先生曾任过总政治部第一科长。政变以后，人家总把我们二个缠在一起，把高一涵认做高语罕，或把高语罕认做高一涵，实则我们是同省，同学，同姓不同名。但我们都是多年的老友。"①

高语罕上述两文，均未提及高一涵参加安庆光复和北伐队的事。

揆诸各种史料，目前尚难以证明高一涵亲自参与安庆的光复活动，也不足以说明高一涵是北伐队的参加者。当年在省会安庆参加北伐队的朱尊一老先生，很可能是和当年许多人一样，把高语罕当作了高一涵；而作为高语罕的安徽五中学生的李宗邺，也不是"参加萍萃楼聚会筹划安徽革命事"的当事人，其记述亦不是亲身经历之事。因此，辛亥年已从安徽高等学堂毕业的高一涵，是否参与了安庆的光复活动，是否参与韩衍所领导的北伐队，尚待作进一步考证。但是，辛亥革命所带给高一涵的巨大冲击和影响，则是不可置疑的。

---

①　高语罕：《武汉小住》，载《宇宙风》1937年第55期。

第二章　留学日本（1912—1916年）

高一涵在1912年至1916年间曾在日本留学，不仅系统地接受了资产阶级政治学说，打下了学问家的基础，而且在留学期间积极参与社会活动，结识了不少志同道合者，这又为此后的社会活动奠定了基础。因此，留学日本是高一涵一生中，极为重要的一段经历。

酝酿出国与留学明治大学

当年的日本，因明治维新而迅速崛起，并在东亚逐步取得霸主地位。然而，在中国兴起的“自强运动”却在甲午战争中破产，其后谋求变革的“戊戌变法”又惨遭失败，并屡受日本和西方列强的欺侮。中日之间的一弱一强，形成鲜明的对照，这促使不少有志青年，更多地关注日本的强国之道，并要眼见为实，一探究竟。于是文字相近且一洋之隔的日本，便成为许多青年学生和革命党人留学的首选。

高一涵是一位关注国势、视野开阔的爱国者，努力寻求域外新知。早在安徽高等学堂求学期间，为寻求救国之道，高一涵的不少同学如王星拱、刘贻燕、邵逸周、程振钧、程振基、俞希禹等，都先后到英、法、德、意、日本等国留学。那时的高一涵，也曾萌生了出国留学的念头，只是苦于囊中羞涩，未能成行。

1912年初，高一涵为践行严复“教育救国”的理念，以优贡生的身份，供职于安徽民政司教育司署，任科员①。此时，高语罕也供职于安徽教育厅，成为

① 高一涵：《先兄熔经传》，《宗谱》卷三十二，第103—113页。

高一涵的同事①。

然而,高一涵在教育厅的工作并不顺利,这主要是自己的教育理念与当局者发生冲突。民国元年,新旧体制交替,中国社会处于急剧的转型之中。在教育这块领域内,教育理念、制度设计、教育方法等方面,新旧思想的对立和碰撞无时不在。几千年封建教育体制以其强大的习惯势力,阻挡着变革的步伐。高一涵想在教育上有所作为,遂提出了不少建议,不仅得不到理解,反而遭到"冷眼相对"。对此,高一涵多少年后在与房侄高晓初谈心时,曾有一段回忆:"我在中学堂读书时,就觉得中学应设政治课,光讲历史,不讲当前事,害得我们到处找小报、小刊来看。我到安庆教育科工作后,也算是初生牛犊不怕虎吧,先后提出过十多条改革教育的意见,当局觉得我老是在找他们的麻烦,先是冷眼相对,后是生硬回绝,并说我'狂傲,不听话'。"②在安徽教育厅供职的高一涵,由于处处碰壁,心理非常苦闷,因而也就再次萌生赴日本留学的念想。

1912 年 4 月,高语罕在冒险为遇刺身亡的青年军首领韩衍收殓后,请得一笔官费,经青岛赴日本留学。高语罕称:"此时的目的一方面要研究政治,预备回国后在政治舞台上算一脚;另一方面相信政治是救国的唯一的方法。"③高语罕游学日本,对高一涵无疑是又一次触动。可以说,高一涵此时留学日本的心愿也就更为强烈了。而最后促成此行的,是高一涵少年时代的好友刘希平和关运隆。

刘希平(1873—1924 年),原名畹蘅,字兰香,号希平,六安施家桥人。早年,高一涵与朱蕴山常步行十余里,前往施家桥刘希平家中借书阅读,并纵论天下大势,从而与刘希平结为亦兄亦友的至交。民国元年夏秋之际,刘希平由日本明治法律专科学校(明治大学前身)毕业回国,在回到安庆之后,曾与高一涵畅谈自己在日本六年留学中的所见所闻,竭力鼓动高一涵赴日留学,并允诺与友人共同资助其部分留学经费。

关运隆(后改名芸农,参加反清革命后改名建藩)是高一涵的另一密友,

---

① 高语罕:《武汉小住》,载《宇宙风》1937 年第 55 期,第 264 页。

② 高晓初:《回忆高一涵》,陈良亭记录。

③ 王军:《高语罕年谱》,黄山书社 2012 年版,第 49 页。

也是高一涵在六安州中学堂求学时的同学。在校期间,两人志趣相投,情同手足。1906年,六安州府同时推荐关运隆与高一涵分别进入两江优级师范学堂和安徽高等学堂就学。关运隆进两江优级师范学堂后不久,便参加了同盟会,投身革命活动,并在两江师范毕业后又回到安庆。此时,关运隆与高一涵的交往甚密,两人相约共同前往日本留学。最后,关运隆由于遭到母亲的强烈反对,未能成行。但关运隆的母亲爱屋及乌,却把关运隆打算赴日留学的旅费,送给了高一涵。最终,促成了高一涵留学梦的实现①。

1912年夏秋之际,高一涵踏上了开往长崎的轮船,开始了他的留学日本之路。

有关高一涵在日本留学的相关史料存世甚少,只能在高一涵的著作及相关材料中找到一些线索:

其一,高一涵在《先兄熔经传》中,有这样的记述:"余于民国元年供职于安徽民政司教育司署,因友人刘君希平怂恿,以自费留学日本。临行时,恐先兄阻止,故到长崎始以书报先兄。来书亦不余责,惟告以学费艰难。余亦知家贫,不能供应,故仅望友人协助。入后渐以鬻文自给。无何,国内二次革命起,友人多半亡命,协款中止,有文亦不得鬻,食宿费告罄,旅舍主人且下逐客令。余窘极,报以书,向先兄乞助。先兄来信,责余少阅历、多冒险,劝余返国。余少年气盛,覆书多牢骚语。"

其二,高一涵在1923年6月3日致胡适信中有这样的记述:"我生平已经过三个垂危的时期:(一)辛亥后在安庆教育厅就事,再无读书的志向;后来刘希平迫我到日本去,所以又走进求学的大门。"②

其三,高一涵在《李大钊同志传略》中,又记道:"民国四年,陈独秀先生在上海创《新青年》杂志,余时已到日本三年余,为穷所迫,常断炊。独秀约余投稿,月得数十元稿费以糊口。因无钱出门,每日闭门读书。"

其四,《宗谱》记载:"(永灏)……日本明治大学毕业。"

其五,1922年11月11日,由东京市神田区骏河台的中华留日明大校友

① 宋霖:《关德懋传略》,《江淮文史》2000年第4期,第151页。

② 《胡适日记全编》(四),安徽教育出版社2001年版,第40页。

会,编辑发行的《中华民国留日明治大学校友录》内记载:高梦弼(一涵),为民国五年明治大学政科毕业生。

据此,可作如下推断:

1. 刘希平促成高一涵留学日本。此前,刘希平已由日本留学归国。高一涵所选的学校和专业,便是刘希平就读过的位于东京的明治大学政治经济科。

2. 高一涵赴日留学时间应在民国元年,即 1912 年的夏秋之际。高一涵乘船到达日本的首站,应为长崎。此时,在 1915 年 9 月 15 日《新青年》创刊的前三年。

3. 高一涵日本留学时期,曾就近租住民居就读。

4. 高一涵留学期间,生活窘迫,除友人资助外,以鬻文自给。二次革命后,刘希平被皖督通缉而流亡。高一涵在友人资助中断后,向兄长求助而不得,常常断炊,旅舍主人还下达了逐客令,一度被逼入绝境。

5. 高一涵在绝境之中,仍不改初衷,坚持在日本留学,每日闭门读书、探索学问不止。

高一涵就读的明治大学的前身为明治法律专科学校,由岸本辰雄、宫城浩藏和矢代操三人所创建,成立于 1881 年(明治 14 年)1 月 17 日。明治法律专科学校以“权利自由”、“独立自主”为校训,以法国的法律为主,进行法学教育。1886 年(明治 19 年)12 月 11 日,该校搬迁到神田南甲贺町新校舍。然而,该校的发展却并不是一帆风顺的。根据特别监督条规等法令,东京帝国大学将该校纳入其统辖、管理之下,并企图对私立学校进行合并。这也就是所谓“扑灭私立学校”的政策。该校由于主张“权利自由”而成为这项政策的特别目标。而且,由于日本在法政教育方面对德国法和英国法采取保护政策,不久便导致了英国法、德国法与法国法(以该校等为代表)之间的对立。这种对立,随着日本民法典的施行而展开的大争论亦达到了高潮,而这场大争论的结果,则是以法国法律派系的失败而告终。此后,校方与教职员、学生及校友们,付出了不同寻常的奋斗和努力。通过设置并授予“明治法学士”学位,申请专门学校令对“明治大学”的批准认可,逐步建立法、商、政、文四学院组织体制,校址搬迁至骏河台。学校为升级大学开展募捐运动,经过一步步的争取,终于在 1920 年(大正 9 年)4 月 1 日,根据当时的大学令而成为一所综合性的明治大学。

高一涵留学明治大学的经历，对其思想发展有着极为重要的影响。明治大学素以法律教学的严谨称著，倡导以“权利自由”、“独立自主”为宗旨的教学理念，在教育教学中给学生以更多独立思考的空间。高一涵在此接受了极为严格系统的政治经济科理论的学习，阅读了大量的西方资本主义上升时期的名著、原著，这为他不断探索西方的文明与制度，奠定了理论的基石和学术上的准备。

加盟“甲寅”结三友

高一涵在留学日本期间除了接受学校教育外，还积极参加校外的相关活动，广泛结识在日本活动或留学的一些人士。留日期间，高一涵加盟“甲寅”，并结识了章士钊、陈独秀、李大钊等人。这可以说是高一涵留学日本期间，最重大的收获之一。

高一涵在留日期间，结识了革命党人章士钊。

“二次革命”失败后，章士钊与其他革命党人一起逃到日本，以积蓄力量，图谋再起。此时，筹办刊物，继续讨袁，推进革命，便成为革命党人的当务之急。然而，对于如何看待“二次革命”失败的教训以及今后如何继续进行革命的问题，革命党内部发生严重分歧，并形成了两派：

一派以孙中山为代表。孙中山认为“二次革命”的失败，主要是“宋案”后，黄兴等没有立即起兵讨袁，党内“涣散”、“不服从”、“不统一”。为此，他决定将国民党重建为中华革命党，让所有革命党人（含原老同盟会员）都要重新入党，都要向他宣誓服从一切，并按手印。对于今后革命的重点，孙中山则把其定位在搞“小暴动”上。

另一派以黄兴为代表。以黄兴为代表的一部分同盟会老同志，拒绝向孙中山个人宣誓效忠，同时也拒绝加入中华革命党。黄兴在致孙中山信中，对今后革命的指导思想和方针，提出了自己的意见：“弟自抵日以来，外察国势，内顾党情，鉴失败之主因，思方来之艰巨，以为此次乃正义为金钱、权力一时所摧毁,非真正之失败。试翻中外之历史,推天演之公例,未有正义不伸者,是最后之胜利,终归之吾党。今吾党既握有此胜算,若从根本上做去,本吾党素来所抱之主义发挥而光大之,不为小暴动以求急功,不作不近情言以骇流俗,披心剖腹,将前之所是者是之,非者非之,尽披露于国民之前,庶吾党之信用渐次可以恢复。"①

孙中山没有接受黄兴等人的意见,继续进行中华革命党的创建工作,但党内的意见并没有统一起来。1914年7月,第一次世界大战爆发,李根源等便约集这批没有参加中华革命党的老同志,组织起欧事研究会。据他自述:"欧事严重,集同人讨论,定名曰欧事研究会。与会者黄兴(其时已赴美国,列名首位,为此后认可的)、李烈钧、熊克武、程潜、钮永建、陈炯明、邹鲁、徐傅霖、陈独秀、李书城、张孝准、沈钧儒、谷钟秀、张耀曾、杨永泰。"继又参加的还有彭允彝、殷汝骊、冷遹、林虎、欧阳振声、但懋辛等,章士钊担任书记。

章士钊本为孙中山所特别器重,但他没有接受主编国民党(中华革命党)的中央刊物《民国》杂志的任务,而是作为持"缓进主义"的革命党人接任欧事研究会的书记,并担任了《甲寅月刊》的主笔。章士钊是一位有思想主见的学者、革命家,他于1914年5月创办《甲寅月刊》,力图为民国的建设有所贡献。随着"欧事研究"提上日程,此时由章士钊主办的《甲寅月刊》杂志,实际上反映了欧事研究会的政治思想倾向和思维方式特点。而该刊的这种政治思想倾向与特点,与李大钊、高一涵这时的思想追求,恰恰是相合的②。

章士钊对《甲寅月刊》杂志的宗旨有这样的说明:"本志以条陈时弊,朴实说理为主旨,欲下论断,先事考求,与曰主张,宁言商榷,既乏架空之论,尤为无偏党之怀,惟以己之心,证天下人之心,确见心同理同,即本以立说,故本志一面为社会写实,一面为社会陈情而已。"③《甲寅月刊》以民主和法治理论总结辛亥革命失败的原因和教训,纵论时局,行文发论,反对袁世凯的复辟与专制,鼓吹宪政、共和,以调和来谋求和平,因而成为当时影响面最大的期刊之一。《甲寅月刊》创办后,很快就将当时优秀的一批青年思想家集结在自己周围,

① 《复孙中山书》(1914年6月1日或2日),《黄兴集》,中华书局1981年版,第356页。

② 朱成甲:《李大钊传》(上),中国社会科学出版社2009年版,第252—255页。

③ 章士钊:《本志宣告》,《甲寅》第1卷第1号,1914年5月10日。

如陈独秀、李大钊、高一涵、易白沙、胡适、吴虞、吴稚晖、张东荪、汪精卫、张继、杨昌济、谢无量、程演生、苏曼殊、刘文典等，这些人后来皆为《新青年》杂志的撰稿人。

与李大钊一样，高一涵也是在《甲寅月刊》杂志中，看到了其中的《通信》这个栏目，并按照这个栏目的特点，用书信和文章合为一体的方式，向《甲寅月刊》投出致《甲寅月刊》杂志记者的信和文章。高一涵在《甲寅月刊》第一卷第三、五号通信栏目中，以《民国之祢衡》、《章太炎自性及与学术人心之关系》二文，为因言获罪，遭袁世凯当局"穷饿囚拘"的章太炎而向社会各界求援，强调言论自由、思想自由，言者无罪，矛头直指袁世凯当局。高一涵在文章中提倡思想自由，反对袁世凯当局禁锢思想、以言科罪，其深邃的思想内涵和犀利的文风，吸引了章士钊的目光。章士钊亦慧眼识人，迅速将高一涵招于麾下，并由此开启了两人亦师亦友长达一生的交往。章士钊写道："愚囊违难东京，始为甲寅，以文会友，获交二子，一李君守常，一高君也。"①"当时高、李齐名，海内号甲寅派，胡适之曾屡道之，高谓皖士高一涵也。"②在章士钊的鼓励下，高一涵还在《甲寅月刊》上发表了《民福》的长文，全面阐述自己"主权在民"的现代国家理念。高一涵成为《甲寅月刊》一个重要的作者。

章士钊是当时高一涵为之仰慕的政论大家，章、高以文结交，结下深厚的情谊。章士钊十分欣赏高一涵文风的犀利，给他以展示才华的空间，不仅解决了他生活上窘极的状态，也大大拓展了高一涵人际交往的圈子，同时在学术思想、思维方式和文风上给予巨大影响。高一涵结友章士钊，并迅速成为甲寅派的一员健将。吴稚晖说："把人物与甲寅联想，章行严而外，必忘不了高一涵，亦忘不了陈独秀。"③可见，在吴稚晖的视阈之中，高一涵也是甲寅派的重要人物。

章士钊的政论文章在20世纪初可谓自成一体，并因办报而形成特立独行

---

① 章士钊：《反动辩》，载《甲寅周刊》第1卷第15期，第3页。

② 章士钊：《李大钊先生传序》，载《章士钊全集》第8卷，文汇出版社2000年版，第82—83页。

③ 吴稚晖：《章士钊·陈独秀·梁启超》，载少候编《吴稚晖先生文粹集》，上海仿古书店1936年初版，第107页。

的一派,而高一涵、李大钊等则是这一派中的"健将"。胡适在《五十年来中国之文学》中,将近代中国的"古文学"划分为四个派别:第一派是严复、林纾的翻译文章,第二派是谭嗣同、梁启超的议论文章,第三派是章炳麟的述学文章,第四派就是"章士钊一派的政论的文章"。在胡适看来,"自1905年到1915年(民国四年),这十年是中国政论文章的发达时期。这一个时代的代表作家是章士钊。"尽管"章士钊的文章,散见各报,但他办《甲寅》时(1914—1915年)的文章,更有精彩了"。因此,"甲寅派的政论文,在民国几乎成一个重要文派。……这一派的健将,如高一涵、李大钊、李剑农等,后来也都成了白话散文的作者。"胡适高度评价了章士钊政论文章的特色,指出:"他(章士钊)的文章有章炳麟的谨严与修饰,而没有他的古僻;条理可比梁启超,而没有他的堆砌。他文章与严复最接近;但他自己能译西洋政论家法理家的书,故不须模仿严复。"胡适认为,章士钊一派的政论文章优于其他三派:"章士钊一派是从严复、章炳麟两派变化出来的,他们注重论理,注重文法,既能谨严,又颇能委婉,颇可以补救梁派的缺点。"①当然,胡适是站在白话文立场来评价"古文学"的,故而也批评这派的文字"既不容易做,又不能通俗,在实用的方面,仍旧不能不归于失败",所以甲寅派的"健将"以后也就"都成了白话散文的作者"了。

章士钊对于高一涵的影响是巨大的,高一涵此后曾在致胡适的信中,提到章士钊助他渡过在日本的一段"垂危的时期":"我在日本拟学习日文,把英文完全抛弃;后来遇着章行严一谈,使我闭门读了半年英文,至今才能勉强的看英文书。"②晚年的高一涵,在1959年12月的"反右"运动后期所写的"向党交心"材料中,还说章士钊"传播政治调和论"对他的思想"起过很大作用"③。从高一涵民国初年的思想状况而言,此时的章士钊所给予的影响,主要是他提出的"调和"思想。章士钊在《调和立国论》中指出:

① 胡适:《五十年来中国之文学》,《胡适文集》(3),北京大学出版社1998年版,第201页、第234页。

② 《胡适日记全编》(四),安徽教育出版社2001版,第40页。

③ 《高一涵自传》(1959年12月),载《高一涵文选》,天马出版有限公司2013年版,第696页。

文明国之党争，将不尽恃多数专制之力，其所以然，愚执笔斯志以来，已屡有陈说。简而举之，则一国以内，情感利害，杂然并陈，非一一使之差足自安，群体将至迸裂，不可收拾，故问题领域，及于是焉者，非以全体相感召相磋相切之精神出之，不足以言治国之长图也。

又指出：

抑调和者两让之谓也。前言吾国共和，不能筑于调和之上，有两原则为之梗焉，一曰大权总揽主义，一曰共和建设主义，是宜双方并议，而讲其所为调融和合之方。……惟于此请以一言告读者曰，愚言调和，凡以立国为国之大经，非于何派何人，有所粘著。……调和首义，在发见新旧之媒，使之接构，其在吾国，现政府未足代表旧，革命党亦未足代表新，一言调和，运思近及于口耳四寸之间，亦何其隘。现政府为自存计，固利于调和，苟不知焉，终于自覆，革命党起而代之。……愚固言之，今日政局惟一解决之法，乃在觅一机会，使全国人之聪明才力，得以迸发，情感利害，得以融和，因范为国宪，演为国俗，共通趋奉，一无诈虞。①

只要稍加留意，章士钊在日本创办《甲寅月刊》时所倡导的“调和立国”论，深刻地影响着此时高一涵的政论。高一涵自己曾回忆说：“我前几年常看人家调和的论说，所以也深信调和是立国的天经地义”②。李大钊也认为高一涵与自己一样具有政治上的调和思想，与章士钊在思想上具有一致性的方面，说调和之义“秋桐（章士钊，——引者注）、剑农（李剑农，——引者注）、一涵信之，愚亦笃信之而不疑”③。高一涵从日本留学回国后不久，又与李大钊一起在章士钊创办的《甲寅日刊》下工作，还继续接受章士钊思想的影响。当时的高一涵与李大钊一样，都曾受章士钊的“调和立国论”的影响，希望在调和法则之中来建立稳固的政治秩序。

---

① 秋桐：《调和立国论（上）》，《甲寅》第 1 卷第 4 号，1914 年 11 月 10 日。
② 高一涵：《和平会议的根本错误》，《新青年》第 6 卷第 1 号，1919 年 1 月 15 日。
③ 李大钊：《辟伪调和》，《李大钊文集》第 2 卷，人民出版社 1999 年版，第 153 页。

因此,在《新青年》杂志的早期历程中,高一涵是政治上的调和论者,信奉政治问题只能通过"调和"的办法来予以解决,而这一思想就其渊源来说,主要也是来自于章士钊的。如高一涵说"调和"为治国的法则,"善治国者,知人民之意见、感情、希望、痛苦,必令如量以泄也,则致之适宜之所,俾得调剂融和之;知一阶、一级、一党、一派之心思、念虑、好恶、利害,必令时得调和也,则致之于相安之域,俾得尽量流露之。"①高一涵在与梁启超讨论"革命"问题时,还坚持政治调和论,并认为民国以来政治失其轨道,其主要原因就是不能采行政治上的调和法则。他在阐发政治调和论的依据时说:"宇内万力,莫不具爱、拒二面,相推相挽以系之,乃克趋循常轨,如月球之绕地是已。夫政见之冲突生于拒,政见之调和成于爱。欲政局之不离常轨,必使爱、拒二力,相抵相冲,保其中度,剂其停匀,乃克互相摩荡,得其用而不腐其机;互相权衡,执其中而不走其极。"②只是到1918年底以后,高一涵才明确表示抛弃政治调和论,声称民国初年以来"政变的祸根"乃是"调和的恶果",认为"政治革命,都是理想家发起的,都是少数人倡导的。既明明知道我所发起的、所倡导的是政治真理,就应该勇往直前,去战胜阻拦障碍的人。断不可因为多数人迫压,就抛弃自己的主张,去迁就那些老死不知改革的人。"③可以说,高一涵与李大钊在早期新文化运动中都曾有政治调和论的思想,这主要是由于高、李在留学期间受到章士钊的巨大影响之所致。

高一涵与章士钊的交往,既有在《甲寅月刊》及《甲寅日刊》时期出现的思想融合的蜜月期;又有因对新文化运动认识的不同,相互间展开论战的时期。在《甲寅日刊》创办期间,高一涵与章士钊在思想上即已发生分歧,但两人的私交还是很好的。五四运动期间,因陈独秀被捕,高一涵又有电请章士钊营救之举。但在"五四"以后,高一涵越来越不满意章士钊思想上的倒退,两人思想上的冲突也就日益公开化。章士钊在"五四"后不仅发表"以农立国"的言论,而且对新文化运动提出诸多的批评性意见。对此,高一涵曾著文予以批评。譬如,高一涵在《农村立国》文章中说:"章先生近来以为中国无论采用欧

① 高一涵:《民约与邦本》,《青年杂志》第1卷第3号,1915年11月15日。
② 高一涵:《读梁任公革命相续之原理论》,《青年杂志》第1卷第4号,1915年12月15日。
③ 高一涵:《和平会议的根本错误》,《新青年》第6卷第1号,1919年1月15日。

洲某种制度，结果总只得到他的坏处，却得不到他的好处，他因此便断定农业国不能采用工业国的制度。"①又譬如，章士钊1923年春曾在中国大学作了《新文化运动的批评》的演讲，公开批评新文化运动。对此，高一涵又著文指出："章先生近来的议论，往往像云里的神龙，见头不见尾的"；"章先生近来很有些'复古'的思想，所以一方面说'新的就是旧的'，一方面又说'新的不如旧的好'。他的证据是：'凡是美术品，新的总不及旧的好，例如雕刻，现代已不及古代；例如古碑，唐碑不如魏碑，魏碑不如汉碑。'我以为要比较文化的进步或退步，万不能单拿文化中所包括的一两件事做代表，应该要观察文化的全体。某一时代需要某一两件事固然可以发达，到了后来时势的需要又转向他方面去了，所以从前发达的东西，到现在不得不退步了。"②后来，更有因为安徽倪道烺惨杀学生姜高琦案，高一涵于1925年与时任司法部长的章士钊欲对簿公堂。高一涵等向司法部提出章士钊的控状，指控章士钊"以躬领法曹之司法总长，乃竟假公文，公然对人肆口谩骂，又敢利用其总长之地位，滥发训令，以行诬告"③。高一涵与章士钊之间尽管因政见的异同，分分合合，并且还有笔墨官司，但高一涵始终感恩于章士钊的提携之情，尊为恩师。而章士钊作为一代名流，也不忘时时给高一涵以指点。1940年高一涵赴兰州履职前，特往重庆章士钊处探望，章士钊极力劝高一涵作诗，高一涵听其言，方有赴兰州后的《金城集》诗集问世。此后，两人经常以诗唱和，成为诗友，并一直延续到新中国成立后。1953年6月，高一涵赴京开会，章士钊以诗相赠，高一涵亦依韵奉和，表达了对章士钊的敬仰之情：

> 河山复旦一相逢，饱阅沧桑不老翁。遗世情怀随水逝，从心欢乐与人同。铨评文史尊多士，开辟乾坤仗百工。小立日边春自永，万花含笑向东风。④

---

① 涵：《农村立国论》，《努力周报》第34期，1922年12月24日。

② 涵：《"新文化运动的批评"》，《努力周报》第52期，1923年5月13日。

③ 《高一涵等控章士钊原状》，《申报》1925年3月28日。

④ 高一涵：《金城集》未刊手稿，卷九。

高一涵在加盟“甲寅”过程中,正是通过结交章士钊而又结识了陈独秀。这对于高一涵参加新文化运动,并成为当时思想界的风云人物,亦有着极为重要的影响。

陈独秀与高一涵这两位安徽名人之所以能从相识到相知,章士钊创办的《甲寅月刊》可谓提供了难得的机会。1914年7月,陈独秀应章士钊之邀,前往日本,协办《甲寅月刊》杂志。正是通过《甲寅月刊》这个中介,高一涵开始走近陈独秀,并进而结成友谊。可以说,异国他乡的两位安徽籍老乡,因为《甲寅月刊》而相识相交,通过了解到对方的思想、志向而互相欣赏,从而在启迪民智、唤醒国民的征途上而握手结盟。

目前尚未有确切的史料,证明留日之前的高一涵与陈独秀有过交往。但依据历史演进的事实来看,陈独秀所创办的《安徽俗话报》,所组建的岳王会,以及辛亥革命后任安徽都督府秘书长所推动的各项治皖措施,都足以给关心时政的高一涵留下深刻印象,并产生结交陈独秀的强烈愿望。

陈独秀有着常人所没有的宏大抱负,是当时中国思想界的一代英才。经过参与暗杀清廷政要、创办《安徽俗话报》、组织岳王会、参加辛亥光复以及“二次革命”等各种洗礼的陈独秀,探寻着政治革命与思想启蒙之间的历史逻辑与内在理路,正思考着“辛亥革命”和“二次革命”失败的更深层的原因:“今吾国之患,非独在政府。国民之智力,由面面观之,能否建设国家于二十世纪,夫非浮夸自大,诚不能无所怀疑。”①陈独秀认为,“国民之智力”能否与建设现代国家相匹配,是影响中国进步的关键所在,故而中国人的“最后之觉悟”当为“政治的觉悟”,而“伦理的觉悟”又为“吾人最后觉悟之最后觉悟”②。为此,陈独秀把唤醒国民作为自己最大的责任,并立下“让我办十年杂志,全国思想都全改观”的志向,积极策划筹办《青年杂志》这份后来声名远扬的刊物。

高一涵在此时的思想和志向,与陈独秀完全合拍,并且对发动思想启蒙运动有着共同性的认知。在《甲寅月刊》第一卷第四号发表的《民福》一文中,高一涵反复强调建设现代国家和思想上启迪民智的极端重要性:

---

① 陈独秀:《爱国心与自觉心》,载《甲寅》第1卷第4号,1914年11月10日。

② 陈独秀:《吾人之最后之觉悟》,《青年杂志》第1卷第6号,1916年2月15日。

> 国家者何？自由人民以协意结为政治团体，藉分工通力鼓舞群伦，使充其本然之能，收所欲祈之果，及以自智自力，谋充各得其所之境者也。
>
> 故国家对于人民，其活动之正当范围，除国防、公安而外，均立于调护维持之地位。持以大力，鼓起人民之参政能力，引发人民之政治趣味，就其本能所近，区处条理，使各适其宜，并藉此群策群力之动，兴其自觉自励之情，以求夫自利自安之果。吾人所以乐有此国家者，正以得此组织，可以自由斟酌。……此即吾所谓民福也。
>
> 国家之所以长治久安，在致人民之知识才能于相当之位，以锻炼而磨琢之。非为少数者谋便利，侵夺他人权利，使代庖代斫者所能克奏膚功也。

高一涵认为，与“现代国家”相适应的乃是民众的“自智自力”，只有让人民在自由之中结为政治团体，鼓起人民的参政能力，引发人民的政治趣味，使其各得其所，才能真正实现国家的长治久安，人民才能得到真正的福祉。这些观点，与陈独秀可谓不谋而合。于是，唤起民众觉醒，实现真正的民主共和，也就成为他们共同的理想。

高一涵正是在《甲寅月刊》中结友陈独秀，从而开启了两人携手引领舆论走向，开创《青年杂志》的新纪元。在这期间的共事中，两人的合作是愉快的，陈独秀还时常鼓励高一涵进行政治学方面的研究。陈独秀去世后，高一涵还每每想起这位同乡的情谊，他在《金城集》中有《悼仲甫》诗作：“云梦胸中八九吞，风生艺海浪涛翻。灵均驰骋皆先路，贾传敷陈半罪言。论到盖棺犹未定，心虽委地尚余温。老来频洒忧时泪，一读遗书一惨魂。”又有《梦过江津怀仲甫》诗作：“闻笛山阳鹤驭空，墓门寂寂落花风。羊昙怕过西州路，零落山丘恨未穷。”①高一涵晚年的“自传”中也说，陈独秀“反对封建文学，提倡新文学和科学及民主”，对自己的思想“起过很大作用”②。

高一涵在加盟《甲寅月刊》中，不仅结交陈独秀，同时又结交到李大钊这

① 载《高一涵文选》，天马出版有限公司 2013 年版，第 681 页。

② 《高一涵自传》（1959 年 12 月），载《高一涵文选》，天马出版有限公司 2013 年版，第 696 页。

位后来成为中国马克思主义先驱的人物。这直接影响着此后高一涵的政治生涯。

与李大钊的相识相交,高一涵在《李大钊同志传略》一文中记道:

> 守常读《新青年》,见余文,知在东京,访问半年余,终无人见告。迨帝制事起,东京有留学生总会之组织,守常见留学生总会中有余名,辗转询问,始得余之住所。一日房主人持李大钊名片上楼,余览片竟不知为何许人。及接谈,始知守常已访余半年矣,此为余与守常相见之始。因纵谈国事,所见无不合,遂相交。时留学生总会出《民彝》杂志,余与守常被推为编辑,此余与守常共事之始。守常因帝制事生,因约余与湖南申文龙、云南王九龄等,秘密组织神州学会,作革命机关,一时入会者甚众。

高一涵的这段回忆,提示出这样几个事实:一是李大钊在留学日本时虽未立即在《新青年》上发表文章,直接参加新文化运动,但却是时刻关注和阅读《新青年》的,并从《新青年》中了解到高一涵的言论,这为李大钊与高一涵相识提供了思想上的依据;二是李大钊善于结交良朋,当他看到留日学生总会中有高一涵名字时就主动寻访,最终是经过相识而相交,并进而共同开展反对袁世凯复辟帝制的斗争;三是留日学生总会的成立,为两人相识而相交提供了历史性的机遇,共同的爱国志向使他们开始了此后十多年的革命友谊。

从高一涵以上的回忆还可以断定,二人初次相会的时间应在1916年1月,亦即是在留日学生总会召开紧急会议,决定恢复活动为护国军筹备军饷之后。此前,两人都在《甲寅月刊》上发表过文章,互相为对方的主张所吸引,而高一涵在《青年杂志》上的文章也引起李大钊的高度重视。故而,两人一旦相会,"所见无不合",都有相见恨晚之感。于是一起创办《民彝》,一起组织神州学会,并成为思想上的挚友。这之后,李大钊、高一涵相继回国,并共同参与了《晨钟报》、《宪法公言》、《甲寅日刊》、《新青年》、《每周评论》等报刊的编辑活动,在"五四"思想界史上写下了辉煌的一页。

高一涵虽然长李大钊四岁,但在政治思想的发展趋向上,李大钊却是高一涵的引路人。高一涵留学回国后,与李大钊一起协办《宪法公言》,其后两人又成为《甲寅日刊》的主将。李大钊在中国率先欢迎十月革命、研究马克思主义，成为中国马克思主义先驱，高一涵亦在李大钊的影响下研究俄国革命及其新制度，并进而研习唯物史观，发表了不少研究马克思主义的论文。1924年，国共两党实现了第一次合作。李大钊在参加国民党“一大”回来后，对高一涵说：“现在国民党与共产党合作了，国民党的纲领也改进了，我愿国民党中多一个朋友，不愿国民党中多一个敌人。因此，我劝你加入国民党。”①于是，高一涵由石瑛、王星拱介绍参加了国民党。1926年底，高一涵又听从李大钊的劝说，离开待遇较为优厚的北大，毅然地南下武汉参加革命，并在途经上海时提出入党申请，由高语罕介绍，成为中共名誉党员②。李大钊对高一涵的影响，由此可见一斑。

1927年4月28日，李大钊被奉军杀害，高一涵闻讯悲痛欲绝。在武昌中山大学集会追悼李大钊等烈士的大会上，高一涵报告了李大钊事略，并在《民国日报》上发表《李大钊同志略传》文章，缅怀英灵。高一涵评价李大钊道：“无论思想变迁如何迅速，彼总是立在先锋队中之一人，绝不致落伍或退伍……守常为人从浑厚中透出侠义气，故朋辈对彼亦每从亲爱中露出敬畏心。”高一涵用评价他长兄的话，来评价李大钊的生平业绩，可充分看出李大钊在他心目中的分量。

参加社团与创办《民彝》

高一涵留日期间，时时关注着国内的政治动向：“寄学异邦，频遭激刺。国有佳音，闻之而情舒色喜者，每视在国时为尤切。余自留东以来，每日课余，必检读此邦新闻三数种。凡记载之关吾国事者，必尽览而不遗。”③

在这一时期，高一涵为呼应国内政治斗争需要，积极参与了反袁的政治社

① 高晓初：《一涵公传略》，载《六安陈门高氏宗谱》卷三十三，第107—128页。

② 《高一涵自传》，1959年12月，原件现存于江苏省委统战部。

③ 高一涵：《读梁任公革命相续之原理论》，载《青年杂志》第1卷第4号，1915年12月15日。

团活动,这主要是参加了神州学会、留日学生总会的活动。

神州学会"以研究学术、敦崇气节、唤起国民自觉、图谋国家富强"为宗旨,高一涵、李大钊均为主要成员之一,以后发展到约百多人。该会设评议部、编辑部,机关刊物为《神州学丛》,主要通过"分科研究、演讲和编撰书报"等方式进行活动①。

神州学会成立的时间,据林伯渠日记所记,应为1916年1月30日—2月5日间②。其主要成员的李墨卿在《墨园随笔》一书中记道:"山西马鹤天、李墨卿,湖南易梅僧、仇亦山、申月麓、荆嗣佑、易家钺,湖北邓初民、孙戴人、蔡天民,广东苏理平、林励儒、黄霖生,贵州艾一情,江西黄界民、张慧疾,安徽姚子才、高一涵,陕西黄天行、蔡□藩,甘肃赵世英、苏景山,直隶李大钊、张润之,河南王杰、张国威,浙江殷汝耕,山东陈玉五、李益三、井雨岑,福建柯建宇,四川曾天宇及其他各省同志组织神州学会。每于星期六讲演一次,并讨论祖国政治及世界大事,汇集讲演录与撰述,刊于神州学会杂志。"③

高一涵参加了神州学会的创建工作,并发挥了重要作用。高一涵回忆:"守常因帝制事生,因约余与湖南申文龙,云南王九龄等,秘密组织神州学会,作革命机关,一时入会者甚众。"④又回忆:"'二十一条'签订以前,反对是秘密进行的,守常组织神州学会,秘密进行反袁活动,这个学会我参加过。"⑤无论是他人的记载还是高一涵本人的回忆,都说明高一涵是神州学会的主要创建者之一。

高一涵也参加了留日学生总会的工作。据高一涵回忆:"'二十一条'签订后,人心愤怒,我们留日学生组织起留日学生总会,公开反对袁世凯。"⑥留

---

① 《神州学会简章》,转引自《李大钊史事综录》,北京大学出版社1989年版,第126—128页;王渔:《关于神州学会的成立时间、主要成员及国内活动情况》,《中共党史研究》2004年第2期。

② 《林伯渠日记》,湖南人民出版社1984年版,第100—102页。

③ 李墨卿:《墨园随笔》,转引自《李大钊史事综录》,北京大学出版社1989年版,第132页。

④ 高一涵:《李大钊同志略传》,《中央副刊》第60号,1927年5月23日。

⑤ 高一涵:《回忆五四时期的李大钊同志》,《五四运动回忆录》(上),中国社会科学出版社1979年版,第339页。

⑥ 高一涵:《回忆五四时期的李大钊同志》,《五四运动回忆录》(上),中国社会科学出版社1979年版,第339页。

日学生总会成立时间，为1915年2月11日。当天，留日学生两千人在青年会馆冒雨举行大会，抗议日方向中国提出“二十一条”，宣告成立留日学生总会，并通过五条决议：（一）电政府请强硬拒绝其要求，并发布其条件公之人民；（二）以文字警告及励导海内外国民；（三）留日学生对外之宣言；（四）设立分机关于京沪，以便进行一是；（五）准备归国办法。留日学生总会成立后，即遭袁世凯当局严令解散①。袁世凯悍然宣布复辟帝制后，1916年1月16日，留日学生总会召开紧急会议，选举干事长、副干事长。恢复该会活动，并决定为护国军筹募军饷②。

1916年2月2日，留日学生总会正式成立评议、执行两部，总会设事务所于麴（曲）町区饭田町六町目一番地。高一涵被推选为留日学生总会文事委员会委员长，总会评议员、经费委员。李大钊被推选为文事委员会编辑主任③。高、李两人通力合作，创办留日学生总会机关刊物《民彝》。据高一涵回忆：“时留学生总会出《民彝杂志》，余与守常被推为编辑，此余与守常共事之始。”④查《民彝杂志》目录，知《民彝杂志》只出了一期就结束了。高一涵在《民彝杂志》上发表了《国本》、《共和》、《程度和民政》三篇文章，反对袁世凯复辟帝制，宣传“主权在民”的国家观，阐发政治调和的思想。高一涵在留学日本时期，运用所学政治经济科的理论知识，针对国情所发表的时论，与同一时期在《甲寅月刊》上所发表文章一脉相承，集中体现了高一涵这一时期政治思想的基本面貌。

这里，有必要就高一涵在日本参与创办《民彝杂志》的革命活动，补叙一点事实。高一涵留日时在反对“二十一条”斗争中有突出的表现，既是“中华民国留日学生总会”的主要成员，同时也是总会“评议部”的评议员、“文事委员会”委员长、“经费委员会”委员⑤。高一涵是“经费委员会”委员，而根据留

① 韩一德、姚维斗：《李大钊生平纪年》，黑龙江人民出版社1987年版，第24页。

② （日）富田升：《李大钊在日本留学时代的事迹和背景》，转引自《李大钊生平纪年》，第28页。

③ 《民彝》第1卷第1号，1916年5月。转引自《李大钊史事综录》，北京大学出版社1989年版，第119—121页。

④ 高一涵：《李大钊同志略传》，《中央副刊》第60号，1927年5月23日。

⑤ 《总会职员一览表》，《民彝杂志》第1号，1916年5月15日。

日学生总会章程中“本会设经费委员会，其会员以各省同乡会会长充之”规定，可推定高一涵为留日学生安徽同乡会会长。高一涵又担任“文事委员会”委员长，这个“文事委员会”以委员长地位最高，其次是“编辑主任”(由李大钊担任)，再下面是5人担任“编辑委员”、18人担任“文事委员”；而按总会规定“文事委员会司本会(留日学生总会)撰著及刊行书报等事”，及《民彝杂志简章》规定“本志设编辑部于日本东京中华民国留日学生总会文事委员会”，可推知高一涵对《民彝杂志》负有领导的责任。

反对袁世凯复辟帝制

民国建立以后，高一涵积极地阐发共和制度，是共和制度的坚决拥护者。高一涵以共和的信念看待民国初年的中国社会，他对于袁世凯的认识有一个不断深化的过程。大致说来，在袁世凯窃取政权前后，高一涵积极宣传共和制度，并秉持政论家的立场对袁世凯的政策多有批评，但尚未达到政治上反袁的地步；而当袁世凯公开地复辟帝制时，高一涵则鲜明地举起反袁旗帜，揭露袁氏的反动面目。

袁世凯窃取政权后，高一涵从维护共和制度出发，对社会上的各种错误观点予以批驳，不仅从思想上而且从政治上揭露袁世凯的本质。当时，社会上有人以中国“广土众民”为借口，认为共和国体不适合中国，为复辟帝制张目。而在高一涵看来，对于共和是否适合中国这个问题，首先要明白共和是一种什么样的制度。高一涵的看法是，共和制度符合现代政治的基本精神，“近世政治之精神，不在人人得以直接议制执政，在多数者享有选举权，得以间接行之耳。故代表制之日行而有效，实为近世共和民政所以成功之真因。”这就是说，现代民主政治在于其所采行的“代表制”，而共和制度正合于这个代表制。由此，所谓的“代表制”并不以“大国小国、人众人寡”为限，“今谓吾华为广土众民之国，不适共和，即无异谓广土众民之国，不适于代表制度”①。高一涵的

① 一涵:《共和》,《民彝杂志》第1卷第1号,1916年5月15日。

言论在于说明，以“代表制”为特色的现代民主政治乃是现代政治发展的趋势，并不因为“大国小国、人众人寡”的问题而不同。

当时，社会上还有一种观点，即认为“共和国家，易酿兵争元首之祸”。对此，高一涵予以严正地驳斥。高一涵指出，这种以“兵争元首之罪”归咎于“共和”的谬论，“骤闻之似觉动听，殊不知共和者国家之制度，争元首者出于桀骜者之野心”。在此情形下，如果“以执行此制之不善而移罪于共和本身”，那就是“李代桃僵，讵为平情之论”①。

当时社会上还有一种议论，即认为施行共和制度必须使民众在政治意识上达到一定的程度，而当时的中国人因为政治“程度不足”，所以不能推行共和制度。对此，高一涵就“程度”本身予以学理的辨析，认为所谓“程度”只是相对的，而且以“程度”立论也不符合对国家问题的正确分析。他指出：“程度云者，乃比较上相对之称，苦无绝对之界限可立。设豫悬一定之的以寻求，谓及乎此者，方可共和，否则仍宜专制，是视国家如筑室造路，可准绳尺以求，嗟咄立办，而忘其为有机体之发展，为心理之构形也。”②在高一涵看来，中国人政治上的“程度”确实不高，“平情论之，谓程度低下为食数千年专制流毒之报，无问何人，不能否认”；也正因为国人程度尚且不高，因而也就特别需要遵循“民众本位”原则，积极地推进民主政治，从而推进共和制度在中国的发展与完善。高一涵指出：“今欲救程度低下之弊，舍力行平民政治，更有何法？若曰政治自政治，程度自程度，必待程度已足，吾之专制方可取消，民政方可施用，然则国家职务，其将置人民于度外，听其自进自退乎？抑将培养熏陶，令其蒸蒸日上，循轨前趋乎？改进程度之法，其将以专制为本，绝其经验之途为善乎？抑以民政为本，令其自行试验为善乎？欲明前问，必先明国家之职务；欲明后问，必先论专制民政之孰优。”③高一涵的看法是，共和制度是世界政治发展的方向，它是在与专制制度的斗争中产生的，正因为中国长期以来盛行专制主义政治，因而“因病施药，易以共和，殆为理势之无可逃避者”④；在此，“欲

① 一涵：《共和》，《民彝杂志》第1卷第1号，1916年5月15日。

② 一涵：《程度与民政》，《民彝杂志》第1卷第1号，1916年5月15日。

③ 一涵：《程度与民政》，《民彝杂志》第1卷第1号，1916年5月15日。

④ 一涵：《共和》，《民彝杂志》第1卷第1号，1916年5月15日。

救程度低下之病,惟民政为最有效”。因此,“果见吾国大患,确在程度不足,正应药之以共和,补之以民政”①。

高一涵密切关注国内局势的演变,注意分析袁世凯政府的政策,并在思想上、学理上提出批评意见,引领当时舆论的走向。袁世凯当上大总统后,执行摧残国民党的政策。反清元老章太炎被囚,就是一个显例。1914年8月,高一涵致信《甲寅》月刊,在表彰章太炎业绩的同时,对“当道者”袁世凯予以猛烈的抨击,表示对章太炎被囚予以舆论上的声援。高一涵在信中写道:“记者足下,有友人自京师来,道及太炎先生近境,穷饿囚拘,间日一粥,婉转尘塌,形若槁木,直言之,曰无形残杀而已。……继隆古昔,黄巾犹拜郑公,阿瞒尚容名士。而亡清末季,文字祸兴,执先生于上海,海内激昂,犹得不死。今先生所履之罪,与击鼓厉骂者奚若?大总统之为人行事,与黄巾、阿瞒奚若?堂堂民国,与亡清又奚若?凡有血气,虽不敢宣之于口,类能识之于心!乃锄戮文豪,独见于盛世!余愚窃为盛世惜之!”②高一涵在信中,通过将“民国”与“亡清”、“大总统”与历史上之“黄巾、阿瞒”相比较,说明“大总统之生杀可以好恶出之”的品行。使高一涵感到愤懑的是,“在视革命若蛇蝎之满清时代,清议犹能生先生于狱中,谓当共和大成之秋,而不能救先生于龙泉寺”。这是对袁世凯倒行逆施的有力批判!在此信中,高一涵希望能够借助《甲寅》杂志“酿成舆论,得救先生,使当道者知人心不死,公论终不能屈于权威之下也”③。

高一涵此时对于袁世凯诛灭异己的政策有较为深刻的认识,认为袁世凯当政后只是借“国利民福”相号召,实施其打击国民党人的目的,并未真正要实现“国利民福”。他指出:“民国成立,于今三载矣,国门布告,莫不以‘国利民福’为言,虽中经政变,法案全翻,而此‘国利民福’四言,持之益固。闻者疑吾言乎,则请检阅三年以来大总统之命令,各议会之咨文,阁员疆吏之宣告,与夫政客之所谈论,报社之所鼓吹,众口同声,几视为天经地义。今大总统以‘国利民福’自誓者也,故尊奉之;海外党人,指为反乎‘国利民福’者也,故放逐之。”又指出:“三年以来,政府非日以谋中央集权为事乎,乃所谓中央集权

① 一涵:《程度与民政》,《民彝杂志》第1卷第1号,1916年5月15日。
② 高一涵:《致甲寅杂志记者》,《甲寅》第1卷第3号,1914年8月10日。
③ 高一涵:《致甲寅杂志记者》,《甲寅》第1卷第3号,1914年8月10日。

界说，竟与政府万能主义同诠。国会解散，代行立法机关者，全以任命议员，则没收人民选举权矣。日增国债，不谋于担负之人，商办之业，任意盗抵，则代理人民财产权矣。指奸则奸，诬匪则匪，杀人不询其供，拘人不谋于法，则蔑视人民生命权矣。毁党而任私派，则人民评政之自由权失；返国者须携护照，则人民行动于本国之自由权又失。犹虑或谈政于野也，为密布爪牙鹰犬之间谍以伺之；虑四百兆人民之不能尽臣妾也，为四纵代表国家战斗力之军队以淫之。"①高一涵认为，在袁世凯的专制主义统治之下，实质上乃是以国家的力量"代行人民权利"，将民众作为"疾废"、"童稚"、"皂隶"来对待，人民的民主自由权利被剥夺殆尽，还美其名曰"民福"。高一涵写道："今之政术，固明明疾废我，童稚我，抑皂隶我矣，犹绐曰民福。里中村妪，见垂暮高年，龙钟衰朽，孙曾绕膝，饥寒则为之衣食，起坐则为之扶持，生养无能，守之待毙，反而艳羡赞曰'福星'。今之民福，其有异此村妪所赞者乎！"②高一涵的结论是，当时的袁世凯政府就是"侵夺人民一切公私权利，集收于政府之下，听其恣意执行"，民国的政治也成为"官僚之事业，与人民无关者也"；由此，民众处于被统治、被奴役的地位，不得与闻政治，"尔人民除出粟米麻丝作器皿通货财以事其上外，绝无他职；如敢与人家国事，则匪而已矣"③。高一涵的言论说明，袁世凯政府乃是与人民为敌的政府、侵夺人民权利的政府。

袁世凯称帝后，高一涵著文指出袁氏已经是国家的叛逆，要求社会上的各种政治力量不得与其"调和"。袁世凯攫取大总统职位后，公然称帝，遭到国人舆论的猛烈声讨。可在当时，居然有人发表文章，声称应该寻求政治的途径与袁世凯进行"调和"，迫使袁氏取消帝制；与此同时，也有人主张通过舆论途径，逼迫袁世凯放弃大总统的职位。高一涵认为，民国是共和政体，袁世凯既然宣布复辟帝制，那就已经成为国家的叛逆和人民的公敌，因而不得与其调和。他指出："今袁氏自承认帝制之日，即为失去总统资格之时，故今日之袁，在法仅得谓之叛逆。犹曰'与某调和'、'迫某退位'。党派之间，可言调和；正逆之间，则绝无调和之余地。彼犹有总统资格，可言退位；今资格已失，位亦消

① 高一涵：《民福》，《甲寅》第1卷第4号，1914年11月10日。
② 高一涵：《民福》，《甲寅》第1卷第4号，1914年11月10日。
③ 高一涵：《民福》，《甲寅》第1卷第4号，1914年11月10日。

去,何得言退?”①高一涵反对袁氏复辟帝制的信念是坚定的,其反袁言论是当时反袁舆论中的重要代表,对于人们认清袁氏专制统治的真面目有着积极的意义。

高一涵在《甲寅月刊》上发表文章,在从学理上辨析“宗教”问题的过程中,对当时社会上的尊孔言论予以猛烈的批判。袁世凯窃取政权之后,为了复辟帝制的需要,在思想文化领域大行文化专制主义,一时间封建思想在社会上沉滓泛起;更有甚者,一些封建思想浓厚的人居然要将孔教定为国教,并列入宪法之中。由此,舆论界出现了不少倡导孔教的文章。其总的观点是“宗教为人类所必不可无”。鉴于此,高一涵在《甲寅月刊》上发表《宗教问题》的文章,着重论证“人类应否终有宗教问题”,希望人们能够树立科学的宗教观,不要为狂热的迷信思想所蒙蔽。当时,有一种观点认为,宗教将与人类相终始,其理由是:“宗教本随时之义而成,与天地相终始,太古民智单弱,见异而惊,故宗教之事起。人智弥进,推知弥远,远则不可思议之境弥多,故宗教之义,日离迹而即于玄,其论愈幽,其行愈远。”高一涵不同意这种看法,并对这种观点进行了学理上的批判。在他看来,“论事在求其征,说理贵推其故”,“其理玄奥难知’,不得“委为天功”,“其道怀疑不明”亦不得“归诸神秘”。这是因为,“宇宙既形此显象,悬示吾人之前,断非徒有象而无理。事有象而理难征者,乃吾知之有涯,不得谓彼为神秘”②。高一涵从学理上说明,将宗教说成是人类本性的言论,有悖于人类认识的进程,因而也就不符合人类思维发展的规律。他指出:“昔者地雷风火,举拜为神,今虽四者真因,仍不可得,即象推寻,归诸物理,不谓设于神意。此理固甚明矣。夫信之对为疑,祛疑为信,不闻怀疑为信;诚之训为不欺,自欺为妄,不闻自欺为诚。今指不可知者为神造,在学理不得不以为疑。守不能明者为天真,在人道不得不以为妄。……所求者在通,以其玄奥难知,则通之途已塞;认不通为通,则通之本已误。所求者在安,以怀疑不明,则安之念已摇;强不安为安,则安之本奚着?余愚窃以为不明则不通,不诚则不安。假不明者以为明,定不安者以为安,则邻于妄且欺。人道

---

① 一涵:《国本》,《民彝杂志》第1卷第1号,1916年5月15日。

② 高一涵:《宗教问题》,《甲寅》第1卷第4号,1914年11月10日。

期于征实,谓此既妄且欺之行为,必于人道相终始。天地无终极,而此行为亦随之无终极。若佛家所谓真如、无明,终古并存者然,犹诏人曰,此信也,诚也,说将何以自圆?"①高一涵的论述说明,人类的认识能力是不断进步的,不能将不明之事归诸于神秘,更不能以此作为人类离不开宗教的理由。高一涵关于"宗教"问题的辨析,揭示了宗教所具有的历史性的特征及其不可信奉的科学依据,有力地反击了当时尊孔复古的言论,因而有着反封建的历史意义和宣传科学精神的时代价值。

宣传"主权在民"的国家观

高一涵是民国初年杰出的民主主义者,积极宣传"平民政治"的理想,高度尊重民众的政治地位,对封建时代的专制传统予以猛烈的抨击。在他看来,"平民政治"与"专制政治"是根本对立的,这种对立既体现在政治制度上,同时也体现在对待民众的根本态度上,故而政治建设在于追求"平民政治",这是因为民众只有在"平民政治"之中才能得到全面的发展。他说:"平民政治,尊重人格,长养其自立之风。……一入平民政治之下,则鼓舞奋发,自启本能,锐钝偏全,兼修并发,崭然树其自重自爱之风,气质乃于焉丕变。"②高一涵在倡导"平民政治"的过程中,坚持"民众本位"的政治立场,集中阐发了他的"主权在民"的国家观。

高一涵在批判袁世凯专制主义政治统治时,认为要言"国利"问题,就必须对于"国家"本身做出新的诠说,阐释"国家"的本质之所在。高一涵从巩固民国的政治制度出发,以资产阶级的民主主义为指导,将"人民"作为阐释"国家"的基本依据,并从国家与人民的内在联系中阐发其"主权在民"的国家观。他指出:"国家者何?自由人民以协意结为政治团体,藉分功通力,鼓舞群伦,使充其本然之能,收所欲祈之果,及以自智、自力谋充各得其所之境者也。国

① 高一涵:《宗教问题》,《甲寅》第1卷第4号,1914年11月10日。
② 一涵:《程度与民政》,《民彝杂志》第1卷第1号,1916年5月15日。

家、人民,以性质言,则无二体;以权利言,则互相对待。何谓一体? 以国家者'建筑于人民权利之上',非离外人民权利,别能空建一国家于无何有之乡也。何谓相对? 国家对于人民权利,亦如私人对于私人,逾限妄侵,皆干惩罚。……故国家对于人民,其活动之正当范围,除国防,公安而外,均立于调护维持之地位。持以大力,鼓起人民之参政能力,引发人民之政治趣味,就其本能所近,区处条理,使各适其宜,并藉此群策群力之动,兴其自觉自励之情,以求夫自利自安之果。"①又说:"国家之所以长治久安,在致人民之知识才能于相当之位,以锻炼而磨琢之,非为少数者谋便利,侵夺他人权利,使代庖代斫者,所能克奏肤功也。"②这里,高一涵以"人民本位"的思想来诠释国家的含义,突出"人民权利"在国家政治生活中的核心地位,于是国家也就成为人民行使权利的工具。在这样的"主权在民"的国家里,不仅是人民主宰国家,而且是人民借用国家这一组织来行使自己的民主权利,并且也是人民自主地来确定"若者为利,若者为害,若者为吾群所安,若者为吾群所苦之标准,以自为趋避之计耳"。这是高一涵以西方现代民主政治理论所设计的一种理想的国家图景。

高一涵对当时"曲学阿世之徒"妄为解释"国家"的言论,从政治学的学理高度予以驳斥。当时,日本人有贺长雄谓"中华民国统治权,由满清皇帝让与",又谓"满清皇帝将统治权让与中华民国,而统治权非能自发动,此政治组织之全权,实集于袁公一身"。民国三年的"约法会议"咨复大总统文中又说:"方今共和成立,国体变更,而细察政权之转移,实出于因而不出于创。"高一涵认为,这种关于中华民国统治权是"让与"的结果、"因"的产物,实在是一种"谬解",需要予以严正地驳斥。因为,"有此谬解,则歧义旁生:一则袁世凯所组织之政府,与满清政府络脉相联、正统相袭,而南京临时政府为节外生枝,按诸统系,已无存立之余地;一则中华民国之统治权非由人民总意所结合,乃由前代皇帝所转移。"③高一涵认为,这种关于中华民国统治权的解释,不仅在理论上是错误的,而且在实践上是极为有害的。按照这种解释,不仅使得辛亥革

① 高一涵:《民福》,《甲寅》第1卷第4号,1914年11月10日。
② 高一涵:《民福》,《甲寅》第1卷第4号,1914年11月10日。
③ 一涵:《国本》,《民彝杂志》第1卷第1号,1916年5月15日。

命“固无一钱之价值”，而且使袁世凯“挟统治权为私有物矣”，由此“袁氏既挟统治权为私有物，实则早已挟吾国家而尽入私囊矣”。在高一涵看来，“夫统治权附国而名，而与国家合体者也，自其流者而言，曰统治权；自其凝者而言，曰国家”。而这种“曲学阿世之徒”所给予的关于中华民国统治权的“谬解”，在事实层面上是为袁氏复辟帝制提供“依据”的。“充此义以言，岂但总统之权，出于因而不出于创哉，即今日之皇位帝权，亦为满清所让与，建号改元，特就固有之事实，以正其名而已，亦出于因而不出于创也。”①为了进一步驳斥关于中华民国统治权的“谬解”，高一涵以“人民总意”来诠释国家，说明了中华民国统治权的来源及其产生问题。他指出：“近世国家，无问君主共和，要必为人民主权；所谓人民主权者，即主权素质由人民总意所凝集而成者也。人民所委托于政府者，为权力而非意志；以权力可委托，而意志绝不能委托者也。故人民总意，既离现政府而去，别建一正当集议团体，则新统治权由此而生；旧政府之统治权，已完全消灭。卢梭曰：‘国家最高主权，时时为人民所保留者也，人民一正当集会，以设立主权团体，则政府统治之权，即应时消灭。’辛亥之役，当我人民在南京集议之时，中华民国之统治权已由此而生，满清统治权即完全消失。统治权我民国所自有，何待彼之言‘公’？彼之统治权已失，尚有何物得以言‘让’？既非让矣，更何有于‘因’，何有于‘转移’？”②高一涵关于国家问题的诠释是建立在“人民本位”的基础上的，不仅在学术思想的渊源上承继法国资产阶级革命时期的启蒙思想，而且与中国的辛亥革命的政治实践紧密结合，在于巩固辛亥革命的政治成果和中华民国所建立的政治制度。

高一涵在辨析国家含义的基础上，对于国家保护人民权利的职能予以说明，集中阐发了国家而非“人民权利”代理者的观点。在高一涵看来，没有人民也就无所谓国家，因而国家的存立始终是以人民的存在为前提的。然而，国家与人民的关系虽然“以性质而言，则无二体”，但国家只是人民的保护者，须时时以尊重和实现人民的利益为指向，始终立于人民之后，因而并不能以国家之自身来代表人民，当然也就不能代表人民的权利。他指出：“总之，国家职

① 一涵：《国本》，《民彝杂志》第1卷第1号，1916年5月15日。

② 一涵：《国本》，《民彝杂志》第1卷第1号，1916年5月15日。

务,在致民于各得其宜,不在代民行其职务。质言之,国家为人民之监督、保护者,而非代理者。此其界判若鸿沟,何能浑视?以国家代行人民权利,是以人民为无权利、能力也,是以人民为发育不完、心神丧失,而同于未成年禁治产者之待遇也。国民不能享有权利,非疾废童稚,即为皂隶。"①高一涵说,如果国家不能"扶植吾人权利",这就是国家的一种"溺职"行为,如果国家再"反夺吾一切所有者",那就是"国家之害"了,因而是必须坚决反对的。高一涵的言论说明,国家是人民权利的保护者,但国家并不是人民的代理者。因为,如果是代理者,国家也就可能因为"代理"而凌驾于人民之上,从而丧失国家的"人民本位",这就可能导致专制政治的发生。故而,需要从政治原理上说明国家非人民代理者的主张。

高一涵对于"主权在民"的观点予以进一步阐发,阐明了人生与国家之间的关系,说明了"国家"是"人生所凭藉"的观点。他指出:"夫国家者何?自由人民以协意结为政治团体,藉分工通力,鼓舞群伦,使充其本然之能,收所欲蕲之果,及以自智自力,谋充各得其所之境者也。国家非人生之归宿,乃人生所凭藉,由之以求归宿之途者。故第一要务,即在多备机宜,促人民之自醒,启其兴趣,增其智识者,方为得之。然则高其文化,展其天才,乃国家对于人民终极之蕲向。政治运施离去改进人民程度,则渺无意味,此论政者之正鹄也。正鹄既定,则所由赴鹄之途,乃最有研究之价值。夫人民对于政治,而形其非常注意者,必政治之机括,息息与人们之意见相关。政府当局之进展,国民得间接以操其柄,而国民总意发表,必能影响于政府行为,此其大径也。能具此灵通之机者,自必以平民政治为最。……平民政治,即使国民课政府之责,以舆论作庶政之基者也。然则政治之进程,增国民之政识,舍民政而外,其道奚由?"②不难看出,高一涵在人生与国家的关系上,认为国家除人民以外并没有特别的目的,强调国家是"人生所凭藉"达到自己目的的手段,主张国家、政府只是人民达到其目的的工具,因而都必须始终以人生之指向为指向。

高一涵基于主权在民的理念,高度重视宪法在国家政治建设中的地位,主

---

① 高一涵:《民福》,《甲寅》第1卷第4号,1914年11月10日。

② 一涵:《程度与民政》,《民彝杂志》第1卷第1号,1916年5月15日。

张建立法制秩序，从而有效地实施国家的政治功能。在高一涵看来，个人与国家、宪法与私约，在政治生活中有明确的界限，其权限与职能也不同。因而，不能以“个人”代表“国家”，也不可以“私约”代替“宪法”。在阐发“调和”与“国家”关系的问题时，高一涵以“调和主义”的政治观来考察政治生活，主张维护宪法的尊严，严格区分“宪法”与“私约”的界限，防止以“私约”代替“宪法”而动摇国家根基、侵犯人民权利。这体现了他的国家观体系中，关于建设法制秩序来保护民众权利的基本观点。高一涵指出：“调和者，国家之职务，具有提议、磋商、承诺、判决之权。而享有主张之资格者，必属于宣明国家意思之最高机关。此机关为何？即国民会议是已。夫欲调和主义之永远流行，必纳其意味于国家机关之权限中，不得寓其意味于各派首领之私人意见中。前者为宪法之事，后者则私约之事。宪法者，调剂万派、流通百感之根本法，而为国民之权利书；私约者，则规定当事双方之利益，而为个人之权利书。宪法为国家所创造，以国家为主，国民咸受治于其下者；私约则为当事者所创造，以双方之权利为主，而无关于国民权利者也。故私约中所含之调和主义，仅当事者两方自享之。若以此两方独享之调和，误认为国家根本之调和，则是以各派首领为国家，以各派首领之意思为国家之意思。此等非法之举，绝不得认为国家之事，亦绝不得认为根本之解决。非然者，置国家于各派权力之下，国家生命全视两派权力之变动为转移。以权力左右国家，适以导夫武人政治之先路，国不亡、祸不已也。”①又说：“吾国主权在民，久为约法所明载。关乎此点，本无疑难。则此后调和之权，必托诸宣明国家意思之最高机关，方为有当；断不容专擅僭窃，以国家之事漫然托诸政府。……吾人此后即设置临时政府，其权限亦犹是也。调和之机，发动于统治权之主体，归纳于根本大法之中，保之以国权，行之于永久。为国民全体计，非为党派首领计；为政治之常道而设，非为偶然激变而设也。故提议请愿之权，或可以界一二于当事之两方，而最终之判决则应全属人民之总意，此吾人今日所最宜注意者也。”②这里，高一涵虽然是在论述“调和”与“宪法”的关系，但仍然看得出他以主权在民为理念、“人民权

① 一涵：《国本》，《民彝杂志》第1卷第1号，1916年5月15日。

② 一涵：《国本》，《民彝杂志》第1卷第1号，1916年5月15日。

利”为中心,探求建立以宪法为中心的法制秩序的强烈愿望。

阐发政治调和的思想

高一涵在《民彝》杂志上发表《国本》文章,其主旨在于“昌言调剂之理”,主张“调和主义,乃近世立国敷政之大经”①。高一涵尽管主张政治上的“调和”,但反对那种“伪调和”的论调,认为“调和之说不可辟,所当辟者为伪调和耳”。特别是在反对袁世凯称帝的护国运动兴起的情形下,更应该批判那种“伪调和”论调。高一涵指出:“今者义师遍起,声势动中原,迟速不必计,要必以贯彻初志,为吾人尽职之期;鼓吹调和,是缓义师猛进之心也。”②高一涵关于“调和主义”的研究,主要阐发了以下几个观点:

第一,“调和”之局面成于“势”。在高一涵看来,并不是在任何情况下都有调和的。换言之,“调和”是需要一定的条件的,这个条件就是“势”,也就是“双方之实力”。高一涵指出:“调和者势也、力也,实际之问题也。其行其止,不系乎人之欲不欲,而系乎势之能不能;不重乎个人之德,而重乎双方之实力。……然则调和之机亦必于‘略无余地可容两方之回旋,进既不能,退亦不得,少一锄铻,两败俱伤’之时见之。果未陷入此境,即喑口哓音,鼓吹调和之论,而终无一顾之价值。果已陷入此境,即唇焦舌敝,出死力以排之,亦终不能免。故有以调和之说进者,愚决不斥其纰缪,但询其方法,是否当于调和之义;义当矣,又当审其时势是否适合机宜,而各方之实力已否陷入绝境。”③正是因为高一涵强调“调和”所应具有的条件,所以他要求认真地审察“时势”,认为不可在条件不具备时侥幸尝试。他说:“若其时势于调和原则,渺无毫黍之相合,斯万无可侥幸尝试之理。”高一涵这里的论述说明,“调和”局面固然是基于双方的实力,但也是在特定的“机宜”之下才能形成,这就是双方之实力皆已“陷于绝境”之时。

① 一涵:《国本》,《民彝杂志》第1卷第1号,1916年5月15日。
② 一涵:《国本》,《民彝杂志》第1卷第1号,1916年5月15日。
③ 一涵:《国本》,《民彝杂志》第1卷第1号,1916年5月15日。

第二,“调和”需要双方皆有“相当之牺牲”。在高一涵看来,“调和”基于双方的实力,同时也基于“势”,但必须以双方各有所牺牲为前提。如果仅是牺牲一方,或者是“一方为主,一方为从”,如果是在“存我”而不“存人”,这只是使“调和”成为“名义之事”,那就会形成“敷衍”的局面。“敷衍”与“调和”有着决然的界限,这不是真正的“调和”。高一涵指出:“调和主义之实行,必在两力抗拒各不相让之时,而其协议之前提,必在有相当之牺牲。此所谓相当牺牲,不重乎虚名,而重乎实力;不关乎一人之进退,而关乎势力之变更。其中有最不可犯之律,即以一方为主,一方为从;一方保其固有之位势,撤去实力而外之主张,一方贯彻其实力而外之主张,但苟且迁就,不得植其根基,获得相当之位势是也。故凡一事之起,其协议克谐之日,能合乎前者之旨,是为调和;若犯乎后者之律,则为敷衍。敷衍者名义之事,调和者实际之事也。二者不画定鸿沟,慢然从事,终必贻噬脐莫及之忧。故敷衍为自杀之刃薮,万害而无一利;探其隐而露之,即失败之饰词耳。”①有鉴于此,高一涵认为辨别“调和”与“敷衍”两者的界限就显得格外重要,不可将此二者“混为一谈”,亦即不能“妄以敷衍为调和,而立界不明也”。因此,高一涵认为“今日所最不可误堕他人计中者,敷衍之云而非调和之云也”②。

第三,“调和”的过程是“同蕴并育”、“兼容并苞”。基于“自存”、“他存”的理念,高一涵反对在调和之中存在着的“扬此抑彼”的倾向,认为调和不仅存在于“新”与“新”之间,而且也存在于“新”与“旧”之间;并且,只有通过“同蕴并育”、“兼容并苞”的途径,才能够改变原有事物的性质,进而“蕴成第二种形色性质者”。他指出:“调和之义,同蕴并育,非排其一以存其一,扬乎此而抑乎彼之谓也;充其义量,必合新旧异同名实质力,诸形色性质总纳诸一炉,以锻炼而销镕之,其义始备;而调和之终,又必使原有之新旧异同名实质力,尽变其固有之形色性质,融合无间,蕴成第二种形色性质者,而其功始完。故国家之真正平和,必政局中心可以兼容并苞,使爱憎二力各有相当之余地,常互相回旋往复,不虞郁久而溃决。若驱逐一阶一级于势力范围而外,或虽名为容

① 一涵:《国本》,《民彝杂志》第1卷第1号,1916年5月15日。
② 一涵:《国本》,《民彝杂志》第1卷第1号,1916年5月15日。

纳，而各阶各级之固有畛域，迹象昭然，抑迹虽暂隐，而各方面不同之形色性质，尚完全保持，不少变化，时露圭角于其间，此与调和之根本原则相差万里。”①在高一涵看来，如果不遵循“同蕴并育”、“兼容并苞”的原则，就会造成“群力对抗，互相抵牾”的情形，其结局必然是“相激相排，终归溃裂”。不难看出，高一涵所说的“调和”是双方的共存并由旧质产生新质的过程，因而并非“一力特起，尽排其余，而独占其政局”的情况。

第四，“调和”的主体是“国家”而非“个人”。在高一涵看来，政治上之调和必须明确其主体及其权限。如果主体不明，则政治上的调和难以成功，甚或会使国家处于风雨飘摇的境地。在就国家与个人关系的厘定中，高一涵将国家作为调和的主体，突出国家在组织政治生活中的特殊地位，主张国家应该担负起政治上调和的责任，认为只要是“调和”就必须以国家为主体，并且必须体现在国家的根本大法中，从而使“调和”能够有切实的政治保障。对此，高一涵从“调和”的意义入手予以阐述。他指出：“调和当局，既不能略分主从己，故实行调和主义，乃政治机关之权限问题，而非党派首领之位置。易词言之，乃国家问题，而非个人问题也。宇宙万汇，惟人能群，亦惟有群，而后有新旧异同之不齐。新旧异同之不齐，既与群相终始，则一群之内即无日不在抵衡冲突、融剂荡摩之天。故调和之义，自应日日流通，永行不息，不必待国中有一力特出之后，乃别造他力以倾之。要当于国家根本大法中，留有调剂各派之余地，并使各阶各级之力，有其一定之封域；不及此限度，可以自行发扬以赴之；过此限度，则有他力足以牵制抵衡之。各守其藩，各遵其轨，相调相剂，以底于平，此调和主义之根本义也。”②在高一涵看来，在国家与个人关系问题上，国家更有处理政治问题、建立政治秩序的优势，因而也就有担负“调和”的责任。这是因为，国家本身是由民众之“总意”而建筑起来的，其职责在于维护民众的利益，与单个的个人不仅处于不同的位置，而且也有不同的职分。由此，高一涵又进一步从个人与国家在政治运作中的具体作用，说明国家调剂各方关系所具有的独特性优势，并希望能够实行“真正调和主义”。高一涵指出：“故

① 一涵：《国本》，《民彝杂志》第1卷第1号，1916年5月15日。
② 一涵：《国本》，《民彝杂志》第1卷第1号，1916年5月15日。

调和之事，必以国家为主体，不得以个人为主体。何也？以国家职务，在立于人民之后，保持维持，合一群之内所有繁杂不齐之点，胥纳诸相安相得之域，务令各适其情，各如其量，而不致纵其一以妨扰其他；反是，而以个人权利为调和之主，而不一与国家谋，其敝也，必相倾相轧，争权竞势。而以国家为孤注，无论双方之要求，终不能斟酌咸宜，各满其欲望以去也；即使能之，而双方各尽力以保其固有之权，必使原有之畛域，昭然划分，其互相牵制也以人而不以法，以个人之手腕，而不由国家之机关，一日不惟武力是务，则必互见扑灭于他方。以力克力，所得惟力。国家而惟力是尚，斯无日不在兢兢战战之天。政局重心，旋环无定，必陷国家于飘摇震荡之域者，可无疑也。故真正调和主义之实行，必以国家为调和之主力，两造各听命焉，取所有磋磨调剂之原理，归纳于根本大法之中，俾其基确立而不可拔，而国本乃可巩然。”①概而言之，高一涵强调国家是政治调和的主体，乃是基于主权在民的基本原则，不仅从国家的政治职能上，而且从国家拥有的根本大法上，来说明国家在建立法治秩序、整合政治资源、调剂各方利益、引领政治方向等方面的独特作用。

高一涵站在革命党的立场上，以“调和”思想来解读晚清与民国初年的历史，着重对辛亥革命的政治成果予以分析，试图通过总结历史的经验，探寻“质力调匀，政归常轨”之道。关于辛亥革命，高一涵有这样的评析：

> 辛亥之役，论者莫不谓南北协议，克副调和之实矣。就之论此一役，首宜判为两段。辛亥革命所抱之主旨，在荡涤专制，建设共和。满清所颁十九信条，固亦略示调和之意，而卒等于废纸者，一以与共和条件根本相反，一以满廷实力未朽，虚名立宪，等于石田耳。迨和议告成，一方退位，一方承认优待条件，双方各有所贯彻，亦皆各有所牺牲，故调和主义乃达其圆满之量。此辛亥一役之第一段落也。至和议告终，而入于建设共和政府时代，名义上满清统治权，及事实上民国大总统之职，举而托之于袁，复尽清廷所有之实力而掌握之。袁之大权，自谓与清廷蛛丝相接，其性质不变，行使之方法亦不变。斯时之袁，久君主其质，共和其貌矣。所谓南

① 一涵：《国本》，《民彝杂志》第1卷第1号，1916年5月15日。

> 北协约,往复数次,彼之实力固无丝毫朽损也。迨南下受职之议,归于消灭,吾民党主张之实行者,仅余共和名号一点。何也?协议之事,袁为主而吾人为从,袁之固有实力依然,而吾人之所主张全为泡影,举调和主义所最忌之律一一犯之。故再越寒暑,吾人之计划,全被芟夷,仅余一五色国旗。而群犬狺狺,犹争欲易之以他式,即无癸丑之师,吾人亦将无立足之地矣。当日调和,失此一着,遂演成今日之大错。此辛亥一役之第二段落也。故综此役之始终而论,吾人对于清廷,可谓调和主义圆满,见诸实行;至对于袁氏,则一言以蔽之,曰敷衍而已矣。①

高一涵以"调和主义"的政治理念对于辛亥革命所作的这种诠释,就在于说明政治上的调和有其应该恪守的原则,不能因为要调和而变成为"敷衍"式的调和,因而其调和思想具有与现实政治斗争紧密联系的特点。

高一涵的民主政治思想继承了西方近代以来的民主传统,以在中国建立现代民主政治为其理想。就高一涵民主思想的演进历程来看,其民主思想发端于对民国初年中国政治的深刻思考,本质上是民国初年中国政治的现实反映。可以说,正是在《甲寅》月刊时期,高一涵开始对中国政治进行了较为深入的研究,积极关注民国政治发展的前景。高一涵正是有这样的思想基础,于1915年率先加入陈独秀为首的《新青年》群体,成为那个时代思想启蒙的精英人物。高一涵在反对日本提出的"二十一条"、反对袁世凯复辟帝制的斗争中,坚持民族主义和现代民主政治的理念,这直接构成了他在《民彝》杂志时期的政治思想的主体内容。通过创办《民彝》杂志及其在《民彝》杂志上发表政治论文,高一涵的民主政治思想有了很大的发展,并与国内政治变迁的实际更加紧密地结合起来,这对于他在《新青年》时期进一步提升思想水平、发挥更大的思想启蒙作用有着积极的影响。从思想演进的进程来看,高一涵在《新青年》期间的政治思想,与《甲寅》月刊、《民彝》杂志有着直接的承继关系。因而,高一涵在《甲寅》月刊、《民彝》杂志上发表的论文,也就成为我们分析其在《新青年》时期思想的重要视点。

---

① 一涵:《国本》,《民彝杂志》第1卷第1号,1916年5月15日。

第三章　办报启蒙(1915—1917年)

民国的建立实现了政治体制的根本转型。然而,思想的转换不是短时间可以完成的。对普通国民来说,虽说皇帝没了,辫子剪了,身体进了共和,但精神还仍然被囚禁在封建思想的牢笼里。一般百姓,但凡见了官厅的老爷,仍不由主的要下跪。帝国主义侵略中国的局面仍然没有改变,人民大众与帝国主义的矛盾仍然是没有改变。面对列强瓜分、袁氏复辟及国家积贫积弱的局面,如何救国家于危难,一批先进知识分子遂把努力的方向集中在启迪民智、提升国民的公民意识上,通过办报而走上启迪民智的道路。高一涵也加入了办报的行列,先后参与了《青年杂志》、《宪法公言》、《甲寅日刊》等杂志的创办,并迅即成为引领舆论的时代先锋。

《青年杂志》的二号人物

1915年9月15日,《青年杂志》创刊,拉开了启蒙时代的序幕。陈独秀在创刊号的"社告"中点明了《青年杂志》的创刊宗旨,对杂志的主张、编辑方针、读者对象、语言特点、栏目设置等方面都做出了规定:

一、国势陵夷,道衰学弊。后来责任,端在青年。本志之作,盖欲与青年诸君商榷将来所以修身治国之道。

二、今后时会,一举一措,皆有世界关系。我国青年虽处蛰伏研求之时,然不可不放眼以观世界。本志于各国事情、学术、思潮,尽心灌输,可备攻错。

三、本志以平易之文,说高尚之理。凡学术事情足以发扬青年志趣者,竭力阐述。冀青年诸君于研习科学之余,得精神上之援助。

四、本志执笔诸君,皆一时名彦,然不自拘限。社外撰述,尤极欢迎。海内鸿硕,倘有佳作见惠,无任期祷。

五、本志特辟通信一门以为质析疑难,发舒意见之用。凡青年诸君,对于物情学理有所怀疑,或有所阐发,皆可直缄惠示。本志当尽其所知,用以奉答,庶可启发心思,增益神志。

《青年杂志》创刊时,作者队伍很小,即:第一期有陈独秀、高一涵、李亦民、汪叔潜、彭德尊(汪、彭仅一期)、陈嘏;第二期增加了易白沙、薛琪瑛、汝非(仅一期);第三期有刘叔雅、谢无量、谢鸿加入;第四期来了高语罕、孟明、潘赞等人,第五期有李穆和萧汝霖短期加入(仅一期);第六期有澍生(仅一期)加入。

《青年杂志》第一卷,出了六期,每一期上都有高一涵的文章。有时,一期之中就有两篇高一涵的文章,分别是:一卷一号:《共和国家与青年之自觉》(一);一卷二号:《共和国家与青年之自觉》(二)、《近世国家观念与古相异之概略》;一卷三号:《共和国家与青年之自觉》(三)、《民约与邦本》;一卷四号:《国家非人生之归宿论》、《读梁任公革命相续之原理论》;一卷五号:《自治与自由》;一卷六号:《戴雪英国言论自由之权利论》。发表的时间为1915年9月1日到1916年2月15日。此后,《青年杂志》因战乱而停刊半年,到1916年9月1日复刊,并更名为《新青年》。这时,高一涵正好由日本回国,在二卷一号上即发表了《乐利主义与人生》。1917年1月,《新青年》因陈独秀应聘北大文科学长,随迁到北大。而高一涵归国后,因与李大钊合办《宪法公言》,协助章士钊办《甲寅日刊》,故而除在1917年1月1日的《新青年》二卷五号上发表《一九一七年豫想之革命》后,有一段时间未在《新青年》上再发表文章。直到1918年,高一涵在李大钊进入北大次年后,因陈独秀的推荐和蔡元培的聘请也进入北大,从而开启了高一涵在北大的学术生涯。于是,从1918年1月15日《新青年》四卷一号起,高一涵发表《近世三大政治思想之变迁》

后，再次成为《新青年》杂志重要撰稿人，融入了《新青年》发展的第二阶段——北大同仁为核心的作者群，并成为轮流主编之一，这是后话。

高一涵能够参与到《青年杂志》之中，与此前他在《甲寅月刊》创办时期，同陈独秀得以结识并有着志同道合的追求，应该说有着极为密切的关系，但可能亦有其他原因。高一涵对自己加盟《新青年》有这样的回忆："民国四年，陈独秀先生在上海创新青年杂志，余时已到日本三年余，为穷所迫，常断炊。独秀约余投稿，月得十数元稿费以糊口。"①高一涵的这则"回忆"，至少说明两点：其一，高一涵参与到《青年杂志》之中，是因为陈独秀的主动约稿而促成，这可见陈独秀对高一涵的器重；其二，高一涵积极地为《青年杂志》写稿，同时也是为了要解决经济上"常断炊"的问题，因而写稿也是为了能够继续其学业。

高一涵参与《青年杂志》之时，仍在日本留学。从文章的数量看，他是仅次于陈独秀的主要撰写者。他在创刊号上发表了《共和国家与青年之自觉》，该文三期连载。一篇政论文以三期连载的方式发表，在《新青年》整个办刊过程中，除连载杜威讲演稿外，可谓绝无仅有。可见，高一涵本人及其文章在《新青年》主帅陈独秀心目中的分量。

高一涵这一时期在《新青年》上发表的文章，集中体现了他在日本所学专业的特色，并紧扣杂志的办刊宗旨。就此时高一涵发表的文章来看，其主旨是关注国民精神的觉醒，从理论上阐述现代国家的理念和民主政治的思想。无论从文章的数量还是质量上看，高一涵在同期作者群中皆名列前茅。可以说，高一涵为陈独秀担纲助阵的台柱子，成为《青年杂志》创刊时名副其实的第二号人物。

关于高一涵在《新青年》群体中的位置，还可以通过新文化运动各精英人物在《新青年》上发表文章的次序来考察。陈独秀创办《新青年》后，高一涵首先加盟并发表了文章，而其他新文化运动的精英人物则是逐步来到这一群体的。李大钊虽然与陈独秀在《甲寅》月刊上都发表了文章，两人并且还就"爱国心"问题进行过辩论，但李大钊是在《新青年》刊物创办一年之后才正式进

① 高一涵：《李大钊同志略传》，《中央副刊》第60号，1927年5月23日。

入这一群体的。根据《新青年》杂志和《李大钊文集》来考察,李大钊在《新青年》上发表的第一篇文章是《青春》,载1916年9月出版的《新青年》第2卷第1号;发表的第二篇文章是《青年与老年》,载1917年4月出版的《新青年》第3卷第2号;发表的第三篇文章是《"今"》,载1918年4月的《新青年》第4卷第4号。这说明,李大钊加入《新青年》群体虽不算太迟,但起初在《新青年》上发表的文章确实不算很多。胡适是陈独秀的安徽籍同乡,陈独秀为使胡适进入这一群体作了很大的努力。胡适于1916年2月初致信陈独秀,提出建议:"今日欲为祖国造新文学,宜输入欧西名著入手,使国中士人有所取法,有所观摩。"①陈独秀在得知胡适的文学主张后立即致信胡适,希望胡适在功课之暇为《新青年》多译名著,"以为改良文学之先导"②。此后,陈独秀与胡适之间书信往还频繁,商讨文学革命的问题,终有胡适的《文学改良刍议》文章在1917年1月《新青年》第2卷第5号上发表,从而揭开了文学革命的序幕,使新文化运动在社会上造成了很大的影响,《新青年》的影响也与日俱增,而文学革命的话题此时也就"已经成为全国讨论的热门"③。钱玄同加入新文化运动的阵营,具有积极的主动性,其影响也非同一般。钱玄同于1906年赴日本留学,期间曾向国学大师章太炎学习文字学,研究音韵训诂,故而是章太炎的弟子;在胡适发表《文学改良刍议》时,钱玄同任北京大学教授,为全国著名的古文大家。钱玄同看到胡适的文章后立即致信陈独秀,表示"极为佩服",认为胡适"斥骈文不通之句,及主张白话体文学,说最精辟"④。古文大家钱玄同不仅赞同白话文,而且加入到新文化运动阵营助战,这给少年得志的胡适是一个巨大的鼓舞和支持。陈独秀对钱玄同的加入也十分兴奋,欣喜之情溢于言辞,他在致钱玄同的信中写道:"以先生之声韵训诂学大家,而提倡通俗的新文学,何忧全国之不景从也?可为文学界浮一大白!"⑤被陈独秀称为"蜀中名宿"吴虞,也曾经是留日学生,长期在成都教书。在《新青年》兴起批孔运动

① 《胡适书信集》(上),北京大学出版社1996年版,第69页。

② 《陈独秀书信集》,新华出版社1987年版,第26页。

③ 胡适:《胡适口述自传》,《胡适文集》(1),北京大学出版社1998年版,第321—322页。

④ 《陈独秀书信集》,新华出版社1987年版,第91页。

⑤ 《陈独秀书信集》,新华出版社1987年版,第90—91页。

后，吴虞主动向《新青年》群体靠拢，1916年12月他将自己的文章《家族制度为专制主义根据论》由成都寄给陈独秀，正式向《新青年》投稿，并给陈独秀写了一封长信。陈独秀在回信中，表示将吴虞的文章立即在《新青年》中发表，以“嘉惠后学”[①]。此后，吴虞在《新青年》中发表了多篇有影响的文章，如《儒家主张阶级制度之害》、《吃人与礼教》等，猛烈抨击家族制度和孔子学说，被胡适称为“中国思想界的一个清道夫”、“四川省只手打孔家店”的老英雄，与陈独秀一起成为“攻击孔教最有力的两位健将”[②]。正是由于新文化运动领导群体的壮大，到《新青年》出版第6卷时，实行轮流主编制，各期的主编为：第1期为陈独秀，第2期为钱玄同，第3期为高一涵，第4期为胡适，第5期为李大钊，第6期为沈尹默。可见，此时的《新青年》阵营在急剧扩大，经营方式亦发生很大的变化。通过梳理新文化运动精英人物汇聚到《新青年》的过程，不难看出高一涵在《新青年》中的重要地位，以及高一涵与陈独秀之间的志趣相投、密切契合的合作关系。

高一涵在早期《新青年》时期发表的文章，把关注的焦点集中在“人”和“国”上。“人”即国民，特别是青年，关注的重点是如何打碎人们思想上的牢笼，使国民具有独立的人格，自由的思想，成为具有现代意识的公民；“国”，即“国本”，关注的是如何打破几千年的封建帝制、打破其赖以生存的思想基础——“孔教”和“贤人政治”思想。高一涵既然是为陈独秀领导启蒙运动而担纲助阵，则其文章也在于呼应陈独秀“破坏偶像”的号召，推进思想启蒙事业的发展。陈独秀声称：“破坏！破坏偶像！破坏虚伪的偶像！吾人信仰，当以真实的合理的为标准；宗教上、政治上、道德上、自古相传的虚荣，欺人不合理的信仰，都算是偶像，都应该破坏！此等虚伪的偶像倘不破坏，宇宙间实在的真理和吾人心坎儿里彻底的信仰永远不能合一！”[③]又说《新青年》创刊以来所做的工作就是“破坏”，这主要是“破坏孔教，破坏礼法，破坏国粹，破坏贞节，破坏旧伦理（忠孝节），破坏旧艺术（中国戏），破坏旧宗教（鬼神），破坏旧

① 《陈独秀书信集》，新华出版社1987年版，第69页。

② 胡适：《〈吴虞文录〉序》，《胡适文集》（2），北京大学出版社1998年版，第608—610页。

③ 《陈独秀著作选》第1卷，上海人民出版社1993年版，第393页。

文学，破坏旧政治（特权人治）”①。陈独秀的用意是在破中求“立”，在中国建立起现代共和国家的政治理念。故而，高一涵在《青年杂志》时期，更多地承担了这一“立”新的重任，并做出了历史性的贡献。

1. 寄希望于青年担任社会变革重任

大凡社会大变革时代，青年的地位和作用就会被引起重视。致力于青年的思想启蒙，唤起青年的自觉，是陈独秀领导新文化运动的重要特征。高一涵、李大钊等精英人物也自觉地把关注的目光，重点地投向到青年身上，并向青年这一群体宣传积极向上、朝气蓬勃、创新进取的人生观和价值观。可以说，寻求社会变革的新生力量，寄希望青年在建设民主政治中发挥主导作用，是新文化运动领导者的共同认知。陈独秀创办《青年杂志》就在于唤起青年的自觉，声称“青年之于社会，犹新鲜活泼细胞之在人身”②。作为新文化运动主要引领者之一的高一涵，他一开始也是把建设民主政治的希望寄托在青年身上，呼唤青年站在时代的前列，担负起思想启蒙的任务。他说：“澄清流水，必于其源。欲改造吾国民之德知，俾之脱胎换骨，涤荡其染于专制时代之余毒，他者吾无望矣，惟在染毒较少之青年，其或有以自觉。”③高一涵强调青年在建设民主政治中具有特殊的作用，要求青年发挥独立自主的能力和个人主义的精神，故而他倡导西方思想界当时风靡一时的个人主义思想，宣传的是以自由和权利为核心的思想内容。在他看来，“一己之天性，完全发展，即社会之一员，完全独立”，而社会由个人所构成，社会就必须以个人的存在为前提，如此个人的发展才能成为社会进步的保证。因而，他把个人自由的享有与个人权利的天赋看成是青年发挥作用的根本依据。如他说：“今日吾辈青年，正当努力以与旧习俗相战，以独立自重之精神，发扬小己之能力。而自由、权利二者，即为发扬能力之梯阶。”④高一涵要求彰显个人的人格与个性，并把自由与权利作为个人在社会中存在的本然要求，期待青年自觉地担负社会改造的责任，充当导引社会进步的角色。

---

① 《陈独秀著作选》第1卷，上海人民出版社1993年版，第442页。

② 陈独秀：《敬告青年》，《青年杂志》第1卷第1号，1915年9月15日。

③ 高一涵：《共和国家与青年之自觉（一）》，《青年杂志》第1卷第1号，1915年9月15日。

④ 高一涵：《共和国家与青年之自觉（二）》，《青年杂志》第1卷第2号，1915年10月15日。

高一涵寄希望于青年在社会变革中发挥作用，是与民国建立后政治发展的要求相联系的。在高一涵看来，青年要担负起建设共和国的重任，充当起建设民主政治的先驱，首当要培养的是不同于旧道德的新道德，不仅天性能够得到自由发展，而且能够形成独立的人格。高一涵指出："欲政府不侵我民权，必先立有凛然难犯之概；欲政府不侮我人格，必自具庄严尊重之风。……根本维何？即改造青年之道德是。道德之根据在天性，天性之发展恃自由，自由之表见为舆论。"[①]也就是说，青年只有由"舆论"而得"自由"、由"自由"而得"天性之发展"并进而奠定新道德的根基，从而使社会能够形成新的道德，为建设共和政治作出贡献。新文化运动倡导的是新伦理、新道德，宣传的是资产阶级的自由、平等、博爱等价值观念，所要达到的是对整个国民进行思想改造的目标，其重要途径就在于塑造出新青年的道德形象。这里要说明的是，与陈独秀、李大钊相比，高一涵对青年的认识有着诸多的共同点，但亦有很大的不同。陈独秀认为现实中的青年是"老年其身体者十之五"、"老年其脑经者十之九"，他更看到的是理想的青年形象塑造的极端重要性，说："青年如初春，如朝日，如百卉之萌动，如利刃之新发于硎。"[②]李大钊展望的也是理想中的青年，认为"青年之字典，无'困难'二字，青年之口头，无'障碍'之语；惟知跃进，惟知雄飞"[③]。故陈、李对青年的认知比较侧重于设计理想的人格形象，因而所倡导的是全社会的道德改造，其对象主要是社会上的广大国民。而高一涵则主要看到的是现实中的青年，因而强调青年要从自身的道德改造做起，把青年自身道德的改造作为首要目标，希望由青年自身道德的改造而扩展为全社会道德的改造，从而为建设共和政治准备条件。高一涵这一认识是很有见地的，既反映了新文化运动"伦理革命"的总目标，又揭示了青年在伦理革命中践行新道德、率先进行自身道德改造的紧迫任务。

高一涵在强调青年培养新道德的同时，主张青年在个人与社会的关系问

---

① 高一涵：《共和国家与青年之自觉（一）》，《青年杂志》第1卷第1号，1915年9月15日。

② 陈独秀：《敬告青年》，《青年杂志》第1卷第1号，1915年9月15日。

③ 李大钊：《〈晨钟〉之使命》（1916年8月15日），《李大钊文集》第1卷，人民出版社1999年版，第169—170页。

题上要坚持英国式的功利主义,认为青年应该以个人为本位和出发点来塑造自己,并确证自我的主体性存在,如此才能真正地自立于社会并为社会谋求公共利益。他说,这种来源于英国的“功利主义”是一种“自利利他主义”,而所谓“自利利他主义,即以小己主义为之基,而与牺牲主义及慈惠主义至相反背者也”。之所以把“自利利他主义”作为个人与社会关系中所奉行的准则,这是由于不首先有“自利”的行为,就不可能有客观上的“利他”的效果。因为“社会集多数小己而成者也,小己为社会之一员,社会为小己所群集。故不谋一己之利益,即无由致社会之发达。”①高一涵所说的“功利主义”,在本质上是以个人主义为核心内容的“自利利他主义”,亦即在尊重和发展个性的前提下,通过正当地谋取个体利益来增进社会的福利,使得个人的努力与社会的发展达到同一,从而充分显现个人的独立及其社会进步中的作用。从这里可以看出,高一涵将功利主义作为青年追求的目标,着重的是提出青年自我存在的价值及其对人生的自我设计,一方面是要求追求个性的发展与完善,确立个人在社会中的独立地位,另一方面则要求个人必须以增进社会进步为价值趋向,以个人的进步来推进社会的进步,使群己关系建立在社会进步的基础上。高一涵指出:“吾辈青年,即应以谋社会之公益者,谋一己之私益;亦即以谋一己之私益者,谋社会之公益。……损社会以利一己者固非,损一己以利社会者亦谬。必二者交益交利,互相维持,各得其域,各衡其平者,乃为得之。”②鉴于对“公”与“私”关系这样的理解,高一涵要求“共和国家之青年,他日立身之计,惟以勤劳易利益,自保其人格,并以保他人之人格”,在“勤劳”中发展自己的同时亦对社会做出贡献。如果从五四时期中国社会来理解,高一涵提倡的功利主义人生追求,遵循的是先有“个人”后有“国家”的逻辑,强调的是要以“小己主义”为基,寄希望青年通过这一新功利主义来实现个人解放与社会解放的统一,这可以说是对当时中国民众个性受压抑、国家民族处于危亡境地而积极地寻求出路。

高一涵把建设民主政治的希望寄托在青年身上,对青年“立身处己之道”

① 高一涵:《共和国家与青年之自觉(二)》,《青年杂志》第 1 卷第 2 号,1915 年 10 月 15 日。
② 高一涵:《共和国家与青年之自觉(二)》,《青年杂志》第 1 卷第 2 号,1915 年 10 月 15 日。

作了新的具体要求。《新青年》同人对建设民主政治抱有热切的期望，于是也就很自然地注意到青年这一社会群体的力量。因而，《新青年》同人也就积极倡导青年树立乐观向上、积极进取、改造社会的人生观。陈独秀要求青年："第一当明人生归宿问题"，确立"内图个性之发展，外图贡献于其群"的信念；"第二当明人生幸福问题"，真正做到"既必准快乐与痛苦以为度，又必兼个人与社会以为量"[①]。李大钊也说，作为社会进步代表的"青年锐进之子"，"宜有江流不转之精神，屹然独立之气魄，冲荡其潮流，抵拒其势力"，创造青春之国家，创造青春之民族[②]。与陈、李一样，高一涵也强调青年"第一戒在抱悲观，第二戒在图自了"，他告诫青年："苟吾之死应在明年，则今年尚为吾奋斗之期，而非吾告终之日。非特明年然也，即吾之死在次月、次日、次时、次刻，而吾之奋斗，尚当于此月、此日、此时、此刻行之，急起直追，至死乃止。"[③]这说明，在整个新文化运动中，高一涵在倡导青年的积极进取的人生观方面，与其他《新青年》的同人有其一致性的方面，但也有不完全一样的地方，即高一涵对"青年立身处己之道"的认识更深化一步，这就是他希望青年能够"自居于国家主人之列"，因而对青年提出的要求相对来说更为具体一些、更为现实一些。他要求"吾辈青年活泼其心，方刚其气"，其具体途径是"练志"、"练胆"、"练识"。关于"练志"，高一涵说，"青年自觉之道，首在练志"，练志之方又首在打破"横暴障碍"，"以还我本然之自由"；练志之"用"，在于"可以人力胜天行，能胜物而不被物胜"，能够获得"幸福、安宁、自由权利"。关于"练胆"，高一涵强调"胆为行之所主"，有"胆"则"无所于惧"，"无所于恐"；在国家民族危亡之秋，"炼胆"尤为必须，"故胆之为用，专在危急存亡之秋，过此以往将无用武之地"；因此，"青年之第一秘诀，要以时势危急为吾人练胆之资，不得因时局垂危遂生丧胆之象"。关于"练识"，高一涵认为"识之本在学"，掌握"因果公例"，"用以数往知来，见其然而必以推其所以然"，故青年要学习和研究科学的知识；同时，青年还尤其要研习政理，"以政理启政例"，因此"吾人今日

---

① 陈独秀：《新青年》，《新青年》第2卷第1号，1916年9月1日。

② 李大钊：《青春》（1916年9月1日），《李大钊文集》第1卷，人民出版社1999年版，第186页。

③ 高一涵：《共和国家与青年之自觉（三）》，《青年杂志》第1卷第2号，1915年11月15日。

第一要务,即在求确当之政理,以为政例之前驱"[①]。高一涵认为,"志"、"胆"、"识"三者之间存在着"互相为用,不可缺一"的关系,具体而言:"以'志'言,则'胆'与'识'所以定'志'者也;以'胆'言,则'志'与'识'所以壮'胆'者也;以'识'言,则'志'与'胆'所以致'识'于用者也。'志'何以不移?有'胆'有'识'以定之,故不移;'胆'何以不怯?有'志'有'识'以壮之,故不怯;'识'何以能行?有'志'有'胆'以致于用则行。"从高一涵对青年提出的"志"、"胆"、"识"的要求所蕴含的具体内容以及"志"、"胆"、"识"三者的关系来看,这是一个关于共和国青年基本素质的全面规划。总之,高一涵要求青年"练志"、"练胆"、"练识",在于使青年有发展个性的信念和拯救国家民族的责任,有特立独行、勇于奋斗的胆识,有科学的理性和掌握政理的素养。高一涵认为,青年只有具备这样的基本素质,树立起新青年的形象,才能担负起建设民主政治的重任。

高一涵为什么如此重视青年呢?笔者以为,包括高一涵在内的新文化运动的精英们,对青年这一特殊群体引起特别的重视,固然是由于青年作为整体受传统的思想文化影响较少、易于接受新思想的缘故。但从更深层地看,是因为新文化运动的领导者寻求思想革命的力量的需要。对于陈独秀、李大钊、高一涵、胡适等归国留学生来说,在当时还不足以在整个中国知识界建立自己的思想权威,也不可能成为传统的儒学之士所拥戴的精神领袖,因而在领导思想革命、进行文化革新运动之时就必须寻求新的支持力量;而在此时,能够与陈独秀等新文化精英人物的思想比较接近、易予接受思想鼓动的、抱有强烈的改造中国社会愿望的,也只有青年这个特殊的群体,故青年这一群体就理所当然地被引起重视。要注意的是,自清末以来由于在国内举办新式学堂,同时又大派留学生于国外,确实也形成了一个新的知识分子群体,成为游离于传统文化价值体系之外的特殊阶层;这个特殊阶层作为独特的社会力量,同时也有着克服边缘人的动机和由边缘向中心移动的愿望,因而不仅需要自己的精神领袖和思想向导,而且也有在中国社会的思想舞台上建立起思想言说地位的内在需求。这样看,高一涵及陈独秀、李大钊等新文化运动领导者注重青年的作

---

① 高一涵:《共和国家与青年之自觉(三)》,《青年杂志》第1卷第2号,1915年11月15日。

用，积极地引领青年的前进，并将青年与社会的进步、民族的复兴联系起来，正是切合了当时中国社会的现实需要，这也是新文化运动能够异军突起、引领时代思想并走向成功的重要原因。

2. 批判封建专制思想，积极倡导思想革命

民国建立以后，封建帝王思想仍然存在国民头脑中。当时的情形正是："中国多数国民口里虽然不反对共和，脑子里实在装满了帝制时代的旧思想。"①且不谈社会上的一般人，即使是民国的总统，亦不例外。高一涵认为，实现政治民主化，首先要在思想上批判封建专制思想，特别是封建帝王思想以及为帝王思想服务的伦理道德，清除人们头脑中封建意识，根绝封建主义产生的土壤；同时，也要抨击封建思想的现代变种——贤人政治思想，使人们认识到贤人政治思想的专制主义面目。批判传统的封建专制思想以及封建主义思想在现代中国社会中的变种，是高一涵在新文化运动中的重要努力之所在。

高一涵指出，封建思想在共和国的总统中有突出的表现，这就是"君师主义"。在高一涵看来，"君师主义"是帝王思想的表现，此种思想谓帝王"作君而外兼以作师"，帝王"身兼天地、君亲、师之众责"。也就是说，帝王在中国封建社会里不惟作君，且亦作教化之主，作民之父母。正是这种传统的"君师主义"深印人心，根深蒂固，所以民国建立后的总统如徐世昌等都怀有这种"天地、君亲、师"的观念，把总统看做是"神圣的"总统、"元后的"总统、"家长的"总统、"师傅的"总统。高一涵指出："惟其为'神圣的'总统，所以能定'教条'；惟其为'元后的'总统，所以能'一正心而天下定'；惟其为'家长的'总统，所以云'在下则当父诏兄勉，以孝悌为辅世之方'；惟其为'师傅的'总统，所以'教育'、'修身'皆得由彼'酌择'。"高一涵对辛亥革命的历史进行深刻的反思，认为辛亥革命"是以种族思想争来的，不是以共和思想争来的"；同时，他又考察了民国初年的中国政治，看到的是"皇帝虽退位，而人人脑中的皇帝尚未退位"的情形，认为"入民国以来，总统行为，几无一处不模仿皇帝。皇帝祀天，总统亦祀天；皇帝尊孔，总统亦尊孔；皇帝出来地下敷黄土，总统出

① 陈独秀：《旧思想与国体问题》，《陈独秀著作选》第 1 卷，上海人民出版社 1993 年版，第 295 页。

来地下也敷黄土;皇帝正心,总统亦要正心;皇帝'身兼天地、君亲、师之众责',总统也想'身兼天地、君亲、师之众责'"。总结历史的教训,高一涵认为这是由于民国在建立之初进行"制度革命、思想不革命的铁证"①。固然,高一涵认为辛亥革命"不是以共和思想争来"的论断尚欠稳妥,但他注意到辛亥革命在思想革命(思想启蒙)方面的严重不足,并且能从历史与现实相联系的角度来剖析"君师主义"的历史成因和现实背景,这应该说还是很有政治见地的。由此也表明,高一涵的政治思想奠定在现实政治评判的基础上。

高一涵基于民国初年中国政治状况的分析,认为不能因为推翻了皇帝就算了事,建设共和政治必须进行思想革命。在高一涵看来,"君师主义"是"神权国家说"的产物,是封建专制思想的显著表征,其结果是使"小己对抗政府之权利,扫地尽矣"。这与近世民主政治的行进和现代国家学说的发展,是背道而驰的。由于自由平等政治的到来和西方民主政治思想的不断输入,因而中国在建设共和政治之时,尤其要注重思想革命的进行,因为"共和政治,不是推翻皇帝便算了事。国体改革,一切学术思想亦必同时改革"。这就是说,政治变革要与思想革命相伴而行,思想学术上的革命是政治革命的必然要求,并且也是政治变革得以进行的条件。为了说明进行思想革命的极端重要性,高一涵通过引用法国革命、美国独立战争中思想革命的事例来进行论证,阐明了思想革命与政治革命之间的内在逻辑关系及思想革命对于政治革命的重要意义。他说:"法国当未革命之前,就有卢梭、福禄特尔、孟德斯鸠诸人,各以天赋人权、平等、自由之说,灌入人民脑中。所以打破帝制,共和思想,即深入于一般人心。美国当属英的时候,平等、自由、民约诸说,已深印于人心,所以甫脱英国的范围,即能建设平民政治。"②高一涵由对近世民主政治发展进程的把握和对法美资产阶级思想启蒙的总结,并基于汲取政治史经验教训的眼光来看待中国开展思想革命的意义及其历史必然性,所以他强调中国必须进行思想革命,才能铲除人们头脑中的封建思想意识,从而为共和政治的建设奠定坚实的思想基础。

---

① 高一涵:《非"君师主义"》,《新青年》第5卷第6号,1918年12月15日。

② 高一涵:《非"君师主义"》,《新青年》第5卷第6号,1918印12月15日。

高一涵主张通过积极地引进西方新思想的途径,来对封建的旧思想实行猛烈的攻击。在他看来,“吾国政治思想,偏于守旧”,而建设新思想和新政治则又必须以破坏旧思想为前提,因而开展破坏旧思想的工作实为思想革命的必经途径,亦即思想革命中必须以“破旧”作为“立新”的条件。高一涵引用哈蒲浩的观点来阐发这一主张。他说:“大凡政治理想发现之初,不为破坏的革命,则为消极的反对。当新思想未能实行之先,必使与我反抗之旧思想,破坏无余,乃有建树新思想之余地。哈蒲浩有言曰:‘当自由主义之发端也,恒为破坏的、革命的批评。取消极的态度者,约数世纪。所立事业,破坏多于建设。削除人类进步之障碍,远多于表明积极之主张。’吾意中国今日之政治思想亦然。”①可见,高一涵认为中国政治思想之建设,应汲取西方思想发展的经验,以破坏旧思想为前提。但高一涵并不由此否认引进新思想的意义,相反,他特别强调引进新思想对破坏旧思想的绝对必要性,并且认为在引进新思想来抨击旧思想的过程中,要勇于追随时代的进步潮流,敢于跨越式地接近现代思想的最前列,不断引进西方思想界最新的积极成果,从而加快新思想引进的进程,增加破坏旧思想的力度,推进政治变革的步伐。他说:“政治进化,非同机械;发达变迁,均为有意识之动作。凡他国由枉道而得之利益,吾可由直道而得之。他国几经试验,由失败而始得成功者,吾为后进之国,自应采取其成功之道,不必再经其失败之途。”②这里,高一涵提出了一个重要的主张,即中国作为“后进之国”可以借鉴西方政治发展的经验教训和移植西方新思想的办法,但一定要发挥我们自己的主体积极性,使中国政治思想的发展直接地跨越西方已有的历史过程,达到中国政治思想由后进而变为先进,而不要循着西方思想的老路、经受着西方已有的失败历程,这体现了高一涵思想演进上的跨越式发展理念和对待西方文化“取法乎上”的态度。

高一涵对封建伦理道德思想进行了猛烈的批判,揭露其因袭保守、压抑人性、违反天性的本质。在高一涵看来,引进西方的先进思想,在于为中国打破旧思想提供武器,所以思想革命仍然要以抨击封建思想为主要的任务,故而在

---

① 高一涵:《近世三大政治思想之变迁》,《新青年》第4卷第1号,1918年1月15日。

② 高一涵:《近世三大政治思想之变迁》,《新青年》第4卷第1号,1918年1月15日。

“破旧”方面要花大的气力。高一涵指出,攻击封建思想的重点是封建的伦理道德,这是因为封建道德是中国传统文化思想的根基,是养成中国人奴隶服从性格的本源。封建时代的道德惟先王之道是从,“不问其理之是否合于现世,但问其例之有无。而‘遵先王之法而过者,未之有也’一语,颇足表见吾国儒者守先待后之心。顾王由天亶,故道德渊源,亦由天出。于是有天命、天罚、天幸之词见焉。夫维皇降衷,各有所秉。特操异撰,人各不同。欲同其最不同者,以企道一风同之化,故不得不于赋畀而外,别求一视之不见、听之不闻之物,托为道德之基。此基一奠,则人人依违瞻顾,虚与委蛇,而瀹灵启智、缮心养性之机失矣。”鉴于旧道德的严重危害,高一涵从进化论出发,鲜明地提出“改造道德”的主张,认为道德随时势而变迁,应该以新型的共和道德来取代封建的伦理道德,以适应共和政治建设的需要。高一涵指出:“持今之道德,以与古较,则古之道德重保守,今之道德贵进取;古之道德,拘于社会之传说;今之道德,由于小己之良心。古之道德,以违反习惯与否,为善恶之准;今之道德,以违反天性与否,为是非之标。古道德在景仰先王,师法往古;今道德在启发真理,楷模将来。古人之性,抑之至无可抑,则为缮练;今人之性,须扬之至无可扬,乃为修养。此则古今道德之绝相反对者也。”由此,高一涵的结论是:“道德随国势为变迁者,古为专制,故道德停滞抑郁,而奄奄待毙;今为共和,故道德亦当活泼进取,而含有生机。”①高一涵在古今道德的比较中,反对封建性的旧道德、倡言新的共和道德,不仅为共和政治提出新的思路,而且对新文化运动的“伦理革命”起了推波助澜的作用。

高一涵在批判帝王思想和封建伦理道德的同时,对当时社会上盛行一时的“贤人政治”思想也进行了猛烈的抨击,揭露了“贤人政治”思想服务于封建政治的本质。在高一涵看来,“贤人政治”思想是由封建专制思想演变而来,在根本上乃是封建思想的翻版,并维系着封建思想在现代社会中的运行。他从晚清和民国初年政治思想的变迁,来揭示从“开明专制”到“贤人政治”的思想演变过程,及其与封建的专制思想的渊源关系,指出:“曷言乎贤人政治,从专制思想演绎而出也。吾国专制思想,其延缘于人民脑襞者,垂四千余年。迄

① 高一涵:《共和国家与青年之自觉(一)》,《青年杂志》第1卷第2号,1915年9月15日。

于清末,新旧互争,濡染欧化者流,群悟专制之非。而深中旧毒之士大夫,既知专制主义与世界思潮相抵触,又不欲翻然改图,乃弃名取实,诡其词曰开明专制。迨民国成立,经二次政治革命而后,专制基础扫荡无遗,不得公然以专制名词相号召,乃转饰其名曰贤人政治。"①这里,高一涵对"贤人政治"思想的批判中虽然没有点出梁启超的名字,但明白人一看便知其所指。梁启超在清末倡导"开明专制",认为:"发表其权力于形式,以束缚人一部分之自由,谓之制。据此定义,更进而研究其所发表之形式,则良焉者谓之开明制,不良焉者谓之野蛮制;由专断而以不良的形式发表其权力,谓之野蛮制,由专断而以良的形式发表其权力,谓之开明专制。"②民国建立后,梁启超组织了进步党(后衍化为研究系),实现了"开明专制"到"贤人政治"的话语转换,并且更以建设"贤人政治"相号召。故而在民国初年的思想界,梁启超是"贤人政治"思想的代表者。当时,李大钊亦有一段批判梁启超"贤人政治"言论,颇能有助于我们理解高一涵言论的背景。李大钊说:"缓进派(指进步党、研究系,引者注)有一夙抱之梦想,与民政不容,与国体不适,即所谓开明专制与贤人政治是也。往者梁任公先生之反对变更国体,即悬兹为其理想政治,以相抵代。迨夫国体既更,梁先生仍欲抱持其策略以进,而苦无掩饰之具、转圜之途,遂而倡为不自然之说,宣言但问政体不问国体。……缓进派既欲实现其专制其质、共和其皮之玄想,遂恒寻势力之所在以为倚附利用之资,迨其既受结纳谋尽开明之职,负贤人之任,则又为官僚所忌,格而不容。"③对照李大钊的论述,更能理解高一涵对"贤人政治"主张进行抨击的实际对象。

高一涵在揭示"贤人政治"思想的起源后,进一步将"贤人政治"思想与传统的专制思想进行比较:"贤人政治,亦将公有之政权,私之于一部分人士者也,故亦必藉势力为护符,此与专制同者一。专制者,成于独而消于衡,无惟我独尊之心理,则不能决然行专制,亦无惟我独尊之心理,则不敢自任为贤人,此与专制同者二。专制既假权力而行,则专制无定主,惟视权力为转移;贤人亦

① 高一涵:《一九一七年豫想之革命》,《新青年》第2卷第5号,1917年1月1日。

② 梁启超:《开明专制论》,《饮冰室合集·文集之十七》,中华书局1989年版,第21页。

③ 李大钊:《辟伪调和》(1917年8月15日),《李大钊文集》第2卷,人民出版社1999年版,第162—163页。

无标准者也,欲强定其标准,亦惟视权力以为衡。权力愈大者,其贤亦愈大,权力最小及毫无权力者,则不得不降为不肖焉,此与专制同者三。专制之特性,在排斥异己,非排斥至尽,则专且不能,何有于制?贤人之名词,乃与不肖相对待,非指斥他部分为不肖,则不能显见此部分为贤人。何也?以一国皆贤,则无贤人之名可立故也,此与专制同者四。行专制者,必划分人民为治者与被治者二级;贤人政治,以贤人为治者,以不肖为被治者,亦分人民为两级者也,此与专制同者五。专制者之职务,在以一部分人代理全国人之事务,而不欲放任人民之自为;贤人之职务,亦代不肖者总理庶事,而不欲放任不肖者之自为也,此与专制同者六。专制者,想望一人首出庶物,建为元后,以子育人民;贤人政治,亦想望一部分人首出庶物,立为人民师表者也,此与专制同者七。"[①]这里,高一涵将"贤人政治"与"专制政治"进行比较,揭示其共同点,就在于说明"贤人政治"乃是"专制政治"的同道,具有"专制政治"的本质特征。高一涵还进一步指出,"贤人政治"思想与现代国家理论相违背,尽管"谈贤人政治者,虽未见其明定国家之界说,然总观所论,则国家者由一部分贤人握有政权,以尽其指导扶持之责。藉此部分人智力,代他部分人民谋充其各得其所之境者也";同时,"贤人政治"思想也与民主政治要求背道而驰,现代民主政治是以人民为本位的,"其原动力在民";而"贤人政治"则"以贤人为原动,以人民为被动",其结果必然是:"国法上不能遍认人民均有政治人格,与自由之权利矣"。所以,高一涵鲜明提出在思想战线上反对"贤人政治"思想的任务,希望国人破除对"贤人政治"的幻想,充分认识到民主政治理论与"贤人政治"思想是"绝不相容"的。于今而论,高一涵对"贤人政治"的批评并非无懈可击。梁启超所倡导的"开明专制"和"贤人政治"固然是强调人治,偏重于贤才治国,但与专制的人治论还是有所区别的,并不能简单地等同起来。因为倡导"贤人政治"的梁启超等人,并不否认法律的作用,而是认为与法规相比,人治更重要,没有贤人就无法建立法治的威信,这从梁启超在袁世凯政府的司法总长位上推行司法改革也能得到证明[②]。当然,这样看并不是否定高一涵对"贤人

① 高一涵:《一九一七年豫想之革命》,《新青年》第 2 卷第 5 号,1917 年 1 月 1 日。

② 参见李喜所、元清著《梁启超传》,人民出版社 1993 年版,第 326—327 页。

政治”思想批判的意义。就历史的实际影响而论,高一涵在当时抨击“贤人政治”思想的实质和危害,确有很强的思想启蒙意义和时代价值,对于人们认识封建思想的危害和树立“人民本位”思想有着积极的作用,因而也是有助于扩大民主政治宣传的影响。

值得注意的是,高一涵由对封建政治思想的批判进而对现实政治的批判,从而将思想启蒙工作推进到新的高度。譬如,高一涵1915年在介绍西方代议制理论时,曾对中国政治作这样的批判:“今者吾国之萨威棱贴,既不许合人民总意以铸成,则即有代表机关,亦聋哑者之口耳,具文而已。绝非宣示人民意见、感情、希望、痛苦者,矧并此具文而犹欲绝之哉!固不若谓为中古国家,或竟曰部落,尤似名称其实也。”①又譬如,“二次革命”后梁启超著有《革命相续之原理及其恶果》,公开责难国民党人,说:“革命复产革命,殆成历史上普遍之原则。凡以革命立国者,未或能避也”,“革命只能产出革命,决不能产出改良政治。”②梁启超不仅为袁世凯镇压“二次革命”进行辩护,而且将民国初年中国政治纷乱的根源归结于辛亥革命本身,这就完全颠倒了历史,违背了客观的历史实际,并造成了不良的严重影响。高一涵著文对此进行反驳,公开地为“二次革命”辩护。他称“二次革命”为“顺进革命”,认为是由于“逆动改革”所造成:“历史上凡第二次‘顺进革命’,纯为逆动改革所酿成;逆动改革,又纯为初次‘顺进革命’后,政治建设之失当,……与初次‘顺进革命’之本身,完全无涉。”③这既是对袁世凯倒行逆施的猛烈抨击,同时又是对梁启超错误观点的有力批判。再譬如,关于民国建立以后中国的政治斗争,高一涵于1919年初著文予以总结,指出:“民国元年的调和,乃是民党与袁世凯派平分政权;五年的调和,乃是国民系、进步系与北洋系平分政权;今年的调和,虽尚未宣布具体的条件,然探其内幕,亦不过北洋的官僚与西南的政客,瓜分政治上高级的位置罢了。”④可见,高一涵对现实政治的批判也是十分猛烈的,对于

---

① 高一涵:《近世国宗观念与古相异之概略》,《青年杂志》第1卷第2号,1915年10月15日。

② 梁启超:《革命相续之原理及其恶果》,《饮冰室合集·文集之三十》,中华书局1989年版,第51、57页。

③ 高一涵:《读梁任公革命相续之原理论》,《青年杂志》第1卷第4号,1915年12月15日。

④ 高一涵:《和平会议的根本错误》,《新青年》第6卷第1号,1919年1月15日。

新文化运动由思想启蒙转入政治实践阶段也有着极为重要的意义。

高一涵把批判帝王思想和封建伦理道德作为建设民主政治的先决条件，阐发了破坏旧思想对于建设现代政治文明的极端重要性，主张以思想革命为制度建设创造思想性的前提，体现了新文化运动由思想启蒙到政治上解决中国问题的基本思路。这是对辛亥革命缺乏强有力思想启蒙的深刻反思，因而对正在行进中的新文化运动有着重要的启示性意义。尤为可贵的是，高一涵不只是对传统封建思想的批判，而且对当时社会上流行的封建思想的变种——"贤人政治"思想以及中国的现实政治展开猛烈的批判，揭示了其封建专制主义思想的实质，从而有力地推动了新文化运动反封建斗争的发展。

3. 对现代国家观念的研究和宣传

在西方政治学史上，有关国家问题的探讨始终是政治学研究的重点，故政治学在其早期的历程中又有国家学之称。高一涵在《国家非人生之归宿论》一文中，对西方的现代国家理论进行了评述，极力主张人民本位、个人本位思想，认为国家只是个人实现其目的的手段和途径。他说："国家之学，人事学也。当其建国之始，必有所以建国之因。所建者国家，而所以建者则为人生自身之问题。"①基于国家与人民关系的思考，高一涵着重说明国家产生的目的在于人民之自身，本源于人民自身的利益需求，是民众本位原则得以体现的要求，因而离开人民则国家就没有存在的理由。他说，"国家为人类所创造之一物"，因而国家必为人类所"用为凭藉"，故国家必须以人民的蕲向为蕲向，否则就失去存立的资格；具体而言，"国家之措施，设不应时世之急需，与夫人民之缺点，以变通尽利之，则反人民之蕲向。反人民蕲向之国家蕲向，斯为不适于人群之制度。制度而不适于人群，斯直无可存之资格，终亦必亡而已矣。"高一涵还说，权利之主体在人民，国家的权利渊源于人民的权利，惟有依据人民的权利，坚持人民本位原则，才能形成国家的权利，故而所谓的国家权利在本质上乃是以人民权利为旨归的。他指出："离外有权利之人民，以创一有权利之国家，则国家权利，将附着何所？……总集人民之权利，虽不能即成国家之权利，然建筑国家之权利，必端赖握有权利、富有自治能力之人民。以人民

① 高一涵：《国家非人生之归宿论》，《青年杂志》第1卷第4号，1915年12月15日。

必先能确保一己权利者，乃能高建国家权利也。”①显然，高一涵所主张的国家学说正是卢梭的人民主权论。

高一涵运用现代政治学理论对国家的起源学说进行学理分析，力图揭示国家理论发展的历程及其演进趋势。在国家学说史上，神权说（Divine Theory）或神源说（Theory of Divine Origin）是最早的一种国家学说，声称国家是由神或上帝直接或间接创造的，是神或上帝为保护人类而创造的。由此，一切政治权力都是神或上帝的赐予，统治者是上帝在世间的代理人，人民应绝对服从其统治。及至近代，社会契约说兴起才将人民作为国家权力的来源，认为国家的产生是由于人民之间通过订立契约而成，如果统治者违背契约，人民就有权推翻政府，由此得出主权在民的结论。对于国家观这一演变历程，高一涵从“权利”的视角评价道：“神权国家之说，以元首直接代宣神意，天威尊严，凛然不可干犯。其弊也，小己对抗政府之权利，扫地尽矣。近世乃一反其说，而谓国家为人类所创造，以求人生之归宿者。而国家人民，始同处于法律之中，而有平等对抗之资格。小己权利，乃于以蔚然振兴。郅治之基，方定于此。”②在高一涵看来，西方在启蒙运动之前的国家理论是一种“国家至上论”，表现在国家与人民的关系上，是“以国家为人生之蕲向，人生为国家之凭藉”。“易词言之，即人为国家而生，人生之归宿，即在国家是也。人生离外国家，绝无毫黍之价值。国家行为茫然无限制之标准，小己对于国家绝无并立之资格”。这种“国家至上论”是“国家万能主义”的思想渊源，并不符合现代国家的发展趋势。高一涵承认，国家固然有其蕲向，但其蕲向在保护人民的权利，而不是在国家之自身。这是现代国家理论发展的趋向，同时也是现代民主政治发展的要求。高一涵说，在西方学术界，“古今唱国家绝对蕲向者，约言之，可得两派：即道德幸福说与保护权利说是也。希腊之柏拉图、德国之海格尔，皆以道德说为国家之绝对蕲向，亚里士多德以幸福为国家之绝对蕲向。继此而惩前说之弊者，缩定国家蕲向之范围，以限制国家对于人民之干涉。但以确定小己

① 高一涵：《国家非人生之归宿论》，《青年杂志》第1卷第4号，1915年12月15日。

② 高一涵：《近世国家观念与古相异之概略》，《青年杂志》第1卷第2号，1915年10月15日。

权利及以法律维持秩序等事,为国家唯一之蕲向,如陆克、康德、韩鲍德、斯宾塞尔等,其最著者也。……要皆藉国家之力为一种方法,以发扬鼓舞群伦之权利者也。"高一涵在对各家学说的比较中认为,道德说与幸福说并不能真正地阐明国家的蕲向,因为两者皆无"至当之畛域",其结果是必然导致国家的权力"泛然无所限制",如此必将使国家权力无限扩大并进而损及人民的自由;而保护权利说的"真正价值"就在于:"国家职务,在立于亿兆之间,以裁判其相侵、相害之事实,调和其相需、相待之机宜。奖励其自由,所以发其自治之动因;保护其人格,所以期其独立之结果。"①高一涵的研究在于说明,国家理论在进步之中,古代的国家学说不能适应现代民主政治的要求,而保护权利说才是国家理论发展的现实趋势。

高一涵对于国家问题的研究不只是从理论上梳理政治学上国家观念的演变,而是将研究的重点集中到现实的"共和国家"上。他基于现实的研究视角,对专制国家与共和国家进行对比,阐明专制国家与共和国家的根本区别,以唤醒青年担负起建设共和的责任。民国建立,中国由专制国家一变而为共和国家。但在新旧体制的转换之中,一般百姓对于专制国家与共和国家的界限则不甚了解。此种情形如陈独秀所说的那样:"今之所谓共和,所谓立宪者,乃少数政党之主张,多数国民不见有若何切身利害之感而有所取舍也。"②高一涵为了适应共和政治建设的需要,从政治学学理与现实政治相结合的高度来阐释"共和"与"专制"这两者的本质区别。他说:"专制国家,其兴衰隆替之责,专在主权者之一身;共和国家,其兴衰隆替之责,则在国民之全体。专制国本,建筑于主权者独裁之上,故国家之盛衰,随君主之一身为转移;共和国本,建筑于人民舆论之上,故国基安如泰山,而不虞退转。为专制时代之人民,其第一天职,在格君心之非,与谏止人主之过,以君心一正,国与民皆蒙其庥也。至共和国之政治,每视人民之舆论为运施,故生此时代之人民,其第一天职,则在本自由意志(free will)造成国民总意(general will),为引导国政之先驰。"在高一涵看来,由于专制国家与共和国家之间存在着根本区别,而建设

① 高一涵:《国家非人生之归宿论》,《青年杂志》第 1 卷第 4 号,1915 年 12 月 15 日。
② 陈独秀:《吾人最后之觉悟》,《青年杂志》第 1 卷第 6 号,1916 年 2 月 15 日。

共和政治又为当时中国的首要政治目标，因此作为一般的民众就必须有做共和国国民的自觉，将民权意识的培养作为政治建设的当务之急。他说："自今以往，吾共和精神之能焕然发扬与否，全视民权之发扬程度为何如。"①高一涵从专制国家与共和国家的比较中，将"共和精神"与"民权"的建设状况联系起来，确认"民权"状况对于彰显"共和精神"的实质性意义，强调国民要担负起建设共和政治的自觉性与使命感，这就集中地体现了新文化运动开展启蒙运动的主旨和巩固共和制度的目标性追求。高一涵着重对"共和国家"进行研究，并从形式与精神两方面来阐释其含义。辛亥革命以后，中国建立了共和政治，在政治制度的建设上取得了历史性飞跃。当时人人言共和，却很少有人明白"共和"为何物。这反映当时的政治制度业已变迁，而人们的思想还严重滞后的状况。有感于此，高一涵以传播西方政治学知识、开展思想启蒙为己任，本着"人民造国家，国家创造政府"的思想来研究"共和"的真义。在他看来，共和国家有其形式，更有其基本精神；在当时的中国，形式已经建立，而精神尤须深入人心，并成为人们行为的指导。关于共和国家的形式，高一涵指出："形式维何？即共和国体，为君主国体之反对者也。其主权非为含灵秉气之生人所固有，而实存于有官智神欲、合万众之生以为生之创造团体。此团体非他，即国家之本体是已。再：共和国家之元首，其得位也，由于选举；其在任也，制有定期，非如君主之由于世袭终身也。"高一涵认为，以共和的形式与专制的形式进行对比，共和国家的含义业已"朗若列眉"。关于共和国家的精神，高一涵指出："就法律上言，则共和国家，毕竟平等，一切自由，无上下、贵贱之分，无束缚、驰骤之力。……就政治言，使各方之情感、思虑，相剂相调，亘底于相得相安之域，而无屈此申彼之弊，致国家意思为一党、一派、一流、一系所垄断。"共和精神落实到具体的层面，就是人格独立、个性发展、思想自由的精神以及尊重他人的宽容态度。高一涵对共和精神所做的学理性解析，强调的是共和国能造成一个"独立意见，皆得自由发表"、"民情舒放，活泼自如"的政治局面，体现的是卢梭式的"主权在民"思想所倡导的精神境界。正如高一涵说："卢梭氏之所主张，谓'人生而自由者也，及相约而为国，则牺牲其自由之

① 高一涵：《共和国家与青年之自觉（一）》，《青年杂志》第1卷第1号，1915年9月15日。

一部’。是谓自由之性,出于天生,非国家所能赐。即精神上之自由,而不为法律上所拘束者。夫共和国家,其第一要义,即在致人民之心思、才力,各得其所。所谓各得其所者,即人人各适己事,而不碍他人之各适己事也。”①可见,高一涵对共和的研究有其学理上的根据,所构建的是卢梭式的“主权在民”的思想话语系统。

高一涵研究国家问题是从“主权在民”思想出发的,力图为国家与人民的关系得到合理的解说,从而推进现代国家学说的发展,并在中国的政治建设中发挥指导作用。在国家学说史上,关于国家与人民的关系,向为学者所重视。高一涵认为,国家与人民皆有一个权利问题;既然国家为人民所建,则国家的权利应以人民的权利为指归,建立在人民权利之基础上。也就是说,“总集人民之权利,虽不能即成国家之权利,然建筑国家之权利,必端赖握有权利、富有自治能力之人民。以人民必先能确保一己权利者,乃能高建国家权利也。”在国家与人民的关系上,高一涵强调的是人民是“主”、国家是“业”的政治主张,因而他的基本观点是:“国家为人而设,非人为国家而生。离外国家,尚得为人类;离外人类,则无所谓国家。人民主也,国家业也。所业之事,焉有不为所主者凭藉利用之理?”②高一涵还进一步指出:“夫国为人而设者也,国家权利即以人民权利为根基,自由人格全为蕲求权利之阶梯。”由此,也说明:“国家人民互相对立,国家权力仅能监护人民之举动,防其互相侵害。无间于物质、精神,国家均不能以自力举行之。”③“人民至上”是高一涵讨论国家与人民关系的出发点,因而他所关注的始终是人民的权利怎样能得到切实的保证,人民的意志如何得到充分的表达,国家在行使其职权中怎样不断地增进人民的利益,政治的运行如何才能体现人民的主体性作用。所以,高一涵的国家观是“人民至上”论的进一步引申,体现了高一涵现代民主思想在国家问题上的基本观点。

高一涵对国家问题的研究是在“权利”与“义务”关系的辨析中展开的,力求为国家与人民间立一个正确的界限。“权利”与“义务”的关系,不仅涉及到

---

① 高一涵:《共和国家与青年之自觉(一)》,《青年杂志》第1卷第1号,1915年9月15日。

② 高一涵:《国家非人生之归宿论》,《青年杂志》第1卷第4号,1915年12月15日。

③ 高一涵:《近世国家观念与古相异之概略》,《青年杂志》第1卷第2号,1915年10月15日。

人民，而且也关涉到国家，这是国家学说中的一个重要问题。高一涵总的观点是："人民、国家，有互相对立之资格。国家对人民有权利，人民对国家亦有权利；人民对于国家有义务，国家对于人民亦有义务。国家得要求于人民者，可牺牲人民之生命，不可牺牲人民之人格；人民之尽忠于国家者，得牺牲其一身之生命，亦不得牺牲一身之人格。"①高一涵认为，要使国家与人民之间的关系清晰可见，就必须在"权利"与"义务"关系的框架中有效地限制国家权力的行使范围，始终保持人民在权力问题中的主体性地位。具体说，国家职权的行使范围必须有很大的限制，只能在人民所授予权力的范围中来发挥国家权力的力量，而不得干涉人民的思想言论等领域；即使是人民的行为领域，国家权力的行使也有其限度，而不能为所欲为。因此，在国家权力运用过程中，人民始终处于主体性地位，握有最高的自主权利。对此，高一涵根据伯伦智理的主张作了这样的说明："国家可赞助人民，使求终极之蕲向，而不能自代人民以求之。凡人为之发见于外者，国家可加以制裁。至蕴于心意中之思想、感情、信仰，虽国家亦无如之何。以国家之权力，仅及于形式，而不能及于精神。国家可颁布一切制度，以奖励人民之行为，不能代人民自行、自为之；国家可以权力鼓舞文化、学术之动机，不能自行进展文化、学术之事。盖精神上之事，国家仅能鼓其发动之因，不能自收其动作之果。且不独精神界然也，即关于实物界，如人口之事然，国家但能筹发展民族之途，布卫生除害之令，使生养居处之适宜，不能自行繁衍人口，自使人民康强逢吉也；如生计之事然，国家但能颁布善良政策，助起产业之昌盛，鼓励勤劳者之心神，至生产企业投资、服役之事，亦非国家所能自行也。"②这就说，国家受人民之托来管理政务，其权力仅及于形式上，"而不能及于精神"之领域，因而国家不能干涉人民的自主之权利。换言之，国家之存立及权力之行使，必须限制在极为有限的范围之中，国家也只是人民实现自己目的的手段和工具，亦即国家"其所能者，则立于人民之后，赞助人民自为之"③。显然，高一涵对国家与人民关系的界定是遵循卢梭的民

① 高一涵：《国家非人生之归宿论》，《青年杂志》第1卷第4号，1915年12月15日。

② 高一涵：《国家非人生之归宿论》，《青年杂志》第1卷第4号，1915年12月15日。

③ 高一涵：《近世国家观念与古相异之概略》，《青年杂志》第1卷第2号，1915年10月15日。

约论的,是基于“主权在民”理论,并且也汲取了伯伦智理的学术观点,因而是在权利与义务关系的框架内的学理性探讨。

高一涵通过研究国家理论演进的趋势和民主政治发展的潮流,不仅认为采行代表制是国家制度前进的方向,而且强调社会舆论对巩固共和国家的极端重要性。他指出:“今世国家原理,在以国家为全体人民之国家,非为主政者一人之私产。无问君主、共和,皆取惟民主义。国属于民之特征,即在与人民以参政权一事。故代表制之设立,即明示国家为公;宣布人民总意,即为国家施政之准则,俾各党、各派、各级、各流之意见、感情、希望、痛苦,得以如量宣泄,相剂相调,铸成萨威棱帖(Sovereity)。民情舒则国基固,长治久安之道,肇于是矣。”①高一涵认为,惟民主义是现代国家奠定的根本原则,遵循“人民总意”乃是国家施政的基本准则,小己葆有言论自由是共和国家的本质要求,故而“人民参政”是国家属于民众的显著表征,代议制度是共和国家的制度形式。在高一涵看来,公正舆论是现代民主政治的重要表征,巩固国家(共和国家)就必须发挥舆论的作用,“本诸良心,形成风气”。他说:“真正发挥舆论,尤有金科玉律宜由焉。即:(一)须有敬重少数意见与独立意见之雅量,不得恃多数之威势,抹煞异己者之主张。(二)多数舆论之起,必人人于其中明白讨论一番,不得违性从众,以欺性灵。(三)凡所主张,须按名学之律,以名学之律为主,不得以一般好恶为凭。共和国家,所以能使人人心思、才力各得其所者,即由斯道。”②高一涵基于言论自由的理念,将社会舆论的健全与否作为国家是否民主的标志,确认了舆论对国家反映人民意志及使国家接受人民的监督中所起的作用。他的这一政治见解不仅使“主权在民”思想在国家生活中得到有效落实,而且有助于推进思想自由、言论自由风气的形成。正是因为将言论自由这一表明民众主权地位的要求,与国家权力运作中使用舆论的有效监督形式统合起来,因而对推动国家的民主化也是有积极意义的。

值得注意的是,高一涵对西方国家学说的研究和介绍,是在把握西方政治思想演变历程及其发展趋势基础上进行的。他密切注视西方政治思想的发展

① 高一涵:《近世国家观念与古相异之概略》,《青年杂志》第 1 卷第 2 号,1915 年 10 月 15 日。

② 高一涵:《共和国家与青年之自觉(一)》,《青年杂志》第 1 卷第 1 号,1915 年 9 月 15 日。

进程，及时介绍并评析西方政治思想的动态及演变趋势，力图从中梳理出有助于中国政治建设的思想成果。在他看来，西方政治思想的变迁尽管内容繁多，但主要是“国家观念之变迁”、“乐利主义之变迁”、“民治主义之变迁”等三方面的内容。关于“国家观念之变迁”，高一涵说古代“均以国家为人生之归宿”，但“人权、放任、小己之说”兴起以后，则一般都认为“国家权利，与人民权利，绝不相容”；然而，到18世纪新国家主义兴起之后，则又主张国家至上，“以为人类一切障碍，惟赖国家之力，可以铲除；一切利益惟赖国家之力，可以发达”；此后，则是“小国家主义”倡行之时，于是又“确认国家无自身之目的，惟以人类之目的为目的”。根据西方学术界国家观念的演变和第一次世界大战爆发的形势，高一涵预测“欧战告终，国际间必发生一种类似世界国家之组织，以冲破民族国家主义之范围”。关于“乐利主义之变迁”，高一涵认为古代的政治没有“乐利”之可言，只是到边沁倡导最大幸福主张以后，才使乐利主义得以影响西方的思想界。乐利主义的发展趋向是，其所界定的“乐利”在内容上将是“必以个人为单位”，这固然反对“牺牲万姓以奉一人”，同时也反对“牺牲一人以奉万姓”，因而乐利主义将发展为“平等的乐利主义”、“全体的乐利主义”。由此将使政治生活发生重大的变化，即由“小区选举制度”变为“大区选举制度”，由“多数选举”变为“比例选举”。关于“民治主义之变迁”，高一涵认为古代所说的“平民政治”不能称为平民政治，只能称为“优秀人民政治”。19世纪末，欧美平民主义思潮兴起，但其所称道的“平民政治”，在内容上是“皆建筑于人民权利及小己私益之上”，而没有认识到“权利私益”只是人生的凭藉而非人生的“归宿”，所以“近数年来，多唾弃小己主义，主张合群主义；唾弃私益问题，主张公益问题。……使小己与一群，得以联络一气。”①高一涵研究西方政治思想变迁的大势，使他认识到西方的国家理论在变迁中的特色和现代国家建设的前景。自然，高一涵关于西方政治学说的研究，也不只是一种纯学理的行为，而是力求与中国的政治现实相联系，目的在于说明中国政治思想的发展不能离开世界思潮的大背景，中国的共和国家的政治建设必须追赶世界的潮流、与世界政治演进的趋势相切合。他评析民国以后袁世凯

① 高一涵：《近世三大政治思想之变迁》，《新青年》第4卷第1号，1918年1月15日。

自私的国家主义、段祺瑞的武力政策已经失败的现实,警告北洋军阀不要违背世界政治发展的潮流而作背离民主政治大势的迷梦,指出:“凡凭国为崇,图谋一部分乐利,及假贤人政治为名,以屏斥人民于政治范围而外者,皆与此乐利主义、国家主义、民治主义之新思想,不能并存。不试则已,试则未有不偃旗息鼓,败北而逃者也。”①这不仅有力地抨击了当时中国政治“屏斥人民于政治范围而外”的现状,而且也指明了中国政治建设所应坚持的民主政治方向。

高一涵在新文化运动的领导人中,在输入西方学理、宣传西方政治学说方面,是一个突出的代表。那么,为什么高一涵对输入学理、宣传西方的政治学说,抱有如此浓厚的兴趣呢? 对中国政治现状的密切关注,肯定中国走政治解决之路的绝对必要性,力图从西方思想文化成果中吸取有益的思想资源,固然是一个重要的原因。因此,高一涵坚信通过引进西方最先进的政治理论,可以使中国的政治建设跨越西方社会已有的过程,并使中国由后进一跃而为先进。对此,前文在论述中已经多次提及。这里要指出的是,高一涵对政治学说的现代意义有一种特别的信念,即相信“政理”不仅可以成为“政例之前驱”,而且具有不断创新、与时俱进的特点。也就是说,现代政治理论具有观念上突破和理论上创新的特色,并且对政治建设具有普遍的指导意义与引领作用。这也可能是高一涵在新文化运动时期对引进西方政治学理论有着持久兴趣的重要原因。高一涵考察了“政理”形成的历史过程,阐述了“政理”在政治演变中与“政例”之间的关系,梳理了由“政例肇政理”向“政理启政例”的演进态势。他说:“大抵文化初开之时,多以政例肇政理。故有尧、舜、禹、汤之政治,而后孔、孟之政论乃大明。至文明大启之秋,则常以政理启政例。故孟德斯鸠之‘三权分立’说,为近世宪政之精神;卢梭之‘平等’、‘自由’论,遂唤起法国之革命。盖以政例肇政理者,其思想常拘于守成;以政理启政例者,其思想常趋于改进。今之世,固脱故谋新,日日演进之世也。故理论一出,而世界之趋势,因之丕变之世也。”②高一涵的这一段论述,自是强调现代政治理论对政治建设的指导意义,说明由于古今的政治理论在形成上有不同的特点,因而其在政

① 高一涵:《近世三大政治思想之变迁》,《新青年》第 4 卷第 1 号,1918 年 1 月 15 日。

② 高一涵:《共和国家与青年之自觉(三)》,《青年杂志》第 1 卷第 3 号,1915 年 11 月 15 日。

治生活中所起的作用与意义也就不一样。这是从政理所形成的“时代”来立论的。将“政理”置于政治演进的实际过程来考察，体现政治学理论研究的政治史研究范式。需要指出的是，高一涵还从政治学作为“人事学”与自然科学的学科性质差异，来分析政治理论在创设“政理”时所具有人为性的特点，说明政治学的理论与自然科学的“公理”有着不尽相同的作用。简言之，就近代以来的政治演进历程来看，“政理”具有变“政例”的特点与功用。高一涵说：“今者文明大启，而人事之发明，有不必为物理之例所拘者。即物理者，每由例以求理；人事者，可由理以肇例是也。物理学家，先于例中考求，由旧有之例，以推阐新理。设例不吾从，吾之理即不能立，当变吾理以殉之。至人事之学则不然，主观在我，凡我以外皆客观。故吾理苟觉可通，吾例即从之而见；凡例有未当吾理者，得以吾理变其例，徒例不能立也。前者由已然而推其所以然，后者则以当然易其未然者也。此又近世物理、人事之根本不同处也。论政者，人事之学。即不引例，吾说亦自可行。”①由此看来，高一涵对政治理论作用的认识是有着学理性认知为前提的，是从学科类别上来探求“政理”与自然科学上“公理”的差异，揭示“政理”在政治现象演进中的特殊作用，故在其思想中有着牢固的“由理以肇例”坚定信念，这成为他坚持不懈地宣传和研究西方政治理论并保持持久兴趣的动力。由此也可见，高一涵在《新青年》作者群中，对现代国家思想研究的深入及其所作出的特别贡献。

没有到职的《晨钟报》编辑

1916年6月，高一涵在明治大学政治经济科毕业，获学士学位后，与同窗好友许怡荪一起，由东京出发经神户乘船回国。7月到达上海，与等候他多时的李大钊相会。

高一涵回国之时，正是国内政局大变化的时候。袁世凯在万民声讨中，于6月6日去世。次日，黎元洪继任大总统。6月29日，黎元洪宣布仍遵行民国

① 高一涵：《共和国家与青年之自觉(三)》，《青年杂志》第1卷第3号，1915年11月15日。

临时约法,并定于8月1日续行召集国会。此后,又废除袁世凯炮制的《惩办国贼条例》、《附乱自首特赦令》、《报纸条例》等一系列法令,各派政治力量由此展开了新一轮的角逐。

曾资助李大钊留学日本的汤化龙、孙洪伊,作为当时政治势力中的重量级人物,正活跃在政坛。1916年6月30日,段祺瑞组阁,孙洪伊先被任命为教育总长,7月12日又改任为内务总长。为此,张继受命,特地从北京来上海,劝孙洪伊"北上就职",其"措词甚平和周详"①。不久,汤化龙又复任众议院院长。面对新一轮的政治角逐,他们都希望办一份报纸,掌控舆论为己所用,于是选用李大钊作为主笔,筹办《晨钟报》,并允诺"言论绝对自由",给予其高度的信任与自决权。李大钊曾对《晨钟报》寄予厚望,他在《晨钟之使命——青春中华之创造》阐述了自己办报的宗旨:在于创造青春之中华。这一寄托了李大钊理想的报纸,凝聚了李大钊的诸多心血。为办好这份报纸,李大钊三次电催回乡探亲的高一涵速来北京,共掌《晨钟报》。

《晨钟报》创刊不久,重新召开的国会众、参两院,正式追认了总统黎元洪对段祺瑞总理的任命。为追逐权力,直皖两大派系矛盾加剧,国民党人与南方地方势力支持黎元洪,进步党和亲段的北洋督军则支持段祺瑞。此时,汤化龙组织新的宪法研究会,支持段政府;孙洪伊则站到国民党人这一边,并因段祺瑞亲信徐树铮越权而提出抗议,公开与段祺瑞抗衡。汤、孙矛盾加剧,高一涵对此在《李大钊同志传略》中有这样的记述:

> 民国五年袁世凯死,守常先返沪,余亦返国,与守常约会于沪滨。
>
> 时汤化龙在沪,欲招纳人材为己助,并谓守常,誓欲十年在野,专司评政。因创《晨钟报》(即现在《晨报》)于北京,托守常与余为编辑。并谓言论绝对自由,不加干涉。守常从沪至北京组织报社,余返安徽省视吾母,家居二十七日,守常已三电促余北上。迨我至北京,守常已将脱离该报矣。因汤化龙到北京后即联合徐树铮与孙洪伊相抗,以《晨报》为攻击孙洪伊工具,迫守常著论文,守常因与孙交至厚,直孙而曲汤。汤怒,阴命

① 《白坚武日记》(1916年7月12日),江苏省古籍出版社1992年版,第32页。

人撤去守常论文，易以攻孙之论著。守常因此去职。余到时，见事已不可为，故亦退。①

上述的回忆片段，是高一涵本人在李大钊牺牲不久撰写的，大致可以说明高一涵与《晨钟报》发生关系，是与汤化龙的认可有关，“托守常与余为编辑”一语正说明这一点。多年之后，高一涵还有一段回忆：“守常回国后，汤化龙请他主编《晨钟报》，这个报纸后来改名《晨报》。七月，我也回国。守常约我同编《晨钟报》。汤化龙是研究系，当然与我们合不拢，不到两个月，我们就辞而不干了。”②这里，是说“守常约我同编《晨钟报》”，虽然没有提到是汤化龙“托守常与余为编辑”，但李大钊主动找高一涵来担任《晨钟报》的编辑，当为事实。事实上，李大钊是很希望能与高一涵共同经营《晨钟报》的，故而有“三电”催促高一涵北上。然而，在高一涵到北京时，情形已有重大的变化。据白坚武日记记载，高一涵到达北京的时间是 1916 年 9 月 2 日，火车又晚点，白坚武接站后，将高一涵送到李大钊租居在皮库胡同新租的一间屋子时，已经是晚上九点半了③。此后，高一涵与李大钊同居此室，共同协办《宪法公言》，可见高一涵与李大钊之间的密切而有友好的关系。李大钊的住所，也就成为《宪法公言》的创办地。

高一涵于 1916 年 9 月 2 日晚到北京，但李大钊在 1916 年 9 月 5 日业已声明脱离《晨钟报》，不再与此报发生关系。想必李大钊这个声明有一个酝酿期，不是某一天临时所作出的决定。而 9 月 5 日的登报声明，至少也是前一天（即 9 月 4 日）拟出的稿件。由此可以推断，高一涵到北京时，业已知晓李大钊去意已定，对《晨钟报》不抱希望，故而有“余到时，见事已不可为，故亦退”的记述。因而，高一涵也就成为没有到职的《晨钟报》编辑。

高一涵与《晨钟报》唯一的交集，是此前寄出的《理想与事实》一文，在 1916 年 9 月 16 日的《晨钟报》上发表了。高一涵应该是得到即将担任《晨钟

① 高一涵：《李大钊同志传略》，《中央日报》第 60 号，1927 年 5 月 23 日。

② 高一涵：《回忆五四时期的李大钊同志》，《五四运动回忆录》（上），中国社会科学出版社 1979 年版，第 339 页。

③ 《白坚武日记》（1916 年 9 月 2 日），江苏省古籍出版社 1992 年版，第 35 页。

报》编辑的消息而撰写此文的,故而该文实际上也表明了他即将担任《晨钟报》编辑的态度。由于《晨钟报》是在特殊的政治背景中创刊的,担负着发表政治见解、鼓动舆论支持的使命,故而高一涵对于担任《晨钟报》的编辑还是充满信心的,这从这篇《理想与事实》的文章中的乐观态度,不难得到印证。此文中,高一涵介绍了"重理想"与"重事实"两派的观点:"重理想之说者曰:政治之事,反诸物理,可以理想变事实,而不可以事实拘理想。惟其可以理想变事实也,故吾人须先当立当然之理论,以排去不然之事情。惟其不可以事实拘理想也,故吾人应超出已然之现象,而别启将然之新机。是说也,余尝主之。……重事实之说者曰:群者,合万众之生以为生,如生物之干局形制皆有一定嬗脱变化之期。群质不良,而徒言改革,新制与旧境相迕,则生机每因之而屈。谓国势群生可以少数人之理想而旦夕遂易其前观者,天演之中无此物也。是说也,余亦是之。"这段文字中,高一涵所说的"余尝主之"与"余亦是之",颇足以表明高一涵先前对于"理想"与"事实"的态度。高一涵从日本留学归国后,已经是一位具有宏大理想的知识分子,他是要以其政治学的学理来改造现实的中国政治,故而对于"理想之说"而"尝主之";同时,高一涵又是一位立足实际、重视分析社会现实的知识分子,故而对于"重事实之说"亦表示"是之"(赞同)。高一涵此文的重要主张,就是认为作为政治家,既要重视理想,同时也要重视事实,不可有所偏颇。故而,他又说:"谓理想不足重乎?何以卢梭、孟德斯鸠、福禄特尔之学说,竟唤起法国之革命,而创成一种新政例也?谓事实不足重乎?何以无政府主义不能立行于今日,而犹待时世之变迁也?是知理想而不凭乎事实,用以悬揣则可,用以实行则不可。事实而不符于理想,在塞野稚陋之群则可,在文明演进之群则不可。偏尚理想者,政制必多骤变,骤变则国本不宁;拘于事实者,政制必多保守,保守则生机斯颓。"高一涵强调"理想"与"事实"两者都很重要,进而提出了"理想"与"事实"相结合的方向。他指出:"际斯时也,惟有使理想、事实打成一片,不务高远之空谈,不泥于目前之现状。应知离理想则非事实,离事实亦无所谓理想,相需而为用,丽合而不离,庶不愧为当世救国之政治家欤!"①此段言论,表明高一涵要

---

① 高一涵:《理想与事实》,《晨钟报》1916 年 9 月 16 日。

做“当世救国之政治家”的追求，坚持将“理想、事实打成一片”的决心，也就是说要立足于现实，“不务高远之远谈”，同时又“不泥于目前之现状”，依据政治学理论来改造中国的政治现实，为实现自己的理想而奋斗！可以说，高一涵通过此文集中地表达了自己当时的心境。

与李大钊协办《宪法公言》

李大钊离开《晨钟报》的第二天，即1916年9月7日，在老便宜坊设宴为高一涵接风，并商谈筹办《宪法公言》事。白坚武在当天的日记中记载：“守常在老便宜坊请宴一涵君及秦立庵、田克苏，议《宪法公言》主旨。”这应该是《宪法公言》的初次筹备会议。从《宪法公言》以后发布的声明可知，杂志的经费主要是由已经成为众议员的秦广礼的捐助和筹集，其中：秦广礼捐2000元，孙文捐500元、唐绍仪捐300元、孙洪伊捐100元、李庆芳捐100元、彭介石每月捐50元，另有温世霖、王正廷各捐20元①。

《宪法公言》的创刊有着特定的背景，旧国会重新开会可能是一个极为重要的方面。1916年8月1日，旧国会在北京重行开会，决定组织宪法会议（即众、参两院合并组成的会议），以被袁世凯废弃的《天坛宪法草案》为讨论的基础，继续进行制宪工作。作为议员的秦广礼此时出资办刊，显然是为了通过舆论的力量，影响到即将召开的国会制宪会议的制宪大计，这大概也是其他捐助人的共同愿望。

《宪法公言》于1916年10月创刊，每月逢十出刊（旬刊）。经理为秦广礼（立庵），编辑为田解（克苏）、李大钊、高一涵、白坚武、郁嶷、黄健评、张润之、李锡瑞、张泽民等②。除高一涵外，都是原北洋法政学会的成员。

《宪法公言》章程规定：“本杂志旨在阐明宪法之精微，助长法律之思潮，以荡涤专制之邪秽，而实现一尽美之民国宪法。”又规定：“本杂志朴实说理，

---

① 《〈宪法公言〉声明》，载《宪法公言》第7期。转引自李成甲：《李大钊传》（上），中国社会科学出版社2009年版，第477页。

② 见宪法公言社同人合影，1916年12月10日摄于北京有生照相馆。

称心而出,不骛空谈,不尚偏激,必期诸心安理得。凡中外人士关于宪法之言论著述,无不极力欢迎,故定名《宪法公言》。"①《宪法公言》创刊后,引起社会上相关人士的注意。陈独秀、章士钊等诸多名贤,都在《宪法公言》中发表过文章。

《宪法公言》尽管有着导引舆论的办刊目的,但在实际并不能存立下去。宪法审议会议对于宪法草案进行审议,先后开会24次。在制宪会议中,最争持不下的焦点是省制问题,也就是中央与地方的权力分配问题。国民党议员提出在宪法草案中加入省制一章,并规定省长实行民选,而汤化龙等宪法研究会与进步党人,不赞成把省制列入宪法,反对地方自治分权,维护中央集权,主张省长由中央任命。两派斗争激烈,纷争不下。《宪法公言》由于经费不支等原因,没有等到宪法审议会议对于宪法草案的二读审议,于1917年1月10日在出完第九期后,就宣告结束了。《宪法公言》这份刊物本是为制宪会议而创办的,但还没有等到制宪完成就终结了,这多少亦说明舆论与现实的政治之间有着很大的距离。

高一涵这一时期在《宪法公言》共发表了五篇文章,即:《学理上两院制与一院制之比较》、《学理上两院制与一院制之比较(续)》、《省权与省长》、《省制问题解决法刍议》、《大总统选举法刍议》,其中二篇论及省制问题。

高一涵和李大钊一样,都坚决主张将省制列入宪法。他指出:"省在宪法上取得位置,与在行政法上取得位置者绝然不同。"②并列举中央集权的弊端:"中央之权限愈多,则不能举办之事亦愈多,势必举一切事权委诸各省。于是各省遂尽有中央自主之权,而凡事独断独行。"在高一涵看来,在中央集权制下,中央在事实上也只空有集权之名,而地方却有坐实分权之实,故而"名义上以中央指挥各省,事实上乃以各省挟制中央"。中央与地方关系的维系在于人脉,是"情也,非法也",是"人也,非制也"③。为此,他不同意"省权繁赜,分配孔艰,留作后图,方为上策"的主张,认为"专制国体之政治以集权为原则,共和国体之政治以分权为原则。在专制国体之下,官治之范围必扩充之达于极

① 高一涵:《省权与省长》,《宪法公言》第5期,1916年12月20日。
② 高一涵:《省权与省长》,《宪法公言》第5期,1916年12月20日。
③ 高一涵:《省权与省长》,《宪法公言》第5期,1916年12月20日。

端;在共和国体之下,则自治范围必发扬之底于极度。”①高一涵力主省制问题应该列入宪法,并在宪法中加以明确地规定,使中央与地方各掌其权,各行其责。

在省制入宪的方法上,高一涵力劝制宪众议员,采取列举主义,要学习美国创宪制定者的智慧:“殚精锻炼出于匠心,卒令中央政府与各州政府之权限条理井然,一丝不紊。宪法公布而后,帖然就范,以迄于今。”②

高一涵认为“省制入宪”必须以“民选”为前提,必须确立“民选”在宪法体系中的地位。在他看来,“民选官吏,在欧美人民视为极寻常之事”,“盖引起人民之政治与兴趣,练习人民之政治才能,必以选举为入手方法”。故而,“民选无益”的论调是完全错误的,违背了现代民主政治的基本常识。高一涵对于“民选无益”论予以严正地批驳,指出:

> 绝对民选无益,余不信也。且反对民选论者,终有不可通之二点:一以为政府永与人民立于反对地位,一以人民终为不肖。由前说以推,一经民选,则省长之如民意者必不能如政府之意,是人民与政府终无意见相合之时。意者尽如民意之政府必不能发现于吾国欤?抑凡为吾国之政府必终与人民为仇欤?此记者所不解者一也。由后说以推,则民办之事必危害国家,官办则否;多数举行之事必危害国家,一人则否。意者吾国官吏皆非自民间来欤?抑何以为民则不肖,一为官吏则大智大贤欤?此记者所不解者二也。③

高一涵对于省长是由“民选”还是由“中央任命”这个问题,主张学习英国大政决定的“三C”方法:即“第一,contest 争论;第二,conference 协商;第三,compromise 调和”,亦即通过争论、协商、调和等办法加以解决。面对争议三个月仍议而不决的省制问题,高一涵在《省制问题解决法刍议》一文中,又提出解决方法——惟有远离党争之潮流。在他看来,“省制所以不能即决者”,其

① 高一涵:《省权与省长》,《宪法公言》第5期,1916年12月20日。
② 高一涵:《省权与省长》,《宪法公言》第5期,1916年12月20日。
③ 高一涵:《省权与省长》,《宪法公言》第5期,1916年12月20日。

主要的原因就在于“为党争所激动”,正是“因党争之烈,而感情用事,故攻守两方之议论多溢出于本问题范围而外,由是群情共愤,尽力相持,愈辩愈纷,愈争愈烈,欲其静息,戛戛乎其难之”。因此,“今欲筹解决方法,惟有远离党争之潮流,俾其言论思维皆由于个人主观,而超然出于现在政要总绩之表现而已”。由此,高一涵提出的“远离党争”的具体解决办法是:“其一,由两院各选若干人组织一特别会议,以本题付之解决。……其一,则由国会选出若干人,由各省选出若干人,同组一省制会议,将议决之案付诸各省议会批准,再交宪法会议加入宪法。”①高一涵提出的解决方法,可谓用心良苦。

高一涵这一时期还与李大钊一起,直接参与了地方自治法规的起草工作,主张将分权的思想具体地体现在地方自治法规之中。他在《回忆五四时期的李大钊同志》一文中说:“北洋政府内政部长孙洪伊在那时可算是一位急进的民主派,他认识守常。1917年孙找人起草地方自治法规,把守常和我找去,我们负责起草工作,经过三个月,草成。我们主张分权,旧派则站在集权方面,这个草案终于被北洋政府否决。”②地方自治法规虽然流产,但由此也使得高一涵认识了北洋政府的反民主的面目。

高一涵和李大钊在《宪法公言》期间,试图通过制宪的办法来确立国家的政治体制,并进而达到振兴中华的理想。这在当时,并没有能够实现的可能。但高一涵在《宪法公言》上发表的文章,不仅对于当时的制宪活动有着较大的舆论影响,而且因为通过办刊实践也加深了对当时中国政治的认识。故而,高一涵在《宪法公言》时期的活动,应该说还是有所收获的,尽管这种收获不是自己政治主张的实现。

《甲寅日刊》的主将

1917年1月28日,章士钊在北京复刊《甲寅》,改为日刊发行。此时,章

① 高一涵:《省制问题解决法刍议》,《宪法公言》第5期,1916年12月20日。

② 高一涵:《回忆五四时期的李大钊同志》,《五四运动回忆录》(上),中国社会科学出版社1979年版,第339页。

士钊正以国会参议员的身份投身于宪法会议之中。《甲寅日刊》便成为章士钊政治活动的一个阵地，宣传他的宪政立国、调和立国的主张。《甲寅日刊》承继了先前的《甲寅月刊》的办刊理念，其基本精神便是“调和”。章士钊在该刊的“发端”一文中，阐述了自己办刊的思想：

> 所谓今者，为吾人不可逃之一限，而又决非理想之域。其中情感、利害、意见、希望，新旧相衔，错综百出，欲爬梳而条理之，所须调和质剂之工，至无涯量，而此者又断非不可能之业。国家之事，逻辑中恒有境焉。纳所有情感、利害、意见、希望于其中，各各到其好处，吾儒之所谓位育，即斯境也。谓治国者其功能将与斯境合体，诚为欺人之言，然悬为标的，息息而意之，期于不中不远焉，则立宪之精义也。当今立宪各国，其政绩足与此不中不远者，且难言之，何有于吾国。故吾者不可因其难能而废阻，尤不可不知难能之处，即在爬梳条理所有情感、利害、意见、希望之中。爬梳条理所有情感、利害、意见、希望，又俱为准情酌理、平易近人之事，而欲为准情酌理平易近人之事，则以今日吾辈生斯长斯之社会为之基础，已恢恢乎其有余。毋妄忆过去而流于悲观，毋预计将来而蹈乎空想。脚踏实地，从所踏处做去，则今之国家，庶有豸矣！此本报之大愿也。①

章士钊在《发端》中强调，国家“纳所有情感、利害、意见、希望于其中，各各到其好处”乃是立宪的精义所在，并且也是政治演进的一种境界，这种境界只有通过“调和质剂之工”才能实现。他希望人们既不悲观，也不空想，而是要脚踏实地，从自己做起，将各种矛盾调和于“位育”之境，达到治化之功。这也便是《甲寅日刊》的办报宗旨。

高一涵和李大钊一起，应章士钊之邀，担任了《甲寅日刊》的主笔。他们在朝阳门竹竿巷4号，新租了一间屋同住，共同为《甲寅日刊》撰稿。高一涵记道：“那时，章士钊在北京创办《甲寅日报》（应为《甲寅日刊》，引者注），约我们替他写社论。今天由守常写，明天由我写，后天由守常写，再后天由我写，

---

① 章士钊：《发端》，《章士钊全集》(4)，文汇出版社2000年版，第4—5页。

如此轮流,每人隔一天给《甲寅日报》写一篇论文。”①自《甲寅日刊》1917年1月28日创刊,到6月19日因张勋复辟停刊,在所刊132篇社论(或论说、代论)中,李大钊撰写40篇,高一涵撰写23篇,章士钊撰写18篇,其他各人均在6篇以下。在刊发的170篇时评中,邵飘萍撰写约92篇,李大钊20篇,石钟11篇,章士钊9篇,高一涵7篇,其他人均在4篇以下。李、高二人在《甲寅日刊》中的地位,由此可见一斑②。在思想主张上,李大钊和高一涵既有与章士钊一致的方面,如李大钊先后在《甲寅日刊》上发表了《甲寅之新生命》、《调和之美》等文章,高一涵先后发表了《调和私解》、《宪政常轨中政党活动之正当范围》等一系列文章,共同阐发并维护章士钊的调和思想。但李大钊、高一涵与章士钊也有分歧之处。关于这种分歧,高一涵在《李大钊同志传略》中有如下的回忆:

> 谁知章士钊已早与政学系、研究系相亲近,余与守常每有批评该两系主张时,士钊有难色。守常因此不再作论说,不过传播俄国及他国之国际新闻而已。无何,复辟事起,士钊避天津,《甲寅日刊》已改印大清年号,余与守常欲登脱离该报启事,竟为报社中人所搁置。人皆知《甲寅日刊》因复辟而停止,不知实因复辟未成而停止也。

高一涵以上这段回忆,揭示了一个重要的事实,即《甲寅日刊》的停刊不只是因为“复辟而停止”,事实上是在“复辟未成而停止”。换言之,是《甲寅日刊》在办刊中存在的分歧,而不得不停刊了,“复辟”一事只是作为一种外因而进一步促成了“停刊”。

这一时期,正值国会二读审议宪法草案之际,军阀屡屡干涉国会。1917年5月17日,“督军团”代表要求黎元洪下令解散国会。5月19日,正式呈请解散国会,改制宪法。6月13日,黎元洪被迫下令解散国会。制宪再次流产。

---

① 高一涵:《回忆五四时期的李大钊同志》,《五四运动回忆录》(上),中国社会科学出版社1979年版,第339—340页。

② 郭双林:《前后“甲寅派”考》,载《近代史研究》2008年第3期。

高一涵在《甲寅日刊》所发表的文章，就是紧贴这一时期的时政，围绕制宪问题而阐述其调和制宪立国的思想。高一涵在《甲寅日刊》时期的主张，大体上有以下几个方面：

第一，议会中各政党要具备相互间的包容性，政府不能采取扑灭政党的政策。高一涵高度重视政党在现代政治中的作用，认为政党的目的应是为增进人民的福利，不同的政党基于自身的政治利益不同，而持有不同的政治见解，这本是实行政党政治该有的正常现象。由此，在议会内部，各政党可以而且应该有其独立性，但同时在观念和政见上也应具有一定的包容性，无论是党争和政争，都应遵循基本的政治道德①。高一涵强调：政党与政治生命相始终，"故必有政治，乃有政党可言。政府不存，何有于政治？政治既亡，何有于政党？"②鉴于这样的看法，高一涵对议会中的政党提出了这样的要求：政党之间应懂得政力向背的道理，应容许反对党的存在并能容纳反对党的意见。其原因就在于，政党的行为不过是通过竞选而使反对党下台而已，决不是"芟夷蕴丛，绝其本根，尽其基础而摧之，排而绝之于政治范围而外"③。与此同时，高一涵也要求政府坚持政党政治的基本规则，反对政府扑灭政党的做法。高一涵指出，政党的产生起源于人民的利益分化，而当利益分化达到一定的程度就必然会有利益聚合的要求，这时就必然需要一种表达共同利益的机制，"政党之缘起，乃根诸人性不齐而来，苟有政治组织以上，当有党派发生"。因此，政府不但不能扑灭政党，反而要容许政党的存在，"齐人性，非国家之力所能为，故扑灭政党，亦非国家之力所能胜"。高一涵关于政党自身的要求及政府对政党所应采取的态度，是从建设现代民主政治的目标出发的。

第二，反对超然内阁说，倡导内阁制的精神。高一涵在内阁制问题上提出了自己的看法，不同意"超然内阁"的主张，认为"内阁实质即为政党所构成，欲脱内阁于政党之外，即不啻取构成内阁之原(元)素而尽毁之也。"④高一涵要求遵循内阁制的精神，认为在内阁制中应当保持国会与内阁的权力平衡，

---

① 高一涵：《近日各政团之三大误点》，《甲寅日刊》，1917 年 1 月 28 日。

② 高一涵：《宪政常轨中政党活动之正当范围》，《甲寅日刊》，1917 年 6 月 8 日。

③ 高一涵：《宪政常轨中政党活动之正当范围》，《甲寅日刊》，1917 年 6 月 8 日。

④ 高一涵：《解散权之积极观》，《甲寅日刊》，1917 年 2 月 1 日。

“故制宪者,贵权衡二力之分量,抑物推挽适得其平,始能范其进程而不逾恒轨,以滞平和渐进之政机,解散权与不信任决议权之允宜相衡相剂者,即此理也”。解散权与不信任投票,如车之两骖,鸟之双翼,缺一不可。通过解散权还可以“使政党多一次锻炼”,“使选民多一次熏陶”。在高一涵看来,政治的基础在社会,民主政治的实行必须有相应的社会力量作基础。为此,他特别重视民众的政治经验与政治素质,“凡际议会解散之时,即为试验舆论对于政党之良好机会,牺牲议会一二年之生存期,以易得锻炼政党之好机会”①。这就是说,民众在政治素质的提高和政治经验的增加之后,将会积极地参与政治活动,这有利于对政治进行自下而上的监督。高一涵以“府院之争”为实例,批评了北洋政府违背“责任内阁”精神。他指出,在实行内阁制的国家,国务员对于议会负责,元首的行为没有经过国务员的副署,视为无效;而当元首与国务员的意见相出入时,在法律上则应听从国务员的意见②。北洋政府若真能遵循责任内阁的精神,便不会有“府院之争”这样的闹剧发生。即使发生了,如果使用“合法的手段”,也有“造成内阁制善例的机会”。因此,“宪政之善例,要以合法为原则”,反对拘于一时之境的“因人立法”的行为。因为“遇公明仁让之大总统则务减内阁之权以益之,遇专横自恣之大总统则又务增内阁之权以制之”③。这样,徒使公正的政治家失去政治运作所应有的保障。高一涵在《责任内阁辨》一文中进一步指出,责任内阁有两个基本内涵:一是在道义层面上的责任内阁,二是作为宪政制度的责任内阁。在道义层面上,责任政府所体现的是政治民主与政治公开的原则,这是民主政府的基本施政原则与行为方式。高一涵说,“责任云者,凡已身之行为与否,而有受他人之评判或制裁之义务也。受舆论之评判而负其结果,是为政治上责任;受弹劾之制裁与法庭之纠问,是为法律上责任”。高一涵要求政府接受舆论的监督,不仅政府对人民所反映的意见要做出说明,解释其接纳或不接纳人民批评意见的理由,而且政府对于自己的施政结果也需要接受人民的评估,从而体现对人民负责的态度。在宪政制度层面上,高一涵推崇英国式的责任内阁制。在他看来,英

① 高一涵:《超然内阁论》,《甲寅日刊》,1917 年 2 月 20 日。

② 高一涵:《解散权之积极观》,《甲寅日刊》,1917 年 2 月 1 日。

③ 高一涵:《责任内阁发微》,《甲寅日刊》,1917 年 2 月 15 日。

国式的责任内阁制度的基本出发点是内阁成员由议会选举，并对议会负责，受议会监督，总理和内阁成员也就是国务员，是由议会大选中获得多数席位的政党单独或联合其他政党组成，政府权力集中在内阁。高一涵关于内阁制精神的阐发，就在于使中国能够建设成为内阁制的民主国家。

第三，抨击"伪调和"论调，反对武人干政。高一涵倡导遵循"调和主义"的"真调和"，反对那种以调和之名所进行的"伪调和"。他指出："真正调和主义之实行，必合新旧异同名实质力形色诸元素消溶化合于一炉，使此新旧异同名实质力形色尽变其固有之特质，融成第三种翕合无间之结晶，乃克当调和之真义。"①故此，他反对排一以存一、扬此而抑彼的调和方式，也就是反对"伪调和"，亦即反对武人以调和的名义干预国会。他指出：以非法手段解散国会，将进一步造成军阀专制的局面，并从根本上摧毁实行民主政治、议会政治所需要的政治道德和政治习惯，从而使中国议会政治走向死胡同。因此，武力干预宪政，宪法的尊严就被践踏于军阀的武力之下，宪法的权威性也就荡然无存②。高一涵在《甲寅日刊》时期倡导"调和主义"，是"特对于遵宪政常轨之政党而言，非对于越出轨道而外之势力而言"，"质言之，惟望号称政党者，互相对待、互相调剂"。因此，如果有一种"非宪政之武力"出现，甚至"以异军苍头特起"，这实际上已经"陷入无政府状态之中"，故而"调和主义于此，绝无脱颖出试之余地"③。换言之，政治上实行"调和主义"，必须重视政党在政治建设中的基础性作用，同时也要反对"非法之暴力"的武人干政，从而维护宪法在民主政治中至高无上的地位。

第四，奉劝进步党不要借军阀力量消灭国民党，而应该与国民党合作。高一涵在《甲寅日刊》时期特别注重政党在民主政治建设中的作用，对于国民党与进步党的关系也提出自己的看法。他在《忠告国民、进步两系》文章中，回顾了辛亥革命以来的历史，说明国民党与进步党合作的极端重要性，并希望两派能够"恢复旧好"，"共扶大局"，共同对付"非宪政之武力"。他指出："今日明明尚有遵循宪政常轨之政党，在即所谓国民、进步两系是也。是二系之在吾

① 高一涵：《调和私解》，《甲寅日刊》，1917 年 2 月 24 日。
② 高一涵：《近日各政团之三大误点》，《甲寅日刊》，1917 年 1 月 28 日。
③ 高一涵：《忠告国民、进步两系》，《甲寅日刊》第 138 号，1917 年 6 月 7 日。

国,一有离合,每开政局之绝大变化。辛亥之秋,两派合同,则满帝翻然而退位。癸丑之役,两派分离,卒为袁氏后先扼吭,分散失败而去。丙辰之役,两派互相携手,故袁氏不逾旬而即败。今者两派地盘迹证具在,按之宪政国常例,两派又同为在野之政党,其所异者,特国会中多数少数而已。有国会在,两派政策之发表于议场者,固犹有差异之可言。今一派议员既纷纷出京,一派议员又纷纷辞职,国会等于空名,则两派皆已无发表政见之余地。斯时,两派所余之一点,惟在立党大纲。易言之,即同欲保障共和国体与实行立宪政治两事而已。大旨既已相同,已可牺牲感情,恢复旧好,同心勠力,一致抗拒越出宪政而外之势力。况国会一空,无论何派政策亦枕置而不行。政党职务在为政治活动,宪政不存,党于何有?两派中不乏明达之士,共扶大局,正在此时矣。"①高一涵对于进步党也提出批评,认为进步党虽号称"稳健之流",但在议会中的活动实际上已经越出宪政常轨的"正当范围",其突出的表现就是"藉他力以推翻旧国民党"。他在《宪政常轨中政党活动之正当范围》中,对进步党"藉他力以推翻旧国民党"的行为提出了严肃的批评:"今日稳健诸公,举足左右便有轻重,此派所指即为旧进步系一流。律以真正立宪政治之政党行为,则今日进步系所得为者,但应以合法行动抵制国民系之主张,不应越出轨外,藉他力以推翻旧国民党。推翻且滋物议,奚况迹近诛锄。使之翻然下野,固不失堂堂正正之师;若使之绝其根株,则终昧夫政力向背之理。……政党不存,党于何有?悬崖勒马,惟有出于国民运动、护国护法之一途。仗义执言,平情释忿,方不失为大政党之德量。即如人言,称激烈者为暴民,然暴民虽厉,容之尚有令其忏悔之机;暴力一伸,则炙手可热,欲其悔祸,殆无望已。亡中国者果为暴民?抑为暴力?尚不可知证。以史例,则暴民能力,仅能扰乱和平之秩序,至暴力之贻患,每足以倾覆国家。甚愿稳健诸公认定肇亡之媒,以自正趋向可也。"②高一涵这里严肃地批评了进步党借助军阀势力,进行的排斥、压迫国民党的行径,同时亦奉劝进步党能够"悬崖勒马"而在"宪政常轨中"活动。

高一涵在《甲寅日刊》时期的言论突出地反映了维护约法、推进立宪政治

① 高一涵:《忠告国民、进步两系》,《甲寅日刊》第138号,1917年6月7日。

② 高一涵:《宪政常轨中政党活动之正当范围》,《甲寅日刊》第139号,1917年6月8日。

的理念,同时也反映了他站在国民党的政治立场上。这在张勋复辟的危急形势下,高一涵同样也是坚持这种政治态度。1917 年 6 月 9 日,张勋率辫子军进入北京,扶持溥仪复辟帝制,章士钊、李大钊、邵飘萍等人相继离京,高一涵仍然滞留在竹杆巷 4 号,并在《甲寅日刊》上作最后之呼吁。譬如,高一涵于 6 月 10—11 日在《甲寅日刊》上发表《收拾时局之商榷》,希望进步党与国民党能够合作,共同收拾时局。该文指出:"际兹危急之秋,国民、进步两系,宜合而不宜分。记者已再三陈说,故今日收拾时局之策,唯望国民、进步两系,各释旧怨,降心相从,而出于调和之一策。"又指出:"今日无论何派,欲以独立收拾时局,皆为虚愿,惟有两派合同,出于勠力同心之一途,乃可与他力相抵抗。"①又譬如,高一涵于 1917 年 6 月 13 日在《甲寅日刊》最后一期即 144 号上,发表《论欲实行立宪政治者应有之觉悟》。该文指出,立宪政治应包括五个方面的含义:"一在政府权力有所限制;二在相互退让,反乎断裁主义;三在尊重国会,听从其监督;四在尊重少数,容纳其意见;五在尊重自由,广予人民参政之机会。"该文的主旨在倡导真正的"立宪政治",阐明"普通立宪国之天经地义",其政治立场显然是站在国民党这一边,故而对进步党依附军阀、排斥国民党的做法提出严重的批评。该文最后指出:"以政治言,民党存,虽不能实行共和;民党亡,则断然复乎专制。民党存,虽不足语于政权平分;民党亡,则必致政权独占。以政党言,民党存,虽不足为进步系之助;民党亡,则实足兆进步系之危。此其例,全由开国六年中之政变经验而得,为凡有耳目者所共见共闻者也。故今日终极之目的,欲使民党暂时在野则可,欲使其一蹶不可复振则不可;欲驱除其暴烈分子于议场则可,欲不择良莠而并绝之则不可。岂惟不可,抑又不能。谨铭斯限,以为关心调和者告焉。"②因此,该文的所谓"欲实行立宪政治者",既是指当时主张民主政治的人,但主要的还是指进步党人。换言之,该文主要是对进步党的奉劝,希望进步党不要依附军阀而打压国民党,而是要与国民党合作,共同反对军阀政府的势力。

高一涵担任《甲寅日刊》编辑这一时段,在高一涵的办报生涯和思想发展

① 高一涵:《收拾时局之商榷》(续),《甲寅日刊》第 142 号,1917 年 6 月 11 日。

② 高一涵:《论欲实行立宪政治者应有之觉悟》,《甲寅日刊》第 144 号,1917 年 6 月 13 日。

的进程中占有重要的地位。多年之后,高一涵在《回忆五四时期的李大钊同志》文章中写道:

> (《甲寅日刊》时期)我们在文章中攻击研究系,攻击现政府;而章士钊是维护他们的,他不赞成我们的主张。守常又只顾真理,不顾什么情面,不合心意的,他就要痛骂。章士钊不敢去和守常交涉,便托我去和他商量。这怎么行呢?一个人的主张是不能够随便更改的。后来,彼此谈妥:不谈内政,只写国外新闻。那时,十月革命已经胜利。于是,守常连续介绍俄国革命。我们把各报上主张较好的消息综合起来,介绍给国人。后来又遭到章士钊的反对。到张勋复辟时,我们便登报申明,脱离了《甲寅日报》(《甲寅日刊》,引者注)。①

高一涵在日本留学和回国初期,在《青年杂志》、《宪法公言》、《甲寅日刊》的办报过程中,坚守着启迪民智、实现共和的信念,屡屡担当大任,并迅速成为新闻界、思想界引领舆论潮流的一颗耀眼新星。

---

① 高一涵:《回忆五四时期的李大钊同志》,《五四运动回忆录》(上),中国社会科学出版社 1979 年版,第 340 页。

第四章　新文化运动精英

新文化运动无疑是中国20世纪初，一场打破封建文化束缚的思想启蒙运动，它高举“民主”和“科学”的旗帜，引入西方先进文化和思想，并积极地提倡白话文，引发思想和文化各个领域的中西方文化碰撞，并直接触发了震惊中外的“五四”爱国运动，加速了马克思主义在中国的传播，催生了中国共产党的诞生。陈独秀是新文化运动的领袖，毛泽东在1845年4月对陈独秀有过这样的评价：

> 关于陈独秀这个人，我们今天可以讲一讲，他是有过功劳的。他是五四运动时期的总司令，整个运动实际上是他领导的，他与周围的一群人，如李大钊同志等，是起了大作用的。我们那个时候学习作白话文，听他说什么文章要加标点符号，这是一大发明，又听他说世界上有马克思主义。我们是他们那一代人的学生。五四运动替中国共产党准备了干部。那个时候有《新青年》杂志，是陈独秀主编的。被这个杂志和五四运动警醒起来的人，后头有一部分进了共产党，这些人受陈独秀和他周围一群人的影响很大，可以说是由他们集合起来，这才成立了党。……关于陈独秀，将来修党史的时候，还是要讲到他。①

高一涵无疑是陈独秀“周围一群人”中的一个重要人物，他在新文化运动中的地位和作用是可以与陈独秀、李大钊、胡适、鲁迅等比肩的。称高一涵是

---

① 《毛泽东文集》第三卷，人民出版社1996年版，第294页。

“新文化运动精英”，实不为过。

舆论骄子

新文化运动是由陈独秀创办《青年杂志》（后改为《新青年》）而拉开序幕的。继《新青年》创刊后，更多的知识分子把目光聚集在办报办刊，启迪民智、引领舆论上。于是，一大批报刊应运而生，最多时竟达数百种。然而真正能引领舆论、为民众所欢迎的报刊，毕竟还是以《新青年》为代表的少数几种报刊杂志而已。

高一涵是特别重视舆论作用的，他在《青年杂志》上著文指出：“道德之根据在天性，天性之发展恃自由，自由之表见为舆论”；“共和国本建筑于人民舆论之上”，“专制国家之舆论在附和当朝，共和国家舆论在唤醒当道；专制时代之舆论在服从习惯，共和时代之舆论，在本诸良心以造成风气。其别也有如此。”①

打开20世纪初那些被人们追逐、争相传阅的报刊杂志，署名高一涵、一涵、涵、涵庐的文章比比皆是，无论在数量上和质量上，都堪列前茅。高一涵无可辩驳的是那个年代思想启蒙的一员战将，一个为新文化运动冲锋陷阵、摇旗呐喊的斗士。

以下，简要梳理一下这一时期高一涵在一些重要刊物上发表的文章，从其发表文章的数量及其所处的地位，来看一看他在当时思想界的影响。

——在《新青年》时期（1918年1月15日—1921年9月1日②）。

高一涵自回归《新青年》，在四卷一号发表《近世三大思想之变迁》起，到九卷五号发表《省宪法中的民权问题》止，在《新青年》发布的文章、译作等共有17篇，时间跨度从1918年1月15日到1921年9月1日。《新青年》从四卷起，改为同人刊物，其公告称：“本志从四卷一号起，投稿章程业已取消，所

① 高一涵：《共和国家与青年之自觉》（一），《青年杂志》第1卷第1号，1915年9月15日。

② 此处的时间为《新青年》出版时所标注的时间。事实上，《新青年》杂志有延期出版的情况，故而其所标注的时间往往在实际出版时间之前。

有撰译,悉由编辑部同人公同担任,不另购稿。其前此寄稿尚未录载者,可否惠赠本志?尚希投稿诸君,赐函声明,恕不一一奉询,此后有以大作见赐者,概不酬资。"[①]从此,《新青年》是以北大同人为核心的作者群体,这个作者群更进一步凝聚了新文化运动的队伍,"谈政治"的色彩更为浓厚。而高一涵即是陈独秀倚重在《新青年》杂志做政治文章的重要成员,陈独秀曾说:"本志社员中有多数人向来主张绝对不谈政治,我偶然发点关于政治的议论,他们都不以为然。但我终不肯取消我的意见,所以常常劝慰慈、一涵两先生作关于政治的文章。"[②]在《新青年》中,高一涵除担任第六卷第三期的主编外,还常常协助陈独秀处理来稿,回复作者来信等。这可从鲁迅和吴虞的日记中看到踪迹。鲁迅日记中记载:"录文稿一篇讫,约四千余字,寄高一涵并函,由二弟持去。"[③]吴虞日记中也记载:"君毅来信,附来高一涵一函,予《道家法家均反对旧道德说》一文已编入《新青年》第五号内,恰好这一期是纲常名教号,所以欢迎得很。《星期日》已收到,读了欢喜了不得,我们的同志越发多了,不怕孤掌难鸣了。"[④]

陈独秀在《新青年》杂志的内容安排、招股和迁址等一系列重大问题上,也非常重视高一涵的意见。1920高一涵从日本回国不久,就收到了陈独秀的来信:

一涵兄:

你回国时及北京来信都收到了。……

《新青年》八卷一号,到下月一号非出版不可,请告适之、洛声二兄,速将存款及文稿寄来。兴文社已收到的股款只有一千元,招股的事,请你特别出点力才好。

适之兄曾极力反对招外股,至今《新青年》编辑同人无一文寄来,可

① 《本志编辑部启事》,《新青年》第4卷第3号,1918年3月15日。

② 陈独秀:《谈政治》,《新青年》第8卷第1号,1920年9月1日。

③ 鲁迅:《鲁迅日记》(一),"1919年3月10日"条,人民文学出版社2006年版,第362页。

④ 吴虞:《吴虞日记》(上),"1919年8月21日"条,四川人民出版社1986年第1版,第481页。

见我招股的办法，未曾想错。

文稿除孟和夫人一篇外，都不曾寄来，长久如此，《新青年》便要无形取消了，奈何！

独秀白。七月二日①。

1920年12月16日，陈独秀接受陈炯明邀请，赴广州任教育委员长。临行前，又就《新青年》的一些重大问题，致信胡适、高一涵：

适之、一涵兄：

弟今晚即上船赴粤。此间事都已布置了当。《新青年》编辑部事有陈望道君可负责，发行部事有苏新甫君可负责。《新青年》色彩过于鲜明，弟近亦不以为然，陈望道君亦主张稍改内容，以后仍以趋重哲学文学为是；但如此办法，非北京同人多做文章不可。近几册内容稍稍与前不同，京中同人来文太少，也是一个重大的原因，请二兄切实向京中同人催寄文章。

一涵兄与慰慈兄译的工业自治，已成功没有？译成时望寄社中，前成一段已检存望道君处……

弟　独秀（民国九年十二月）十六夜。②

由此可见，高一涵不仅在《新青年》初创时期为陈独秀担纲助阵，而且在改版后的《新青年》同人办刊时期，仍然是协助陈独秀的一员大将。在作为新文化运动标志性刊物的《新青年》中，高一涵发挥着不可替代的重要作用。

——在《每周评论》时期（1918年12月22日—1919年8月31日）。

1918年11月27日，陈独秀、李大钊、高一涵、高承元、张申府、周作人等在北大文科学长室商议创刊《每周评论》，会议议定办一份评论时政的周报，

① 陈独秀：《致高一涵信》（1920年7月2日），新发现的陈独秀信札十三通之5。

② 陈独秀：《致胡适、高一涵信（1920年12月16日）》，水如编《陈独秀书信集》，新华出版社1987年版，第292—293页。

大家公推陈独秀“负书记及编辑之责,余人具任撰述”。编辑部设在沙滩北大新楼文科学长办公室,发行所在北京骡马市大街米市胡同79号①。

1918年12月22日,《每周评论》首期出版。陈独秀以“只眼”的笔名发表创刊词称:“我们发行这《每周评论》的宗旨,也就是‘主张公理,反对强权’八个大字”②。在“本报简章”中列出《每周评论》内容略分为十二类,每号必有五类以上,即:国外大事述评、国内大事述评、社论、文艺时评、随感录、新文艺、国内劳动状况、通讯、评论之评论、读者言论、新刊批评、选论等。并声明:“本报对于读者投稿极其欢迎,但是一概没有报酬,无论登载与否,均不退还原稿。”③《每周评论》一经出版,迅速成为当时影响面最大的一份政论性报纸,对五四运动的发生更是起到了舆论先导的作用。

《每周评论》从创刊号起,到1919年8月31日被北洋军阀政府查禁为止,共出了37期。高一涵在《每周评论》上发表的社论、时评、短文,就有52篇之多。关于高一涵与《每周评论》的关系,过去只提到陈独秀和李大钊的领导作用,很少提及到高一涵。但根据胡适的回忆录所说,《每周评论》是“(陈)独秀和他的一批政治朋友们”在1918年12月创办的,其目的专在“发表政见、批评时事和策动政治改革”,并团结了一批“政治兴趣甚浓的朋友们”,高一涵就是其中之一④。胡适的这段回忆,充分说明高一涵在《每周评论》中具有重要的位置。另外,高一涵自己也回忆:“一九一八年底我们办一个《每周评论》。经常是我们几个人写稿。”⑤高一涵这里所说“我们办一个《每周评论》”,其“我们”一词自然也包括自己。这就提示出一个重要问题,即高一涵在《每周评论》中不只是撰稿人的身份,而是具有“创办者”的地位。1918年12月19日,高一涵在致胡适信中告知:“《每周评论》定于廿一日出版,现在业已齐稿了。可惜好的不甚多,一来是因为警察厅很注意,所以头一回登些迂腐的议论;二来呢,因为昨日立案的批示才下来,今日就齐稿,也未免仓卒些。所以无

---

① 唐宝林:《陈独秀年谱》,上海人民出版社1988年版,第88页。

② 陈独秀:《发刊词》,《每周评论》1918年12月22日。

③ 《本报简章》,《每周评论》1918年12月22日。

④ 胡适:《胡适口述自传》,《胡适文集》(1),北京大学出版社1998年版,第358页。

⑤ 《五四运动回忆录》上卷,中国社会科学出版社1979年版,第341页。

大精彩者，就是因为这两层。”[1]从此信中可以看出，高一涵在撰稿之余，还积极协助陈独秀承担编纂的任务，不然他就不会对即将面世的《每周评论》第一期的文稿作这样的评价。高一涵通过《每周评论》的平台，紧贴时政而发表政治性评论，为五四运动摇旗呐喊，引领舆论走向。对此，将在下文中详述。

——在《努力周报》时期（1922年5月7日——1923年10月31日）。

《努力周报》于1922年5月7日创刊，到1923年10月31日，共出版75期，另有增刊《读书杂志》18期。胡适为《努力周报》主编，1922年底胡适生病期间，曾由高一涵代为编辑。该报为同人办报，不出稿费，连发行部的人也不支薪。胡适希望通过《努力周报》，承继《新青年》的精神，引领思想启蒙和思想革命，在思想建设方面完成“再造中国”的使命。他在发刊词中写道：

朋友们，
我们唱个努力歌：
不怕阻力！
不怕武力！
只怕不努力！
努力！努力！……
阻力少了
武力倒了！
中国再造了！
努力！努力！[2]

高一涵在《努力周报》时期，以高一涵和“涵”的笔名发表的各类文章计有54篇，另有疑似高一涵文章的，以“IH”署名的6篇，以“H”署名的2篇。高一涵协助胡适办理《努力周报》并引领了该报关于“好人政府”、“国民党改组”

① 高一涵：《致胡适信》（1918年12月19日），载耿云志《胡适遗稿及秘藏书信》第31集，黄山书社版1994年版，第173页。

② 胡适：《努力歌》，《努力周报》第1期，1922年5月7日。

等问题的辩论，成为《努力周报》名副其实的核心人物。

——在《现代评论》时期(1924年12月—1928年5月)

《现代评论》周刊于1924年12月13日创刊，至1928年12月19日停刊，共出刊9卷209期。该杂志由王世杰主编，是当时颇有影响力的一份杂志。主要撰稿人有胡适、陈西滢、高一涵、唐有壬、丁西林、陈衡哲、李四光等。该刊为一综合性周刊，杂志的主要撰稿人，被鲁迅称之为现代评论派。创刊号"启事"指出:"本刊内容，包含关于政治、经济、法律、文艺、科学各种文字。本刊的精神是独立的，不主附和;本刊的态度是研究的，不尚攻讦;本刊的言论趋重实际问题，不尚空谈。……本刊同人，不认本刊纯为本刊同人之论坛，而认为同人及同人的朋友与读者的公共论坛。"①

高一涵在《现代评论》发表的文章计有35篇，以时评为主，是《现代评论》的重要撰稿人之一。他在创刊号上发表的《军阀末运》，更是引发了一场关于军阀问题的大论战。该论战成为北伐前夕一场重要的政治和学术性论战，大大活跃了当时的思想理论界，对现实政治的研究工作也产生较大的影响。高一涵在《现代评论》上最后发表的是《闲论》，载《现代评论》第7卷第181期，时间是1928年5月26日。这大致说明，此时高一涵与《现代评论》的关系结束了。

值得注意的是，《新青年》、《每周评论》、《努力周报》、《现代评论》等报刊均为同人报刊，作者写稿，不付稿酬，同人以共同理念而聚合一起，将启迪民智作为己任，通过广发议论评析时政来引领舆论潮流，在当时的思想界产生很大的影响。

高一涵在以上报刊上发表大量的文章，花费心血也最多。除此以外，高一涵还在《北京大学社会科学季刊》、《北京大学日刊》、《中大季刊》、《法政学报》上，发表过不少具有政治性、思想性的学术论文，将关注的重点是放在民主宪政的思想理论建设和制度建设的探讨上。值得注意的是，在我国近现代期刊史上影响巨大、刊龄最长的综合性杂志《东方杂志》上，高一涵围绕法制建设的主题，发表了《我国宪法与欧洲新宪法之比较》、《二十年来中国的政

① 《本刊启事》,《现代评论》第1卷第1号,1924年12月3日。

党》、《联邦建国论》、《卢梭的民权论和国权论》、《平均地权的土地法》、《反对议会制度的独裁制与委员制》、《宪法上监察权的问题》等一系列重要文章。他还应《新生活》创刊人李辛白之邀，在《新生活》上发表了《青岛伤心史》、《怎样才算是过人的生活》、《新生活的仇敌》、《“排货”是什么意思?》等文章和第二次赴日研修时就沿途所见所闻而撰写的五篇游记。高一涵曾与著名出版家王统照一起办过《晨光》期刊①，并在该刊上先后发表了《议会改造的我见》、《政党要怎样改造》、《个人对于社会的责任》、《女子参政问题》等四篇文章，对所关注的时政问题阐述自己的观点。高一涵在《晨报副镌》上，发表了《看过“英雄与美人”新剧的感想》、《委员制之特性及其采用之条件》等文章；在《民国日报》副刊《觉悟》上，发表了《无治主义学理上的根据》、《共产主义历史上的变迁》等文章。高一涵的文章，在五四时期其他颇有影响的报刊，如《新中国》、《太平洋》、《评论之评论》、《京报副刊》、《申报》上，均有所见。此处不一一赘述，可参见《高一涵五四时期的政治思想研究》、《高一涵先生年谱》等著作中的高一涵文存目录。

引进西方政治思想

高一涵是五四时期引进西方政治思想的代表性人物，在中国现代政治思想史上有着重要的地位。探求西方政治思想发展的历程，把西方已经成功的先进的政治制度介绍给国人，是新文化运动的一个重要特点。高一涵是新文化运动时期全方位介绍西方各政治思想和哲学流派的重要推手，具有开放的学术视阔和追求政治民主化的信念。梳理这一时期高一涵发表的相关文章，可以看出这一点。

高一涵研究西方政治思想、哲学流派、社会运动的文章很多，试举几例：

《戴雪英国言论之权利论》，《青年杂志》第 1 卷第 6 号，高一涵译，

① 刘增人：《王统照论》，山东教育出版社 2001 年版，第 364 页。

1916年2月15日。

《读弥尔的自由论》,《新青年》第4卷第3号,1918年3月15日。

《斯宾塞尔的政治哲学》,《新青年》第6卷第3号,1919年3月15日。

《选举权理论上的根据》(日本吉野作造著,高一涵译),《新青年》第6卷第4号,1919年4月15日。

《无治主义学理上的根据》,《新中国》第1卷第3号,1919年7月15日。

《克鲁泡热金学说的要点》,《每周评论》第31号,1919年7月20日。

《“互助论”的大意》,《新中国》第1卷第5号,1919年9月15日。

《杜威演讲录·社会哲学与政治哲学》(高一涵、孙伏园记),《新青年》第7卷第1号—4号,1919年12月1日—1920年3月1日。

《罗素的社会哲学》,《新青年》第7卷第5号,1920年4月1日。

《柯尔的国家性质新论》,北京大学《社会科学季刊》第1卷第2号,1923年。

《福滨社会主义派的方法和理论》,北京大学《社会科学季刊》第2卷第2号,1924年。

《美国独立时代的普通政治思潮》,北京大学《社会科学季刊》第3卷第1号,1924年。

《唯物史观的解释》,北京大学《社会科学季刊》第2卷第4号,1924年。

《卢梭的民权论和国权论》,《东方杂志》第23卷第3期,1926年2月10日。

《海格尔的政治思想》,《中大季刊》,1926年。

《武者小路理想的新村》,《每周评论》36号,1919年8月24日。

《日本近代劳动组织及运动》,《新青年》第7卷第6号,1920年5月1日。

《废止工钱制度》(英国柯尔著,高一涵译),《新青年》第8卷第6号,1921年4月1日。

高一涵在研究和介绍西方政治思想和哲学流派时，尤为注意研究各派政治思想和哲学思想产生的社会背景，善于对各派思想加以分析和梳理，并在比较之中找出各自的异同点，用通俗的语言向中国知识界予以介绍。高一涵在引进西方思想的同时，始终把关注的焦点放在对各国体制和宪法的对比上，力图为中国的政治建设提供有益的思想学术资源，表现出汲取精华、批判地继承的态度和“为我所用”的研究取向。为此，他撰写了大量的学术论文和政论文章，如发表的《我国宪法与欧洲新宪法之比较》、《联邦建国论》、《俄国新宪法的根本原理》，《万国联盟与主权》，《一百三十年来联邦论的趋势》、《公民的直接罢免权》、《委员制的性质与利弊》、《关于资本主义和社会主义的争论的我见》、《近世三大政治思想之变迁》、《共产主义历史上的变迁》等文章，及完成的《欧洲政治思想史》等学术专著，一方面重视引介和述评西方的政治思想，另一方面又将中国政治研究及中国政治发展的趋向作为讨论的重点，这在当时的中国思想学术界产生了重要的影响。

高一涵之所以在这一时期赢得“舆论骄子”的称号，固然在于他的文章有着西方民主政治思想的荃质和开阔的学术视野，同时也在于他的文章有着极大的吸引力和影响力，能够抓住时代所关注的热点，并将国家理论研究作为其鲜明的特色，因而为当时的舆论界所重视。引进现代国家理论，关注民国的政治建设，成为高一涵引进西方学术思想的重点，诚如有的研究者所说：“在当时的新文化阵营中，没有几个人对于现代国家的性质、个人与国家的关系、国家的权限、自由、民主、人权等这一系列问题有系统而全面的见解。从这个意义上说，是高一涵的文章为《新青年》集团弥补了诸多不足，也使新文化运动具有了坚实的学理基础，而且留下了更经得起时间检验的价值。”①高一涵在五四时期引进西方思想的种种努力，不仅有助于提升新文化运动在引进西方政治思想方面的力度，而且也有助于推进新文化运动在更高的层面上发展。

---

① 李新宇：《高一涵与五四新文化运动的国家理念》，载《湘潭大学学报》2009年第3期。

争自由的号手

高一涵在新文化运动中，对争自由的关注度是超前的、深邃的。他对严复所说“身贵自由，国贵自主”的关键在“自由不自由异耳”①有着深刻的理解。自由是新文化运动思想启蒙的最基本的诉求，同时也是通向民主政治、建立现代国家的关键一环。为此，高一涵特别注重于西方自由学说的研究和宣传，并就中国民主政治建设中所关涉的自由问题进行了有益的探索，这在中国五四时期思想学术界有着重要的影响。

就自由学说的研究来看，高一涵发表了《读弥尔的自由论》，认为穆勒的自由学说在于反对“好同恶异”所形成的“舆论专制”②。他还翻译了英国政治学家、法学家戴雪（Albert Venn Dicey，1835—1922）所著《宪法精义》（The Law of Constitution）一书中第六章的内容，以“戴雪英国言论自由之权利论”为题，在《新青年》上发表③；翻译了日本政治学者吉野作造的政治论文《选举权扩张问题》中的第二章内容，在《新青年》上刊出④。此外，高一涵的一些政论文章，对自由问题也多有探讨。

高一涵对自由学说进行研究，集中地概述了学术界关于自由学说的三种类型，并给予了相关的评析。在他看来，不同的学者因为其政治主张的不同，对“自由”的界定及其意义作了不同的甚至对立的解答，但大致可以概括为三种类型。他说：“自由之说，不外三种：一、绝对自由说；二、绝对无自由说；三、限制自由说。”高一涵对这三种自由说做了分析和介绍，着重说明各自的言说重点和特色。他指出，“限制自由说”为西方法律学者所主张，将自由作为国家的附庸，这样的自由是依国家的存在而存在，其代表性人物是美国政治学家柏哲士。高一涵指出：“美儒柏哲士（Burgess）谓，自由泉源，出于国家。如国

① 严复：《原强》，《严复集》，中华书局1986年版，第17页。

② 高一涵：《读弥尔的自由论》，《新青年》第4卷第3号，1918年3月15日。

③ 参见高一涵译：《戴雪英国育论之权利论》，《新青年》第1卷第6号，1916年2月15日。

④ 参见高一涵译：《选举权理论上的根据》，《新青年》第6卷第4号，1919年4月15日。

家不赐以自由权，则小己即无自由之道。定自由之范围，建自由之境界，而又为保护其享受自由之乐，皆国家之责。自由之界，随文化之演进而弥宽；文化愈高，斯自由愈广。”高一涵认为“绝对无自由说”在学术界亦有很大的影响，该学说是认为人们在社会中受自然界法则所支配，人类不可能有真正的自由。这一主张的代表人物是赫胥黎，其基本思想是：“凡一事之兴，必有前因后果互持之，无能稍脱其规范者。法国之言自由，至比之太空浮云，以为真能自由矣。殊不知浮云之舒卷于太空，有通吸力之引摄，有日光热之注射，有大气之盘旋；其上其下，其飞其散，皆感受各力之影响，而循之以之，绝不能稍越其藩，以自行其意向。故真正自由，天地间绝无此物。”高一涵认为“绝对自由说”为中国古代佛、老、庄所主张，谓人类的自由源于自然，是一种本然的状态，其基本看法是：“太上有真自由说，谓质立本体，恒住真因，皆存于自然，初无期待。如造化然，如真宰然，孰纲维是？孰主张是？孰居无事而推行是？彼通吸力之所以引，其有所主耶？日光之所以热，其有所燃耶？大气之所以盘旋，其有所运耶？果皆无之，宁非真正自由欤？”①在西方，绝对自由说的代表是卢梭的天然权利说，认为自由是人与生俱来的一种自然权利，由于自由是天赋的，因而是神圣而不可侵犯的。高一涵在整体上将自由学说概括为三种类型，就在于使人们明白自由学说的总体概貌，并能从中有所比较、有所认识，进而形成正确的自由观。

高一涵在对“自由”的比较研究中，倾向于卢梭的天然权利说。法律家主张限制自由，坚持国家本位论，以国家为指归，使个人意志完全受制于国家之下。高一涵是极为反对这一主张的，称其为“褊狭之说”，认为不值得采信。在政治学研究中，有的学者将自由分为两类，一类是天然自由（natural liberty），一类是法定自由（civil liberty）。高一涵对天然权利说予以高度的评价，认为这符合人类追求自由的本性，并且也符合共和的精神，因而极力主张自由为人类所天然拥有，国家不得以其权力来限制和干涉。他说在“天然自由”与“法定自由”这两类的自由中，“柏哲士所论，即属后者。前者为卢梭氏之所主张，谓：‘人生而自由者，及相约而为国，则牺牲其自由之一部’。是谓

① 高一涵：《共和国家与青年之自觉（一）》，《青年杂志》第1卷第2号，1915年9月15日。

自由之性，出于天生，非国家所能赐。即精神上之自由，而不为法律所拘束者。夫共和国家，其第一要义，即在致人民之心思、才力，各得其所。所谓各得其所者，即人人各适己事，而不碍他人之各适己事也。”①又说：“卢梭谓意志不可委托于政府，即保重人格之第一要义。盖意志乃自主权之动因，所以别于奴隶、牛马者，即在发表此意志，得以称心耳。一为政府所夺，他事不可知，先令失其自主权矣。自主权失，尚何人格之足言?”②由此，高一涵依据卢梭的主权在民理论，从共和国建设的实际出发探求“国家”与“人民”的关系，并提出了这样的主张：“国家待人民，要看作能自立、自动，具有人格的大人；万不要看作奴隶，看作俘虏，看作赤子，看作没有人格的小人。共和国的总统是公仆，不是‘民之父母’；共和国的人民，是要当作主人待遇，不能当作‘儿子’待遇，不能当作‘奴虏’待遇的。”③这就是说，自由是人类天生所拥有的权利，体现人类的意志与理性，因而人类精神上之自由不当为法律所限制，也不容政府来横加干涉；共和国的政治建设更是要尊重自由的精神，并以自由理念来规定政府与人民之间的关系。这是高一涵根据卢梭的主权在民说所得出的结论。由此可见，高一涵关于自由的理解和认识，有着卢梭学说的深刻影响。

高一涵对自由的“品格”进行学术上的界定，主张在自由权利的行使中，应努力遵循自由的品格，从而使“自由”的精神内涵能够发扬光大。如果说在关于“自由”的来源（自由之权源）问题的讨论中，高一涵主要是采纳卢梭的理性主义政治观念；那么，在关于自由权利的行使问题上，高一涵则显然是接受了英国穆勒的功利主义自由观，而特别注重自由在行使中所应遵循的平等地对待他人的理念与态度，并且十分强调“自由”在品格上是“平等的自由”，这就将“自由”与“平等”这两者紧密地结合起来。从学理上说，“自由”与“平等”不同，但由于“自由”不只是局限于个人意念、思想等精神的领域，而且关涉到人与人之间的相互关系，这就使得“自由”与社会关系中的“平等”发生联系，因而也就有必要将“自由”的品格定位在“平等的自由”上。高一涵指出：“顾自由要义，首当自重其品格。所谓品格，即尊重严正、高洁之情，予人以凛

① 高一涵：《共和国家与青年之自觉（一）》，《青年杂志》第1卷第2号，1915年9月15日。

② 高一涵：《民约与邦本》，《青年杂志》第1卷第3号，1915年11月15日。

③ 高一涵：《非“君师主义”》，《新青年》第5卷第6号，1918年12月15日。

然不可犯之威仪也。然欲尊重一己之自由，亦必尊重他人之自由。以尊重一己之心，推而施诸人人，以养成互相尊重自由权利之习惯，此谓之平等的自由也。”①高一涵对自由“品格”的界定又与自由行使中“尊重他人之自由”结合起来，强调“平等的自由”的极端重要意义，并力图寻求个体与个体之间在自由问题上“既利己又利他”的那种平衡，这正是要在学术的层面上将法国的理性主义与英国的功利主义予以统合，从而在尊重自由这一天然权利的基础上来寻求一种有秩序的自由。这是实现自由由“天然权利”向社会中“自由秩序”的过渡，体现学理探讨与社会实践相结合的研究范式。值得注意的是，高一涵的这一思想正是新文化运动对未来理想社会的设计，与同时的李大钊在观念上表现出相当大的一致性，都是强调自由在新的社会秩序建构中的绝对地位。李大钊曾说，自由对个体有至高无上的意义，“自由之价值与生命有同一之贵重，甚或远在生命以上”②；但个人的自由以不影响他人的自由为前提，“其持己之严，至尊重他人之自由，与要求他人尊重己之自由相为等量，则自由之基始固，立宪之治始成”③。由高一涵、李大钊对自由的理解来看，至少说明新文化运动在宣传法兰西文明的同时，对英国的学术思想特别是英国式的功利主义自由观也有相当大的重视和吸收。

高一涵特别注重言论自由的意义与价值，把言论自由看成是整个自由的核心内容和最主要的体现，并提出“平等的自由”这一很有特色的主张。在高一涵看来，言论自由是自由的核心要义，是否有言论自由也就成为民主与专制的分野，“共和国家之本质，即基于小己之言论自由”。对于言论自由的极端重要性，高一涵从舆论形成的角度进行分析，认为“真正舆论”起于言论自由，他说：“欲造成真正舆论，惟有本独立者之自由意见，发挥讨论，以感召同情者之声应气求。”这就是说，言论自由不仅仅在于权利意义上的个人享有的问题，而是关乎社会舆论是否健全的大问题，说到底这是“专制国家”还是“共和

---

① 高一涵：《共和国家与青年之自觉(一)》，《青年杂志》第1卷第1号，1915年9月15日。

② 李大钊：《宪法与思想自由》(1916年12月10日)，《李大钊文集》第1卷，人民出版社1999年版，第231页。

③ 李大钊：《议会之言论》(1917年2月22日)，《李大钊文集》第1卷，人民出版社1999年版，第301页。

时代”的根本问题。这是因为:“专制国家之舆论,在附和当朝;共和国家之舆论,在唤醒当道。专制时代之舆论,在服从习惯;共和时代之舆论,在本诸良心,以造成风气。”高一涵在强调言论自由极端重要性的同时,还尤其注重个人在行使言论自由权利时所应有的尊重他人的态度,这就将言论自由上升到社会关系的高度,并使其所主张的“平等的自由”得以有效落实。他说:“政府抹煞他人之言论自由,固属巨谬;即人民互相抹煞自由言论,亦为厉禁。何则?不尊重他人之言论自由权,则一己之言论自由权已失其根据。迫挟他人以伸己说,则暴论而已矣,非公论也;屈从他人,违反己性,则自杀而已矣,非自卫也。”[①]在新文化运动中,倡导言论自由是很有特色的重要内容,这方面以李大钊、高一涵为代表。相对而言,陈独秀对民主的宣传特别重视,而对民主政治的基石——自由,尤其是对言论自由的问题却注意得不够,甚至有时在言论方面表现出极为专断的态度。如胡适曾向陈独秀写信,表明其所撰写的《文学改良刍议》是“欲引起国中人士之讨论,征集其意见,以收切磋研究之益耳”[②]。而陈独秀回信的态度是,对于“白话为文学正宗之说”,“必不容反对者有讨论之余地。必以吾辈所主张者为绝对之是,而不容他人之匡正”[③]。可见,高一涵倡导言论自由,即使在新文化运动的精英阶层,也是有极为重要意义的。

高一涵研究自由问题是在国家与人民关系的视角之下的,认为国家必须尊重人民的意志,不得干涉人民的自由权利。在他看来,由于真正的主权及最后的主权属于人民,亦即人民是自由权利的真正拥有者,因此政府抑或国家就不能干涉人民的事务。高一涵说:“主权既在人民,断无自扶主权以迫协人民自身之事。于是,凡为政府,即为奉行人民总意之仆。”高一涵强调,在人民与国家的关系中,国家始终是第二位的;人民对于国家固然有义务,但不得丧失其自主之权,如此自由才有保障之前提。他指出:“夫人民对于国家,可牺牲其生命,捐弃其财产,而不得自毁其自由,斫丧其权利。国家对于人民,得要求

① 高一涵:《共和国家与青年之自觉(一)》,《青年杂志》第1卷第1号,1915年9月15日。

② 《胡适书信集》上卷,北京大学出版社1996年版,第91页。

③ 《陈独秀著作选》第1卷,上海人民出版社1993年版,第302页。

其身体，不得要求其意志；得要求其人生，不得要求其人格。”①这就是说，国家与人民之间必须立一定的界限，国家只有在其限度内发挥作用，而不得侵入人民意志的领域，更不得干涉人民所天赋的自由权利。当时的舆论界还有着“国权主义”的言论，认为在国家与人民的关系上，国家握有最后的权力，这就将人民置于国家的附属地位。这实际上是专制主义思想在现代社会的翻版。高一涵抨击国权主义的反动言论，反对国家至上的主张，而把个人自由看成是社会文明进步的标志，认为个人的自由才是国家强盛的体现，个人是否拥有自由以及拥有自由之大小也就成为一个国家文明程度的最主要标尺，因而个人自由具有绝对性的位置。他说：“故自由尚焉，国家之文明愈高，自由之界域愈广。实则自由之界域愈广，国家之文明始克愈高耳。”②高一涵还基于人民本位的观点，通过对人民、自由、权利三者关系的解说，进一步说明国家与人民自由之间所应有的界限。他指出：“人民藉自由、权利以巩固国家，复藉国家以保证其自由、权利。自国家言，则自由、权利为凭藉；就自由、权利而言，则国家为凭藉；就人民而言，则国家、自由、权利举为凭藉。”正是基于人民的最终决定性地位，以及国家与人民自由之间有这样的依存关系，高一涵提出：“故国家职务，与小己自由之畛域，必区处条理，各适其宜。互相侵没，皆干惩罚。”③概而言之，在国家与人民自由的关系问题上，高一涵在坚持人民主权论的同时也主张两者应保持一定的界限。但很显然，高一涵的侧重点则是强调人民本有的自由意志的独立性及其所天然地拥有的民主权利，批判国权主义所散布的国家至上的言论，因而他特别强调国家只能在限定的范围内行使其权力，而不得干涉人民的自由权利。

高一涵还把培养“自治”之力作为人民葆有自由权利的基本途径。高一涵所说的“自治”其内容是“以我克我”，实际上是指自己管束自己的能力。在他看来，“自治”能力的培养，就个人而言是养成“以勤克惰”的良好品质，目的在形成刚健有为、积极进取、勤勉敬业的人生态度。高一涵把“以勤克惰”看

① 高一涵：《民约与邦本》，《青年杂志》第1卷第3号，1915年11月15日。

② 高一涵：《近世国家观念与古相异之概略》，《青年杂志》第1卷第2号，1915年10月15日。

③ 高一涵：《国家非人生之归宿论》，《青年杂志》第1卷第4号，1915年12月15日。

成是“自治力”培养的关键，认为是否“以勤克惰”对个人的精神发展和个人良好习性的养成有很重要的影响，因而事关个人的身心状态及其精神面貌。他说：“吾人若排去惰性，而伸张其勤力，则身心间应时而清明、而健壮，振兴之象应之；若将迎其惰性，委弃其勤力，则身心间应时而颓散、而衰朽，弱亡之象应之。”那么，自由与自治的关系如何？高一涵认为两者具有依存的关系，“相得相用，而不可相离”；同时，由于自治在不同范围内的表现有所不同，因而两者的功用与归宿又相差很大。他指出：“自由者，即超脱乎天行之障碍，迳谋夫吾心之所安，不为外物、外力所降逼。自治者，就一己言，以勤力战惰性；就一群言，以大己战小己；就人道言，则以人治战天行。自由乃自治之归宿，自治实自由之途径。”[①]高一涵的论述说明，一方面，自治是实现自由的手段和前提，离开自治就无真正而现实的自由之可言，但在另一方面，“自由乃自治之归宿”，因而自由乃具有终极性价值。高一涵基于民众在社会生活中的主体性地位以及自由对于人类生存的绝对性意义，把自治作为实现自由的途径，将自由看作是自治的归宿，强调自治的功用性及其对保证自由实现的重要作用，这是很有见地的。我们知道，自由即使是天赋的并且也是为人类生存之必需，但天赋的自由与现实生活中自由是否真正享有之间，也不是一回事；如果民众没有自治的能力及运用自由权利的基本素质，则自由这一目标也很难达到。这诚如高一涵所说，民众没有自治能力和自主的意识，就不会享有真正的快乐，此所谓：“望他人体量吾身之苦乐，任其代定标准者，是奴隶、牛马之事，非人类之事也；甘受他人代定苦乐之标准者，帖然服习而不辞者，是麻木不仁之身，良心上毫无感觉者也；非他人所能感觉之苦乐，而必仰他人鼻息，托其代为判定者，是之谓自寻苦恼，以戕其生者也。”[②]正是如此，高一涵十分重视国民素质的提高和民众运用民主权利能力（自治力）的培养，并就此作为一项启蒙任务鲜明地提出来，这在当时的思想解放潮流中是独树一帜的。

高一涵对西方自由理论的研究与宣传，不只是单纯的理论研究和输入学理的行为，而是有着变革现实政治状态的追求。他时刻关注中国社会中自由

① 高一涵：《自治与自由》，《青年杂志》第1卷第5号，1916年1月15日。

② 高一涵：《乐利主义与人生》，《新青年》第2卷第1号，1916年9月1日。

的实际状况，力图将西方自由理论的宣传与改进中国国民在实际上不自由的状态结合起来，为中国民众个性的伸张和自由权利的拥有与行使找到具体而又切实的道路。高一涵对中国民众自由权利的现状有着清醒的认识，认为中国民众在社会生活中没有享受到自由的权利，国家不仅没有保护民众的自由权利，相反却极力加以干涉，必欲除之而后快。他说："自由、平权、人格、权利，在他国视为天经地义，倾国家全力以保护之者，在吾国必视为离经叛道，倾国家全力以铲除之。"①正是如此，民国建立以后，封建思想仍然弥漫中国的思想界，即使是共和国的总统也依然存在严重的帝王思想，根本无视民众的自由权利，至于普通民众更不可能自觉地来认可并维护自身的自由权利。所以高一涵说："皇帝虽退位，而人人脑中的皇帝尚未退位；所以入民国以来，总统行为，几无一处不模仿皇帝。"②在高一涵看来，中国不仅没有言论自由的传统，而且一些曾宣传西方政治学说的"鼎鼎文名之子"，在民国以后亦走向了倒退，反对自由思想的输入，其言论在事实上亦成为进步思想传播的障碍。高一涵指出："今者吾国小己，即梦寐犹不得自由。束缚驰骤，较之希腊、罗马，且万万有加焉。而鼎鼎文名之子，且公然著论，拾赫胥黎之片语，驳卢梭之真诠；引物理家言，证明天壤间绝无所谓自由之事。"③高一涵对西方自由理论的研究，是与对中国现实政治的思考紧紧联系在一起的，体现了将西方自由理论中国化的努力，这在"五四"思想启蒙时代是有重大现实意义的。

高一涵不仅从学理研究上引入西方争自由的理念，呼唤民众的觉醒及其对自由的渴望，而且更以笔为刀枪向束缚民众自由的既有制度和法规宣战。高一涵在《对于"治安警察条例"的批评》一文中鲜明地指出：所谓的《治安警察条例》不仅出自于袁世凯之手，而且又被当局沿用至今而成为所谓的"条例"，并和《预戒条例》、《报纸条例》、《出版法》等一样，成为"现政府拿来迫压'五四'运动和拘捕公民、封锁报馆、干涉出版、印刷等法律的根据"。高一涵

① 高一涵：《近世国家观念与古相异之概略》，《青年杂志》第1卷第2号，1915年10月15日。

② 高一涵：《非"君师主义"》，《新青年》第5卷第6号，1918年12月15日。

③ 高一涵：《近世国家观念与古相异之概略》，《青年杂志》第1卷第2号，1915年10月15日。

认为，这些所谓的“条例”，严重地束缚了民众的自由权利，根本没有存在的价值和必要，它带来的只是种种的不利益、不公道。他指出：“《治安警察条例》把政治上集会结社的自由权，女子集会结社的资格，和劳动工人的‘同盟解雇’、‘同盟罢业’、‘强索报酬’等权利，根本取消，便是把下层社会和上层社会竞争同等发展的机会根本打破，便是把全社会进步的动机根本堵住。结果便是使旧社会的‘安宁秩序’、‘善良风俗’、‘自由幸福’变成新社会反抗的仇视的目标。一方面防止过当，一方面反抗过力，所以往往激起根本推翻的大革命。”①高一涵指出这个“条例”不仅剥夺了劳动工人参与政治、管理工场和公共事务的权利，便连一个“聚集”的自由权都没有，这是何等的不公道！从法律层面讲，雇佣双方在法律上应该承认他们的平等地位，“试问无产阶级天天受生计的逼迫，如果法律上不许他们联合运动，那还有能力和那些有钱有势力雇主相抗呢？连那共同联合向雇主解雇、罢业、索酬的自由权也没有，又怎么说到有同等的资格，站在平等的地位呢？归总一句话，这种《治安警察条例》不过仍然是一种‘阶级法’罢了。”高一涵又从法律和社会进步的层面，从根本上否定了《治安警察条例》存在的必要。他指出：

> (1)社会是这群同那群聚合起来的，过了一定时期总要发生一种新群，和旧群在社会上争平等发展的地位。压迫新群的发展，便是阻挠社会的进步。(2)法律是适应社会生活的工具，断不可使这种做方法的工具反为做目的社会生活进步的障碍。(3)法律不应该只认在社会上占势力的一部分人私有的安宁秩序、自由幸福，便把全社会的安宁秩序、自由幸福拿去供他们牺牲。(4)法律的职务在保护贫的弱的利益，使他们有平等发展的机会。(5)法律应该承认一切职业、职工都是为社会谋幸福的，现在最重要的问题是怎样才能使各种职业都能为社会增加幸福，怎样才能使各种职工都能为社会尽义务？(6)法律应该不承认这部分人的福利建筑在那部分人牺牲之上，应该使牺牲的人便是享福利的人。换句话说：

① 高一涵：《对于“治安警察条例”的批评》，《新青年》第7卷2号，1920年1月1日。

> 应该使消费和生产、管理和劳动打成一片，没有不劳动的可以享受福利的。①

高一涵呼吁民众奋起为自己争自由、争权利，从法律上论证束缚民众自由权利的《治安警察条例》、《预戒条例》、《报纸条例》、《出版法》等的非法性，明确提出必须限制政府对民众自由权利的干涉。这些思想，经过进一步的凝聚和升华，便产生了《争自由的宣言》——这个20世纪初中国自由主义知识分子具有现代自由和宪政思想的“自由主义宣言书”②。参加联署的有胡适、蒋梦麟、陶履恭、王征、张祖训、李大钊、高一涵等著名学者。

《争自由的宣言》开门见山地呼吁民众奋起争自由：“政治逼迫我们到这样无路可走的时候，我们便不得不起一种彻底觉悟，认定政治如果不由人民发动，断不会有真共和实现。但是如果想使政治由人民发动，不得不先有养成国人自由思想、自由评判的真精神的空气。我们相信人类自由的历史，没有一国不是人民费去一滴一滴的血汗换来的。没有肯为自由而战的人民，绝不会有真正的自由出现。这几年军阀政党胆敢这样横行，便是国民缺乏自由思想、自由评判的真精神的表现。我们现在认定，有几种基本的最小限度的自由，是人民和社会生存的命脉，故把他提出，让我全国同胞起来力争。”③

《争自由的宣言》明确提出六条主张：(1)民国三年三月二日所公布的治安警察条例应即废止。(2)民国三年十二月四日所公布的出版法应即废止。(3)民国三年四月二日所公布的报纸条例应即废止。(4)民国八年所公布的《管理印刷业条例》应即废止。(5)民国三年三月三日所公布的《预戒条例》应即废止。(6)《戒严令》第十四条规定的各项涉及人民自由的事项，不可让行政长官自由处置。以后如果不遇外患或战争开始的时候，不得国会、省议会

---

① 高一涵：《对于“治安警察条例”》，《新青年》第7卷第2号，1920年1月1日。

② 据胡颂平在《胡适之先生长编年谱》一文中的考证，此宣言应为李大钊、高一涵起草。原文如下：“这时候，先生(指胡适)，正在南京讲学。依照先生的习惯，凡是先生起草而与别人共同发表的文章，都是列名最后的。照列名的次序看来，此文当是李大钊、高一涵两人起草的。”见胡颂平：《胡适之先生长编年谱》，联经出版事业公司1984年版，第411页。

③ 《争自由的宣言》，《晨报》1920年8月1日。

议决，或市民请求，不得滥行宣布戒严。并指出："下列四种自由，不得在宪法外更设立限制的法律：(1)言论自由；(2)出版自由；(3)集会结社自由；(4)书信秘密自由。"

《争自由的宣言》明确表达了自由权利是每个国民应该拥有的最基本的权利，并认为这个权利必须靠"我全国同胞起来力争"。为保障国民的自由权利，宣言还对政府的权力加以限制作了明确的要求，力图从而根本上杜绝政府玩弄字面上的自由，在实际上进行禁止的阴谋。《争自由的宣言》的发表，震动了社会，产生了深远的影响。法国伟大的启蒙思想家卢梭说："祖国没有自由，祖国就不能继续存在；有自由而无道德，自由就不能继续保持；有道德而无公民，道德就将荡然无存。因此，如果你把人们都培养成公民，那你就一切全都有了。"①近百年后，重读这篇《争自由的宣言》，仍然感悟到高一涵为呼唤自由所作出的重要努力，尽管这种努力在当时并不可能取得任何实质性效果。

新文学和白话文运动的捍卫者

文学革命旗帜及其白话文运动兴起是新文化运动的重要表征，开启了现代中国文学发展的道路。1917 年 1 月 1 日，胡适在《新青年》2 卷 5 号发表《文学改良刍议》启动了白话文运动的按钮，而陈独秀在《文学革命论》中又进一步把它推向文学革命，鲜明地指出："文学革命之气运，酝酿已非一日，其首举义旗之急先锋，则为吾友胡适。余甘冒全国学究之敌，高张'文学革命军'大旗，以为吾友之声援。"②陈、胡文章的发表，引发了一场激烈的"文白之争"，这场争辩的实质就是如何使文学面对大众，如何使文学与社会生活的实际相结合。在文学革命和白话文运动中，高一涵也是一位重要的参加者和支持者，并发挥了积极而又重要的作用。高一涵撰写的《现在改良戏剧家的错处》、《看过〈英雄与美人〉新剧的感想》、《我的戏剧革命观》等剧评论文，以及

① 卢梭:《论自由》，载《政治经济学》，商务印书馆 2013 年版，第 27 页。

② 陈独秀:《文学革命论》，《新青年》第 2 卷第 6 号，1917 年 2 月 1 日。

撰写的《京奉车中见闻记》、《京奉釜山车中见闻记》、《下关东京车中见闻记》、《东京见闻记》、《新西游记》等白话文作品，在中国现代文学史上有着重要的地位。

高一涵在新文化运动时期就是倡导新文学的重要代表，为推进五四文学的演变和现代新文学的建立作出了重要的贡献。他以进化论看待文学的创作，积极推进新文学观念在中国的发展，对传统的旧文学观念予以猛烈的批判。他指出："我们现在要提倡文学革命，就创造新文学罢了，若是把那些'选学'，那些'桐城派的古文'拿来涂改涂改，既没有新文学的价值，又损坏旧文学的本真，这种不新不旧的混沌东西，不但算不得文学的进化，并且拦新文学的潮流，损坏新文学的价值。"①在他看来，文学创作应该在遵循文化进化观念的前提下追寻文学发展的进路，既不能恪守固有的"旧文学"的范式，沿袭"中国式的主义方法"，也不能"只有中国式的文学观念，没有外国式的文学观念"，而是应该具有中外文学的研究视阈。他在《现在改良戏剧家的错处》一文中，对于林琴南的小说翻译工作有如下的批评：

> 林琴南译小说，不问他原书是理想派的，或是写实派的，一到他手，就变成中国式的小说。明知外国人写字，用的是钢笔，他偏要说是"挥毫"；明知外国人穿的是短衣短袖，他偏要说是"拾级而上"、"拂袖而起"。这些地方，就有点错处，还是小事；到抛弃了外国作书人的主义方法，用中国式的主义方法去代替他，可就生出几个大毛病了。（一）处处陷入旧文学的窠臼，不能发生文学上进化的观念。（二）抹煞原书的精神，使人无从领略西洋文学上真正的价值。（三）抹煞中西文学的异点，不能令人得比较的功用。林琴南所以犯这几个大毛病，就是因为他只有旧文学的观念，没有新文学的观念；只有中国式的文学观念，没有外国式的文学观念。②

高一涵上述对林琴南的批评，集中地体现了他的"新文学"主张。第一，

---

① 涵庐主人：《现在改良戏剧家的错处》，《晨报》1919年2月11日、12日。
② 涵庐主人：《现在改良戏剧家的错处》，《晨报》1919年2月11日、12日。

新文学必须坚持以进化论为根基的“新文学的观念”，反对那种“处处陷入旧文学的窠臼”的创作理念，亦即必须以历史进化的观念来看待文学的演进，从而不断推进文学的前进。第二，文学革命不仅需要坚持进化的文学理念，而且必须以“创造新文学”为其目标，故而也就不能就那些“选学”“桐城派的古文”予以“涂改涂改”就能完事的，亦即只能走“破旧中立新”的道路。第三，新文学的创作必须遵循其“主义方法”，翻译小说也就不能“抛弃了外国作书人的主义方法”，那样就会“使人无从领略西洋文学上真正的价值”。第四，新文学的创作必须具有世界性的视阈，作者不只是要求具有“中国式的文学观念”，而且还必须具有“外国式的文学观念”，因而新文学也就需要剖析“中西文学的异点”，从而使人们能够在中外文学之中“得比较的功用”。高一涵的新文学主张坚持了进化的文学理念，体现了在“破”中“立”的思想，并具有开放的世界文学视阈，因而成为五四时期文学革命的重要代表。

高一涵在五四时期积极支持戏剧改良运动，主张依据文学的进化观念对中国传统戏剧进行改良，并取得实质性的“功效”。高一涵对于“中国旧戏”有自己的看法：“中国的旧戏，多是遵尚‘教’的主义，把三皇五帝以来，世上所断定的公案，翻出来作一个道德的标准。所编的戏，皆是已过去的历史，已判断的事案，抱定‘报应昭彰’的主义，作人间‘劝善惩恶’的手段。因为想发挥‘善有善报，恶有恶报’的道理，所以先把戏中的善恶，分得明明白白，使报应昭彰丝毫不爽的道理，不待寻思，自然显露。把这印版文章，拿来死死的下定了判断。凡是它们认为善的，必定有赏；他们认为恶的，就必定有罚。这样千篇一律的公案，演出来有怎么动人呢！”①在高一涵看来，当时中国戏剧的改良之所以尚未取得“功效”，固然在于“旧戏”有着较大的社会影响力，但主要的还是由于“戏剧改良家”本身的问题。关于当时戏剧改良“功效”不大的原因，高一涵认为主要是这样几个方面：“第一，现在戏剧改良家只知道旧戏原理，不知新戏原理”；“第二，现在戏剧改良家只知道因袭，不知道创造”；“第三，现在戏剧改良家，只知道中国式的戏，不知道外国式的戏”②。这里，高一涵分析了戏

① 涵庐主人：《现在改良戏剧家的错处》，《晨报》1919年2月11日、12日。

② 涵庐主人：《现在改良戏剧家的错处》，《晨报》1919年2月11日、12日。

剧改良进步不大的原因，不仅说明了通晓新旧戏剧"原理"的极端重要性，而且也阐明了"创造"在戏剧革新中的意义，同时也将世界性眼光视为戏剧创新的关键。在戏剧发展的前景上，高一涵最主要的还是希望"戏剧改良家"能够在戏剧上发挥"创造"的精神，使"新戏"能够"处处是新的"，故而他"深愿戏剧改良的人，创造新戏，不要涂改旧戏，创造中国社会所需要的戏剧"①。高一涵倡导戏剧改良家了解"新戏原理"、坚持戏剧"创造"性及掌握"外国式的戏"的具体情形，这对于五四时期戏剧改良运动的发展有着积极的导向性意义。

高一涵对于文学革命所出现的新剧采取积极的支持态度，尤其是对于新剧《英雄与美人》赞赏有加。高一涵在 1921 年底看了《英雄与美人》新剧，并专门写了该剧的剧评，对这部新剧给予了高度的评价："我对于这出戏——《英雄与美人》——脚本的好坏，因为没有详细的研究过，不敢凭主观的见解去'信口雌黄'；但是就这天所演的情节看起来，觉得有几个特点：(一)所用的演员不大多，全剧重要的角色不过四个人——张汉光、王建人、萧焕云、林雅琴——故演起来可以免掉角色不齐的弊病。(二)全剧情节不大复杂，可以使看的人容易明了，可以使演的人精神贯注。(三)地方不大变更——外国剧有自开幕到闭幕同在一个地方的——可以省去许多用目不用脑的无意味的布景。——这几层也许不是现在新剧的要点，但是就这出戏说这出戏，所以能够有条理有精神的演下来，没有手脚不齐、七忙八乱的情形，似乎全在这一点。"②那么，在戏剧改良中如何才能推进新戏的建设呢？高一涵对于新剧的创作提出了"文学性"与"艺术性"的双重要求，并认为新剧应该给人"脑筋思索的价值"。他指出："新剧要一半含有文学的趣味，一半含有艺术的趣味，演了以后，至少要令看的人有用三分钟脑筋思索的价值。如果求悦一时的耳目，那么，只可以看坤角戏，或上海的'流氓式'的文明戏。"③高　涵关于"新剧"建设的看法，就在于使戏剧在中国能够发展并逐步成熟起来。

此外，高一涵还在《晨报》上发表《我的戏剧革命观》等专论戏剧的文章，

① 涵庐主人：《现在改良戏剧家的错处》，《晨报》1919 年 2 月 11 日、12 日。

② 涵庐：《看过〈英雄与美人〉新剧的感想》，《晨报副刊》1921 年 12 月 10 日。

③ 涵庐：《看过〈英雄与美人〉新剧的感想》，《晨报副刊》1921 年 12 月 10 日。

倡导“戏剧革命”的主张。在他看来，中国学术思想有着所谓的“家法”，重要的表现就是以“心法”、“家法”几个字来束缚自由。“就以文艺说罢：书画的人不想为天然景物写真，偏要去学某人某派的画谱；做诗词的人不想书写自己的性情，偏要去模仿唐人宋人的笔调。所以竟把几千年来思想，弄成一种刻板文章。戏剧亦然，如‘脸谱’‘唱工’‘台步’‘把子’无一处没有家法，不但行腔运调点鼓拍板是有规则的，就是喉咙中所发的声音——嗓子——也要有‘行’有‘派’。”高一涵认为，这上面说的还只是形式上的“家法”，其实还有精神上的“家法”，其表现就是“荒诞主义”、“崇古主义”、“训教主义”①。高一涵专论戏剧的文章，体现了他关于新剧建设的思想与理念，从而也开启了五四时期戏剧评论的发展道路。

高一涵在五四时期就尝试以白话文来撰写游记，身体力行地支持当时的白话文运动。譬如，高一涵曾在《新生活》上发表《京奉车中见闻记》、《京奉釜山车中见闻记》、《下关东京车中见闻记》、《东京见闻记》等文章，用白话文来叙述自己的所见所闻，这些“见闻记”语言清新、质朴，思想艺术性较高，并有着语言大众化的显著特色。又譬如，高一涵在《晨报》1921 年 8 月 30 日至 9 月 16 日连载《新西游记》，是用白话文创作的重要作品，其白话文的应用技巧亦有很高的水准。高一涵在五四时期发表的用白话文撰写的游记，是新文化运动中文学革命的重要成果，有力地支持了白话文运动，在五四时期新文学史上有着重要的地位。

高一涵坚定地站在捍卫白话文运动的一边，对以著名学者身份在中国大学发表《新文化运动的批评》演讲的章士钊，进行了严肃的批评。1923 年 5 月 5 日，章士钊在中国大学作了题为《新文化运动的批评》的演讲，公开地否认新文化运动的时代意义。针对章士钊提出的“所有思想都是循环的”、“新的不如旧的好”、“白话文太简单，不能作出好文字”等观点，高一涵指出：“我以为要比较文化的进步或退步，万不能单拿文化中所包括的一两件事做代表，应该要观察文化的全体”。高一涵在《“新文化运动的批评”》这篇文章中，公开地为白话文辩护，集中地批评了章士钊反对白话文的观点。高一涵指出：

---

① 涵庐主人：《我的戏剧革命观》，《晨报副刊》1919 年 2 月 24 日—25 日。

> 章先生反对白话诗，我不敢强辩，因为我是外行；但是章先生反对白话文的理由有一点觉得很薄弱。他说："白话文太简单，没有选词择句的余地。譬如我们初学外国文的，想造文句时，常常为词字及句法所限，不能作出好文字。文言词句完备，每种意思可以各种词句达出；白话文简单，每种意思只可以少数词字或一个方法达出。"章先生又说他自己是"做白话文最早的一个人"，"二十年前就做白文，但是因做不好，所以不敢做"。由此可见白话文作得好、作不好，是一个问题；白话文体到底简单不简单，又是一个问题。现在作白话文的作不出好文字，只能归罪于白话文学家的手段太低，却不能归罪于白话文的文体。《红楼梦》是一部白话文体的小说，有什么意思达不出？《金瓶梅》也是一部白话文体的小说，他描写一切情形那一件不是"惟妙惟肖"的呢？章先生作文言可以"畅所欲言"，我们现在多年不做文言了，要想做一篇文言说明自己的意思，转觉得十分的困难。但是我们可以因此就归罪于文言的体裁不好吗？①

高一涵在《"新文化运动的批评"》这篇文章中，认为"白话文作得好、作不好，是一个问题；白话文体到底简单不简单，又是一个问题"，正是要说明真正地作好白话文并不是一件简单的事，故而也就不能以白话文所谓的"简单"而否定白话文的地位。他同时还以《红楼梦》、《金瓶梅》为例，说明"现在作白话文的作不出好文字，只能归罪于白话文学家的手段太低，却不能归罪于白话文的文体"。高一涵的言论，是对章士钊反对白话文的有力批评，维护了白话文在当时思想学术界的地位。

从学派承继与演进的脉络来看，高一涵在民国初年是作为政论家走上思想前沿阵地的，无论是政治思想还是政论文章的撰文风格上，皆属于章士钊的"甲寅派"阵营，只是后来才从章士钊一派中脱颖出来，成为新文化运动的重要代表人物。胡适在《五十年来中国之文学》中有一段这样的论述："章士钊一派是从严复、章炳麟两派变化出来的，他们注重论理，注重文法，既能谨严，

---

① 涵：《"新文化运动的批评"》，《努力周报》第52期，1923年5月13日。

又颇能委婉，颇可以补救梁派的缺点。《甲寅》派的政论文在民国初年几乎成一个重要文派。但这一派的文字，既不容易做，又不能通俗，在实用的方面，仍旧不能不归于失败。因此，这一派的健将，如高一涵、李大钊、李剑农等，后来也都成了白话散文的作者。”①高一涵在五四时期不仅在思想上赞同白话文运动，而且还身体力行，以白话文发表了大量政论文章，迅速由文言写作、讲求文法、结构严谨的“甲寅派”健将，转变为白话文运动的干将。这在“五四”文坛上也是有很大影响的。

欢迎十月革命

十月革命对中国的先进知识分子探寻国家的出路产生了深刻的影响。1917 年 11 月 7 日，俄国十月革命爆发，由列宁领导的布尔什维克发动武装起义，建立了世界历史上第一个社会主义国家——俄罗斯苏维埃联邦社会主义共和国。经过三年艰苦的国内战争，粉碎了 14 个帝国主义国家的武装干涉和地主资本家的武装叛乱，保卫了苏维埃政权。1922 年 12 月 30 日，苏维埃社会主义共和国联盟正式成立。十月革命的胜利，乃是世界历史的重大事件，为中国探寻救国之路的先进知识分子提供了新的途径，正如毛泽东所言：“十月革命一声炮响，给我们送来了马克思列宁主义。十月革命帮助了全世界的也帮助了中国的先进分子，用无产阶级的宇宙观作为观察国家命运的工具，重新考虑自己的问题。走俄国人的路——这就是结论。”②

李大钊、陈独秀、高一涵等是中国最早关注十月革命和马克思主义的一批人。1918 年 1 月，李大钊受章士钊推荐，任北京大学图书馆主任。在北大图书馆主任任上，他开始接触到介绍俄国十月革命的文章，据林伯渠回忆：“约在一九一八年三、四月，连续接到李大钊同志几次信，详细给我介绍了十月革命情况及一些小册子、文件，并对目前中国形势阐述了他的所见，得到很

① 胡适：《五十年来中国之文学》，《胡适文集》(3)，北京大学出版社 1998 年版，第 201 页。

② 《毛泽东选集》第四卷，人民出版社 1991 年版，第 1471 页。

大启发。”①

高一涵在《回忆五四时期的李大钊同志》中记道：

> 一九一七年，十月革命的消息不断传来，守常又认识俄国的外交人员。同时，布哈林的著作《共产主义 ABC》的英文译本也有了。这种种因素，加深了守常对马克思主义和十月革命的认识。就在这年十一月，他第一个撰文颂扬布尔什维克的胜利。那已是明确站在马克思主义的立场上了。
>
> 五四前不到半年，守常在北京大学组织了一个研究马克思主义的学会。我们不是用马克思，而是用马尔克斯这个名字，为的是要欺骗警察。他们回去报告，上司一听研究马尔萨斯（与马尔克斯相混），认为这是研究人口论的，也就不来干涉了，这个学会，先是公开的，后来就秘密起来。它的对内活动是研究马克思学说，对外则是举办一些讲演会。②

上述高一涵本人的回忆，表明高一涵是马克思学说研究会的重要参加者。1921 年 11 月 17 日的《北京大学日刊》，刊载了发起马克思学说研究会启事，在“发起人”中未见高一涵的名字。这大致可以推断高一涵不是该会的发起者，但参与该会还是有可能的。事实上，高一涵是比较早地就参加了马克思学说研究会活动的。重要的例证是，1922 年 5 月 3 日的《北京大学日刊》登载的“马克思学说研究会通告”中，预告了在 5 月 5 日（星期五）马克思诞辰 104 周年纪念日，在“大礼堂举行纪念大会，并请李大钊、顾孟余、陈启修、高一涵诸先生讲演”③。朱务善也有这样的回忆：“记得还在 1918 年，李大钊同志为要宣传和研究马克思主义，曾与当时北大教授高一涵等发起组织了一个研究马克思主义的团体。为避免当局的注意，这个团体并不叫马克思主义研究会。因为当时‘马克思’有译为‘马尔克士’的，与马尔萨士之音相似，所以他们把

---

① 林伯渠：《党成立时期的一些情况》，载《“一大”前后》（二），人民出版社 1980 年版，第 31 页。转引自朱文通：《李大钊年谱长编》，中国社会科学出版社 2009 年版，第 245 页。

② 高一涵：《回忆五四时期的李大钊同志》，《五四运动回忆录》（上），中国社会科学出版社 1979 年版，第 213 页。

③ 《北京大学日刊》，1922 年 5 月 3 日。

这个团体好像是定名为‘马尔克士学说研究会’。”[①]可见，高一涵虽未公开地列为“马克思学说研究会”的“发起人”（李大钊亦未公开地列为“发起人”），但在实际上是参与了“马克思学说研究会”的工作。因此，正是受李大钊的影响，高一涵开始了对俄国十月革命的关注和研究，并积极参与1918年冬由李大钊在北大组织的中国最早的马克思主义研究团体“马克思学说研究会”的工作。

高一涵对俄国十月革命的关注，更多地是以学者和政论家的见地考察其社会制度及其根据，着眼点主要是俄国的新宪法。

1919年11月5日，高一涵在《太平洋》上发表《俄国新宪法的根本原理》这篇著名文章。高一涵在该文中，针对社会上有人把“布尔扎维主义”（Bolshevism）和俄国革命视为“洪水猛兽”，把持有“布尔扎维主义”的人视为为“过激派”，并要“格杀勿论”的论调，提出了严肃的批评。高一涵以俄国新宪法为根据，向国人客观地介绍了俄国十月革命后所建立的新的社会制度，同时也阐发了这一新制度是以马克思主义为根本原则的。在他看来，十月革命产生了俄国的新政府，而俄国新政府颁布的新宪法，在基本精神上乃是根源于马克思主义的。故而，他对于马克思主义有如下的介绍：

> 俄国共和政府的根本原理，就是在国家社会主义上造成的。这种政府的组织，是拿马克思主义做底稿子，要想明白俄国新宪法的根本原理，应该先明白马克思主义是什么东西。……马克思把人类的历史，看做阶级争斗的影子。先前的历史都是有势力的人、有钱财的人欺压没有势力、没有钱财的人的历史，所以他主张社会革命，想叫穷人出来当权。他在七十几年前，已经发了一个《共产派的宣言》（Communist Manifesto），宣言书中条件，很可以代表马克思生平的主张。
>
> 在马克思前的社会党都是空想的社会主义，到了马克思才成了科学的社会主义。所以马克思和安格尔斯（Engels）两个人用 Communist 一个字表明他们和空想派不同，故马克思的社会主义，又可以叫做共产主义

① 《李大钊史事综录》，北京大学出版社1989年版，第478页。

> (Communism)。马克思共产主义的目的,在宣言书(指《共产党宣言》)中说明的:是把穷人合成一个团体,叫他们取到政权,把中等人家的私有财产权一齐废掉,请劳动的人出来代替资本家。他们实行这种理想的方法,就是把私有的资本一齐收归公有,把中等人的自由经商、中等人的家族、中等人的宗教道德,和国际间的仇恨,一齐废掉。他们达到这种目的的方法,仍然倚靠政治行动。宣言书中替穷人要求的条件,共计十种:(一)地租充公;(二)行累进直接税;(三)废去承继家产权;(四)把出国居住的人的财产充公;(五)拿公款来办国家银行,把信用归总起来;(六)把运送的机关收归公有;(七)工场由国家去设,土地让国家去耕;(八)强迫人人做工;(九)渐渐废去城国的界限,好叫生产的分配平均;(十)拿自由公共的教育教导所有儿童。这就是《共产党宣言》书中的大意。①

这里,尽管有些用语还不够贴切,如称俄国为"国家社会主义",但总体来看,阐述了十月革命与马克思主义的关系。尤为值得注意的是,高一涵不仅说明了马克思主义是"科学的社会主义",与空想社会主义有着根本的不同,而且比较详细地介绍了《共产党宣言》的主要内容。这对于马克思主义在中国的传播是有积极意义的。

高一涵在《俄国新宪法的根本原理》中,基于俄国新社会制度与马克思主义的内在关系,认为俄国新政府所采取的措施,就是《共产党宣言》中马克思主义的有效实践,故而他说:"俄国共和政府也拿国家的权力和政治的手段,来达他们社会主义的目的,把组织政府的权力,都放在劳、兵、农三种有职业的人手里,废掉私有财产,设立国家银行,这是和马克思主义一样的地方。"又说:"俄国的政治组织本是很平易近人的,一点儿稀奇也没有;所以骇人听闻的,只是实行土地、产业国有的一件事。究竟这件事,七八十年前的马克思已经说过多少遍,俄国现在不过拿马克思的学说来实地试验罢了。"②高一涵将俄国新政府所建立的制度及实施的各种措施,与马克思主义的基本主张紧密

① 高一涵:《俄国新宪法的根本原理》,《太平洋》第2卷第1号,1919年11月5日。
② 高一涵:《俄国新宪法的根本原理》,《太平洋》第2卷第1号,1919年11月5日。

联系起来，指明了俄国革命乃是建立的“社会主义的国家”，并阐明了马克思主义在十月革命中的指导地位，足见他对十月革命的理解是正确的。

高一涵在介绍俄国新政府的政治制度时，着力于批驳社会上对于俄国新政府的种种责难。当时，有人认为俄国新政府是“无治主义”（无政府主义）的。对此，高一涵指出：“俄国的共和不是全俄各阶级的共和，单是劳、兵、农代表会议的共和，不问是中央的政权，或是地方的政权，一齐放在这个会议的手里。……他们这种劳、兵、农会议，是国家法定的机关，并不是无治主义的自由社会，任人自由加入、自由脱离的，怎能说他们是无治主义呢？我们想观察俄国的政治组织，第一要弄清楚的——第一容易弄清楚的——就是俄国现在是一个社会主义的国家，绝不是无治主义的国家。”又指出：“一九一八年的俄国宪法，中间有项大的革命，就是土地和产业两个问题。各国宪法中的人民权利，没有不包括财产权在内的；俄国宪法把这种私有财产权根本推翻，现在世界宪法里面再也寻不出第二个的。……照这样说来，俄国的宪法对于土地、产业等规定，和《共产党宣言》第五项至第八项差不多相同。俄国的宪法又把工作定为个个人民的义务，并声明一句话，说：‘不做工的人将不吃饭。’（He shall not eat who does not work.）这又和《共产党宣言》书中第八项强迫人人做工的意思相同。依我看，俄国现在确是国家社会主义的国家，和无治主义根本相反。”①当时，也有人认为俄国新政府采取的是“平民独裁制”，因而所谓的“劳、兵、农会议”就是“独裁政体”。对此，高一批驳道：“俄国最高的政权都在劳、兵、农会议手里。这个劳、兵、农会议，是全俄都市会议和各地方会议的代表组织成功的。……劳、兵、农会议是人民公举的代表，是一种合议体的机关，说是平民合议制则可，断不能说是平民独裁制的。……俄国劳、兵、农会议单限于劳、兵、农三项人，然这是普通阶级，是有职业的阶级，在国内占最大多数，联合这种多数人组织合议制的政府，彻头彻尾是一个共和政体，绝不是一个什么独裁政体。”②当时，还有人污蔑俄国新政府是“公妻”、“女子国有”，把新俄说成是极其恐怖的国家。对此，高一涵驳斥道：“还有什么公妻和女子国有两

① 高一涵：《俄国新宪法的根本原理》，《太平洋》第2卷第1号，1919年11月5日。

② 高一涵：《俄国新宪法的根本原理》，《太平洋》第2卷第1号，1919年11月5日。

个传说，从法律上和事实上搜索，连一点儿影子都没有。一九一七年十二月十八日同时宣布两种条例，一是规定关于婚姻子女和注册的事体，一是规定关于离婚的事体。这两个条例的内容，差不多和现在各国结婚、离婚的现行法一样。……结婚两方当事是婚证上所指名的一男一女，明明仍是一夫一妻的法定婚姻制度，那里有什么公妻的胡说？他们的结婚、离婚都是两方面互相情愿，自由分合，没有别的力量可以强迫他们，又哪里有什么女子国有的胡说？女子如归国有，还能让人自由结婚，还承认一夫一妻的婚姻制度吗？"①高一涵驳斥社会上对十月革命的各种责难，就在于向国人介绍俄国革命后新俄政府的真相，这对于扩大十月革命在中国的影响有着极为重要的意义。

高一涵宣传十月革命是以研究和解读俄国新宪法为切入点的，这源自于他的政治学研究基础。此后，高一涵还继续从宪法研究的视角出发，进一步研究和说明十月革命在社会制度变革中的意义，以及新生俄国的社会主义国家性质。高一涵在《我国宪法与欧洲新宪法之比较》一文中申明"俄国的宪法是代表共产主义精神的"，体现了劳动阶级的自由和民主的权利。高一涵指出："俄国的宪法是共产主义的宪法，所以'劳动群众权利的宣言'第二章中明定土地、森林、矿产、水道、六畜及田地附属品等一切宣告为公产，并于'宪法大原则'章（第五章）中规定'俄苏维埃共和国宣言劳动为人人应有之义务，凡不劳动者不应得食。'（第十八条），他的财政政策就在'没收资本家之财产，使全国人民对于生产、分配上立于平等之地位'（第十六章第七十九条）。总而言之，俄国新宪法的目的在打破资本主义，消灭剥夺阶级，使全国人民都以劳动为生活。这是他想达到人人经济生活自由的唯一途径。"又指出："俄国的国家是由许多苏维埃（Soviet）联合而成的，所以中央苏维埃、分区苏维埃等组织和权利，都得到宪法上的保障。凡是劳动者的集会、结社，都绝对的不受限制。"②高一涵通过对俄国新宪法的研究而阐明苏维埃政府的社会主义性质，并对社会上种种抨击俄国十月革命的论调作了一一批驳，这表明高一涵对俄

① 高一涵：《俄国新宪法的根本原理》，《太平洋》第2卷第1号，1919年11月5日。

② 高一涵：《我国宪法与欧洲新宪法之比较》，《东方杂志》第19卷第22期，1922年11月25日。

国十月革命和马克思主义持积极欢迎的态度。他通过演讲和发表文章，向更多的国人介绍十月革命的情况及其社会主义性质，有力地扩大十月革命在中国的影响。当然，高一涵更多地还是站在政治学研究的角度，对十月革命加以研究和介绍的。

高一涵在研究和宣传十月革命的过程中，在思想上也发生了很大的变化，并逐步地站在支持社会主义的立场上。他欣赏和赞同马克思主义所主张的"不劳动者不得食"的观点，认为"社会主义中第一件要紧的事就是要人人劳动、人人有职业"①。他重视劳动的价值和劳动者的社会地位，认为"凡不在社会中做事的，都没有资格在政治上办事"②。尤其重要的是，高一涵特别欣赏和赞同"共同的生产"和"平均的分配"的原则，在他一系列文章中对于这两个原则均有表述，并表明自己的赞成态度。他在《"中国的根本问题"》一文中，更是明确地主张："中国现在的根本问题是要'社会的生产'、'平均的分配'。"③应该说，高一涵对马克思主义、社会主义的关注和研究是有其特色的。他介绍俄国十月革命的文章、宣传马克思主义的演讲以及关于社会主义问题的研究，常常见诸报章（清华大学政治研究会、北大马克思主义研究会、马克思诞生 104 周纪念大会、五一纪念活动等演讲）④。正是在宣传十月革命的过程中，高一涵对共产主义理想予以赞赏，比较自觉地向马克思主义靠拢，并赞同在中国走社会主义的道路。

---

① 涵庐：《这也是社会主义吗》，《每周评论》第 31 号，1919 年 7 月 20 日。

② 涵庐：《欢迎中山先生脱离军政府》，《每周评论》第 35 号，1919 年 8 月 17 日。

③ 涵：《"中国的根本问题"》，《努力周报》第 51 期，1923 年 5 月 6 日。

④ 参见：1921 年 5 月 14 日高一涵在清华大学政治研究会演讲《共产主义之历史》，载《清华周刊》第 220 期，第 24 页；1921 年 11 月 17 日，《北京大学日刊》四版刊登《发起马克思学说研究会启事》。研究会的主要活动有，主办讲演会，每月月终举行，李大钊、高一涵、鲁迅等都曾到会讲演。（参见范体仁：《记五四运动前后北京若干团体》，载《五四运动回忆录》（续），第 190 页。）《北京大学日刊》1922 年 5 月 3 日刊登北大马克思学说研究会通告："5 月 5 日（星期五），是马克思诞生百又四周纪念日。本会定于是日下午一时在北大第三院（北河沿）大礼堂举行纪念大会，并请李大钊、顾孟余、陈启修、高一涵诸先生讲演。此会系公开性质，无论何人均一律欢迎。特此谨告。"（《李大钊史事综录》，北京大学出版社 1989 年版，第 474 页。）1924 年 4 月 28 日，北京社会主义青年团、北大经济学会、平民大学、马克思学说研究会等，定于"五一"举行纪念大会，并邀李石曾、李守常、高一涵、蔡和森诸人讲演。（参见《李大钊生平史料编年》，上海人民出版社 1984 年版，第 228 页。）

高一涵正是在十月革命的研究中，特别关注马克思共产主义思想的发展进程和演进趋势，并从学理上加强了对共产主义的学理探索。高一涵在发表的《共产主义历史上的变迁》一文中，对于共产主义的演变历程进行学理性探源，将共产主义历史上的变迁分为三个阶段，并以三个代表性的派别来加以说明。在他看来，从共产主义的演进过程来看，大致有三个主要的派别：一是从伦理的基础上立论的共产主义（以柏拉图为代表的）；二是从人道的基础上立论的共产主义（以基督教派为代表的博爱派，以莫尔及高德文为代表的小说派——马克思称之为空想的社会主义，以克贝、欧文、福利埃为代表的新村运动派）；三是从经济基础上立论的共产主义（以马克思为代表的）。高一涵在三派的对比中，表示赞同马克思主义的科学社会主义，指出："马克思的立脚点全在'经济的必要'上边，有了某种经济的必要才有某种经济的制度；某种经济的必要消灭了，跟某种经济的必要而生的经济制度也必然要跟着消灭。"[1]又指出："晚近的共产主义家有一个共同之点，就是反对私有财产权。故共产主义便是一种经济的理想，这种理想是废止私有财产，设立共有财产的社会，使各个人的需要由公共的财源供给。换句话说，就是以建设起来的权力，使社会的生产平均分配于社员的理论。他们最大的条件就是'共同的生产'和'平等的分配'。"[2]其后，高一涵于1921年11月曾在北京政治研究会上作了《共产主义历史的变迁》的学术讲演，认为共产主义就其形式而言有伦理的、道德的、经济的三种，并批评了伦理派、道德派的共产主义的空想性，赞扬了以马克思为代表的经济派的共产主义（即科学共产主义），号召大家"详细研究这实行的方法"，"以使世界大放光明"。高一涵从欢迎十月革命到具体地研究共产主义理论，体现了他在五四时期思想上的重要变化，以及在学术研究上的新方向。

高一涵在五四时期不只是从理论上研究共产主义思想的演变及发展历程问题，而且还着力于探讨社会主义实现的途径，为推进社会主义思想在中国的发展作出了重要的努力。在他看来，历史可以有跨越式的跃进，因为有西方资

---

① 高一涵：《共产主义历史上的变迁》，《新青年》第9卷第2号，1921年6月1日。

② 高一涵：《共产主义历史上的变迁》，《新青年》第9卷第2号，1921年6月1日。

本主义“试错”的历史经验可以借鉴，因而中国可以不经过西方资本主义的时代，也能达到社会主义的时代，故而也就不必要“把欧美的资本主义罪恶史重演一遍”。因此，在中国发展道路问题上，中国在“注重生产”的同时，还必须“注重分配”，从而开启社会主义在中国发展的道路。高一涵在《关于资本主义和社会主义的争论的我见》文章中，指出：

> 我的结论是什么呢？就是历史的变化是可以人力修补或改变他的趋向。换句话说，就是不从资本主义的时代经过，也可以达到社会主义的时代。人类所以有创造的智慧，就是教人不要把古人的失败史“如法炮制”的重抄一遍。换句话说，就是欧美从前的经济学只注重生产，所以造成贫穷的阶级；我们现在注重生产，同时就应当注重分配，千万不要把欧美的资本主义罪恶史重演一遍。以人力改变历史的趋向，不要问他能不能，只要看他的方法善不善。所以我认定我们改造资本主义没有发达的社会，只当研究改造的方法，不当武断的或抄袭的下“世界上并没有不经过此(资本)阶段而能达到社会主义”的断言。①

高一涵以上的“结论”是在五四时期的“社会主义论战”中提出的，着力于批判梁启超、张东荪的观点。高一涵提出的这个“结论”，是基于这样几点理由：第一，人类历史体现为“变化”并且这“变化”是由“人类奋斗”得来的，亦即人类历史有着人类活动的主体能动性与主体选择性，因而“人类不能站在变化之外”。这就是说，“历史的进化是人类本着由经验而来的智识的创造物，并不是离外人类的意志自然而自然发生的。我们认定十八世纪的产业革命是十七世纪科学革命的结果，现在的社会革命是一百年来社会主义的学理灌入人心的结果。”②正是根据这样的认知，高一涵认为历史演进有着人们的主体选择性，可以通过借鉴“历史的经验”而自主地来选择社会主义道路：“从

① 高一涵：《关于资本主义和社会主义的争论的我见》，《评论之评论》第1卷3号，1921年6月20日。

② 高一涵：《关于资本主义和社会主义的争论的我见》，《评论之评论》第1卷3号，1921年6月20日。

我们这种见解推论起来，觉得人家从前没有历史的经验，所以走错了路，跑进了资本主义的时代；我们现在明明看见资本主义在历史的经验上发见出种种的弊害，又明明看见社会主义现在正在针对这种弊害下药医治，我们不问是认定中国现在已经中了资本主义的病症，或认定还没有中了资本主义的病症，都应该用社会主义的方法来医治或先事预防的。如果希望资本主义快来，赶快的把国内造成两个阶级，然后再打开书包，去寻出社会主义的方剂来医治他，便是'削足适履'的方法。"①第二，经济学已经从"注重生产"发展到"注重分配"的阶段，故而需要将"注重分配"作为中国社会选择发展道路的依据。当时，张东荪等人宣传通过资本主义来发展"富力"的观点，认为中国的"病"就是"穷"、缺少资本，故而中国人"从来没有过过人的生活"，解决之道就在于通过资本家来"增加富力"、发展资本主义。而在高一涵看来，通过"注重生产"来集聚"资本"、"增加富力"，这对于中国来说是十分必要的，但不能把"资本"等同于"资本家"、"资本主义"，这也就是说关于"'富力'的解说和'增加富力'的方法，却不一定要用提倡资本主义的经济学者的学说"，其原因就在于经济发展不仅要"注重生产"而且还要"注重分配"。鉴于这样的认识，高一涵根据经济学的最新成果提出自己的看法："往年的经济学注重生产，现在经济学注重分配。只注重生产，以为'生产可以满足一切人的欲望'，是根本错误的。……资本是生产的必需品，可是资本一为私人所有，便成了资本阶级，便成了资本主义了。在有资本阶级的社会之中，在实行资本主义的社会之中，所谓增加富力，只是增加资本阶级的富力，'从来没有过过人的生活'的人仍然压在底下。说在资本阶级之下，可使一切人都可以过'人的生活'，是闭着眼睛说瞎话。如果瞧瞧欧美各国现在的情形，如果稍为(微)研究研究社会主义所以发生的原因，我想再也不致于有这种错误。"②高一涵在社会主义论战中提出的中国走社会主义道路的依据以及关于跨越资本主义发展阶段的构想，集中地反映了他的学术理论水平、思想变动的趋向以及对于中国社会道路

① 高一涵:《关于资本主义和社会主义的争论的我见》,《评论之评论》第1卷3号,1921年6月20日。

② 高一涵:《关于资本主义和社会主义的争论的我见》,《评论之评论》第1卷3号,1921年6月20日。

问题的高度关注。

高一涵在《关于资本主义和社会主义的争论的我见》文章中关于中国走社会主义道路的论述，是为“社会主义论战”中马克思主义者助威的，这表明他是坚定地站在陈独秀、李大钊等早期马克思主义者的阵营之中。在“社会主义论战”中，陈独秀发表了《复东荪先生底信》、《致罗素先生底信》、《社会主义批评》、《关于社会主义问题》等文章，成为这次论战中马克思主义者的领袖。在这场论战中，李大钊发表《社会主义下之实业》、《中国的社会主义与世界的资本主义》等文章，李达发表《讨论社会主义并质梁任公》等文章，陈望道发表《评东荪君的〈又一教训〉》等文章，蓝公武发表《再论社会主义》等文章，周佛海发表《实行社会主义与发展实业》等文章，就是远在法国巴黎的蔡和森、周恩来也通过发表文章参加了社会主义问题的讨论①，从而使社会主义论战在当时的中国思想学术界产生极为广泛的影响。尽管高一涵在社会主义论战中，在对资本主义的认识上也有不妥之处，对中国在一定程度上利用资本主义发展生产力采取了完全否定的态度，但他对于社会主义方向是充满期待的，对中国走社会主义道路的信念也是十分坚定的。高一涵理所当然是社会主义论战中，以陈独秀为领袖一方阵营的重要成员，为社会主义论战的开展作出了重要的贡献。

但高一涵五四时期对待马克思主义的态度，与热烈地欢迎俄国十月革命并坚定而又彻底地接受马克思主义的李大钊有些不同。与李大钊相比，高一涵更多的还是站在学者的立场关注十月革命后俄国这一崭新的社会制度，与马克思主义还是保持着一定的距离，他此时在思想上坚守着自己民主宪政的理念。高一涵对于共产主义还处于思想上的观察阶段，如他说：“但这是共产制度，究竟这种制度能否试验无弊，就俄国这几年的政治情形看看，还不敢武断的肯定。”又说：“故俄国的激进的共产虽然不能仿效，而德国渐进的共产未始不可取法。”②由此可以看出，高一涵对俄国通过暴力革命取得政权的激进

① 王中平：《留学生群体分化与社会思潮演变(1915—1928)》，吉林人民出版社2011年版，第96—97页。

② 高一涵：《我国宪法与欧洲新宪法之比较》，《东方杂志》第19卷第22期，1922年11月25日。

共产主义,并未全盘接受,尤其是在暴力革命的问题上。还有一个例证,即在1920年前后成立的,以“集合信仰和有能力研究社会主义的同志,互助的来研究和传播社会主义思想”为宗旨的“北京大学社会主义研究会”的社员名单中,未见到高一涵的名字①。高一涵在“五四”以后的思想历程,也说明他与马克思主义还存在着较大的距离。在李大钊、陈独秀等人转向马克思主义,积极地寻求解决中国问题方案时,高一涵却走在了胡适这一边。后来,“新青年”群体分裂了,胡适创办《努力周报》这个刊物,力图继续早期《新青年》所倡导的自由主义精神,高一涵亦成为《努力周报》中仅次于胡适的负责人,尽管他与胡适的思想有很大的差别。

应该说,高一涵此时对待十月革命和马克思主义的态度,也是符合自己思想状况的。高一涵在1959年写的自传中,对自己在五四时期的思想状况作了这样的评价:“经过苏俄十月革命启示,也知道资本主义社会必然灭亡,代替它的一定是社会主义,但是社会主义派别很多,而我所好的,都是假的社会主义,就是英国的‘改良社会主义’。因为他们反对革命,赞成改良,他们提出的社会改良的四大原则:(一)民主的;(二)渐进的;(三)和平的;(四)合乎宪政的谬论,我都同意,因而,我成为改良主义的信徒。”②高一涵对自己过去思想状况的陈述,尽管有着特定的“大批判”的背景以求得自己能够“过关”,因而也就有着夸大自己错误的可能,但大致上还是较为可信的。

总体来看,高一涵是五四时期著名的思想家,他宣传马克思主义和十月革命也是客观存在的事实,对扩大十月革命和马克思主义在中国的影响,对于社会主义思想在中国的广泛传播,作出了重要的贡献。但高一涵在思想宣传和学理研究中的贡献,与李大钊宣传马克思主义和十月革命的贡献,亦有重要的区别。高一涵确实是积极宣传十月革命,并在思想上深受马克思主义影响,对社会主义、共产主义也是采取积极的研究和欢迎的态度,但思想上民主主义的因素较多,故而没有像李大钊那样率先转变为马克思主义者,从而开启马克思

① 参见《北京大学社会主义研究会通告》,《北京大学日刊》1920年12月4日。
② 《高一涵自传》,1959年12月。此件现存江苏省委统战部。

主义在中国引进和传播的新局面,也没有像陈独秀那样在马克思主义指导下,积极地从事中国共产党的创建工作。故而,在中国宣传马克思主义的历史上,高一涵自有其贡献之所在,但与李大钊、陈独秀等的领导地位和组织作用还是不一样的。

第五章　为五四运动摇旗呐喊

新文化运动直接催生了伟大的五四爱国主义运动。正是由于新文化运动核心群体的舆论引导，激发了学生和民众从事政治运动的热情，从而形成全民性的捍卫国家主权的爱国主义运动。因而，从新文化运动到五四运动有着内在的历史演进逻辑，并体现出从思想衍化到政治实践的历史性飞跃。五四运动的导火索是第一次世界大战结束后，列强分赃的巴黎和会上中国外交的失败。高一涵作为政论家活跃在当时的舆论舞台上，为五四运动摇旗呐喊，引领社会舆论的政治走向，主张拒绝在“和约”上签字，散发《北京市民宣言》，对于五四运动的发生和发展作出重要的贡献。

引领舆论走向

高一涵从中华民族生存的高度关注“一战”的形势，是一位追赶时代潮流的先进人物。1918 年 11 月 11 日，第一次世界大战停战协定签订，标志着“一战”以同盟国的失败而告终。中国由于北洋政府在 1917 年 8 月 14 日对德宣战，加入协约国同盟，成为战胜国之一。“一战”结束的消息传来，北京三万民众游行庆祝胜利，11 月 13 日北京城兴奋的人们将象征耻辱的克林德碑改名为“公理战胜”碑，由东单迁移至中央公园。北京大学还在天安门搭台连续演讲三天，欢呼胜利。蔡元培、李大钊、胡适、陶孟和、马寅初、陈启修、丁文江等都轮流先后上台演讲①，高一涵也初次登台演讲，面对众多的听众，他虽然“心

① 参见《申报》(1918 年 11 月 16 日)及《北京大学日刊》(1918 年 11 月 27 日)报道。

里很紧张，两腿直打颤，但还是硬坚持讲完。”①

然而，弱国无外交，中国的命运仍由列强主宰着。这边的欢呼声还未停息，那边便传出巴黎和会上列强要把德国在中国山东的权益转让给日本、北洋政府准备屈服签字的消息。1919 年 5 月 2 日，《晨报》登出北京政府外交委员会事务长林长民的《外交警报敬告国人》，该文沉痛宣告：“胶州亡矣，国不国矣！”蔡元培在北大召集学生代表一百多人，号召大家奋起救国。

1919 年 5 月 3 日，蔡元培从林长民处获悉北洋政府已发密电，令巴黎代表团签字，当即告知许德珩、罗家伦、傅斯年、康白情、段锡朋等。晚七时，北大学生与北京 13 个中等以上学校代表千余人，在北大法科礼堂集会。议决四条：1. 联合各界一致奋起力争；2. 通电巴黎专使坚持不签字；3. 通电各省于五月七日国耻纪念举行游行示威运动；4. 定于 5 月 4 日（星期日）齐集天安门举行学界大示威。②

5 月 4 日，三千多名学生代表云集天安门，打出“外争国权、内惩国贼”、“还我青岛”、“收回山东权利”、“拒绝在巴黎和会上签字”、“严惩卖国贼曹汝霖、章宗祥、陆宗舆”的口号，开始游行，并向使馆区——东交民巷进发；在东交民巷长时间受阻后，游行队伍遂移往赵家楼曹汝霖公馆，学生在曹宅痛打了做客的章宗祥，并火烧了曹宅。军警随即逮捕了 32 名学生代表。五四运动由此爆发。

五四当天，高一涵亲身跟随五四学生游行队伍前行，目睹了学生和民众的行动，当晚，他奋笔疾书，以“据我亲眼看见”的事实，写下了《市民运动的研究》一文。该表登载在 5 月 7 日的《晨报》上，向社会真实报道了运动的情况，引领舆论的政治走向。在当时，报纸普遍认为 5 月 4 日的运动是“学生界的运动”，甚至还认为这种运动只有“五分钟的热心”。高一涵不同意这种看法，而认为 5 月 4 日在北京所发生的“完全是市民的运动，并不单是学生运动。这件事顺着世界新潮流而起，很不可轻易看过”。高一涵不仅认为这场运动是“顺

① 高一涵：《回忆五四时期的李大钊同志》，《五四运动回忆录》（上），中国社会科学出版社 1997 年版，第 213 页。

② 刘克远、方明东：《北大与清华》，国家行政学院出版社 1998 年版，第 88 页。

着世界新潮流”的，将运动与世界进步潮流联系起来，而且主张将这场运动定性为“市民运动”，并认为这种“市民运动”在本质上也是属于“民众运动”的范畴。在他看来，民众运动是为了“弥缝多数政治不平而起的”，其发生的原因有三：一是“因为间接发表民意的代议政治不及直接行动的真实，所以才有‘劳动自决主义’和‘同盟罢工’、‘国民决议’等事发生”；二是“因为法律上承认多数政治，少数人和新上来的阶级意见不能在政治机关内取胜，所以才另从社会方面找出一条生路”，“如劳动代表运动、普通选举运动、妇人参政运动，皆属于这一类”；三是“因为政府不中用，或国家又弱又小，被强权迫压住了”，所以“国民才起来运动”。高一涵分析“民众运动”的起因，就在于说明中国5月4日发生的运动，又不仅仅是一般的“民众运动”，而是具有更为深刻的内涵，这就是具有“自卫”的精神。他说，“民众运动本是根据自治自决的道理而来的”，然而，“这回北京的市民运动，并不单是自治自决，简直可以说是自卫。譬如我家仆人把我的财产偷送给强盗，我知道大祸将临，就应该行使我的正当防卫权。……警察厅拘留殴打卖国贼的市民，实在是不懂得自卫的道理了。”高一涵高扬市民运动的政治意义，认为“市民运动本是国家兴旺的气象。究竟民众运动的方法，胆小的人，没有见识的人，或者有点看不惯；讲到民众运动的目的，哪一件事不是大快人心的呢？”①由高一涵对五四运动所作的“市民运动”的诠释，不难看出，他充分认识到这次运动已经超越了“自治自决”而具有民众“自卫”的精神，以及这次运动显现出“直接行动”的政治性质。可以说，高一涵的《市民运动的研究》文章，对当时的社会舆论起着积极的引领作用，对于五四运动向着政治目标方向行进有着积极的意义。

5月4日晚七点，游行学生被捕的消息迅速传遍整个北京城。各校学生纷纷举行集会，紧急商议营救之策。第二天，各专门以上学校的学生代表集会，决议自即日起一律罢课，同时通电全国并上书大总统。在《上大总统书》上签字的北京专门以上学校有23所，代表着9860名学生。被捕的学生，在北京大学校长蔡元培等名流共同努力下，于5月7日全部返校②。

---

① 涵庐：《市民运动的研究》，《晨报》1919年5月6日。

② 陈平原：《触摸历史与进入五四》，北京大学出版社2010年版，第12页。

高一涵在5月4日以后,一直关注舆论的动向,以自己手中的笔积极支持学生的爱国行动。对五四运动中学生的过激行为,当时社会上分成两种对立的舆论。梁漱溟在《国民公报》上发表《论学生事件》文章,从维护现行法律的角度出发,要学生"到检察厅自首,判什么罪情愿领受"。针对梁漱溟的主张,高一涵于5月11日在《晨报》上发表《学生事件和国家法律的问题》,提出了几点质疑:"第一个疑问:就是国家和正义到底能不能一致?我们人类对于反乎正义的国家裁判,到底有没有服从的义务?第二个疑问:就是法律的功用,到底是在除暴去恶,或是单在维持秩序?死板板的法律条文,到底能不能合乎情理?"接着,该文对现行法律的合法性提出疑问:"国家和法律,专讲强权,不讲公理,专保护现状,不讲求进步,这种反乎人道正义的国家和法律,我们实在没有受他们裁判的义务。……像这样国家和法律,不许人爱国,不许人保全领土,不许人讲公理,不许人谈正义,就是对他革命也不妨,何能甘心去受他的委屈呢?"①该文不仅锋芒直指北洋政府及维持其统治的法律,揭露了其"反乎人道正义"的本质,而且积极支持学生的爱国行为,反对以现行法律来限制爱国运动。

1919年5月11日,高一涵还在《每周评论》二十一号"山东问题专刊"上,发表《青岛交涉失败史》长篇文章。对自中日甲午战争以来,德、日及列强围绕山东、青岛与中国执政当局外交交涉的历史,作了比较全面的回顾与梳理,就德国强租青岛的原因、德国租借青岛的目的、日本强劫青岛的原因、日本拿武力胁迫的山东条约、中国断送胶济铁路的文书、日本在欧洲和议席上争持的理由、最近欧会决定的办法等八个问题作了详细的论述,使青岛交涉失败的历史过程、基本缘由和最终结果公布于众。文章最后指出:"我编了这篇《青岛交涉失败史》,我心中很有几重感触:(一)觉得现在的世界,尚不是实行公理的时候。(二)觉得日本人的德意志思想,一点也没有觉悟。(三)觉得中国外交失败,无一处不是'卖国贼'播弄成熟的。(四)觉得实行国民的外交、平民主义的外交,是一刻不容迟缓的。愿国人快快的(地)起来!愿国人快快的

---

① 涵庐:《学生事件和国家法律问题》,《晨报》1919年5月11日。

(地)起来!”①值得注意的是,高一涵在揭露日本帝国主义侵略中国的野心、西方列强袒护日本等事实的同时,特别指出中国政府的卖国外交是导致青岛交涉失败的重要原因。高一涵指出:“青岛交涉失败,一半因为各国不讲公理,一半因为我国办外交的人有意卖国。强国的外交无论蛮横狡猾到什么田地,也必定要得弱国的承认,要弱国里面有人替他帮忙,才能够偿他的心愿。我看一部青岛交涉失败史,却没有一处不是我们中国人引虎入室的。”②高一涵的言论,一方面揭露了帝国主义“不讲公理”的丑恶嘴脸,一方面又揭露了办理外交的人“有意卖国”的行径,这对于国人认识北洋军阀政府与外国列强的关系、北洋军阀卖国的反动本质,启发民众的政治觉悟是有极大意义的。高一涵这对于推进五四运动沿着反帝反封建的方向发展,是有历史功绩的。

5 月 18 日,高一涵在《每周评论》第二十二号山东问题专刊上,发表《青岛问题在欧会中经过的情形》文章,详细介绍了巴黎和会关于中国山东问题处理的基本情况。协约国在巴黎和会上欲将德国在中国山东的权利转让给日本,但由于和会采取秘密外交的形式来决定中国的主权问题,因此一般的国人对于巴黎和会处理中国山东问题的具体情形却不得而知。高一涵综合各方面的信息,在文章中对巴黎和会关于青岛问题讨论的原委进行了详尽的说明,主要内容是:(1)中日两国专使争论的情形。介绍了 1 月 17 日日本专使在和会中提出胶济铁路及其他利益归日本的要求,中国专使顾维钧在和会上提出德国归还山东权益的具体理由。(2)日本飞扬跋扈的情形。主要介绍了日本专使牧野在 12 日让秘书转呈的四个密约,借以胁迫中国的情况。(3)美代表的调停办法。介绍美国代表从提出把青岛交还中国到 4 月 14 日提出由五国公管之说的原委,表明美国“是想把青岛问题由五国共同处理、不许一国独占的意思”。(4)大国决定的调停办法。介绍了英法美三国在日本提出退出和会的要挟下,于 4 月 30 日“想出一个政治特权归中国、经济特权归日本的办法”的情况。(5)我国专使向三国抗议的内容。该文介绍了中国专使抗议和会条约的内容,指出:“我国专使因为和约上的规定是三国调停的结果,所以不得

① 涵庐:《青岛交涉失败史》,《每周评论》第 21 号,1919 年 5 月 11 日。

② 涵庐:《青岛交涉失败史》,《每周评论》第 21 号,1919 年 5 月 11 日。

不向英、法、美三国提起抗议。抗议书中大概说：中德宣战而后，德国在山东所有的权利特权都已撤销，山东省的主权在中国，自然可以收回自由处置。请问三国根据什么理由，把这项权利送给日本？所拟的解决办法，既说山东半岛连同主权归还中国，何必分为两步？又何必先移归日本，听他独自归还？"高一涵"把青岛问题经过写出来"的目的，是"叫大家知道世界革命真是一件万不可缓的事"。他认为："现在和约已成，一切抗议都没有效力可说。最后一步只有两个希望：一希望德国拒绝和约签字；万一不能，只有希望我国专使拒绝签字罢。"①高一涵希望德国拒绝在和约上签字，目的是使整个巴黎和约失去效力，当然有关中国山东问题的和约也就没有约束力；而德国如果在和约上签字，高一涵认为中国要保持山东的主权，只有拒绝签字之一途。这大致反映了当时知识分子对解决巴黎和会有关中国山东问题的基本看法。高一涵对青岛问题在巴黎和会上经过情形的披露，使国人了解到巴黎和会的真相及列强分赃的事实，这对于激发民众救亡图存的爱国热情、推动五四运动在全社会范围的发展有着积极的意义；他主张在不得已的情况下坚决地在和约上拒绝签字，代表了广大民众维护国家主权、不畏强权的爱国心声，对五四运动的发展起着积极的舆论导向作用。

拒绝和约签字

在五四运动的发展进程中，拒绝和约签字是一个关键的环节。

高一涵不仅主张在巴黎和约上拒绝签字，而且阐述了拒签和约的理由。五四运动发生以后，中国舆论界对巴黎和会关于中国山东问题的条约是否签字问题进行了热烈的讨论，从而形成了两种对立的主张。而当时北京政府的外交代表竟也考虑签字，如陆征祥在5月1日致大总统、总理的密电中说："有三端关系，亦不能不加熟审：一、对日关系，公约虽不签押，而日本仍可根据一九一五年约，向我直接请再订约，将举所允日本之条件，完全承认。倘彼时势

① 涵庐：《青岛问题在欧会中经过的情形》，《每周评论》第22号，1919年5月18日。

仍不能不签，则较之现在公约签字，事实则一，威望则逊。二、对德关系，倘单独与德订约，则所得权利能否比公约所许为优。三、对英法美关系，此次经三国讨论数日，而结果仍然如是，在我虽属不平，而在彼亦有种种苦衷，难免不于彼我感情因此妨碍，且于日后一切亦不无多少之关系。”①在这种情况下，高一涵写了《签字不签字的害处》一文，综述了主张签字的五点理由、主张不签字的六点理由，同时就和约上规定中国权利的条文、和约上规定日本权利的条文、和约上日本关于交还青岛的条件等问题进行了分析，主张拒绝在和约上签字。他说：“德国完全交还中国的，仅是一点房屋、军备产业，庚子赔款，和一副天文仪器。德国租界虽然还我，仍然不为我国所有。上海的学校产业，我国和法国平分；广州的产业，又完全归了英国。至于日本，不但把德国所得的权利一齐抢去了，并且勒令我在青岛另开一个公共租界。请问高明，就是在这种和约上签字，除了得一副天文仪器，和几十万赔款，同一点破家破伙的东西，还有什么好处？若说撤废领事裁判权、收回关税自由权、取消各国庚子赔款条约……等等问题，与签字有什么关系？就是我们签字，也没有什么保证；就是有了保证，试问是失了一部分平等权事大，还是失了领土事大？若说要求取消‘二十一条’和去年各种密约合同，则更不能签字。因为一签字就是承认各种密约要求合同为有效了。愿国人把利害看明白了，不要糊里糊涂的签字呀！”②高一涵主张拒绝在巴黎和会上签字，不仅体现了全国民众的根本意愿，而且代表了进步知识分子争取国家主权的主张，成为当时社会上舆论的主流，推动了中国国内拒绝和约运动的发展。他的这篇文章在《每周评论》上的发表，有力地促进了社会各界拒签巴黎和约斗争的进行，其舆论上的导向意义和社会影响是巨大的。

巴黎和会关于山东问题的条款以牺牲中国主权、迎合日本要求为显著特征，是外交上以强凌弱的案例。1919 年 4 月 30 日，英、美、法三国议定了巴黎和约关于山东问题的条款（和约第一五六条、一五七条、一五八条），将德国在中国山东所取得的一切权利全部转让给日本。第一五六条规定：“德国将按

---

① 《陆征祥于五月一日致北京政府的密电》，转引自彭明所著《五四运动史》，人民出版社 1984 年版，第 258 页。

② 涵庐：《签字不签字的害处》，《每周评论》第 22 号，1919 年 5 月 18 日。

照一八九八年三月六日与中国所订条约及关于山东省之其他文件,所获得之一切权利所有权及特权,其中以关于胶州领土、铁路、矿产及海底电线为尤要,放弃以与日本。”第一五七条规定:“在胶州领土内之德国国有动产及不动产,并关于该领土德国因直接或间接负担费用实施工程或改良而得以要求之一切权利,均为日本获得,并继续为其所有,各项负担概行免除。”第一五八条规定:“德国应将关于胶州领土内之民政、军政、财政、司法或其他各项档案、登记册、地图、证券及各种文件,无论存放何处,自本约实行起三个月内移交日本。”①这样,德国战前在山东享有的一切政治、经济和军事权益,全部转让给日本帝国主义。

中国在得知这个牺牲中国主权利益的条约后,国人为和约上是否签字问题进行了热烈的讨论。在此情形下,维护国家主权并引导当时舆论走向,就成为先进知识分子的重要使命。高一涵针对巴黎和会上德国拒绝签字的时机,提出了全面修改巴黎和约的主张,以维护中国主权的完整。1919 年 6 月 1 日,高一涵在《每周评论》上发表《关于胶州和约的修正意见》的社论,主张“不如趁德国不签字的当儿,率性提出一个修正案,在欧会里头争一争”,其办法就是“拿完全的主权作根据,来修正和约中的条文”。在高一涵看来,“主权”两字并不是一个空名词,而是“顶高的独立的权力”,因此,“拿这个原则来讲,青岛主权既已完全在我,凡土地、港湾、房屋、关税、铁路、矿山、炮台、电线、警察、军队、港湾管理权、建筑军港权等,应该一齐听中国政府自由处置”。根据和约上的相关条款,高一涵提出了一个和约的“修正案”,其具体条文为:“(一)德国把胶州各项权利和因为一八九八年三月六日的《胶州条约》取得的铁路矿产海底线,一齐放弃。(二)德国把关于胶济铁路的一切权利,连同器具和已得的矿权、开路权,一齐让给中国,再由中国和日本商议办法。(三)把青岛到上海和到烟台的海底电线,都让给中国,并不算价。(四)胶州德国国有的一切动产和不动产,都无条件让给中国,再由中国转借给日本。”②高一涵所提出的这一“修正案”,核心点是坚持“主权在我”原则,即首先是中国政府

① 王芸生:《六十年来中国与日本》,转引自彭明主编《中国现代史资料选辑》第 1 册,中国人民大学出版社 1987 年版,第 125—126 页。

② 涵庐:《关于胶州和约的修正意见》,《每周评论》第 24 号,1919 年 6 月 1 日。

收回主权，所作的让步亦以维护主权为限度，不得损害主权的独立；至于和日本发生关系，也应该由中国政府出面，主动权在中国。高一涵还根据主权的原则，进一步提出了对日谈判的七项条件。这七项条件的内容为：

(一)胶州湾单做商港之用，凡德国所设的沿海炮台和信号地点，皆和中国主权有关，应完全交还中国。(二)胶州湾青岛和胶济铁路(的)既完全在中国主权之下，所有一切治安，均归中国保护；日本不得驻海陆军和警察于胶州湾、青岛、济南和胶济铁路各处。(三)除胶州湾商港外，中国应该有自由建设海军根据地的主权。(四)青岛的关税和海关管理权，应该和中国别处的商埠同样办理。(五)胶济铁路管理建筑之权，全归中国政府，照津浦铁路办理。只有工程技师可以雇用日本人，铁路巡警应该仿照津浦、京汉各路的办法组织。(六)沿胶济铁路的矿产，已经德国开采的，都由中日合股，照中国矿业条例办理。(七)日本租界和各国公共租界，只以德国在青岛租借地为限。①

高一涵指出，这“七个条件，没有一个不是主权所关的。这是我国让步的最大限度，再让一点，主权两字就不能算得完全。……日本当局如果不容我们这样让步的条件，就可以证明他是拿主权的空名来骗我们。要想知道日本人的心肝，何妨拿这七个条件试一试呢？”②可见，高一涵是坚持主权的原则性来提出修改巴黎和约和处理对日外交关系的，同时也注重外交谈判策略的灵活性，其目的是收回中国的主权，揭露日本专使在巴黎和会上提出的“把山东主权完全交还中国”的欺骗性。

巴黎和会是五四运动期间中国人关注的焦点，同时也是《每周评论》同人和中国新知识界关注的重点。抗议西方列强对中国主权的无理干涉，反对日本帝国主义对中国的侵略，是五四时期先进知识分子的根本主张。高一涵在研究巴黎和会对中国山东问题的处置中，认识到西方列强“各国不讲公理”的

① 涵庐：《关于胶州和约的修正意见》，《每周评论》第24号，1919年6月1日。
② 涵庐：《关于胶州和约的修正意见》，《每周评论》第24号，1919年6月1日。

事实,抛弃了对以美国为代表的西方国家的幻想。他通过对“青岛问题在欧会中经过的情形”的深入考察,明白地告诫国人:“在强盗主义大行的时候,公理仍然战不过强权。”①这说明,高一涵此时的政治思想有了极大的提高,加深了对帝国主义侵略本质的认识。高一涵强烈的反帝爱国思想表现在他对中国国际地位的深切关注,并落实到自己的相关行动和所撰写的相关文章中;他在在五四运动期间发表的一系列文章,坚守国家根本利益和主权原则,主张拒绝和约签字,并深刻地揭露了日本帝国主义的侵略野心,抨击了西方列强牺牲中国主权来满足日本的霸权政策,激发了国人关注民族命运和进行“直接行动”的爱国热情。这对当时的舆论是起了积极的导向作用,对国人的反帝斗争也是一个积极的声援。

散发《北京市民宣言》

高一涵还直接亲身投入到五四运动的实际斗争中去,积极推进运动的发展。

北洋政府在 1919 年 6 月 3 日大肆搜捕上街示威的学生,并派大批军警包围了北大三院,其后又将其设为临时监狱。面对这种高压态势,高一涵不畏强权,奋起抗争,与北大多名教授在《北京大学日刊》上登载“致全校教职员诸君函”,通过舆论声援等手段营救被捕学生。该函指出:“六月三日下午一时,本校法科被军警围占,教职员及学生多人被拘在内。公议于四日下午二时在理科大讲堂特开教职员全体紧急大会,磋商办法。伏希惠临,不胜迫切。专此。”②此时,上海、天津、南京、武汉等各地纷纷罢工、罢市,声援北京学生的爱国壮举。在全国人民的巨大压力下,北洋政府不得不在 6 月 7 日释放了全部被捕的学生,并于 6 月 10 日免去了曹汝霖、章宗祥、陆宗舆三个亲日派的

① 涵庐:《青岛问题在欧会中经过的情形》,《每周评论》第 22 号,1919 年 5 月 18 日。

② 《北京大学日刊》,1919 年 6 月 4 日。该函署名的有:林损、陈怀、沈尹默、林辛、陈大齐、周作人、钱玄同、沈士远、朱希祖、马叙伦、马裕藻、康宝忠、黄人望、马寅初、刘复、胡适、高一涵、张祖训、俞同奎、贺之才等。

职务。

在五四运动扩大到社会各界时，作为运动总司令的陈独秀起草了《北京市民宣言》。该“宣言”指出：

中国民族乃酷爱和平之民族。今虽备受内外不可忍受之压迫，仍本斯旨，对于政府提出最后最低之要求如左：

1. 对日外交，不抛东三省经济上之权利，并取消民国四年、七年两次密约。

2. 免除徐树铮、曹汝霖、陆宗舆、章宗祥、段芝贵、王怀庆六人官职，并驱逐出京。

3. 取消步军统领及警备司令两机关。

4. 北京保安队改由市民组织。

5. 市民须有绝对集会、言论自由权。

我市民仍希望和平方式达此目的。倘政府不愿和平、不完全听从市民之希望，我等学生、商人、劳工、军人等，惟有直接行动，以图根本之改造。特此宣告，敬求内外士女谅解斯旨。（各处接到此宣言，希即复印传布）。

这篇“宣言”由胡适译成英文，并印成中英文的传单。高一涵在《李大钊同志护送陈独秀出险》一文中，记录了自己和陈独秀一道印刷传单的过程：“在夏天的夜里，我同陈独秀一道，到嵩祝寺旁边一个小印刷所去印刷这个《北京市民宣言》。因为这个印刷所是为北大印讲义的，夜里只有两个印刷工人在所内，工人们警惕性很高，把宣言印成后，又将底稿和废纸一概烧得干干净净。我们印完时，已入深夜一点多钟。”①传单印刷后，高一涵、王星拱、胡适等，又随同陈独秀前往市内各重要公共场所散发。6 月 10 日下午，高一涵即与陈独秀一起去散发《北京市民宣言》。对此，高一涵在上文中亦有这样的回

① 高一涵：《李大钊同志护送陈独秀出险》，《文史资料选辑》第 61 辑，中华书局 1979 年版，第 61 页。

忆:“暑假期中,北京学校和机关人员,下午多到‘中央公园’(即现在的中山公园)去吃茶、乘凉、会友。他们坐到茶桌子后,往往是坐坐走走。有时茶桌子上,只有茶杯茶壶,而没有人在座。我们就把印好的《北京市民宣言》一张小传单放在没有人的茶桌子上,用茶杯压好,等到吃茶的人回到原桌子上来,看到传单,读后大声叫好,拍手欢呼,引起陈独秀和我们大家高兴。”①这说明,在五四运动中,陈独秀、高一涵等不仅起到舆论声援作用,而且也是亲自参加具体活动的。

关于散发《北京市民宣言》一事,胡适也有记载。胡适1932年在所著的《陈独秀与文学革命》一文中也记道:“民国八年五四以后,有一天(6月11日晚)陈先生在新世界(香厂)散发传单,……那时候,高一涵先生和我都在内,大家印好传单,内容一共有六条。……到了十一点钟回家,我和高先生在洋车上一边谈,看见没有关门的铺子,我们又要给他们一张,我还记得那时是六月,天气正热,我们夜深还在谈话。忽然,报馆来电话,说东京大罢工,我们高兴极了;但一会又有电话,说自你们走后,陈先生在香厂被捕了。”②

陈独秀被捕后,高一涵积极参与了营救工作,并和胡适、李大钊、周作人等人一起商议《每周评论》善后事,使《每周评论》得以继续发挥舆论导向的作用③。

1919年6月28日,巴黎和会闭幕,中国代表在全国人民压力下拒绝在《凡尔赛和约》上签字。这标志着五四运动所代表的民意终于取得了胜利。

对五四运动的总结

高一涵在五四运动后曾以“民众运动”的观点对五四运动进行总结。“民

① 高一涵:《李大钊同志护送陈独秀出险》,《文史资料选辑》第61辑,中华书局1979年版,第61—62页。

② 胡适:《陈独秀与文学革命》,引自《五四运动回忆录》,中国社会科学出版社1979年版,第165页。

③ 朱洪:《陈独秀风雨人生》,湖北人民出版社2004年版,第87页。

众运动”的观点在高一涵的《市民运动的研究》等文章中有着突出的体现。高一涵在得知拒绝和约签字之后，并没有为这一胜利所陶醉，而是以十分理智的态度对这场运动予以反思。高一涵于1919年8月3日在《每周评论》33号上发表《民众运动的目的》文章，以“民众运动的目的”这一新的视角，对五四运动加以总结和分析。

在高一涵看来，五四运动是以反对秘密外交而引起的，运动虽然取得胜利，撤掉曹章陆的职务、拒绝和约签字，但仍然不是秘密外交的根本解决。由此，他主张从五四运动的起因，来分析五四运动的目的是否达到。他指出：

> 我们五四运动为什么起的呢？大家不是都说是反对秘密外交吗？我们试想一想秘密外交的制度果打破了没有？如这种制度还在，单打伤一个章宗祥，和逐掉一个曹汝霖，以后就能保没有章曹第二来缔结军事协约，定高徐、顺济铁路借款的合同，主张禁止专使发言和极力替日本人尽忠吗？所以我说趁【逐】掉曹章、拒绝签字，仍然不是秘密外交的根本解决。要想废了秘密外交，除非从法律上改革不可。①

高一涵在《民众运动的目的》中认为，五四运动“是乘民治潮流而起的”，但亦有以下几种缺点：“一、是消极的一时的运动，没有积极的、永久的要求。二、是单反对政府和一时的外交政策，不是主张改革外交制度。三、只想唤醒人民的自觉，不想得到法律上的保障。”该文并引用鲍生贝《民治与外交》一书中关于条约草案必先交国会通过后，才能同外国缔结等五项条款，进一步提出自己的主张：“将来创造宪法必须加入这些条文，才是根本上打破外交黑幕的道理。”高一涵是研究政治学的学者，故而认为制度建设与法律保障对于“民众运动”有着重要的意义，如他在该文中所说：“我们知道民众运动不过是得到民众主张的一个方法，设若没有具体主张，或有具体的主张还没有得到法律的保护，仍然是没有结果的。”由此，他主张加强民主制度的建设，在选举制度和政治结社上下手，“一方面改正选举法，去掉财产、年龄、资格、教育的限制，

---

① 涵庐：《民众运动的目的》，《每周评论》第33号，1919年8月3日。

使选出平民的议员,一方面组织公民的政治社,专于监督选举,检察投票”,以避免官吏的非法把持。这样做,“比较到秘密条约结成之后,才去奔走呼号的反对似乎略为好一点”①。高一涵的这篇文章,坚持了五四运动是“民众运动”的主张,提出了从制度和法律层面理解“民众运动”的思路,是五四运动后的一篇有影响力的反思文章。

高一涵在五四运动中的积极表现,不愧为舆论的先导者和引领者之一。几十年后,他还为自己“在五四运动时,正当年壮,尚能做一个摇旗呐喊的无名小卒”②而感到无比的自豪。

---

① 涵庐:《民众运动的目的》,《每周评论》第33号,1919年8月3日。

② 高一涵致侄孙高绪楷信,转引自高晓初:《一涵公传略》,载《六安陈门高氏宗谱》卷三十三。

第六章　北大的教授生涯

1918年高一涵经陈独秀的推荐，应北大校长蔡元培聘请，进入北京大学任教，到1926年底南下参加革命，在北京大学整整度过了八个年头。在蔡元培“思想自由，兼容并包”的治校理念下，高一涵如鱼得水，他的学识才情和个性特点得以充分张扬。这八年，他既有如前所述融入北大新青年群体，为五四新文化运动摇旗呐喊，充当时代舆论先锋的一面，又有潜心著书讲学，为学生授业解惑的一面，更有直接参与变革社会行动的一面。这八年，是高一涵人生中最为辉煌的八年。

著书与讲学

目前所能见到的最早记载高一涵进入北大任职的资料，见诸于《北京大学日刊》1918年9月27日的“本校纪事”栏中有关“北大编译处”开会的报道：

> 9月25日午后三时，本校北大编译处在校长室开会，到会者列名如左（下）：刘叔雅、马寅初、陶孟植、胡适之、王抚五（星拱）、何伊盟（组?）、程秋甫、李石曾、李守常、高一涵、陈百年、朱揆庵、宋春舫、陈独秀。
>
> 开会之初，蔡校长报告二事（一）代表组入法文协会事。法文协社为各团体所组织，编译处亦其一也。……（二）补助科学杂志事。……科学社编译之书，可送编译处审定，由编译处出版（因编译处专任编译之员颇

不易得)。

“纪事”列出编译处编译书名与译者,其中高一涵译书“Boutmi Slultmi in Cunstitional Law”及与张慰慈同编的《西洋政治哲学史》书名也在此列。“纪事”告知:“此外教职员诸君如有担任编译者,请即开列书名,送交编译处编译员高一涵君收存。”①

从这则报道可断定:高一涵进入北大的时间在1918年9月25日之前。对于编译员这一职位,蔡元培给予了“颇不易得”的评价。参加此次编译处会议的,也均为当时北大的名流,此亦可见高一涵进入北大即处于较高的地位。可以说,高一涵也由此迈开了他在北大著书立说的第一步。

1918年的北大,可谓名师云集,学派林立。在蔡元培的大力推动下,北大的学术研究氛围格外浓厚,教授们自编教材讲义,著书立说,蔚然成风。高一涵与张慰慈合编《西洋政治哲学史》②,应该是他著书的起步之作。此后,高一涵和张慰慈均在自己所编的《政治学纲要》和《政治学大纲》中对合作编著事作了说明③。高一涵在北大积极参加学术组织,并迅即融入了北大学人群体之中。1921年8月19日下午3时,太平洋问题研究会在北京美术学校大礼堂召开成立会,推举蔡元培为会长,蒋梦麟为副会长,李大钊为中文干事,胡适为英文干事,王世杰、何炳松、马叙伦、高一涵、陈启修等被选为研究员④。这个“太平洋问题研究会”虽然是北京国立八校教职员的联合性学术组织,但实际上成员以北大教职工为主体,这从正副会长、各位干事及所聘的研究员名单中不难看出。1922年,高一涵又成为北大“社会科学组”的重要成员⑤,这可见高一涵在北大学术地位的提升。

---

① 《本校纪事》,《北京大学日刊》1918年9月27日。

② 该书出版印刷时的名称待考。现查得,北京法政大学1923年出版的《政治学大纲》为高一涵、张慰慈合编。

③ 高一涵在《政治学纲要》的“三版序”中说:“这本书中有一两章与张慰慈先生在《政治学大纲》大同小异,好在张先生在序文中已经表明过,说该书有些地方是我们两人合编的。”——参见《政治学纲要》,神州国光社1930年版。

④ 《京教育界太平洋研究会成立》,《申报》1921年8月25日。

⑤ 《北京大学日刊》,1922年8月19日。

蔡元培主持下的北大，对教师的选用是不拘一格、兼容并包的，但对教师的延聘晋级却有着极为严格的标准。在蔡元培所主持制定的民国七年《国立北京大学规程》中，第十二条就有这样的规定："第二表职员进级与否由校长参酌左列各项情形定之。（甲）教授成绩，（乙）每年实授时间之多寡，（丙）所担任学科之性质，（丁）著述及发明，（戊）在社会之声望。"①这说明，教师从讲师到教授的每一步晋升都要付出很大努力，并且要由聘任委员会通过考核实绩，才能审查通过，而其中重要一条即为"著述及发明"。高一涵进入北大前的文章，均以时评和政论文为主，缺少学术性的专著。为弥补这一不足，高一涵再次赴日本进修，对西方政治思想史的发展轨迹进行专题研究。他在东京遍寻了有关图书资料，置得二百多册书。又在大学图书馆的帮助下，对资料加以梳理研究，通过近六个月的努力，完成了《欧洲政治思想史》中有关上古部分的著述，回国后又完成了对中古部分的著述和修改。1920 年 10 月，由中华书局出版了《欧洲政治思想小史》，12 月 21 日高一涵向北大图书馆赠送了此书。1923 年 1 月，由商务印书馆出版发行了《欧洲政治思想史》（上），1925 年 5 月商务印书馆又出版发行了《欧洲政治思想史》（中）。这部著作问世后曾多次再版，被北京大学和多所高校指定为政治学和社会学科的教学参考书，在当时学术界有着重要的影响。新中国成立后，该著也由数家出版社多次再版发行，在社会上广为流传。高一涵所著《欧洲政治思想史》，是研究欧洲政治思想史演变的重要著作，为政治学这门学科的建设作出了重要贡献。

目前，尚不确知高一涵何时被聘为北大教授。当时的北大，能够上讲台讲课的教师，分为教授、讲师、教员三级，并没有现在的"副教授"一职，而当时的"助教"似乎也不能直接授课。高一涵 1959 年 12 月撰写的"自传"中说："1918 年入北京大学编译委员会工作，由讲师改任教授。同时，又在北京中国大学和法政专门学校兼任教授。"这段回忆，没有说明"讲师改任教授"的具体时间。1922 年 5 月 13 日发布的《我们的政治主张》，作为"提议人"之一的高一涵是"国立北京大学教员"身份，而徐宝璜、朱经农等皆明确注明是"国立北

① 转引自刘明：《论民国时期的大学教员聘任》：《二十一世纪》网络版第 30 期，2004 年 9 月 30 日。

京大学教授”。当然,这里的“国立北京大学教员”中的“教员”可能是泛指,即有可能包括“讲师”,但肯定不包括教授,否则就没有必要将徐宝璜、朱经农等特别注名“国立北京大学教授”。可见,此时高一涵还不是北大的教授,但也不是职称意义上的“教员”。1924 年 3 月 15 日的《本校教授致校长公函(为教部新颁大学条例事)》,高一涵名列其中①。这是“本校教授”的“公函”,所列名单中的成员,当为是具有教授职称的北大教员。

在北大的八年,是高一涵著述最为集中的时期。高一涵先前留学日本系统地接受了现代政治理论的训练,这为他在现代政治学视野之中研究中国政治制度史创造了条件。1926 年 1 月,北京大学出版发行了高一涵《中国内阁制度的沿革》一书。1926 年 6 月,商务印书馆又出版发行了高一涵的《中国御史制度的沿革》一书,这是高一涵“从历史上和法制上去研究中国的政治制度,作成一个有系统的叙述”。以上两部著作,皆是以政治学理论梳理中国的政治制度史料,阐明中国内阁制度的沿革,不仅反映高一涵对中国古代政治史料的研究能力,亦能体现出高一涵将现代政治学理论与中国传统政治史研究相结合的研究取向。这与胡适以进化论研究中国哲学史,可谓有异曲同工之旨趣。

高一涵在北大期间,还对近代西方政治思想中有影响的学术流派进行专门研究,并形成了比较集中的研究成果。如高一涵在北京大学《社会科学季刊》上发表的《柯尔的国家性质新论》、《福滨社会主义派的方法和理论》、《美国独立时代的普通政治思潮》、《唯物史观的解释》等文章;在《法政学报》上发表的《一百三十年来联邦论的趋势》文章;在中国大学《中大季刊》上发表的《海格尔的政治思想》、《委员制的性质和利弊》等文章;在《东方杂志》发表的《卢梭的民权论和国权论》等文章。高一涵还以极大的热情介绍十月革命和马克思主义,并撰写了较为有影响的研究论文。他在北京政治研究会和北京大学政治科开设的现代政治讲座中,对于苏联的政治制度及马克思主义等问题,多次进行专题讲演,如演讲的《共产主义历史上的变迁》、《苏维埃联合的

① 《北京大学日刊》,1924 年 3 月 17 日。引自《李大钊史事综录》,北京大学出版社 1999 年版,第 253—255 页。

根本组织法》、《福滨社会主义派的方法和理论》①等，得到了广泛的关注和好评。西方政治思想及政治制度研究，也就成为高一涵政治学研究的主要方向。

高一涵在北大不仅从事学术的著述工作，形成了中西兼治的学术研究风格，而且还承担政治学的教学任务，担任了《政治学原理》、《政治思想史》、《现代政治》等课程的教学和指导学生的演习。他还多次应邀在北大学生社团组织的演讲辩论会上，担任指导和评判，并被聘为北大参加华北六大学辩论会的指导教师和评判员②。他在北京法专的辩论会上演讲的《辩论家应该熟读的两种名著》③，也深受学生的欢迎。

赴日研修

高一涵在 1920 年春曾重返日本研修政治学，其活动情形虽与他 1912—1916 年间留学日本有所不同，但这次到日本的进修活动对于他的政治思想的发展和在中国政治学地位的奠定却有重要的影响。

高一涵 1920 年初到达日本的。据高一涵 1920 年 5 月 27 日致胡适的信中说“到东京四个月”④来看，高一涵当是 1920 年 1 月间到达日本的。高一涵 1920 年 6 月 17 日在日本又致胡适信，报告了自己回国的行程安排，信中说：“十八日从此开船，二十二日到天津，天时如早，连夜可赶到北京。”⑤这可推断，高一涵是 6 月 18 日离开日本的。这样算来，高一涵自 1920 年 1 月到达日本，到 6 月 18 日离开日本，在日本停留有近 5 个月的时间。这五个月左右的

---

① 参见《北京大学日刊》，1923 年 11 月 27 日，1924 年 3 月 12 日。

② 参见《北京大学日刊》，1925 年 11 月 6 日，12 月 2 日，1926 年 1 月 6 日，4 月 24 日，12 月 2 日、8 日、15 日。

③ 高一涵：《辩论家应该熟读的两种名著》，《努力周报》第 32 期，1922 年 12 月 10 日；《努力周报》第 33 期，1922 年 12 月 17 日。

④ 《高一涵致胡适》（1920 年 5 月 27 日），《胡适来往书信选》上卷，中华书局 1979 年版，第 95 页。

⑤ 《高一涵致胡适》（1920 年 6 月 17 日），《胡适来往书信选》上卷，中华书局 1979 年版，第 98 页。

时间,高一涵在日本的主要活动有这样几个方面:

一是研习政治学史。高一涵这次到日本是受北大的派遣,专门研究政治学史的。因而,他的主要任务是搜集西方政治学史的资料,编写政治学史的书稿。高一涵 1920 年 5 月 27 日致胡适信中说:"因为得大学图书馆的帮助,才勉强编成一点《政治学史》。现在上古已完,我想从此结束,告一段落,待修改抄写成功,交给大学,也算完结了一件心事。"①高一涵在 1920 年 6 月 1 日致胡适的信中又说:"现在因为《政治学史》修改抄写还要一个月的工夫,我想左右('左'字前,疑缺具体的时间,——引者注)到北京来做完了再说回家的事。"②可见,高一涵这次重返日本主要是研究政治学史,具体的工作是查阅资料、编写《政治学史》的书稿。当时"政治学史"与"政治思想史"的名称尚未有严格的界分,所以这里所说的《政治学史》,有可能即是高一涵后来出版的三卷本的《欧洲政治思想史》③。其理由,一是 1927 年高一涵自己说:"余于民国十年为搜集欧洲政治思想史,复往日本"④;二是高一涵回国后一段时间,即在《努力周报》上连载《欧洲政治思想史》。不管笔者这样的推测是否正确,但至少可以说,高一涵这次到日本研修政治学史,对于他的学术思想的发展以及他在中国学术界尤其是政治学界学术地位的奠定具有重要影响。

二是为北大购置图书。北大派遣学者出国研修,常常请这些学者帮助图书馆购置图书。如陶孟和 1919 年在英国进行学术活动时,也曾为北大购置图书。据陶孟和致胡适的信中说:"顷为大学图书馆购此间政府出版书两种,一为关于社会改造问题,一为关于化学问题。请转告李守常兄为盼。价共六先令三便士(收条附)。"⑤高一涵这次到日本研修,也负有为北大购置图书的任务。据高一涵 1920 年 5 月 27 日致胡适的信中说,已经为北大"置得二百多册

① 《高一涵致胡适》(1920 年 5 月 27 日),《胡适来往书信选》上卷,中华书局 1979 年版,第 95 页。

② 《高一涵致胡适》(1920 年 6 月 1 日),《胡适来往书信选》上卷,中华书局 1979 年版,第 96 页。

③ 高一涵:《欧洲政治思想史》,上海商务印书馆 1925 年版。

④ 高一涵:《李大钊同志传略》,汉口《中央副刊》1927 年 5 月 23 日。高一涵这里说"复往日本",当指 1920 年到日本(因高一涵在 1912—1916 年曾到日本留学);观高一涵活动事略,他在 1921 年并未去日本。则这里所谓"民国十年",当为"民国九年"之误。

⑤ 《陶孟和致胡适》(1919 年),《胡适来往书信选》上卷,中华书局 1979 年版,第 80 页。

书”,因为购买的“书很不好搬运,目下正在想找安置的法子”[①]。又据高一涵1920年6月1日致胡适的信,说:“昨日已将书籍运回北京,惟此地运送局仅能运到天津,由天津到北京,已托天津日租界旭街中日运输会社代送,书籍上写的是你的名字,倘若到时,请你教(叫)严海去取,并请垫从天津到北京的运费。”[②]这说明,高一涵这次在日本研修期间,为北大图书馆购置图书花费了不少精力。

三是照应北大游日学生团。五四运动发生后,中日两国的敌对情绪在不断增长。“五四”后,两国的进步学者努力寻求加强相互了解的途径[③]。于是在1919年下半年,一些北大学者与日本的一些友好学者联系了两国学界的文化交流活动,决定互相派遣青年学生“游历”,以加强中日两国的友好往来,遂有北大游日学生团的派出[④]。北大游日学生团由五人组成(成员:方豪、孟寿椿、康白情、徐彦之、黄日葵),于1920年5月到日本。北大游日学生团持有北大教授陈启修、陈传贤、李大钊共同署名的致日本学者宫崎龙介[⑤]的介绍信

① 《高一涵致胡适》(1920年5月27日),《胡适来往书信选》上卷,中华书局1979年版,第95页。

② 《高一涵致胡适》(1920年6月1日),《胡适来往书信选》上卷,中华书局1979年版,第96页。

③ 日本学者吉野作造和中国学者李大钊是这一倡议的重要代表人物。1919年6月15日,李大钊致吉野作造的信中说:“尊议两国大学的教授学生间应开一交通的道路,甚善甚善。顷商之敝校教授,均极赞成。惟详细办法,须俟蔡校长回校后,始能议定。至时当详函以告。”(《至吉野作造》(1919年6月15日),《李大钊文集》第5卷,人民出版社1999年版,第287页。)看来,“北大学生游日团”赴日,是由北大校领导同意而派出的。又据“北大学生游日团”成员给胡适的信件,当时北大拨发的资助费用为“五个人八百元”(《徐彦之致胡适》(1920年5月9日),《胡适来往书信选》上卷,中华书局1979年版,第91页)。

④ 学术界有人认为,高一涵是这个“代表团”成员,如《李大钊文集》编者说:“1920年5月,由高一涵、黄日葵等组成的代表团赴日访问”(载《李大钊文集》第5卷,人民出版社1999年版,第451页)。这个说法是错误的。高一涵是1920年1月到日本的,而不是“5月”,而且高一涵到日本是研习“政治学史”。当时的“代表团”名称是“北大游日学生团”,高一涵是北大教师,自然不是“学生团”成员。据当时的资料,“游日学生团”只有5名刚毕业的北大学生,都没有将高一涵列为成员。

⑤ 宫崎龙介(1892—1971年),日本熊本县人,1920年毕业于东京帝国大学法学部。在大学读书期间,即参加大正民主运动。1920年起,任《解放》杂志主笔。1926年,与安部矶雄、吉野作造建立劳动协会;12月,参与建立民众社会党,并任中央委员。孙中山逝世后,来华吊丧。1956年孙中山诞辰90周年时在日本成立中山会。新中国建立后,曾多次来华访问,为中日文化交流作出重要贡献。

（此信据笔迹来看，为李大钊所写），信中说："敝校卒业生方豪、孟寿椿、黄日葵、康白清、徐彦之诸君，赴贵国观光，调查贵国诸大学的学制，并与贵国青年文化团体中诸同学相握手，关于文化上的提携交换意见。诸君多是《新潮》、《少年中国》、《国民》诸杂志的关系者，乞介绍于贵国新派学者、社会运动者，乃至各文化团体中的青年有志。不胜切盼！"①游日学生团到日本后，即得到高一涵的帮助。游日学生团成员之一的徐彦之在致胡适的信中说，他们一行五人于1920年"五月五日早七点到东京，即住本乡馆，一切由一涵招待，都很方便"②。徐彦之等在致胡适的信中，不仅说明了他们在日本的活动有高一涵的照应，而且还希望胡适能再寄些款接济他们的活动，说游日学生团的费用"我们回京后，一元一毛都可以报账，应当受接济的可以报账，私人自用的，我们自己弥补，而且一涵也可以给我们担保的。……寄项望速，为省手续起见，最好由正金汇一涵，不然我们还需要找保。"③高一涵是北大派出的教师，又曾经留学于日本，对日本的情形比较熟悉；而康、孟诸人是北大的学生，他们到日本进行交流，自然要请高一涵代为照应。又据高一涵致胡适的信中说："康、孟……诸人到此，把我的住所桌椅都占去了，又兼有许多接洽的事都来找我，整整的要耽误我一个月的工夫。"④看来，高一涵为照料北大游日学生团花费了不少精力。

四是开展学术演讲。高一涵是新文化运动的重要领导者之一，在当时是有名的言论家，又是杰出的政治学研究者。他这次重返日本虽然主要是研究政治学史的，但据现有史料，他这次在日本期间，还进行了一些演讲活动，而且很有社会影响。据高一涵1920年5月20日致胡适的信，他参与了北大游日学生团在日本的演讲活动。信中说："他们（指北大游日学生团，引者注）到处演说，有时也把我拉进去，因此日本报界送我一个'高教授'的头衔。前几天

① 《致宫崎龙介》（1920年4月27日），《李大钊文集》第5卷，人民出版社1999年版，第294页。

② 《徐彦之致胡适》（1920年5月9日），《胡适来往书信选》上卷，中华书局1979年版，第90页。

③ 《徐彦之致胡适》（1920年5月9日），《胡适来往书信选》上卷，中华书局1979年版，第92—93页。

④ 《高一涵致胡适》（1920年5月20日），《胡适来往书信选》上卷，中华书局1979年版，第94页。

在神田日本青年会开中日学生联合会讲演，我们很攻击帝国主义和军国民教育，……今天《朝日新闻》作了一篇很长的社论，说：‘这天所讲的还是稳健主义，至于中国内部学生，早已过激化了，政府还不快快的想出扑灭的方法吗？’”①关于高一涵在神田日本青年会演讲的内容，当时的中国国内报刊也有这样的报道：“首由高一涵君演说‘中日亲善之障碍’，谓中日亲善障碍有三，一为帝国主义，一为狭义的国家主义，一为以中日亲善为手段而图达他种目的的，吾人须竭力排除此三种障碍云。”②高一涵在日本的演讲，由于攻击日本军国主义政策，引起日本警察厅的注意，他的其他演讲也被限制或取消，行动也不甚自由。关于这一点，高一涵 1920 年 5 月 27 日致胡适的信中有这样的提示：“大杉荣等本约我明晚六时在明治会馆演说，谁知刚才接到电话，说‘警察厅看见广告，已勒令中止了’。这也算是一种变相的‘逐客令’。”③1920 年 6 月 17 日，高一涵致胡适的信中又说：“昨晚离东京，承日本政府派四名高等刑事（即中国高等警察）追随，凡在车站送我行的人，都被他侦探姓名去了，并打电话到各站，探听我从什么地方下车，我到神户马上就有刑事来‘欢迎’。在他是神经过敏，在我真受之多愧！”④高一涵这次重返日本研习政治学史的时间虽然不长，但可以想见的是，他在日本所发表的演讲是很有影响的，不然就不会引起日本警察厅如此高度的“重视”。

五是撰写和发表《罗素的社会哲学》的论文。高一涵在日本搜集政治学史资料时，对罗素的学说产生很浓的兴趣，1920 年 2 月 15 日完成了《罗素的社会哲学》一文的写作，并将此文寄给《新青年》杂志发表。此文后有一“附注”，其内容是：“罗素的学说外人批评的很多，我想从东京帝国大学图书馆把这一类批评罗素哲学的杂志书籍一齐借出来参考，做一篇《对于罗素政治社会哲学之批评》，但不知这个交涉办妥不能？”看得出来，高一涵在日本时是打

① 《高一涵致胡适》（1920 年 5 月 20 日），《胡适来往书信选》上卷，中华书局 1979 年版，第 94 页。

② 《北大游日团与日本思想界》，《晨报》1920 年 6 月 15 日。

③ 《高一涵致胡适》（1920 年 5 月 27 日），《胡适来往书信选》上卷，中华书局 1979 年版，第 95—96 页。

④ 《高一涵致胡适》（1920 年 6 月 17 日），《胡适来往书信选》上卷，中华书局 1979 年版，第 97 页。

算对罗素的政治哲学展开进一步的研究的。这篇在日本写成的《罗素的社会哲学》寄回到国内后，由胡适和研究罗素的专家张申府共同审阅，1920 年 4 月 1 日即在《新青年》第 7 卷第 5 号上发表。该文对罗素的“人类行动的动机”思想、罗素的“社会政治目的观”以及罗素“理想的政治社会制度”进行了剖析①，是一篇有相当学术分量的政治哲学论文。虽然高一涵回国以后，未能将罗素研究继续下去，但这篇学术论文在五四时期的哲学史上是有着重要学术地位的，这可以看作是高一涵重返日本的一个重要学术成果。

以上五个方面，大致反映出高一涵 1920 年春到日本研修时的基本情况。

关于高一涵在日本近五个月期间的心理状态，也许不能属于“活动”或“事迹”的范围，但也应该属于“史实”考察的内容；而且，就高一涵这次在日本时的心理进行考察，对于认识高一涵可能不会没有益处。高一涵这次重返日本时在心理方面最为突出而又强烈的，是对日本军国主义的痛恨之情，表现出强烈的反日政治意识。这在上文中所提及的高一涵演讲中，自然不难体会到，故此处不再赘述。除了强烈的反日政治意识外，下面两点在高一涵的心理中也有相当的表露：

一是再次萌生离开北大的念头。1920 年春高一涵在日本研修时，正是北大处境极为艰难的时期，教育经费问题一直难以解决。当高一涵从胡适的来信中得知北京大学“正在筹算减费”时，就打算给胡适写信，说明“斟酌我一个人的进退”的想法。他的想法是，“这几年这种浮游的生活，实在不能算是真正生活”，于是“想不如回家去闭门读几年书，倒是乐事”。正是有这样的念头，高一涵与时在日本的王徵（字文伯，亦为北大派出研修）“均直接写信给蔡先生，婉言辞职了”。高一涵在致胡适的信中，还请胡适能向蔡元培打个招呼，代为陈述自己辞职的原因。高一涵拜托胡适，“倘见蔡先生时，可再累你一下，请你说明我们的意思”②。事实上，高一涵这次要辞职，是第二次了。1919 年，高一涵曾向北大代理校长蒋梦麟提出过辞职的请求。关于 1919 年辞职一事，高一涵 1920 年 5 月 27 日在致胡适的信中是这样说的：“关于自己

---

① 参见高一涵：《罗素的社会哲学》，《新青年》第 7 卷第 5 号，1920 年 4 月 1 日。

② 《高一涵致胡适》（1920 年 5 月 27 日），《胡适来往书信选》上卷，中华书局 1979 年版，第 95 页。

的进退，也曾前思后虑过多少次，去年梦麟先生代理校务时，所以写信辞职，便是这个意思。但因为当时任事已有一年，一点没有成绩，不但无以对大学，亦无以对自己，所以梦麟写信留时，也就勉强担任下去。”[①]按照高一涵自己的陈述，关于自己的“进退”是“前思后虑过多少次”的，而且两年之中就有两次向北大提出辞职的申请，可见高一涵离开北大的想法不是一时的冲动；他第二次提出辞职时，又托胡适向蔡元培作解释，最有力地说明他辞职的念头已经是很强烈了。这里不去讨论高一涵辞职的具体缘由，但很显见的是，高一涵在日本进修期间一直是有辞职念头的。

二是深切怀念故友的悲伤心情。高一涵是一个非常注重感情的人，用现在的说法是“性情中人”，我们读到他后来在1927年为悼念李大钊而写的《李大钊同志传略》，不难有这样的感受。高一涵这次到日本后，对他的朋友许怡荪十分怀念。根据现有的材料，高一涵早年留学日本明治大学时，曾与他的好朋友许怡荪同住一室，1916年7月毕业时又与许怡荪“同行回国”[②]。许怡荪是安徽绩溪人，1913年留学日本明治大学法科，1916年回国。1918年受聘到南京河海工程学校教授国文。1919年3月，患肺炎病而英年早逝。胡适根据许怡荪与自己交往的信件、许怡荪与高一涵交往的信件以及其他材料写了《许怡荪传》，在《新中国》第1卷第4号（1919年8月15日出版）上发表，以表示深切的怀念。高一涵对许怡荪的不幸去世，在内心上也感到十分的惋惜，时常想起这位亡友的一言一行。这次在日本期间，高一涵带着对许怡荪的怀念心情，去看了当时与许怡荪一同居住的地方。1920年6月17日，高一涵在致胡适的信中写道：“今天到神户，住田中旅馆，此地即五年前我同怡荪同住的地方。今天跑进那间房间里去，不觉心中很难过。回头把怡荪的传翻开看看，觉得他的人格还在我的心中。五年前同他在此调停客人与栈主的口角，五年后只得读他的传，怎能叫人不伤心！”[③]这段话，颇能反映高一涵当时的心理感

① 《高一涵致胡适》（1920年5月27日），《胡适来往书信选》上卷，中华书局1979年版，第95页。

② 《胡适文集》（2），北京大学出版社1998年版，第578页。

③ 《高一涵致胡适》（1920年6月17日），《胡适来往书信选》上卷，中华书局1979年版，第97—98页。

受和情感世界的一个面相。

高一涵1920年上半年从日本进修回国后，在学术研究上取得很大的进步。其后，高一涵在北大担任“政治理论”研究方向的指导老师①，讲授《现代政治》课程并担任政治学的导师②，在北京大学《社会科学季刊》发表了《柯尔的国家性质新论》③、《福滨社会主义派的方法》④、《美国独立时代的普通政治思潮》⑤，在《法政学报》发表的《一百三十年来联邦论的趋势》⑥等著名的政治学研究论文，都有很高的学术价值。就专著而言，高一涵著有《欧洲政治思想史》（中华书局1925年版）、《中国内阁制度沿革》（北京大学出版部1926年版）、《政治学纲要》（神州国光社1930年版、1931年版）等政治学专著，在当时是学术著作多产的学者。这些学术成就虽不能都归功于1920年的赴日研修，但至少可以说也是与这次赴日研修有密切关联的。

研习唯物史观

高一涵在五四时期及以后一段时期，主要是在北大工作。这期间，他发表了《俄国新宪法的根本原理》（1919年11月）、《共产主义历史上的变迁》（1921年6月）、《关于资本主义和社会主义的争论的我见》（1921年6月）、《福滨社会主义派的方法和理论》（1924年2月）、《唯物史观的解释》（1924年8月）、《马克斯的唯物史观》（1925年4月）等著作，从学者的眼光来研究和宣传唯物史观，为推进马克思主义在中国的传播作出了重要的贡献。

高一涵宣传马克思主义源自于他对十月革命的关注，他是在宣传十月革命的过程中进而对马克思主义引起兴趣的。他关注世界大势的演进，积极地

① 参见《政治学系教授会布告》，《北京大学日刊》1923年10月9日。

② 参见《政治学系课程指导书》（十三年度至十四年度），《北京大学日刊》1924年7月19日。

③ 载北京大学《社会科学季刊》第1卷第2号，1923年。

④ 载北京大学《社会科学季刊》第2卷第2号，1924年。

⑤ 载北京大学《社会科学季刊》第3卷第1号，1924年。

⑥ 载《法政学报》第3卷第1期，1922年2月28日。

讴歌十月革命，对于当时社会上那种称布尔什唯主义为“过激主义”很不以为然。在他看来，俄国革命是以马克思主义为指导的，根本不是什么“过激主义”。他指出：“俄国共和政府的根本原理，就是在国家社会主义上造成的。这种政府的组织，是拿马克思主义（Marxism）作底稿子。……马克思把人类的历史，看作阶级争斗的影子。先前的历史都是有势力的人、有钱财的人欺压没有势力、没有钱财的人的历史，所以他主张社会革命，想叫穷人出来当权。他在七十几年前，已经发了一个《共产派的宣言》（Communist Manifesto），宣言书中的条件，很可以代表马克思生平的主张。”①高一涵的看法是，马克思所主张的社会主义是科学社会主义，而不是空想社会主义，因而“马克思的社会主义，又可以叫作共产主义（Communism）”。而马克思的共产主义的思想，又集中体现在《共产党宣言》之中。接着，高一涵对于《共产党宣言》作了如下的说明：

> 马克思共产主义的目的，在宣言书中说明的：是把穷人合成一个团体，叫他们取得政权，把中等人家的私有财产权一齐废掉，请劳动的人出来代替资本家。他们实行这种理想的方法，就是把私有的资本一齐收归公有，把中等人的自由经商、中等人的家族、中等人的宗教道德，和国际间的仇恨，一齐废掉。他们达到这种目的的方法，仍然依靠政治行动。宣言书中替穷人要求的条件，共计十种：（一）地租充公；（二）行累进直接税；（三）废去承继家产权；（四）把出国居住的人的财产充公；（五）拿公款来办国家银行，把信用归总起来；（六）把运送的机关收归公有；（七）工厂由国家去设，土地由国家去耕；（八）强迫人人做工；（九）渐渐废去城国的界限，好叫生产的分配平均；（十）拿自由公共的教育教导所有儿童。这就是《共产党宣言》书中的大意。②

高一涵认为，马克思主义的政治主张集中体现在《共产党宣言》之中，并

① 高一涵：《俄国新宪法的根本原理》，《太平洋》第2卷第1号，1919年11月5日。
② 高一涵：《俄国新宪法的根本原理》，《太平洋》第2卷第1号，1919年11月5日。

且成为俄国十月革命的指导思想。十月革命正是依据马克思主义的革命实践活动,其突出的成就是“实行土地产业国有的一件事”,而这件事“七八十年前的马克思已经说过多少遍”,“俄国现在不过拿马克思的学说来实地试验罢了”。这就点明了马克思主义与十月革命之间的关系。

高一涵从学理上研究共产主义的历史变迁,确认马克思主义是科学社会主义,是人类历史上最进步的主张,因而也就是真正的“近世共产主义”。在他看来,“共产主义”就历史上来观察,可以上溯到柏拉图“从伦理的基础上立论的共产主义”,但柏拉图的共产主义与近代共产主义有很大的不同:(1)“柏氏的共产,完全从精神生活上着想,为的是使护国阶级免除物欲之累,专门去过精神的生活”,而近世共产主义则在于为下层劳动人民立言,从物质上精神上解除劳动阶级的痛苦。(2)“柏氏死守希腊人的旧习惯,看不起经济事业,把经济看作消灭智慧勇敢的祸根。近世共产主义家把解决经济问题看作解决政治问题的根本条件,所以想以经济的势力来支配政治的势力;柏氏却想把经济的势力完全放逐在政治范围之外。”(3)“柏氏的共产的范围只限于护国阶级,真正的生产阶级还没有共产的分。近代的共产主义完全替劳动阶级想法子,所以想使劳动阶级出来管理国家社会;柏氏却把劳动阶级放在政治范围以外,使非劳动阶级公同享用劳动阶级的生产。”①高一涵对于近代的新村派也进行研究,梳理了近代的新村派的“共产”主张,指出英国乌托邦派的社会主义家欧文“把环境的势力看得非常重要,以为人性的变化完全是环境造成的。要想变更个人,必先变更环境。因此便想重新创造一个社会,改变人类的环境。”高一涵认为,新村派的主张尽管有其积极的方面,但与马克思主义的科学社会主义还是完全不同的:

这一派的社会主义运动和近代科学的社会主义家的运动最不相同的地方,就是科学的社会主义家想藉政治的势力、国家的权力来达到改造经济组织的目的,新村派却想藉个人的能力或同志的能力来达到改造经济组织的目的;科学的社会主义家想叫醒在现在社会组织之下一般不益利

① 高一涵:《共产主义历史上的变迁》,《新青年》第9卷第2号,1921年6月1日。

的人起来组织有力的政治团体，渐次得到参与政治的地步，来改造全体的社会；新村派却想由少数人自由集合，独立于政治的势力之外，来改善一部分人心；科学的社会主义家想促进旧社会变成为新社会，故先从旧社会下手，新村派却想离开旧社会创造新社会，故先从新社会下手，丢开旧社会不问。这种方法只能认为劳动阶级没有觉悟的时期中间一时“聊以自慰”的方法，并不是改造社会的正规；他们所以不能成功，并不是理想太高，实在是方法不善。①

高一涵在分析了历史上的“共产主义”主张之后，着重说明了科学社会主义的主张及其地位。在高一涵看来，社会主义的发展最终“渐渐造成科学的社会主义”，这就是“从经济的基础上立论的共产主义”。他指出，“科学的社会主义家不是专门描写将来的理想的社会，只注意在实际上的社会改革”，“这一派最重要的人自然要推马克思为第一了”。高一涵对于马克思的主张有这样的分析和说明：

马克思的共产主义是从“经济的必要”一个基础上发端的。他以为私产制度当初还有存在的理由，因为工业未发达，自耕自食，自制自卖，生产货物都是他自己做的，所以得到的财产都应该归他自己私有。后来行工厂制度，用不着自己去做自己去卖，分工的结果，一件东西经过许多手才制造成功，自己制造的东西不知道卖到什么地方去了。所以他说工厂发达以后，所有制造和分配已经成为“社会化”了，生产分配的方法已经变为社会化，所以经济的制度也必然要变成社会化。……从前要用手足的气力来生产，所以要有许多奴隶，因此便有奴隶制度。……到了这种经济生活消灭了，奴隶制度也跟着消灭，那种以奴隶为私有财产的习惯便一律根本铲除了。现在经济生活已经变迁，生产和分配已经成为社会化，那么，土地资本的私有制度，必定和从前的奴隶制一样，一概没有用处，由此

① 高一涵：《共产主义历史上的变迁》，《新青年》第9卷第2号，1921年6月1日。

可以变成土地资本的共有制度。这是马克思所以主张共产主义的原因。①

高一涵通过对马克思学说的叙述，特别强调了两个重要的方面：一是强调马克思的立脚点是在“经济的必要”上，就是说只有“有了某种经济的必要才有某种经济的制度”，而当“某种经济的必要消灭了，跟某种经济的必要而生的经济制度也必然要跟着消灭”；二是强调“全劳动受益权”在马克思主义学说中的地位，认为所谓的“劳动受益权”就是劳动者自己享受自己生产的价值的全部，而要实现这种权利就必要改变财产私有制度，“因为私有财产制度只是保障人家已经得到的财产，不管人家用什么方法得到财产”，“故从劳动受益上着想，不能不推翻私产制度，实行共产制度”。高一涵认为，马克思主义的科学社会主义与过去的一切“共产主义”主张有着巨大的进步，“现在的共产主义家把经济看得很重，所以认定不解决经济的问题，决不能解决政治的问题。从前想用政治的方法来解决经济的问题，以为只要有劳动代表加入政界便可改良经济的生活；现在却想把政治放在劳动者管理之下，使政治问题同经济问题由劳动者自己一同解决。所以从前劳动界只要求参政，现在的劳动者却想直接来管理国家。如果把国家放在劳动者管理之下，如果国家之中没有不劳而得的阶级存在，共产主义就可以完全实现了。”②这里，高一涵强调了科学社会主义解决经济制度问题具有优先性，故而“认定不解决经济的问题，决不能解决政治的问题”；同时也强调了科学社会主义关于政治问题的解决，是“把政治放在劳动者管理之下”，因而也就不是过去劳动界的“参政”要求，而是“直接来管理国家”，亦即“把国家放在劳动者管理之下”。高一涵认为，就共产主义理论而言，所要讨论的不是共产制度本身可行不可行的问题，而是共产制度实行的方法问题。

高一涵在对英国费边社（高一涵译为“福滨社会”）进行研究的过程中，还指出了费边社的主张与马克思主义的根本不同，希望人们不要将费边社的主张误认为马克思主义。他指出：“福滨社会的根本观念是建筑在演进的原理上，不是建筑在革命的理想上，所以这个社会主义的思想的来源，不在马克思，

---

① 高一涵：《共产主义历史上的变迁》，《新青年》第9卷第2号，1921年6月1日。

② 高一涵：《共产主义历史上的变迁》，《新青年》第9卷第2号，1921年6月1日。

只在密尔。他们所开始攻击的不是资本,只是土地私有的制度。换句话说,他们不像马克思攻击资本家偷窃劳动的结果,只像密尔攻击地租,承认地租是不劳而得的东西,地主所得的地租就是把社会所创造的东西窃为私有。”又指出:“福滨社会对于马克思的社会主义几乎全部否认。马克思的思想是建筑在‘阶级战争’的原理之上的,他以为社会主义只是无产阶级的信条,社会主义的战胜就是无产阶级对于有产阶级的战胜。福滨社会却没有这种见解,他们以为社会主义不过是中产阶级的平民政治的观念的扩张。他们并不丢开现在支配社会的原理,他们的目的并不在使无产阶级高居中流社会之上,甚至于把工人仍然放在工钱制度的压制之下,他们只想在社会全体的利益之上组织工业。”①这里,高一涵从比较的视角来分析费边社的主张,一方面说明费边社并不关心“资本”问题的解决,因而也就“不像马克思攻击资本家偷窃劳动的结果”,故而也就不具有革命性;另一方面也说明费边社的理论不是建筑在“阶级战争”的原理上,并不是站在无产阶级利益上立言,甚至“把工人仍然放在工钱制度的压制之下”,因而也就与马克思的“无产阶级的信条”及社会主义最终战胜资本主义的理想完全不同。高一涵通过对费边社的研究,说明了费边社与马克思主义的根本不同,提请人们对于马克思主义的科学社会主义的重要性要引起足够的认识。

高一涵认为,正确地理解马克思的唯物史观,首先必须理解马克思主义学说中的“生产”、“生产力”及“生产关系”这三个概念的涵义及意义。高一涵指出:

> 马氏所谓生产不包括消费、交通、交换、分配及人类生命的生产(人口繁殖)在内,单指那人类生活上所必要的货物的生产而言。所谓“生产力”就是指着生产的可能性而言,纯粹属于技术的观念。所谓“生产关系”乃是指人与人之间的、一定的社会关系而言,即人类为生产生活上所必要的货物,所直接进入的社会关系。人类要想生产生活上所必要的货物,当然不能孤立的生产,一定要合群而作社会的生产,相互结下社会的

① 高一涵:《福滨社会主义派的方法和理论》,《北京大学社会科学季刊》第2卷第2号,1924年2月。

> 关系，才能够生产货物。换句话说，就是社会关系对于经济关系非常的重要，如果没有社会关系，便不能成为社会的生活。社会关系大体上是必然的、一定的，不是一个人的意志所能左右的。例如在封建的经济生活之下，一定脱不掉封建社会的法律和制度的关系；又如在资本主义的经济生活之下，劳动者若不向工厂去出卖苦力，便不能够生活。因此便说"人类在他们生活之社会生产上，必进入的、必然的和独立于他们意志之外的关系"。
>
> 人类为谋社会的生产，相互跳入一定的生产关系，结果(一)造成"社会的经济构造"，然后以这经济的构造为地盘；(二)建筑起来"法律、政治的上层建筑"；(三)更形成那与此相适应的"社会的意识"。因此便又说"物质生活的生产方法可以决定普通(一)社会的、(二)政治的、(三)精神的之生产过程"。①

高一涵在研究唯物史观时，特别注重批判学术界那些人给予唯物史观以"经济决定论"、"宿命论"等等的非难，以求恢复唯物史观的本来面目。在高一涵看来，"马氏的必然论只是表明他自己对于唯物史观的信仰，却不是表明他对于人类理智作用的反对"。高一涵指出："马克思所谓社会组织的进化，并没有一处看轻人为的势力。他说由资本主义的组织变成社会主义的组织，这中间必要的关键就是'阶级战争'。故马氏常常把那改造资本主义的社会和实现社会主义的社会的伟大的事业，放在劳动阶级的双肩之上。社会进化必定要经过那由生产力和社会组织的冲突而酿成的阶级战争，然后才可以实现。识破这种冲突者是人，已既识破这种冲突然后和他相决战者也是人，故人类的努力就是构成冲突现象的一部分。假使没有利害相反的两阶级同时并立，便绝不会生出那维持现状和打破现状的两种社会运动。"又指出："唯物史观固然不曾看轻了人为的势力，可是人为的势力一定要在物质的基础之上，和物质的情形相适合，然后才可以发生效果。换句话说，就是人类的意志必定要和经济构造相适合，然后才可以算作有势力、有功效的意志。照这样看来，经济构造到底是人类意志活动的地盘，不在这个地盘上建设起来的人类意志，到

① 高一涵：《唯物史观的解释》，《北京大学社会科学季刊》第2卷第4号，1924年8月。

底只是幻想,总不能成为事实。"①高一涵的看法是,马克思的唯物史观确认了人的主体性存在,没有看轻人类努力的作用,相反,唯物史观高度重视人类努力的意义,只是把人类的努力置于一定的物质生活基础上,确认人类的努力不能脱离物质的具体情形。正是基于"唯物史观与人为的势力"问题的深刻研究,高一涵把人的能动作用视为唯物史观"最扼要的一点",确认人为努力在唯物史观中的重要位置,指出:"唯物史观家最扼要的一点,就在看清楚了社会环境与人类思想的关系的重要。他们并不是看不起能够代表社会关系的思想,乃是看不起那与社会生活不发生关系的空想;并不是看轻思想的势力,乃是因为重视思想的势力,故把思想引到真正的基础上,使他容易发生影响。"②高一涵的结论是,"马克思的唯物史观对于个人的努力并没有十分轻视","唯物史观并不是一种宿命论"。高一涵关于人的主体性及社会能动性的论述,有力地回击了那种将唯物史观视为"经济决定论"、"宿命论"的论调。

高一涵对于唯物史观的基本内容作了很好的解释,一方面说明生产力决定生产关系,另一方面说明上层建筑对经济基础具有反作用,而社会发展的根本动因在于社会生产力的发展。他指出,依据唯物史观原理,"社会组织虽然不是有机体,但是有些地方可以拿有机体去比喻他。……社会组织也有两个时期。第一期:社会组织和社会的生产力正相调和、正在最宜于发展的时代。第二期:社会的生产力发展到一定的程度以上,社会组织便同社会的生产力失掉调和,从前赞助生产力发展的社会组织,到这时便变成阻碍生产力发展的社会组织了。冲突越过越甚,便发生缓慢的或激烈的革命。"高一涵对于上层建筑一定要适应经济基础发展以及上层建筑对于经济基础的反作用也有很好的认识,他指出:

> 马克思以社会的经济构造为政治、法律和意识的地盘。政治、法律是经济构造的地盘之上建设起来的上层建筑。至于社会的意识,不但也是在经济构造的地盘之上发生的,并且还要和经济构造相适应。社会组织的改造并不是机械的、自动的,社会是有意识的人类集合起来组织的,故

① 高一涵:《唯物史观的解释》,《北京大学社会科学季刊》第2卷第4号,1924年8月。

② 高一涵:《唯物史观的解释》,《北京大学社会科学季刊》第2卷第4号,1924年8月。

社会组织的改造当然也离不开那生活于这社会之中的人类了。社会组织到了第二期,精神方面被压迫的阶级便发生阶级的自觉心,逐渐发生那可以代表这一阶级的新思想。因此他便说"人类识破这种冲突,且和他决战"。意识既已是在经济构造的地盘上发生的,那么"物质的变革"既已起来了,故"观念上的态度"自然也要随地盘的变更而变更了。但是"观念上的态度"是果,"物质的变革"是因。换句话说,就是并不是因为"时代的意识"变迁,然后才有物质的变革,只因为有物质的变革,然后才有"时代的意识"的变迁。知道社会组织和生产力的冲突而出来同他相决战,这固然是人类的意识,可是这种意识却是由"物质生活的矛盾"而起的,却是由"社会的生产力和生产关系间现有之冲突"而生的。故说意识本身必定要由他们来说明。①

高一涵在《唯物史观的解释》一文中,从英文版翻译出马克思的《〈政治经济学批判〉序言》几个片段,并依据日本学者河上肇的《唯物史观研究》(日文)加以校正,用以说明唯物史观的要义之所在。为便于比较,同时也是为了看到高一涵翻译的准确性及对马克思主义经典著作的理解能力,试将高一涵的译文与今版《马克思恩格斯选集》的译文,列表如下:

高一涵的译文②	今版《马克思恩格斯选集》的译文③
人类在他们生活之社会生产上,必进入一定的、必然的和独立于他们意志之外的关系,即进入适应于他们物质生产力的、一定的发达地步之生产关系。这些生产关系的总和,便成为社会的经济构造,便是法律、政治的上层建筑所据以成立的真正地盘,便是发生与他相适应的一定的社会意识的真正基础。物质生活的生产方法可以决定普通社会的、政治的、精神的之生活过程。人类意识不能决定他的生活状态,但是社会的生活状态反可决定他的意识。	人们在自己生活的社会生产中发生一定的、必然的、不以他们的意志为转移的关系,即同他们的物质生产力的一定发展阶段相适合的生产关系。这些生产关系的总和构成社会的经济结构,即有法律的和政治的上层建筑竖立其上并有一定的社会意识形式与之相适应的现实基础。物质生活的生产方式制约着整个社会生活、政治生活和精神生活的过程。不是人们的意识决定人们的存在,相反,是人们的社会存在决定人们的意识。

① 高一涵:《唯物史观的解释》,《北京大学社会科学季刊》第2卷第4号,1924年8月。
② 高一涵:《唯物史观的解释》,《北京大学社会科学季刊》第2卷第4号,1924年8月。
③ 《马克思恩格斯选集》第2卷,人民出版社1995年版,第32—33页。

续表

高一涵的译文	今版《马克思恩格斯选集》的译文
社会之物质的生产力发展到一定程度，便和那从来活动于社会内部的生产关系或单由法律表现出来的财产关系发生冲突。这种关系本来是生产力的发展形式，到此便变成生产力的桎梏。于是社会革命的时代便来到了。巨大的上层建筑的全部便随经济基础的变动，或者缓缓的、或者激剧的变革了。	社会的物质生产力发展到一定阶段，便同它们一直在其中运动的现存生产关系或财产关系（这只是生产关系的法律用语）发生矛盾。于是这些关系便由生产力的发展形式变成生产力的桎梏。那时社会革命的时代就到来了。随着经济基础的变更，全部庞大的上层建筑也或慢或快地发生变革。
当观察这种变革时，不可不把那起于经济生产条件上的物质的变革和那人类识破这种冲突且和他决战的态度——法制上、政治上、宗教上、艺术上或哲学上的态度，简单说起来，观念上的态度——分开。把这样变革时代用这时代的意识来判断，恰同某人以自己的思想为标准来判断他自己一样，不但毫无所得，并且这种意识本身都不得不由物质生活的矛盾而说明，即不得不由社会的生产力和生产关系间现有之冲突而说明。	在考察这些变革时，必须时刻把下面两者区别开来：一种是生产的经济条件方面所发生的物质的、可以用自然科学的精确性指明的变革，一种是人们借以意识到这个冲突并力求把它克服的那些法律的、政治的、宗教的、艺术的或哲学的，简言之，意识形态的形式。我们判断一个人不能以他对自己的看法为根据，同样，我们判断这样一个变革时代也不能以它的意识为根据；相反，这个意识必须从物质生活的矛盾中，从社会生产力和生产关系之间的现存冲突中去解释。
一个社会的组织，一切生产力只要在这个组织之内有发展的余地，便非到了完成发展之后决不会颠覆的。再新的、更高度的生产关系，他的物质的存在条件，如果不在旧社会的胎内孕育好了，也决不会发现出来的。故人类常常只以自己所能够解决的问题为问题，因为问题自身就不是已具备解决他所必要的物质条件，便至少也要能在他生成到一定的时候，才能够发生。	无论哪一个社会形态，在它所能容纳的全部生产力发挥出来以前，是决不会灭亡的；而新的更高的生产关系，在它的物质存在条件在旧社会的胎胞里成熟以前，是决不会出现的。所以人类始终只提出自己能够解决的任务，因为只要仔细考察就可以发现，任务本身，只有在解决它的物质条件已经存在或者至少是在生成过程中的时候，才会产生。
我们可以以亚洲的、古代（希腊、罗马）的、封建的及近代有产阶级的生产方法作为经济社会构成的进步段落。有产者的生产关系是采用社会生产方法之对敌的状态的最后一段落。此处所谓“对敌的”并不是个人对敌的意思，乃是从个人之社会的生活条件而生的对敌的意思。但在有产者的社会之胎内发展起来的生产力，同时就是解决这个对敌所必要的物质条件。故人类社会史的正幕，到这个社会构成方才开始。	大体说来，亚细亚的、古代的、封建的和现代资产阶级的生产方式可以看作是经济的社会形态演进的几个时代。资产阶级的生产关系是社会生产过程的最后一个对抗形式，这里所说的对抗，不是指个人的对抗，而是指从个人的社会生活条件中生长出来的对抗；但是，在资产阶级社会的胎胞里发展的生产力，同时又创造着解决这种对抗的物质条件。因此，人类社会的史前时期就以这种社会形态而告终。

高一涵为了便于人们更具体地理解唯物史观，根据马克思的《〈政治经济学批评〉序言》，对唯物史观进行文本解读及其相关研究，并将马克思主义的唯物史观概括为五个公式：

第一，关于人类社会生活的基础。高一涵认为，马克思既是经济学家，又是科学社会主义者，不仅积极从事改造社会的活动，而且“句句要根据实际方面，一句不肯蹈空”，这就与空想社会主义者划清界限。高一涵叙述了马克思关于社会生活的思想，指出：“他（马克思）以为社会上经济的地盘先有变动，然后一切制度才能变得，物质的生产方法先变动了，然后社会制度方能变动。比如在游牧时代的民族，他们的生产方法全靠畜牧，在这畜牧情形下的物质方面，不过是畜几头牛和几匹羊，不过逐水草而居，而在这种物质情形之下的经济组织，便是公有制。到了农业生产时期，生产方法变了，物质方面也不仅是畜牛畜羊就完事了，必要生产五谷，居住也要建筑房舍，而经济制度也就变成私有制了。因此马氏以为人类社会生活的基础，完全建设在物质生产方法上面的，把物质生产做基础，一切制度都从这基础上面而发生。好比以物质生产方法做地盘，所谓政治、法律的建设和社会的意识，都生长在这地盘之上。……有某种物质生产方法，才有某种政治制度和某种政治、法律发生，才有某种宗教、哲学、艺术、风俗发生。所以人类社会生活，完全是跟着物质走的。物质变，生活一定要跟着变；物质不变，生活单独不会变。物质就是社会生活的基础。”①高一涵认为，马克思关于社会基础是物质的思想，“完全是唯物主义，与唯心主义谓万事万物都跟着自己心理的变迁而变迁完全相反”。这是因为马克思主张唯物论，不认为人类意识能改造社会环境，而是认为社会环境能改变人类意识，生活方式随着物质环境的变化而变化。

第二，关于社会革命的原因。高一涵阐述了马克思的唯物史观中关于社会革命的思想，指出马克思的社会革命论是有条件的，并不是说任何条件下都可以发生社会革命，而只有在旧制度不能适应新的社会生活的情形下才能发生革命。他指出：“何以会发生社会革命呢？马克斯以为社会情形变了，而制度没有变，于是就有革命发生。这里要注意马克斯分的二个时期。他说，第一

① 高一涵：《马克斯的唯物史观》，《京报副刊》第130期，1925年4月26日。

时期是物质情形与制度相合，这时不能发生社会革命；第二时期是物质情形变了，而制度未变，物质与制度便生了冲突，这时才有社会革命发生，革不合现在物质情形的制度，而使之合于现在物质情形。比如农业时代的制度，都是为保护农业生产而设的，一切只适合于农业时代的情形。等到由农业时代进而到工业时代，那用在农业时代适合的制度，便不能用在工业时代也适合，保护农业制度，不能拿来保护工业，于是非另起炉灶铸出新的适合于工业时代的制度不可。这种另起炉灶铸造新的制度的办法，是革命。……但社会制度不会自己变迁，必须要人将旧的推翻，再建设新的。这种推翻旧的建设新的的手段，便是革命的手段。革命的手段，有缓进急进的不同。缓进是用和平手段改进旧制度，急进是用激烈手段推翻旧制度。”①高一涵关于马克思的革命思想的叙述是正确的，清楚地说明了社会革命的物质条件，阐明了社会革命的手段，这是对于唯物史观的科学解释。

第三，关于革命的思想与物质变迁的关系。在当时的中国学术界，有人对于马克思的唯物史观有一种误解，认为马克思既然强调社会革命的重要，并认为社会革命需要人的主观努力，那就是与唯物史观所重视的物质生活条件相矛盾。高一涵则认为，马克思强调社会革命并不与物质变迁的主张相矛盾，这是因为社会的一切政治法律的建设和社会的意识，都是在“物质生产方法”这个“地盘上发生”的，“革命的思想是因为物质生产方法变了，而制度未变，于是有思想的人出来想一种方法，使制度也变得与新的物质生产方法相合，这便是革命思想发生的原因”。这里，社会的“物质情形”仍然是根本的。高一涵指出：“社会革命固要有有意识的人出来提倡，而所以使这班有意识的人出来提倡的原动力，却是因物质生产的方法变动的缘故。物质情形不变，有意识的人也不会觉得制度不合，不觉得制度不合，也不会提倡革命。然则社会革命还是离不了物质关系，这并不与唯物史观有冲突。所以马克斯以为时代的意识是形成社会革命的原因，而物质情形的变革又是形成时代思潮的原因，所以革命的思想与物质的变革脱不了关系。”②高一涵的论述说明，社会革命是唯物

① 高一涵：《马克斯的唯物史观》，《京报副刊》第130期，1925年4月26日。

② 高一涵：《马克斯的唯物史观》，《京报副刊》第130期，1925年4月26日。

史观的要义，革命思想的发生仍然是以一定的物质生活为条件的，只有具有了一定的物质条件，才能使人觉得旧社会制度与当下现实生活之间的冲突，因而马克思的社会革命的思想，与其所主张的物质变迁的思想不是矛盾的。

第四，关于新制度的发生。高一涵依据自己对唯物史观的理解来解读社会的新制度发生问题，认为新制度虽然是通过革命的手段打破旧制度而发生的，但新制度的产生仍然需要一定的物质条件作基础。他指出："新制度也必须在旧的物质情形之下胎孕熟了，然后才能在新的情形之下产生新的制度。所以社会制度不到发生问题的时候，不会有问题发生。换言之，非有物质情形的作用，问题不会发生，某问题虽发生于此时，却早已在某种物质情形之下酝酿了。大资本主义底下的大工厂组织的制度不独为社会主义者所不愿意推翻，而且想利用到社会主义方面来做一种新的制度。可见马克斯并非激烈的革命派，是认社会进化是演进的，与进化派相像。因此，在急进派看马克斯，便有骂他不主张革命的，而在保守派却有骂他是激烈的革命派。其实马氏根本上主张革命，却不和激烈派的革命一样。他是主张新的制度是要从旧的制度里面出来，旧的制度里面有了新的制度，然后你的革命才能成功，否则虽革命也是无用。资本制度虽是社会主义的仇敌，但没有资本制度，社会主义不会发生，社会主义必要从资本主义下产生出来。这种新制度发生的观念，也是不背唯物史观的精神的。"①这里，高一涵基于社会进化与社会革命关系的理解来为马克思主义的革命理论辩护，认为社会革命手段固然是产生新制度的条件，但如果社会没有一定的物质基础，单凭革命手段也是不能产生社会主义的。换言之，马克思主义关于新制度的发生是建立在一定的物质基础上的。应该说，高一涵这里对于唯物史观的理解和诠释是正确的，符合马克思主义的基本精神，尽管有些用语（如"马克斯并非激烈的革命派"等）还不太贴切。

第五，关于演进的社会革命论。在高一涵的认识视阈中，马克思是革命论者，主张通过革命手段推翻资本主义社会而建立社会主义社会，但马克思是讲究条件的革命论者，而不是那种不顾条件的盲目的革命者。因此，马克思所说的革命乃是人类历史演进序列中的符合社会发展规律的革命。高一涵指出：

---

① 高一涵：《马克斯的唯物史观》，《京报副刊》第130期，1925年4月26日。

“马克斯是主张社会革命的,可是他很带有进化论的色彩。资本制度必承封建制度之后出来,社会主义又必从资本制度之后出来。好比升级,须循等级,好比演剧,须一幕一幕的来演。社会主义便是社会制度最后的一幕,便是正幕,到这时候,人民才完全享到幸福,以前不过是些开台。所以马氏看社会是循着阶段一段一段进化的。因此,他虽主张社会革命,却不主张凭空革命,却不和那些理想的社会主义者的革命主张一样。他看社会虽然有变迁,其间却有一点相连续的影子。不跟着这影子革命,是不成功的。不有有产阶级的压迫,无产阶级不会起来反抗,资本制度便不会推翻,社会主义制度便不会建设。本着这自然的因果革命,革命没有不成功的。这也与他的唯物史观精神一致。”①又指出:“从马氏的唯物史观的公式中,可以看出他的社会组织的进化论。马氏虽然主张社会革命,马氏虽然说革命有‘缓缓的’和‘激烈的’两种,可是他的革命既不是使社会组织的连续性一旦中断,又不是拿那从天上掉下来的新社会组织来代替旧社会组织,更不是把从来社会组织一扫而空。马氏的社会组织的进化,乃是由果实而发芽,由发芽而成树、而开花、而结果的一步一步的进化。凡是可以发展的‘新的、更高度的生产关系’——即社会组织——没有不是‘在旧社会的胎内孕育好了’的。由此看来,马氏的社会革命(Revolution)论实在也就是社会演进(Evolution)论。”②高一涵基于唯物史观的分析来解读马克思的社会革命论,强调了社会革命必须依据人类社会发展的可能(条件)和需要,认为马克思的革命论不是那种“凭空革命”论,而是有着社会变革的物质基础的,并且也是体现社会演进中进化与革命关系的统一,这就将马克思主义的革命思想与那种空想家的革命主张清晰地分别开来。

高一涵通过对唯物史观的多层面解读,总结了“马氏的唯物史观的真精神”。他指出:

> 他(马克思)以为一切法律、政治的制度及社会的意识都是立在物质生活方法之上的。他以为社会革命是因为物质情形变了,制度未跟着变,

① 高一涵:《马克斯的唯物史观》,《京报副刊》第130期,1925年4月26日。

② 高一涵:《唯物史观的解释》,《北京大学社会科学季刊》第2卷第4号,1924年8月。

> 旧制度在新的情形之下发生了冲突发生出来的。他以为革命思想无论如何要跟着物质变迁的线索走,不能离开物质情形而会凭空发生革命思想。他以为新制度必要从旧制度中产生出来,如小儿从母亲肚里产生出来一样。他以为现在的社会还没有达到真正有幸福的地位,必等社会主义实现才是真正有幸福的社会,而社会主义又必须从资本制度产生,资本制度是社会主义必经的一个阶段。他以为革命思想的发生虽与物质情形脱不了关系,而人为的势力适足以促成这种革命成功。这些都是唯物史观的根本观念。①

高一涵基于对马克思主义学说的认识,认为中国必须走社会主义道路,而不能再走西方国家的资本主义道路。五四运动以后,以张东荪等为代表的一些人,认为中国的问题在于贫困,解决之道在于"增加富力",使多数人真正过着人的生活,其办法只有发展资本主义,因而中国只能走资本主义的道路。对此,高一涵明确地提出了自己的不同意见。在他看来,中国确实有"增加富力"的必要,"可是'富力'的界说和'增加富力'的方法,却不一定要用提倡资本主义的经济学者的学说";"为中国增加富力打算,我以为第一要打破的就是资本主义家'生产是满足万人欲望'的这句话。生产既不能满足万人的欲望,那么,想用资本主义来医治'从前未过过人的生活'的社会,不知道怎样办得到呢? ……所以我以为中国现在定要增加富力(这是和张东荪见解相同的),但是增加富力,只要得资本,不要得资本家,更不要提倡资本主义。"高一涵的看法是,过去的经济学只"注重生产",以为"生产可以满足一切人的欲望",而现在的经济学还"注重分配",因而社会问题不是单靠生产就能解决的。故而,"我们现在注重生产,同时就应当注重分配,千万不要把欧美的资本主义罪恶史重演一遍"。"换句话说,就是不从资本主义的时代经过也可以达到社会主义的时代"②。高一涵主张中国不能搞资本主义,认为中国的前途只要走社会主义道路,这正是根据唯物史观所得出的正确结论。

---

① 高一涵:《马克斯的唯物史观》,《京报副刊》第130期,1925年4月26日。

② 高一涵:《关于资本主义和社会主义的争论的我见》,《评论之评论》第1卷第3号,1921年6月20日。

高一涵是五四时期著名的政治学家，他是在宣传十月革命的过程中而高度关注马克思主义的，因而一开始就将马克思主义作为改造社会的学说，并坚信中国走社会主义道路。他在研究马克思主义过程中，不仅重视共产主义的历史渊源，确认马克思主义是“科学社会主义”，而且特别重视对唯物史观的研究和宣传，将唯物史观视为马克思主义学说的重要基石，并且结合马克思主义的经典著作进行文本研究，将唯物史观简要地概括为五个公式，为推进唯物史观在中国的传播作出了重要贡献。高一涵是五四时期宣传唯物史观的重要代表，在中国马克思主义学术史上有着重要的地位。

校内外的政治活动

高一涵在北大不仅从事教学和科研活动，而且关注中国政治演进的态势，并积极地参与校内外的政治活动。

（1）校内的政治活动

高一涵在北大的八年，正值军阀混战、中国社会政局大动荡的时期，北大处于一个极为特别的时期。受李大钊等的影响，高一涵积极参与北大校内的政治活动。

1923 年 10 月 1 日，高一涵被聘为北京大学政治科教授①。1925 年 10 月 27 日，高一涵当选为北京大学评议会评议员②，成为北大教授治校决策层的重要一员。在事关北大教师和教学管理的大事上，高一涵都给予了极大的关注和积极的参与。

高一涵参加了北大在 1921 年和 1922 年的索薪斗争。1921 年春，由于连年内战，国库空虚，北洋政府靳云鹏内阁拒付北京国立专门以上八校的教育经费和教职员薪俸，致使北京国立八所高等学校的教学工作无法维持，教职员工的生活亦无以为继。3 月 12 日，北京大学一百多位教职工在北大二院大讲堂

---

① 《公牍事由》，《北京大学日刊》，1923 年 10 月 13 日。

② 《校长布告》，《北京大学日刊》，1925 年 10 月 28 日。

召开临时大会，通过暂停职务（罢教）的决议，以示抗议，并公推“陈世璋、马叙伦、王绍瀛、陶履恭、谭仲逵、顾孟余、王星拱、周象贤、李守常等 11 人组织委员会，执行上述表决案”①。3 月 14 日，北京八所国立专门以上学校教职员又举行联席会议，发表《国立专门以上学校教职员停职宣言》，宣布即日起停止上课，静观政府对教育经费问题、拖欠教职员薪水问题的态度和解决办法，并公推马叙伦为主席。此后，马叙伦、李大钊（马叙伦生病期间，由李大钊代理主席）领导了这场旷日持久的索薪斗争。高一涵积极参与了这场索薪斗争，在 5 月 27 日北大召开的全体教职员会上，他被推选为帮同北大索薪全权代表办理一切的十四人之一②。以李大钊为代表的八校教职员，在广大学生和社会各界的支持下，经过长达四个月的斗争，终于迫使政府妥协，并于 7 月 14 日达成教职员复课复职五条办法，即：政府大员道歉，当事人明令引咎辞职，赔偿受伤教职工医疗费用，以 200 万元证券作为教育准备金，以 25 个月的盐余、每月拨付 8 万元作为正式保证，临时经费按内阁拟定的三条办法按月支付。争取教育经费和索薪斗争以教育界的胜利而暂告结束③。然而，由于北洋政府拖欠经费和薪俸仍不时发生，这场索薪斗争在 1922 年仍在持续。北大为讨还教育经费成立由李大钊、王星拱、王绍沄（即王绍赢）、周象贤组成的“临时委员会”，于 1922 年举行“教职员临时代表团第一次会议”，其议决事项之一是确定了“新代表”人选，规定“新代表”在“每次联席会议须有四人出席”，各人出席之轮次依以下之名次：“何基鸿、沈士远、陈启修、黄右昌、胡适之、马幼渔、胡春林、顾孟馀、程振钧、燕树棠、朱经农、高一涵、周同煌、冯汉叔、陈世璋、沈兼士。”④高一涵被北大“教职员临时代表团”（即“临时委员会”）定为“新代表”，可见高一涵在争取教育经费的斗争中也是极为活跃的。1922 年 5 月 19 日，国立八校教职员联席会代表与八校校长、交通部次长、教育部次长就拖欠八校经费进行对话。对话就发给八校积欠经费达成四项共识，形成会议记录，

---

① 《晨报》1921 年 3 月 13 日，转引自《李大钊史事综录》，第 313 页。

② 《晨报》1921 年 6 月 1 日，转引自《李大钊史事综录》，第 340 页。

③ 《晨报》1921 年 7 月 16 日，转引自《李大钊史事综录》，第 352 页。

④ 《本校教职员临时代表团第一次会议议决事项》（1922 年 4 月 29 日），《北京大学日刊》1922 年 5 月 3 日。

各方签字后，即通知各校，照样刊印告知同人。高一涵与尹炎武、何炳松、张鼎乾、马裕藻、何基鸿作为教职员联席会议代表，在会议记录上签字①。索薪斗争有力地抵制了北洋军阀政府扼杀教育的行径，使教育经费暂时得以维持，成为中国近代教育史上有影响的大事件。高一涵积极参与的争取教育经费和索薪的斗争，是争教育和教职员生存基本权利的斗争。

高一涵在北大还积极捍卫蔡元培先生所创建的"思想自由，兼容并包"的治校理念和相关制度。1924年2月23日，教育部颁布了《国立大学条例》，规定大学校长"由教育总长聘任"，学校设董事会，但其中的董事"由教育部长就部员中指派"。这个条例颁布后，高一涵与李大钊、顾孟余、谭熙鸿、沈尹默、钱玄同、高仁山、王星拱等六十多位大学教授公开表示反对，于3月15日就教育部新颁大学条例事联名致北大校长公函，指出："教育部之所以欲聘任及其所得聘任者……不外于在野之官僚，或有力之政客。此等官僚政客，于学术上既没有任何之专长，其对于校内一切情形，又皆隔不通。"公函还指出，这一条例"蔑视学校及教员之人格，殊为可愤"。并就条例规定设大学董事会制度给予明确的反对意见："就吾国现状言之——尤其是就北京现状言之——同人只见其有弊而无利也。为此，函请校长向教育部严重交涉，根本取消，大学甚幸。"②正是由于北大教职工的坚决反对，抵制了这一条例在北大的实施。这也可见，高一涵在北大对政治活动是积极参与的，属于思想上的激进者。

（2）旅京皖事改进会的活动

作为皖籍知识分子的高一涵，尽管是在北京大学任教，但对家乡安徽省表示高度关注，其参与的旅京皖事改进会为有力的证据。1920年8月，旅京皖事改进会、旅沪皖事改进会两个组织，分别在北京、上海相继成立。旅京皖事改进会以北大皖籍教职员为主，高一涵与程演生、蔡晓舟、杨亮功、李辛白、袁大化等17人是主要成员，其宗旨在驱逐安徽军阀，改进安徽政治、整顿教育。旅沪皖事改进会由陈独秀、孙希文、潘赞化、常恒芳、张鸿鼎、光明甫等15位旅沪皖人发起成立，组织的宗旨是援应旅京皖事改进会提出的政治主张，支持和

① 《北京大学日刊》，1922年5月24日。

② 《北京大学日刊》，1924年3月17日。转引自《李大钊史事综录》，第254—255页。

声援皖省革命运动。京沪两地皖事改进会，是五四时期皖籍知识分子群体在省外最大最具代表性的团体①。

高一涵是旅京皖事改进会的发起人、组织者和核心成员。他特别关心的是家乡安徽教育的改革，力图通过旅京皖事改进会这一平台，为安徽教育的变革发挥重要影响。

安徽省教育厅厅长的人选问题，是高一涵等旅京皖事改进会关注的重点。1920 年直皖战争中皖系战败，在倪嗣冲倒台后，安徽学界发起了教育革新运动，其首要目标就是物色合适的教育厅长人选，其办法是通过与京、沪两地皖事改进会的密切磋商，向教育总长推荐安徽省教育厅长，以争教育改革的一点权力②。但时任教育总长的范源濂，却选择了名不见经传的赵宪曾为安徽教育厅长。为此，高一涵与旅京皖事促进会同人，两次前往教育部与范进行沟通，但均未获接见，不得已以该会公函形式向范直述意见。范接信后与胡适通了电话，解释双方的误会和此次任命的苦衷。胡适因生病，托高一涵在同乡会上代为转达③。赵宪曾终未获得安徽学界和京、沪两地皖事促进会的支持，在抵制下未能赴任。其后，教育部不得不于当年 10 月，改任张继煦就任安徽教育厅长职。高一涵与胡适获悉后，立即联名发电报致陈独秀和安徽省教育会，电文称："教厅改任普通司长张继煦，此人很好，本年国语实施令，他的力最大，当能任皖事。""教育厅改任张继煦，本教部普通教育司长，品学皆好，思想亦新，似能胜皖事。谨闻。胡适、高一涵等。"④两份电报得到安徽各地学界积极响应，达成共识，张继煦得以顺利赴任。张继煦赴任前，高一涵又和王星拱等人于 10 月 21 日到教育部拜会张继煦，就皖省教育改革进行了深入的交流和沟通。高一涵代表旅京皖事改进会向张提出三条意见，即：1. 现任中等以上校长，多由议员兼充，对资格不合格者应即罢免，以专门以上学校毕业者代之。

① 《民国日报》，1920 年 8 月 16 日、20 日。

② 参见《高语罕、刘希平等三人信一通》，载《胡适遗稿及秘藏书信》第 31 册，黄山书社 1994 年版；另见《皖教育界意中之继任者》，载《晨报》1920 年 9 月 17 日。陈独秀、卢仲农、高一涵、任鸿隽、李光炯等，一度呼声很高。

③ 见《胡适之代达范总长函》，载《安徽》旬刊第二期。该刊 1920 年 9 月 20 日出版，现藏安徽省档案馆。

④ 《胡适遗稿及秘藏书信》第 31 册，黄山书社 1994 年版，第 372—373 页。

2. 学校会计须公开，不得由校长包揽。3. 提倡普及教育及社会教育①。从安徽教育厅长人选确定的全过程中，可以看出京、沪两地皖事促进会的作用和高一涵对安徽教育改革的具体设想。

高一涵还通过旅京皖事促进会，联合在京的皖籍学界同人，对安徽军阀迭次干涉教育、克扣教育经费的行为，进行了有力的揭露和抵制。

1921 年 5 月 15 日，安徽督军张文生以过激党罪名逮捕安徽省立第二中学校长王仁峰，又通缉皖省教育界知名人士蔡晓舟等人。为反对安徽军阀罗织罪名、制造党狱，高一涵与胡适、程洪钟、王星拱、李辛白等人联名致电安徽各公团，表达强烈抗议："合肥军队既已擅捕二中校长王仁峰，高、王、洪、周等十人行文通缉。似此藐视约法，摧残教育，蹂躏人权，岂复有血气者所能忍受？务望协助王仁峰君依法提起诉讼，并请转告高、王、李、洪、周等，不畏强御。如果诸公入狱，我等当联合京津沪宁教育界同人，一同返皖，偕三千万皖人与蛮横军人一争公理之胜负。"②这一通电，是对安徽教育界正义力量的声援，在社会上产生了很大的影响。

1921 年 6 月 2 日，安庆各校学生赴省议会请愿，反对削减教育经费而扩充军费，遭到倪道烺、马联甲的镇压，姜高琦、周肇基等五十多名学生受伤，姜、周等不久死亡，酿成"六二"惨案。6 月 16 日，旅京安徽同乡会一千余人开会，声讨马联甲惨杀安徽学生，决议要求北京政府惩办倪道烺、马联甲，并通电全国给予声援③。对于酿成姜高琦血案的军阀倪道烺，高一涵始终坚持依法从严惩处，并二次致函时任司法部长的章士钊，要求依法逮捕倪道烺，追究其法律责任，并不惜为此与章士钊发生讼案。

1923 年 3 月 4 日，为维护姜高琦等学生用鲜血争得的教育经费独立，反对安徽军阀马联甲为补充军费而截留教育专款的行径，高一涵与胡适等十三人联名通电加以声讨。电文称：

---

① 《张继煦与安徽教育之前途》，《晨报》1920 年 10 月 25 日，《民国日报》1920 年 10 月 25 日。

② 吴元康：《胡适史料补阙》，载《民国档案》2006 年第 4 期，第 12 页。

③ 《安徽文化网》安庆历史大事记(11)网址：http://www.ahage.net/anqing/7041_11.html。

计自十一年度开始共七个月，全省教育费实支三十万，仅得全额五分之一，平均一月四万余元，较诸所谓督理公署一机关之月费而犹不及。教育为全省文明新生命所寄托，今夺吾省文明新生命矣！……此百五十三万之教育费，实由惨死学生姜高琦、周肇基及被杀四十余学生之血肉交换而来，今死者之骨未冷，伤者之创未合，还复见夺于仇雠之手。起视卵翼贪婪之政府，方且坐听倒行逆施，不一过问，是以联甲杀伤数十学生犹不足，纵令迫逐全省青年尽罹焚坑巨劫。以联甲率领万千百虎狼坐吸民膏为不足，更牺牲数十年长养之教育根芽投之暴炉。考国际公法，凡占领敌地，公私款项俱可征发，独不得滥及于教育。吾皖非被征服地，联甲非战胜军，乃欲求比被占领敌地而犹不得，此宁非奇耻大痛哉？夫压力愈大者反动愈烈，语曰：铤而走险，急何能择？现值寒假，各学校困于坚壁清野之下，不能启户，我控告无门之教育界势必誓死斗，背城借一，六二惨剧将重演于宣城，而皖省更陷于不堪说想之悲境。惟望海内名流、梓乡贤达同起，仗义执言，促政府速将马联甲褫职，归案讯办，伸国纪，促教育，否则使中国犹有国家有法律，社会犹有公理有正谊，我皖人决不能忍而与此终古也。①

高一涵等的联名通电，在社会上产生很大的反响，军阀盗用教育经费的丑恶面目暴露无遗。

高一涵十分关心家乡的教育事业，他曾接受聘请，担任安徽筹办的江南大学的专家。1924年春，“日本明治大学法学士李应文、徐承义、李觐同等，因皖省无高等学府，特约留学欧美回国诸同志，集资十余万元，赁定安庆城内吴公祠旧址，筹办江南大学”，并派人“赴京沪各处，聘请教育专家，来省襄助一切”，“胡适之、王星拱、高一涵、陶行知、朱经农诸人，均在聘请之列”②。高一涵等积极关心安徽的教育事业，为家乡教育的发展倾注了心血。

---

① 《胡适等驱除害马电》，载《民国日报》1923年3月6日；另见《旅京皖人请罢马联甲》，载《时报》1923年3月7日。

② 《皖省筹办江南大学》，《申报》1924年3月13日。

(3)政治斗争的积极参加者

高一涵在北大从事教育和学术研究工作,但一直关注现实政治的状况,并成为当时社会上政治斗争的积极参加者。

五四运动后,高一涵一直主张从法律上争取国家主权与民众基本权利的统一。1922年6月,第一次直奉战争结束后,直系军阀控制了北京政权,恢复国会宣称要制宪。北京各界人士利用这一时机,要求在宪法上明确规定人民的权利和自由,包括享有集会、结社、言论、出版、游行示威和罢工的自由,并迅速结成联盟。8月15日,高一涵与李石曾、李大钊、张竞生、邓中夏、刘相臣、刘华等北京各界三十余人,发起组织"民权大同盟",进行争取民权的斗争。作为该同盟的一项重大活动,高一涵撰写文章,列举了《治安警察法》对人民集会、结社、言论、出版及示威游行等的无理限制,声明《治安警察法》是违反"约法"的,并坚决要求废止该法。高一涵还积极参与大同盟发起的劳动立法运动,这个运动于1926年"三一八"惨案后被迫停止活动,但为唤起民众争取自己的权利,所产生的影响也是深远的①。争取从宪法上对民权加以明确规定,体现了高一涵一贯坚持的"主权在民"思想。

高一涵参与了国民会议促成会的活动,积极反对军阀的"善后会议"。1925年,第二次直奉战争后,段祺瑞临时执政上台,宣布召开"善后会议",以产生所谓的"国民代表会议"来制定"新宪法",进而组成合法政府。而孙中山提出召开"国民代表会议",取消一切不平等条约,结束军阀统治,组织国民政府,让"民国之命运,由国民之自决"。此时,正值国共合作蜜月期,中共与国民党北京执行部协商,由京沪民众团体发起召开国民议会促成会,与段祺瑞的"善后会议"对抗。为使民众了解国民会议召开的必要,高一涵接受国民会议促成会宣传股的邀请,担任了讲演大会的宣讲人,与汪精卫、李石曾、于右任、李守常、王世杰、周鲠生、杨杏佛、黄昌谷等自1月15日起,至20日止,每日下午二时,在北京大学、师范大学、美术专科等处轮流讲演②。身为国民党中央执委、中共北方区委书记的李大钊,被国民会议促成会聘为国民会议运动委员

① 范体仁:《记五四运动前后北京若干团体》,载《五四运动回忆录》(续),中国社会科学出版社1979年版,第196—197页。

② 张静如等编:《李大钊生平史料编年》,上海人民出版社1984年版,第242页。

会委员长，高一涵则被聘为专门委员①。“善后会议”与“国民会议”的两会之争，实质是军阀势力与革命党对重建国家的权力之争。“善后会议”虽然制定了所谓的新宪法，但由于国民党的有力抵制，段执政不但没有“善后”，反而陷入更大的困境。“国民会议”虽然由于孙中山的去世没有得到预期的成果，但孙中山让“民国之命运，由国民之自决”的呼吁，通过国民会议的宣传而进一步深入人心。

高一涵对于“三一八”惨案予以声讨，揭露段祺瑞执政府的暴行。1926 年 3 月 18 日，北京学生、市民为反对日本军舰炮击大沽、八国公使干涉内政，举行游行请愿。段祺瑞政府卫队开枪镇压，死伤近 200 人，史称“三一八”惨案。“三一八惨案”后，高一涵写下《惨案的前途黑暗》文章，予以声讨。该文指出：“这种暗无天日的惨案，绝不会在文明国家或法治国家之下发生……这次惨案决不是法律所能解决的。现政府一日不倒，起诉便一日无效；杀人犯一日不下政治舞台，在事实上便一日不受法律的制裁。”该文还呼吁：“在惨案发生以后，那就不管党派怎样不同，政见怎样不同，却都要消除私见，和衷共济，一致的主张公道，一致的拥护人道了。”②3 月 20 日，北京政府内阁对“三一八”惨案声明引咎，提出总辞职。就此，高一涵针锋相对地指出：“段政府倒是倒了，可是段政府关于‘三一八’惨案的责任却不能逃出法律的追究。段政府政策上的责任或可因去职而消灭，可是法律上的犯罪却不能因去职而摆脱的。”高一涵希望“人格不曾破产的社会的领袖和革新的志士彻底觉悟，赶快从民众的知识和民众的组织方面下点真实的功夫”③，不要再寄希望于任何军阀。在为“三一八”惨案亡灵举行万人公祭大会，高一涵作挽联，对军阀无视法律、无视民权的反动本质予以揭露：

说什么法律，说什么共和，只看他卖国则生，爱国则死；
谁配称民军，谁配称领袖，尽都是有害争后，有利争先。④

---

① 张静如等编：《李大钊生平史料编年》，上海人民出版社 1984 年版，第 252、254 页。

② 高一涵：《惨案的前途黑暗》，《现代评论》第 3 卷第 69 期，1926 年 4 月 3 日。

③ 高一涵：《政局的前途》，《现代评论》第 3 卷第 71 期，1926 年 4 月 17 日。

④ 郭汾阳：《邵飘萍传》，浙江人民出版社 2006 年版，第 319 页。

综观高一涵参与的社会活动,不难看出他在后五四时期秉持民主政治的理念,维护民众基本的政治权利,积极参加各种政治的活动,致力于推进政治民主化的进程,为反对北洋军阀的专制统治作出了重要的努力。

抨击军阀的专制统治

20 世纪 20 年代初,中国是军阀混战的战场,军阀专制的黑暗统治极大地阻碍着中国民主宪政的进程。高一涵在北大工作期间,对军阀的专制统治深恶痛绝,并进行了无情的揭露和猛烈的抨击,引领了政治舆论前进的方向。

(1)抨击军阀的武力统一政策

高一涵认为"中国实力派这几年的行动,简直可说是水浒传中强盗报仇的行动。只有报私仇的结合和战争,绝没有守正义的结合和战争"①。山东临城劫车案发生后,高一涵发表政治评论,将军阀与土匪连为一体,认为军阀政治与土匪的滋生有不可分割的联系。他指出:"我们从前只知道'匪即是兵,兵即是匪';现在又知道'匪即是官,官即是匪'!"他说:"中国历史上凡贪官污吏横行的时代,也就是土匪横行的时代。那方的贪官污吏多,那方的土匪也必定多。所以要想扫清土匪,必定要先扫清制造土匪的工厂——官厅。所以这次临城案件,责任全在军阀。推翻军阀,土匪便尽化为良民了! 故我以为要剿灭土匪,必先自剿灭军阀做起!"②高一涵认为土匪现象有着军阀政治的根源,并把"推倒军阀"作为解决社会政治问题的前提条件,可谓抓住了问题的实质。

高一涵抨击军阀政治尤其注重揭露军阀的武力统一政策的实质和军阀践踏法律的反民主的本质。高一涵通过对罗文干案件的剖析,对于北京政府的违法行为进行坚决的揭露。罗文干是"好人政府"的重要成员,时任财政总

---

① 涵:《联合倒吴》,《努力周报》第 35 期,1922 年 12 月 31 日。

② 涵:《到底谁是匪?》,《努力周报》第 54 期,1923 年 5 月 27 日。

长。1922年11月19日,因为吴景濂、张伯烈的告发,黎元洪下令逮捕罗文干。高一涵发表《国法何在!》的文章,认为在罗案中,大总统方面、国会方面、警察厅方面都存在违法的问题,他的结论是:"总而言之,我国的法律是为议员们在议席上混时间,为教员们在讲堂的说白话混饭吃的,一放在政府面前,便一个大(钱)不值。同现政府——中国人——讲法律,原是一桩傻事!"①北洋军阀施行的武力统一政策,给广大民众造成深重的灾难。高一涵早在1922年10月就发表文章,批评"中央政府近来仍然袭用段祺瑞武力统一的旧政策,用皇帝的命令,特派李厚基为讨逆军总司令,萨镇冰为讨逆军副司令。只记得调兵派将,及为援闽军筹饷,却把福建人希望和平、希望自治的热心送在千丈冰渊之下。"②随着吴佩孚政治地位的巩固,他的武力统一政策不仅予以公开,而且形成具体的军事计划。1923年3月,吴佩孚在洛阳召开军事会议,公开提出"武力统一"的主张。其计划:一面准备对张作霖作战;一面把势力伸向南方,勾结陈炯明反对孙中山,并指使孙传芳、沈鸿英、杨森等进攻福建、广东、四川、湖南等地。高一涵对于吴佩孚武力统一政策的实施予以坚决的揭露,指出军阀的武力统一政策是一种"殖兵政策",吴佩孚的武力统一政策更为鲜明。他说,吴佩孚"因为河南、湖北的兵队多了,最容易发生'心腹之患',调动出去,打胜了,不得不奉他为上司;打败了,于他自己也丝毫没有损害。所以吴佩孚的统一政策,骨子里只是殖兵政策"③。高一涵对于军阀的武力统一政策的揭露和批判,有助于知识界和广大民众认识北洋军阀反动的政治面目,对于民主政治运动的开展是有积极意义的。

(2)揭露"法统重光"下国会的反动面目

所谓"法统重光",就是恢复法统,亦即恢复民国初年的国会,让黎元洪复任总统。1922年5月15日,吴佩孚指使直系将领孙传芳发出通电,主张恢复法统,请黎元洪复职。19日,曹锟、吴佩孚率直系督军联名发出恢复旧国会的通电,于是24日在天津成立了所谓的"第一届国会继续开会筹备处"。6月1日旧国会议员150多人在天津开会,宣布国会"恢复";同时发表宣言,声称民

---

① 涵:《国法何在》,《努力周报》第30期,1922年11月26日。

② 涵:《如何收拾闽局》,《努力周报》第26期,1922年10月29日。

③ 涵:《骑墙政策与殖兵政策》,《努力周报》第55期,1923年6月3日。

国六年六月的解散国会令为无效,民国七年之新国会为非法国会。6 月 11 日,黎元洪入京代行大总统职权,下令撤销民国六年六月"解散国会令",旧国会得以复活,所谓"法统重光"得以实现。对于旧国会的恢复和旧国会的信誉问题,高一涵据实进行评论。高一涵指出:"我们在几个月前曾有恢复旧国会的主张(见《我们的政治主张》),照现在的情形看起来,不啻在我们信任旧国会的热心上,拨了一盆冷水!参议院开了一个月的常会,不但没有议决一件案子,连院内的一个议长都选不出。……现在议会中有打破书记的头的,有拍桌叫骂的,有抬棺材到院里来拼命的,但是舆论界却装作不闻见的。我不知道还是全国人民宽恕这些议员呀,或是这些议员已经为全国人民所不齿呢?"高一涵还说:"国民国民,国会既不能解决我们的问题,我们何不起来来解决国会的问题!"①高一涵由对旧国会议员的批评,更进而对 1922 年以来的宪政内阁进行了评价,指出:"欧洲各国宪政上的好例,大半是有名的政治家'以身作则'提倡起来的。民国十一年以来,从没有一个内阁总理是有名的政治学者,所以内阁制度虽然行了十一年之久,却没有一个人在宪政史上留下一个好成绩。"②1922 年的《晨报》有一段批评国会的言论:"神圣尊严之国会而行使法赋之职权,尚须仰承军阀鼻息,不独可耻,抑亦可怜!"高一涵由此借题发挥,对国会的行径进行讽刺:"这几句话对于别人说还可以,对于议员先生们说实在是不伦不类。他们如果知道国会神圣,那会去到处乞怜;如果不仰仗军阀鼻息,那里还有岁费拿;如果还有羞耻心,那会跑到光园去磕头!"③国会本是西方民主政治的象征,但在当时的中国却成为军阀政府争相利用的玩物。高一涵对国会依附军阀政府的揭露,不仅使知识界看到了北洋军阀虚伪的政治面目,而且有助于人们寻求政治变革的新途径。

高一涵是五四时期著名的政治学学者,同时又是关注中国现实政治的思想家、政论家。他对北洋军阀政府政治黑暗的揭露和抨击,对军阀利用国会的独裁体制本质的痛斥,以及他与军阀相对立的鲜明政治立场,充分说明他追寻民主政治、反对军阀专制的决心及其政治思想的进步性。

---

① 高一涵:《议员先生们》,《努力周报》第 28 期,1922 年 11 月 12 日。

② 高一涵:《议员先生们》,《努力周报》第 28 期,1922 年 11 月 12 日。

③ 高一涵:《议员先生们》,《努力周报》第 28 期,1922 年 11 月 12 日。

(3)抨击曹锟和“曹锟宪法”

高一涵寄希望中国政治的根本变革,从他对曹锟和“曹锟宪法”的猛烈抨击中反映出来。曹锟于1923年6月发动倒阁驱黎政变后,不满直系的国会议员180多人纷纷离京,有的去天津,有的南下广州。此时,高一涵发表文章指出:“国民想解决时局的纠纷,应该一致的宣告自六月十五日——一百八十议员离京之日——起,所有北京残留的一部分受吴景濂支配的议员,假藉国会机关所做的事一律无效。”①这就是说,要停止北京国会的职权,使“吴景濂包办总统的决心和阴谋”不能得逞。对于曹锟发动的驱黎政变,高一涵说:“这一次政变,在我个人只认是退步的政变,不是进步的政变。所以政变的结果,只有把政治上所有的罪恶,尽量的表现出来;绝对不能现出一线光明之路。”②关于黎元洪被曹锟逼走一事,高一涵评论道:“按照责任内阁的原理,凡内阁的行为总统如果要拒绝盖印,或是总统的行为阁员如果要拒绝副署,结果只有走阁员总辞职的一条道路。……黎元洪如果肯容纳阁员的意见,只有挽留的一个办法;如果不肯容纳阁员的意见,也只有重新组织内阁的一个办法。我们就找遍世界各国的政例,固然看见:总统与阁员冲突的结果,有阁员下野的;从来没有看见过,总统下野而让阁员连任下去的。黎元洪这一走,真可算为中国政局上——世界政局上——开了一个无奇不有的创例!”③高一涵还揭露了曹锟要做总统的政治野心,他著文指出:“自天津派逼走黎元洪,激动议员不合作之后,为和缓人心计,当然不能不教曹锟通电表示他不愿做总统。可是曹锟的电报果然出来了,据这个电报的语气,不但没有表示不愿做总统的话,反而表示只有他才能做总统,或做总统是他的‘夙抱’或‘素志’。……他的‘夙抱’或‘素志’既然如此,那么,只有他可以‘负行政之责’,‘能除去事势上一切之困难’了。试问负这种执行宪法之责的,不是大总统是什么呢?”④高一涵对曹锟政治野心的揭露,不久即为曹锟贿选总统的事实所证明。当时,国会因留京议员不足法定人数而无法开会,而曹锟又要利用国会“选举”他为总统,于是

① 涵:《想解决时局应该先停止北京国会的职权》,《努力周报》第59期,1923年7月1日。
② 涵:《答KC君》,《努力周报》第63期,1923年7月29日。
③ 涵:《黎元洪为什么逃走?》,《努力周报》第57期,1923年6月17日。
④ 涵:《曹锟通电表示要做总统》,《努力周报》第63期,1923年7月29日。

便采用高价收买议员的办法进行了总统贿选，并由这些“猪仔”议员于10月10日赶制和公布了《中华民国宪法》（即被时人称为的“曹锟宪法”或“贿选宪法”）。根据时局的这一变动，高一涵发表了《不值批评的批评》文章，抨击曹锟宪法是“号称采取联邦主义的宪法，号称拥护省宪的宪法，并‘省宪法’的名称都不用，而且连省制和县制都规定了”；中华民国的宪法居然出自“辛亥年扑灭滦州共和革命军，及讨伐西南护国军总司令曹锟”，“总计十三章一百四十一条的国家根本大法，竟在总共不出两点半钟以内的三读会中，把全文完全通过！”高一涵指出：“约法虽不完毕，还可以代表革命政府的主张，袁世凯破坏他，还有人出来保障；这次宪法将来到底看有何人出来替他保障！”①高一涵对猪仔议员也进行抨击，他说：“我国的宪法会议诸公如果拿镜子自己照照，能不自惭形秽吗！用狗粪做菩萨，还强令人低头崇拜，能不为神圣尊严宪法悲吗！”②高一涵对曹锟和曹锟宪法的抨击，表明了他与北洋军阀相对立的政治立场。

从高一涵对北洋军阀的抨击来看，他看清了北洋军阀的反动本质。他认为，军阀控制下的政权是推行民主政治的障碍，北洋军阀的政治不可能有根本的变化；并提醒人们注意，与北洋军阀谈“裁兵废督”简直就是“与虎谋皮”。他说：“我以为我们国民要求政府裁兵废督，可说是走错了门路。总统是军阀拥戴出来的；内阁是依附军阀苟延残喘的；议员虽然不尽是军阀的‘走狗’，但是恐怕很有许多是军阀的‘走人’！凡政界中人，真正没有‘领家’，纯是‘自家身体’的，恐怕很少！我们请他们出来帮我们裁兵废督，真可叫作‘与虎谋皮’了！”③对于直系军阀表示与南方和平的姿态，高一涵又著文进行评析，揭露直系军阀玩弄和平的幌子。在逼走黎元洪的1923年7月2日，曹锟居然致电孙中山，表示同意孙中山的“促开南北和平会议”、实行“兵工政策”的主张，声称要“召集南北和平会议，聚全国名流于一堂，共商国是。将一切政治问题，讨论解决，俾国会得以从容言法，树国家万年不拔之基”。针对曹锟的政治欺骗，高一涵著文指出：“直系要想表示他的谋和的决心，至少要履行下列的几

① 涵：《不值批评的批评》，《努力周报》第74期，1923年10月14日。

② 涵：《宪法与制宪者》，《努力周报》第74期，1923年10月14日。

③ 涵：《这一周》，《努力周报》第24期，1922年10月15日。

个条件:(一)罢免吴佩孚的官职,以为主张武力统一者戒。(二)撤回扰乱广东、福建、四川各省秩序的军队。(三)曹锟自请解去兵权,并宣誓不作下届总统。(四)请黎元洪回京复职,暂维持中央政府的秩序。(五)请离京议员回京,专门从事制宪。(六)待新宪法公布后,再行选举正式大总统,组织新政府。"①高一涵也清楚,曹锟不会答应这些条件的。高一涵提出这些条件的用意,在于要让舆论界认识曹锟假和平的面目,让人们抛弃对直系军阀的任何幻想。在驱黎政变发生后,高一涵明确申明自己的态度:"这一次摄政的政府,只是曹家的政府,全副精力都注重在大选一个问题上边,怎能说得上'为社会全体谋充分的幸福'呢? 至于'个人的自由'和'个性的发展',他们更不知道是怎么一回事。我们如果对于北京政府建什么议,那岂不是一个傻子吗?"②这可以说是高一涵对《我们的政治主张》的深刻反省。

高一涵对中国政治的发展并不取消极观望的态度,而是积极寻求政治变革的新途径。他说:"我们读到蔡元培先生辞职书中'痛心于政治清明之无望'这一句,只要我们不取消极的态度,立刻就要联想起来'只有革命'这四个字。"③高一涵所说的"只有革命",虽然不能理解为"暴力革命"的手段,但推翻军阀统治、实行社会制度的根本变革,应该说是其中的核心内容。在黎元洪被曹锟逼走的情况下,高一涵曾向社会发出"一个紧急动议",提出停止北京政府的职权,通过组织"统一委员会"的办法来组织新的中央政府。高一涵所说的"统一委员会",是"由各省选出全权委员一人组织之",其最大的职权是"议定全国兵额"、"监督全国裁兵"、"统筹裁兵费用"。高一涵之所以主张组织"统一委员会",就在于在他看来,现行的北京政府在"最近的时期内选举总统是惹祸的跟由","就是不惹起别的祸乱,至少也要为南北统一的一大障碍"。因此,高一涵提出这样的主张:"现在要想南北统一,非毁去旧政府,重新创造新政府不可。要想重新创造政府,最好趁着这个无政府的时期,把这号令不出府院门外的中央政府暂行停止了,组织一个'统一委员会',专门办理南北统一的事项。一方面把统一的手续办好,一方面由国会赶快制成宪法。

① 涵:《开南北和平会议的条件》,《努力周报》第60期,1923年7月8日。
② 涵:《答KC君》,《努力周报》第63期,1923年7月29日。
③ 涵:《国民应该起来制裁这制造革命的国会!》,《努力周报》第39期,1923年1月28日。

待新宪法公布和南北统一后，再行选举新总统，重新组织新政府。”①高一涵提出的组织“统一委员会”的“紧急动议”，在军阀统治下固然是不可能产生根本效果的，但对于唤醒人们的民主意识，导引人们参与政治变革的实际，应该说还是有积极意义的。

（4）对段祺瑞政府的猛烈批判

北京政变之后，段祺瑞重掌北京政府的大权，军阀的斗争尤其是争夺中央领导权的斗争进入一个新的阶段。在此情形下，高一涵围绕段祺瑞执政府问题发表了一系列的政治评论，对段祺瑞执政府所采取的现行政策及其所召开的“善后会议”进行猛烈的批判，揭露了段祺瑞执政府代表军阀政治的反动本质，在唤起人民的政治觉悟方面起了积极的作用。

高一涵对冯玉祥发动北京政变后的北方的政治形势极为关注，认为北京政变后预示着“军阀末运”的总趋势。在他看来，以段祺瑞为首的执政府在本质上仍然是代表军阀利益的，并不能真正“与民更始”。这里，“与民更始”是段政府欺骗民众的谎言，段祺瑞于 1924 年 11 月 24 日宣布就任“临时执政”时，曾以“临时执政”的名义公布了《中华民国临时政府制》，其中就有“此次组织中华民国临时政府，系为革新政制，与民更始”这样的言辞②。高一涵在北京政变之后看到，自冯玉祥通电辞职希望此后“务使军不成阀，阀不代阀，一可斩循环报复之根，二可去民治推行之障”之后，中国政治发生了一个重要的现象，即各地军阀先后都有“下野”的通电，如吴佩孚有“罢兵求学”的通电，杜锡珪有“避位让贤赴沪养痾”的通电，孙岳有“另简贤能，俾岳稍释仔肩”的通电。在此情形下，高一涵向执政府提出这样的问题：“中央果有彻底改革的决心，应该趁着这个时机，把所有军职一律撤废。凡巡阅使、督军、督理、镇守使、护军使……等名称一概取消，使军人专门治军，最高军官只到师长为止；各省民政概归文官执掌，不得中央或省长的命令，军队不得擅自调动。军阀既去，裁兵便容易进行，不知号称‘与民更始’的执政府，是否有此决心？”③高一涵

① 涵：《一个紧急动议——组织统一委员会》，《努力周报》第 57 期，1923 年 6 月 17 日。

② 《临时执政公布〈中华民国临时政府制〉》，《北洋政府公报》第 3115 号，1924 年 11 月 25 日。

③ 涵：《军阀末运》，《现代评论》第 1 卷第 1 期，1924 年 12 月 13 日。

通过对军阀言论的评议，提示出各地军阀“下野”通电的欺骗性，揭露了段祺瑞执政府“与民更始”的虚伪性。

高一涵还揭露段政府“废督”主张的虚假面目，认为这是段政府“愚弄人民的办法”。段政府以“与民更始”为号召，一面颁布一系列所谓的“废督令”，一面却又设立许多新的军职。如段政府在宣布裁撤东三省巡阅使之时，又任命张作霖“指挥节制”东三省“一切军事”。“废巡阅使令”后，段政府又有“废督理令”、“废督军令”等接踵而来。在高一涵看来，段政府的“废巡阅使”令只是“换汤不换药的办法”，并且“做得太笨”；而“这一回废‘督理’和废‘督军’的各种命令更是笨上加笨”。高一涵质问道：“请问执政府，‘督军’、‘督理’、‘督办’，到底有什么差别？请问执政府，在江苏一省之中，为什么一面裁撤‘龙华护军使’，一面又任命‘海州护军使’、‘淮扬护军使’？请问执政府，为什么在什么‘军务帮办’、‘宣抚使’、‘护军使’、‘镇守使’、‘长江上游副司令’……等等数不胜数的军职之外，又新为张宗昌设下一个‘苏皖鲁剿匪总司令’？请问执政府，像这样花样翻新的废督办法，是不是敷衍军阀，愚弄人民！”①根据对执政府于 1924 年 11 月成立到 1925 年 1 月间的政策的分析，高一涵给执政府的“成绩”下了这样的结论：“执政府自成立到现在，所有的成绩总计不出两点：（一）为军阀报私仇，（二）以军阀制军阀。至于执政府自身只不过在这种敷衍军阀、愚弄人民的办法之下，多为安福部党员暂时抢夺几个芋酒局、権运局、关监督……等等位置罢了！这就叫做‘与民更始’的政府！”②高一涵对“废督”主张的分析，可谓入木三分。

高一涵对处理贿选总统曹锟和贿选议员问题予以十分的关注，认为不得以其政治态度而免除法律上的责任。北京政变后，处理曹锟贿选总统问题成为当时人们关心的一个政治问题，也是舆论上讨论的焦点。高一涵认为，曹锟贿选总统的行为自然应该受到法律的制裁，这是有法律依据的。因为，“刑律上关于‘妨害选举罪’的规定，本来不曾以受贿者为限；凡受贿者、施贿者、介绍者，都一律有罪。故现在不但要检举贿选的议员，并且应该检举施贿的曹

① 涵：《愚弄人民的废督令》，《现代评论》第 1 卷第 7 期，1925 年 1 月 24 日。

② 涵：《愚弄人民的废督令》，《现代评论》第 1 卷第 7 期，1925 年 1 月 24 日。

锟”,因而曹锟作为施贿者必然要追究其责任并使其受到法律的制裁。可是,执政府虽然也认为曹锟在总统选举上犯有罪行,但却将曹锟交给内、陆两部监管,企图通过实施所谓的行政裁判而免除其刑法上的责任。高一涵对此质问道:“执政府既已认清曹锟是施贿的人,应该把他交由检察厅看管,为什么偏要明令交由内陆两部监视?曹锟并不是现役军人,而且所犯的又是普通的刑事罪,凡犯普通的刑事罪者,无论是官吏是人民,一律交由普通司法机关裁判,才可以证明在法律之下一切平等。”①至于对贿选的议员的处理,高一涵主张依据“妨害选举罪”的规定进行制裁,并不得以议员此后的政治态度有所变化而予以免除。当时身为执政府司法总长的章士钊,受执政府之命负责查办贿选议员,虽然宣称将贿选议员分为最要、次要、重要者而予以追究,但章士钊在实际的查办过程中,却有意为贿选议员开脱罪责,声称贿选议员可因事后态度的转变而免除法律上的追究责任。章士钊说:“倘贿选同人,具其觉悟,与执政府成立之日,……毅然舍去国会之旧巢,自行检举,别寻政治生命,本其国民固有之资格,与反曹诸派共同活动于根本改造之中,鄙人敢决定此种贿选公案可以不起。”章士钊熟悉现代政治的运作原理,但在处理贿选议员问题上却漠视法律的尊严和法制原理,主张以当事人的事后政治态度而不是其当时具体行事,来决定其是否受到法律的制裁。这是明显有悖于法律常识的言论,自然引起社会舆论的严重不满。高一涵对章士钊的荒谬言论予以猛烈抨击,揭露了章士钊维护执政府政治统治的实质。高一涵指出:“从他这几句话上看来,似乎是因政治上主张不同,因而翻出贿选的旧案,去检举他们;假使他们能掉过头去,赞成执政府,便可无罪了。假如一个杀人放火的强盗,一旦毅然放下屠刀,本其国民固有之资格,别寻生命,在法律上是否可以因此不根究他从前杀人放火的罪案?章先生假如说‘可以’,试问这是根据中国的法律,或世界上各国的法律那一条?今请问章先生,贿选本身可否构成犯罪?如果不能构成犯罪,为什么可用政治上主张不同而去检举他?如果可以构成犯罪,为什么又可由政治上主张相同而免罪?我们想到这一点,不能不联想到章先生一句

① 涵:《贿选问题》,《现代评论》第1卷第1期,1924年12月13日。

格言：‘必也不好同恶异，而后可生法治之精神！’”①高一涵主张对贿选问题进行法律上的解决，认为不因政权的更迭而免除曹锟等的法律责任，其目的是维护民国所确定的民主政治的传统，这在当时对于维护共和制度还是有积极意义的。

高一涵对段政府成立后的“国会问题”讨论也发表重要言论，不承认现行国会的合法性。国会本是民主共和的象征，尽管也有不少议员为维护民主共和制度而不懈努力，但国会在民国以后却经常成为政客玩弄权术的工具，尤以贿选总统的丑闻而使国会的声誉一落千丈。执政府成立后，一方面宣布废除民国元年根据《临时约法》而开创的国会制度，另一方面又想借用旧有的国会来维护自己的“正统”地位。高一涵就此指出：“《约法》既然失效，那么，根据《约法》而产生的国会，除掉由临时执政府另行颁布法令承认他有效之外，也早就应该消灭了。国会的机关既已消灭，那么，议员的资格也应该随同消灭。……故自临时执政政府成立之日起，国会的机关已经消灭。在执政政府之下，既无所谓‘国会’，更无所谓‘议员’。无论‘贿选’分子，‘守正’分子，一概都消灭议员的资格，故‘非常国会’云云，简直是不法的行为。”②自然，高一涵在这里不是在根本上反对在中国采行国会制度，他就申明过自己不能附和章士钊的“代议制只适宜于工业国，不适用农业国”的主张。高一涵是看到当时的国会不能代表民意，因而主张不要这种不代表民意的国会。如他说，中国的国会“不但在时间上已经失去代表的本意，就是在实际上也离开代表的意义万里。他们只是权门的‘食客’，只是势力的‘寄生虫’。不但不能代表人民，并且还要代表军阀来陷害人民。故严格的顾名思义的说起来，中国人民久已无代表，非代表就是非议员。以非议员来盘踞国会机关，更是不法的行为”③。高一涵批评当时的国会，不承认国会的合法性，其目的是对执政府统治下政权合法性的否认。

高一涵在“善后会议”召开之前，就对先行公布的《善后会议条例》予以猛

① 涵：《贿选问题》，《现代评论》第1卷第1期，1924年12月13日。

② 高一涵：《国会问题》，《现代评论》第1卷第2期，1924年12月20日。

③ 高一涵：《国会问题》，《现代评论》第1卷第2期，1924年12月20日。

烈的抨击。段祺瑞担任“临时执政”后,以“解决时局纠纷,筹议建设方案”为由而筹备所谓的“善后会议”,并于 1924 年 12 月 24 日公布了《善后会议条例》。《条例》中关于“善后会议”的会员资格有这样规定:“本会议以下列各员组织之:一、有大勋劳于国家者;二、此次讨伐贿选、制止内乱之各军最高首领;三、各省区及蒙、藏、青海军民长官;四、有特殊之资望、学术、经验,由临时执政聘请或派充者,但不得愈三十人。”①于是,高一涵发表《善后会议条例的疑点》一文对这四项“条件”进行批驳,认为“善后会议”是段祺瑞为首的执政府包办的会议,是“变相的军阀会议”。高一涵指出:“顷据起草人员及各阁员的意见:第一项资格仅有孙文、黎元洪二人;第二项资格仅有张作霖、卢永祥、冯玉祥、胡景翼、孙岳等五六人;第三项资格大约至多不过五十人。加以临时执政聘请或派充者三十人总计,约九十人上下。在此九十人的团体之中,临时执政所派请的人有三十人之多;再加以第七条‘本会议以会员全体三分之二以上之列席开会,列席员过半数之同意议决’的规定,那么,有六十一个人列席即可开会,列席员有三十一个人同意即为议决。这种善后会议岂不是由临时执政包办吗?就是会员人人决不缺席,亦不能抵制,因为在九十人的团体之中,有三十人以上的政府党,此外都是零零碎碎的会员,无论如何,总不能与政府争胜。”②高一涵还认为,这《条例》中的第四项“有特殊之资望学术经验”一语也“太过于模糊”,而像徐树铮、曹汝霖、陆宗舆、郑孝胥等一般人,在段执政的心目中何尝不是“有特殊之资望学术经验”呢?他如蔡元培等一些人,在段执政眼中绝不会认为“有资望,有学术,或有经验的人”。高一涵就此质问道:“请问这第四项资格,到底有什么标准?依我想来,既然没有标准可定,结果只有一个干净绝妙的办法,就是以安福部党员为限!”③在高一涵看来,从《善后会议条例》所规定的出席者资格中,就可以看出“善后会议”的“军阀会议”的性质,他指出:“这个善后会议除第一项和第四项资格之外,如第二项为‘各军最高首领’,第三项为‘各省军民长官’,具这两项资格的人员,十分之九都

---

① 《善后会议条例》,载彭明主编《中国现代史资料选辑》第 2 册(1924—1927),中国人民大学出版社 1988 年版,第 128 页。

② 涵:《〈善后会议条例〉的疑点》,《现代评论》第 1 卷第 3 期,1924 年 12 月 27 日。

③ 涵:《〈善后会议条例〉的疑点》,《现代评论》第 1 卷第 3 期,1924 年 12 月 27 日。

是残害人民或压迫人民的军阀。这一派人员既占善后会议议员十分之八九，那么，这个善后会议简直就可算是变相的军阀会议。”①高一涵通过对《善后会议条例》的批驳，揭露了段政府利用“善后会议”来维护军阀利益、行使专制之实的反动面目。

高一涵对执政府所拟定的《国民会议条例草案》也进行政治上的批判，认为这是执政府愚弄人民的重要手法。段政府为了使“善后会议”能够产生出所谓的国民代表会议，便令法制院先行起草了《国民会议条例草案》，以便能在“善后会议”上通过。高一涵著文认为，这个《草案》体现了执政府“太上国民”思想，而按照这个《条例》所规定的选举议员，实质上是使议员成为“太上国民”。因为《条例》规定一般选举每道区选出 2 人，而根据民国元年《众议院议员选举法》全国人口的假定，约三百五十六十万人口选出议员 1 名，特别选举大学区满 5000 人以上选出议员 1 名，实业区满一万人以上选出议员 1 名，铁路区满 5000 工人以上选出议员 1 名。高一涵据此质问道：“若拿这个标准来比较，一个宪法起草委员及三个‘拒贿议员’要抵三百五十六万选民，要抵五千个毕业及肄业的学生，要抵一万个实业工人，要抵五千个铁路工人。这岂不是‘太上国民’吗?”在高一涵看来，不仅按照这个《条例草案》选出的议员是“太上国民”，而且按照这个《条例草案》所形成的“国民会议”，执政府更是处于“太上国民”的地位。因为，按照常理，国民会议是最高的权力机关，可是“现在执政府居然限制国民会议专以制宪为职权，行政既不要他监督，甚至宪法也不让他起草，这个执政府岂不是以‘国民太上’自居吗?”②高一涵对《国民会议条例草案》的批判，揭示出由“善后会议”而即将产生的所谓的“国民代表会议”并不是最高的权力机关，而只是段政府欺骗人民的御用工具，这对于人们认识善后会议的本质、认清即将产生的“国民代表会议”的虚伪性是有意义的。

高一涵对“善后会议”盗行民意、违背孙中山政治主张的反动面目予以坚决的揭露。段祺瑞召开善后会议，在于使其执政府合法化，抵制全国正在蓬勃

① 高一涵：《善后会议议员的出席问题》，《现代评论》第 1 卷第 5 期，1925 年 1 月 10 日。

② 涵：《太上国民与国民太上》，《现代评论》第 1 卷第 11 期，1925 年 2 月 21 日。

开展的国民会议运动,其办法是由“善后会议”产生国民代表会议,制定宪法,建立新法统,组织新政府。1925 年 2 月 1 日善后会议在北京召开,与会者为军阀、官僚和附属于段政府的知识分子,段祺瑞在开会时进行了演说。高一涵在“善后会议”开幕后迅即发表言论,认为“善后会议”是秉承军阀的意旨而“奉谕开会”的,“段祺瑞的祝词好像是一篇‘春酒颂’”,严重违背了孙中山关于召开国民会议的主张。高一涵指出,“善后会议”盗行民意,“尤其荒谬的,就是号称容纳孙中山先生的意见。孙先生所争的是在善后会议中加入代表各种法团的分子,执政府却邀集各法团的代表来做专门委员。换句话说:就是孙先生想召集各种代表民意法团,来宣布那指挥、命令政府的民意;而执政府却想召集各种法团的代表,来做那听政府指挥、命令的事务员。把省议会、教育会、商会、农会、律师公会等法团的地位,看得同各部院署的参事、司长、处长、署长等委任官特任官一样,这就是执政府心目中尊重民意的办法!”①高一涵认为,“善后会议”在性质上不是国民会议,只有召开真正的国民会议才能代表民意,也只有召开真正的国民会议才能制裁这个“善后会议”。他说:“我们认定国民会议与临时政府及善后会议的性质绝对不一样。因为国民会议是创造国家的根本法和决定建国方略的;临时政府及善后会议却只是一时的,治标的,注重结束(果)的。故临时政府尽可由实力派拥戴,善后会议的会员也尽可代表实力,而国民会议的议员却要由人民自动的选举。我们对于临时政府和善后会议所以看得不大重要,就因为我们意中有一个神圣的或完善的国民会议,可以判断他们的死活。”②高一涵将批判“善后会议”与倡导召开国民会议联系起来,不仅抨击了“善后会议”反人民、反民主的专制面目,而且对于即将召开的国民会议促成会全国代表大会起了舆论宣传作用③。

---

① 涵:《奉谕开会》,《现代评论》第 1 卷第 9 期,1925 年 2 月 7 日。

② 高一涵:《我们对于国民会议组织法的主张》,《现代评论》第 1 卷第 10 期,1925 年 2 月 14 日。

③ 高一涵对国民会议促成会全国代表大会予以积极的支持,并作了相关的努力。国民会议促成会全国代表大会下设“国际问题委员会”、“内政委员会”、“财政委员会”、“国民会议运动委员会”等 4 种委员会,并聘有“专门委员”。高一涵与李大钊、周鲠生、马寅初、李石曾、蒋梦麟等同被聘为“专门委员”。参见《国民会议促成会全国代表大会招待“专门委员”》,《京报》1925 年 3 月 21 日。

高一涵关注“善后会议”的召开，发表了一系列的政治评论，藉以表达自己的政治主张，而不是对“善后会议”抱有任何幻想。在“善后会议”还未召开时，高一涵就曾声明：“我们并不是信任这个善后会议，我们只是在原则上相信用会议的方法来解决国事，至少总要比用战争的方法来解决国事妥当些，这就是我们所以不肯轻视善后会议的用意。”①“善后会议”召开后，高一涵明确地说明善后会议并不会发生任何效果，指出：“现在我们倒不必问执政府有无饬令各省休战的诚意，只问执政府有无制止各省战争的实力；我们倒不必问‘随员会议’、‘帅爷会议’到底有无成绩，只问‘随员会议’到底有无制止‘主帅’的能力，‘帅爷会议’到底有无拘束‘东家’的效果。如果各省不谋而合得到一个‘你议你的，我打我的’秘诀，那么，这种‘粉饰太平’的善后会议，就是议决一篇堂哉皇哉的裁兵案，结果也不过同‘休战电’发生一样的效果罢了。”②高一涵也正是通过对“善后会议”的评论，使人们看到段政府假借民意的虚伪面目和专制独裁的阶级本质。

高一涵还针对北京政府召开的关税会议进行评论，认为北京政府所声称的“关税自主将变成一句空话”，中国也不可能从关税会议中获得关税的自主权。北京政府为减轻财政压力，积极策划召开所谓的关税会议，以实现华盛顿会议规定的 2.5%附加税。1925 年 10 月 26 日，关税会议在北京新华园内的居仁堂举行，有包括中国在内的 11 国家的代表三百多人参加。在会议上，王正廷代表中国政府提出了五项主张：第一，与会各国声明尊重中国关税自主，并承认解除现行条约中关于关税之一切束缚；第二，中国允将裁废厘金与国定关税定率条例同时实行，但至迟不至民国十八年一月一日；第三，在实行国定关税定率条例以前，中国海关税则照现行之值百抽五外，普通品加征值百抽五之临时附加税，甲种奢侈品（烟酒）加征值百抽三十之临时附加税，乙种奢侈品加征值百抽二十之临时附加税；第四，前项临时附加税应自条约签字之日起，三个月后，即行开始生效；第五，关于前四项问题应于条约签字之日起，立即发生效力。故而，当“各国关税会议代表在会议席上表示对于关税自主案

① 高一涵：《善后会议议员的出席问题》，《现代评论》第 1 卷第 5 期，1925 年 1 月 10 日。

② 涵：《执政府的生死关头》，《现代评论》第 1 卷第 12 期，1925 年 2 月 28 日。

的原则大体赞同之后，多数的报纸都认定关税自主已经不成问题”。高一涵不同意这样的看法，在他看来，只要“我们一看本月三日（指 1925 年 11 月 3 日，引者注）日本和美国各代表的提案，就可以看出此次所谓‘关税自主’只不过是欺骗中国人的一句空话”。高一涵根据对日本和美国所提出的提案的分析，认为：“从上述的提案上看来，关税自主的原则各国虽然承认，可是关税自主的原则发生效力的时期，还不知道在何年何月。日、美两国都提议要订立新条约，这个新条约完全以协定关税的原则作根据。这个‘互惠的协定税率’的条约，究竟行至何时，当然仍须仰承列国的意旨了。照这样说来，这次关税自主的原则就是经过列国承认，也不过是句空话。……奉劝注意关税自主的人，赶快起来运动，好打消那以新协定条约来代替旧协定条约的办法。”①可见，高一涵对当时召开的关税自主会议并不抱有任何的幻想，而是站在批评者的立场来评析关税自主会议的，其言论在于使人们认识到中国不可能从中获得关税的自主权，不可对列强存在任何幻想。

高一涵始终认为，段执政府只是军阀势力的代表，因而在中国政治史上并没有位置。在高一涵看来，段政府的存在是北方各种政治势力斗争的产物，随着北方各种政治势力争夺中央领导权斗争的加剧，段政府的灭亡也是意料中的事。对于段政府的存亡，高一涵有这样的评论：“段政府的存亡，本来只可算是北京局部的政治问题，和全国的政局丝毫不发生什么关系。故段政府存亡的问题虽然解决了，而全国政治问题的解决仍然是遥遥无期。所以我们因此只把段政府存亡问题看作时局中的一个小小的波澜，绝不认作一件可以在历史上大书特书的要事。”②高一涵的意思是，段政府只是军阀斗争的过渡产物，其存在与否并非影响北京政权的性质，故而段政府存亡问题只是时局中的“一个小小的波澜”。高一涵这样的论断是有政治见地的，亦反映出他的政治史研究的学术眼光。

高一涵对段政府发表的一系列政治评论与当时中国政局的变动有着密切的关联，也与他自身思想的不断进步息息相关，并表现出这样几个鲜明的特

① 涵：《关税自主将变成一句空话》，《现代评论》第 2 卷第 48 期，1925 年 11 月 7 日。

② 高一涵：《政局的前途》，《现代评论》第 3 卷第 71 期，1926 年 4 月 17 日。

色。一是通过对段政府的具体政策如“废督”、处理贿选问题等的评议，来揭示其代表军阀利益的反动实质；二是结合当时全国所关注的政治现象如“善后会议”等进行重点分析，从而表明自己所倡导和坚持的民主政治的主张；三是坚持严正的民主主义政治立场，彻底地、不妥协地采取与执政府对立的态度，及时而又深刻地抨击段政府的反动政策。这些特色表明，作为五四时代的启蒙思想家的高一涵，在后“五四”时代仍然发挥着引领进步舆论的作用，并将思想启蒙与对现实军阀政治的批判更为紧密地结合起来。

(5)揭露张作霖“军治"的反动性

段政府倒台后，北方的政权落入张作霖的手中，北方的政治形势更为黑暗。高一涵对时局的变动予以密切的注意，分析当时“护宪”与“护法”的军阀之争性质，并对张作霖实行“军治”的反动性展开猛烈的揭露，在批判军阀政治、支持进步舆论、倡导民众基本民主权利等方面起了积极的作用。

高一涵研究段政府倒台后的北京政局，对北京各方的所谓“和平”举动深表怀疑，认为自从张作霖进入北京后，冯玉祥与张作霖之间不可能有所“合作”，北方在当时并“没有永久和平的希望”。在全国人民反内战的舆论压力下，冯玉祥和张作霖的军队都有所撤退。高一涵据当时的报纸披露的信息，得知冯、张双方军队撤退的具体情形是：(1)北京方面的国民军撤退，集中南口；(2)保(定)、大(沽口)方面的奉军撤退，集中保定；(3)北京方面的奉军撤退，集中古北口；(4)京津方面的奉军撤退，集中军粮城；(5)京东方面的奉军撤退，集中玉田。但是，当时的舆论却认为这是双方“和平的表示”，显现“永久和平的希望”。而在高一涵看来，冯、张的撤军只是一种表面的现象，并不表明双方的“合作”，也不能说明北京有真正的和平局面。高一涵分析道：“这种样式的撤兵，究竟是否为永久和平的表示？尚属重大疑问。因为在古北口的奉军与在南口的冯军，仍然是遥遥相对；在玉田和军粮城的奉军，仍然在监视京、津一带；在保定的奉军，仍然是掌握京汉路线上的防御权。而况河南方面的军队又节节前来，邓宝珊已向保定方面突进，李纪才、陈文钊已向山东方面突进，皆有一触即发的危险。照这样说来，不但没有永久和平的希望，就是暂时和平也不是十分靠得住的。”高一涵的结论是：“强力之下无公理，武装之下无和平。政见相同，利益相同，可以合作；以力制力，绝对不能合作。故我总以为,冯张合作的根本条件在裁兵而不在撤兵。”①高一涵这一见解是正确的。当时的冯玉祥与张作霖存在不可调和的矛盾,双方的“撤兵”都各有意图,“撤兵”本身也并不是“和平”的表示,因而并不能带来政治上和平的希望。

高一涵特别关注当时“护宪”与“护法”的所谓“法统”之争,揭露了张作霖与吴佩孚之间政治斗争的实质。国民军推倒段政府后,在直奉的压力下被迫于 1926 年 4 月 15 日退守南口,后因与直、奉、晋军的作战失利而退往西北。随着奉鲁军进入北京,吴佩孚提出恢复曹锟“法统”’的问题,即恢复曹锟当政时颁布的宪法及其任命的颜惠庆内阁,并由颜惠庆摄行总统职权。张作霖此时则主张恢复约法,重新召集国会,以便组织由他所控制的摄政内阁。因此,发生所谓“护宪”与“护法”的“法统”之争。经过激烈的争吵,决定暂时恢复颜惠庆内阁,于是颜内阁于 1926 年 5 月 12 日正式复职。还在颜内阁复职前,也就是在“护宪”与“护法”争吵之中,高一涵就有重要的评论。在高一涵看来,“护宪”与“护法”之争在当时虽然“已经形成政治上一个重要的问题,并且有许多人以为如果这个根本问题一解决,其余的枝叶问题便可连带解决”,但是,“护宪”与“护法”问题就实质而言,其实“只是一派门面话”,并不是解决时局的关键;而社会舆论中的所谓“真正解决时局的关键”,在此时“恐怕还在枝叶问题,和这个根本问题渺不相涉”②。高一涵提请言论界注意,就是退一步说,认定这个护宪护法问题确是解决时局的关键,那么,对于解决护宪护法方法,也必得要十分注意。因为,“如果只由一派独断独行,不许社会方面、人民方面参加意见,恐怕就是一时解决,不久又要发生问题”。高一涵从民国以来政治变动的情形,尤其是段祺瑞执政府以“革命自居”而招致灭亡的事实告诫言论界,研究政治问题要始终确立“人民解决”政治的思想,不要因“护宪”与“护法”问题而对军阀抱有任何幻想。他说:“现在无论是护法,是护宪,如果不改弦易辙,仍然由一派人一手包办,不由人民方面决定,就是幸而争胜了,恐怕将来某派的势力一倒,宪或法的效力也必定要随他消灭了。去年段祺瑞以革命自居,推翻法统,国内有一部分人虽然不赞成他的革命,而对于他召集

① 涵:《冯张果真能合作吗?》,《现代评论》第 2 卷第 50 期,1925 年 11 月 21 日。

② 涵:《护宪与护法》,《现代评论》第 3 卷第 74 期,1926 年 5 月 8 日。

国民代表重新创造新法的办法却有几分同意。不想政令不出国门的段政府，竟生出包办国家根本大法的野心，所以益使国人失望，致有这回的结果。现在反对段祺瑞包办国法的人，如果不以他为前车之鉴，恐怕法统的纷争将来越发不能免了。所以我终认定护宪护法的问题，要靠人民解决，不能单靠任何一派军阀解决。"①高一涵指出，"宪法并不是一护所能了事，所贵者不在乎护而在乎行"；宪法在西方法治国家是人民的"权利书"，欧美各国二百年来的所有争人权的运动都是争立宪的运动；而中国的所谓"护宪"仅有其名，"护宪而后，到今只行过一条，就是：'大总统……解职，副总统亦不能代理时，由国务总理摄行其职务"。更有甚者，就是在"护宪"之时却有京畿卫戍司令部颁布了"与'权利书'相反"的"许多条例"，宣布卫戍司令部有"不分首从，一律处以死刑"的权力，并且还能够"搜检家宅，限制集会、结社、言论的自由"，与宪法的规定"处处冲突"。高一涵对此质问道："宪法上只允许国会行使立法权，卫戍司令部当然不能自认为国会，又何以有关于处罚人身的立法权，又何以有限制人民集会、结社及言论刊行等自由的立法权？宪法上只许法院行使司法权，卫戍司令部当然不能自认为法院，又何以能不经法庭审判，即可执行死刑，不得法庭命令，即可监禁逮捕。"②针对当时社会上一面"护宪"，一面又有卫戍司令部"违宪"的矛盾现象，高一涵告诫那些"护宪"者"不使行为与主张相反"。高一涵说："没有毁宪能力的小百姓，当然也没有阻止人家护宪的能力，更当然没有引导护宪者依宪做事的能力。可是依宪做事不能不说是护宪者的当然的义务，而护宪者如果真想要依宪做事，便不能不取消一切违宪的行为。如果真要依宪做事，纵然不能说：'有宪法便不能再有卫戍司令部'，可是总可以说：'有宪法便不能再有卫戍司令部的法律'！"③高一涵基于民主宪政的政治理念，对当时"护宪"与"护法"之争的辨析和批驳，揭露了军阀政治下假民主、真专制的实质。

高一涵对张作霖采取的"军治"手段表示了鲜明的反对态度，认为"军治"在根本上是与民治主义背道而驰的。1926 年 12 月 1 日，张作霖经孙传芳、张

---

① 涵：《护宪与护法》，《现代评论》第 3 卷第 74 期，1926 年 5 月 8 日。

② 高一涵：《护宪与卫戍司令部》，《现代评论》第 3 卷第 77 期，1926 年 5 月 29 日。

③ 高一涵：《护宪与卫戍司令部》，《现代评论》第 3 卷第 77 期，1926 年 5 月 29 日。

宗昌的“推戴”就任“安国军总司令”职，接着张作霖又任命孙传芳、张宗昌为安国军副总司令，杨宇霆为总参谋长。总司令部下设军务、总务、秘书3厅和军事、军需、军法、副官、电务、总务、外交、机要8处。这是一个变相的政府，是后来的所谓“中华民国军政府”（一称“安国军政府”）的雏形，对北方人民实施黑暗的高压统治。由于北方处于张作霖的“军治”之下，高一涵不能以公开的言论来反对“军治”，只能从学理的角度来分析“军治”以表明自己的政治主张。高一涵指出，“军治”是不能够达到“民治主义”的，其理由是：“第一，军治的政府是军人所有的政府，是军人管理的政府，是为军人做事的政府，和民有、民治、民享三原则根本相反。中央官吏由军人指派寄生于自己的阶级充任，与人民绝不发生任何关系；他们做事只对于军人负责，绝不对于人民负责。地方官吏如知县事等，性质上一律变成军人的副官与军需，除收税与办差而外，殆无其他责任。第二，在军治之下，一切公私机关都变成单为供给军用的机关。例如铁路、电报、商船、学校，都可随意占为军用的专品，甚至于农人私有的生活、生产、运输的工具，如车马房屋田地之类，一律可以无偿的征收或占用。第三，凡与军治相反的文化事业，如教育、工艺之类，都一律有意的或无意的使他停顿或消灭；思想、言论等等自由，都不得不一律取消。民治主义的民有、民治、民享三大原则，无一不和军治相冲突，久行军治，只能养成服从的国民性，绝对不能养成独立自由的国民性；只能使人民做政治下的奴隶，绝不能使人民做政治上的主人。要想从这个绝境走上民治的大道，谁人都知道是万不可能的。”①高一涵通过对“军治”与“民治主义”对立关系的分析，反对“军治”的统治方式，表明了自己鲜明的政治态度。

高一涵在张作霖的“军治”之下越来越难以发表自己的言论，公开抨击现实政治的空间非常狭小，于是他转而在《现代评论》的“闲话”专栏发表一系列文章，一方面表达自己的政治主张，另一方面继续对“军治”下的各种黑暗现象进行揭露。譬如，当时的阎锡山在张作霖的拉拢下有“反南”的意向，高一涵在“闲话”专栏中奉劝阎锡山不要追随张作霖“把多年经营的成绩”抛弃。高一涵写道：“无论一个军阀的势力怎样大，但凡一入北京，他原有的势力没

① 高一涵：《军治与党治》，载《现代评论·第二周年纪念增刊》，1927年1月。

有不根本消灭的。北京是融化军阀的洪炉,是埋葬势力的坟墓。阎锡山如果一旦高升到北京来,恐怕也跳不出这个天演公例的圈套。”①又譬如,针对张作霖统治下北京教育界教员生活困苦、教育事业受到摧残的现实,高一涵在一篇“闲话”中以讽刺幽默的笔调写道:“我们应该要求老天爷把这些在教育界服务的士君子们的身体改造一下,只给他唯神的脑筋,不给他唯物的肚皮。免得使马克斯马先生在九泉下自鸣得意,说人家逃不出他的唯物史观的公例。这样一来,‘讨赤’的大功,才算是真正的告成。”他在这篇文章中还写道:“其实在北京一隅,似乎也不必过于苛求,只要能飧风便够了。因为北京每当春秋二季开学的时候,不要一钱的西北风差不多是天天呼呼的刮得起劲,并且风中常带有七分黄土、三分驴屎马粪,尤其是卫生的无上品!学校能改用这种取之不尽、用之不竭的西北风作教员的报酬,那么,国家亿万年教育之基,岂不是定于此矣吗!”②高一涵对教育界受到军阀高压统治的现实非常愤恨,认为当时张作霖统治下的北京教育有“三年河东转河西”的景象,他写道:“在前几年,一说到学校,那是何等尊严,一说到教育界,那是何等神圣。只要你偶尔透出一点半点罢课的消息,无论官僚、军阀都没有不当作重要问题看待的。现在可就一代不如一代了。不但罢课两个字吓不倒人,人们并且还有更进一层的希望,就是希望你们干干脆脆的把学校停办。现在的教育界不但连罢课两个字不敢提,就连维持教育四个字也不敢提了。因为维持教育,便是一桩罪案。什么赤化,什么乱党,都是有教育而后才有的。如果国内人人皆兵,那么天下便从此太平了。”③在军阀张作霖统治下的北京,知识分子无任何言论自由之可言,高一涵只能用“闲话”的形式揭露军阀统治的黑暗,表达自己的政见和向往民主政治的愿望,实在是难能可贵的。

高一涵对“护宪”与“护法”的辨析,对张作霖“军治”实质的揭露和批判,是他的反军阀、争自由思想的突出表现,代表了当时北方进步知识分子追求民主政治、向往光明的共同愿望,也反映了当时的进步知识分子在政治高压下不畏权贵、努力抗争的精神面貌。历史会记下这一页的。

---

① 涵庐:《哀山西》,《现代评论》第4卷第82期,1926年7月3日。

② 涵庐:《闲话》,《现代评论》第4卷第100期,1926年11月6日。

③ 涵庐:《闲话》,《现代评论》第4卷第94期,1926年9月25日。

北京大学在后"五四"时期不仅是中国学术研究的中心,同时也是争取民主自由、抗议军阀统治的重镇。正是在北大期间,高一涵通过教学著书与参与政治活动,通过对现实政治的关注而猛烈地抨击军阀政治,不仅逐步奠定了他作为学者型社会活动家的地位,而且也使他成为在当时思想界很有影响的批判军阀政治的思想家。

第七章　结友胡适及经营《努力周报》

高一涵与胡适皆为安徽籍同乡，两位亦是五四时期在中国思想学术界有着重要影响的人物。高一涵在早期《新青年》时期以政论文章为主，体现的是“政论家”的身份，但自胡适加入《新青年》而宣传新文学之后，高一涵也自觉地投入新文学及白话文运动中，并以其“戏剧改良”的主张在“文学革命”中发挥了重要的作用，这可以说是对胡适的有力配合与支持。高一涵与胡适的私交亦很好，两人曾有四年时间住在一起的经历，并有创办《努力周报》而进行过较长时期的合作，两人的关系可谓非同一般。可以说，与胡适的关系及其合作经历，在高一涵一生中占有重要的位置。

与胡适交往

高一涵与胡适的交往有着较长时间，相互间有着愉快的合作关系，这在五四时期及后“五四”时期特别引人注目。而就高一涵的一生经历来看，胡适也是给予高一涵的思想以重大影响的人物。这一点，高一涵在新中国成立后撰写的相关“自传”中多次提及，并认为胡适对自己的思想曾“起过很大作用”。

胡适与高一涵因各自在《新青年》发表的文章而相互欣赏，又相识于共同的朋友许怡荪。1917 年，留美归国的胡适，经许怡荪的介绍，决定和高一涵共同租居北京的竹杆巷 4 号。胡适在 1917 年 9 月 30 日写给母亲的家信中称“所同居的高君亦好学之士”，高度评价了高一涵的为人为学，信中还写道：“适现尚暂居大学教员宿舍内，居此可不出房钱。饭钱每月九元，每餐两碟菜一碗汤，饭米颇不如南方之佳，但尚可吃得耳。适意俟拿到钱时，将移出校外居住，拟与友人六安高一涵君。”①1918 年 3 月 18 日，他们一起搬迁至南池子缎库胡同 8 号。据胡适写给母亲的信中所说，他是“卅日搬入新寓居住”，“此屋很好，入校既便，出城也便”②。高一涵与胡适有四年左右的时间是住在一起的，至 1921 年 9 月 20 日才搬出。胡适在 1921 年 9 月 20 日的日记中，留下了这样一句话：“一涵与我同居四年，今天他移至同巷七号居住。日间不能去看他，晚间与冬秀同去看他。”③高一涵和胡适长期同处一宅，使得他们在思想上的交流也更为充分，并有着开展思想启蒙、建立民主宪政的共同理念。而两人之间互信互赖的亲密关系，也促成他们在重大问题上能够共同进退和相互提醒。1923 年 5 月 30 日，胡适接章洛声来信，获知高一涵因娶妻一事而遭友人不屑，立即写信给高一涵，劝他新娶以后，戒绝赌博，多读书，继续学问的事业；并同时写信给江冬秀，请她千万不要看不起高一涵所娶的女子，劝她善待此女④。高一涵对胡适能超脱一切俗见，在宽恕之中勉励自己前进，感激万分！称胡适的劝勉使自己得以重生：“今又遇着你的良言，或者可以起死回生了！”⑤1925 年胡适参加“善后会议”开幕式后，经高一涵的提醒，也不再出席这样的会议了，以免为段祺瑞临时执政所利用⑥。在胡适日记和胡适秘藏书信中，都有他们纵论时局、商谈救国之策和两人间亲密交往的大量记述。

五四运动后，北大的《新青年》核心群体成员大致分为两派，走上了不同的道路。陈独秀和李大钊信仰马克思主义，并开始了创建中国共产党、走俄国革命的道路，《新青年》也逐步演变成为中国共产党的机关刊物；此时的高一涵，对以暴力革命夺取政权的俄国革命道路显然保持着较大的距离，而更倾向于以胡适为代表的改良主义道路，即通过各省自治的联邦制的议会道路，来实现西方的民主宪政。

---

① 《胡适书信集》（上），北京大学出版社 1996 年版，第 107 页。

② 《胡适书信集》（上），北京大学出版社 1996 年版，第 146 页。

③ 胡适：《胡适日记全编》（三），安徽教育出版社 2001 年版，第 472 页。

④ 胡适：《胡适日记全编》（四），安徽教育出版社 2001 年版，第 22 页。

⑤ 胡适：《胡适日记全编》（四），安徽教育出版社 2001 年版，第 41 页。

⑥ 高一涵：《漫谈胡适》，《胡适思想批判》（论文汇编）第四辑，生活·读书·新知三联出版社 1955 年版，第 197 页。

在《新青年》同人分化后，胡适是对高一涵发生重要影响的人物。这一时期，作为二十世纪初自由主义知识界的代表人物胡适，由“誓言不谈政治”到“政治逼迫我们到这样无路可走的时候”而不得不谈政治的地步①，通过创办《努力周报》这个同人刊物，力图承接《新青年》文学革命和思想革命的使命，努力从思想启蒙的角度来“再造中国”。高一涵鼎力相助胡适操办《努力周报》的事务，在胡适养病期间代为主编，可以说是胡适的得力助手，为《努力周报》赢得其声誉贡献了力量。高一涵通过《努力周报》发表了大量时评和政论文章，反对军阀专制、探求政治改革的新路，并先后引发和组织了对“好人政府”、“联邦分权制”、“科学与玄学”、“国民党改造”等四大主题的论战。《努力周报》停刊后，高一涵与胡适又共同加盟“现代评论”的阵营，高一涵在《现代评论》创刊号上发表关于“军阀末运”的时评，这又引发了关于谁是军阀及关于军治、党治、民治问题的论战，这些论战在当时的中国思想界都产生了比较大的影响。

经营《努力周报》

《努力周报》于 1922 年 5 月 7 日在北京正式创刊②。《努力周报》的创办标志着中国自由主义者“文人论政”进入一个新的阶段，“努力”同人希望通过刊物影响舆论，进而对北洋政府产生影响。按照胡适的想法，《努力周报》的创办就在于要承继《新青年》的精神，完成《新青年》“未竟的使命”（指《新青年》的文学革命与思想革命的使命，——引者注），通过“二十年不绝的努力，思想文艺上给中国政治建筑一个可靠的基础”③。由此来看，胡适创办《努力

① 胡适、蒋梦麟、陶履恭、王征、张祖训、李大钊、高一涵联署：《争自由的宣言》，《晨报》增刊，1920 年 8 月 1 日。

② 《努力周报》酝酿了一个时期，到 1922 年 3 月 31 日才正式获得批准。胡适在 1922 年 3 月 31 日的日记中记载：“我们要办的《努力》周刊，今日批准了；批上还要我们‘慎重将事，勿宣传偏激之言论’！”（参见《胡适日记全编》（三），安徽教育出版社 2001 年版，第 599 页）

③ 胡适：《致高一涵、陶孟和、张慰慈、沈信仁信》，《胡适来往书信选》（上），中华书局 1979 年版，第 218 页。

周报》是在《新青年》同人分化后力图重建以学习欧美为主要目标的思想群体。而陈独秀对胡适另起炉灶、创办《努力周报》,也没有鲜明地表示反对的意见。当然,陈独秀也明确表明自己不加入的态度。1921 年 2 月,陈独秀致信胡适说:“你们另外办一个报(指《努力周报》,——引者注),我十分赞成,因为中国好报太少,你们做出来的东西总不差,但我却没有工夫帮助文章。而且在北京出版,我也不宜作文章。”同时,陈独秀对胡适办报也提出自己的担心,这就是:“总是提心吊胆恐怕我的好朋友书呆子为政客所利用”①。中国的马克思主义者与中国的自由主义者就是在这样“难解难分”中“分家”的,这也在一定程度上反映五四时期中国新思想阵营分化的特征。

《努力周报》除主编胡适外,高一涵、陶孟和、张慰慈等都是《努力周报》的重要成员。需要说明的是,胡适创办《努力周报》有一个酝酿的过程。在酝酿创办这一刊物时,高一涵即已被同人看好,列为重要的人选。其时,有的同人主张创办月刊,也有人主张将创办的杂志与《东方杂志》合并,意见颇不统一。胡适好友朱经农,认为《努力》不仅应该试办,而且不得与《东方杂志》合并,并提出创办杂志的人选,这人选之中就有高一涵。1922 年 1 月 24 日,朱经农致胡适信中说:

> 《努力》与《东方》各有特性,倘合并,其结果非《东方》“努力”化,即《努力》“东方”化,均觉可惜。弟意《努力》应独立试办一年,如稿不够,明年再作合并计,目前可不提。就《努力》论,关于政治之稿件有一涵、慰慈等担任(现在不是白尽义务);经济之稿,有振飞、唐有壬等担任;文学之稿,有志摩、陈通伯等担任(苏菲过于矜持,不感(敢)预计其必有稿来);其他社会科学,有兄、叔永、擘黄、孟和(孟和来沪,当可求其作文)和我担任,读书杂志有颉刚、刘叔雅等担任。有这样多的人,不能办一月刊,乃可羞事,不过以后当设法使精力集中耳。②

---

① 陈独秀:《致胡适信》,载水如编《陈独秀书信集》,新华出版社 1987 年版,第 309 页。

② 《朱经农致胡适》(1922 年 1 月 24 日),《胡适来往书信选》上卷,中华书局 1979 年版,第 139 页。

朱经农对创办《努力》刊物的设想，大体上描绘出此刊的样态及办刊的方向，尽管以后办成了“周报”而非“月刊”，栏目也有所不同，但《努力周报》的作者群及编辑队伍的构成正如其所明示。

朱经农是胡适的好友，亦是高一涵的同道，同时也是后来创办的《努力周报》的重要作者。朱经农（1887—1951年），原籍江苏宝山，生于浙江浦江。1904年赴日本留学，1905年加入同盟会。同年回国，参与创办中国公学。1910年受聘任教于湖南高等实业学堂，教授英文兼任农业学通译。1916年赴美，先入华盛顿大学，后转入哥伦比亚大学师范学院攻读教育学，获硕士学位。1921年回国后，任北京大学教育系教授。1923年任商务印书馆编辑。1925年参与创办上海光华大学，并任教务长。1928年后任国民党政府教育部普通教育司司长、教育部常务次长，中国公学代校长，齐鲁大学校长，湖南省教育厅厅长，中央大学教育长，国民党政府教育部政务次长、上海商务印书馆总经理兼光华大学校长。1948年后留居美国。1950年后在美国哈德国福神学院任职。著有《近代教育思潮》等著作，主要译著有《明日之学校》（杜威著）、《教育大辞书》、《现代教育思想》、《教育思想》、《爱山庐诗钞》等。

相比之下，朱经农与胡适的关系更为密切一些，两人的交往亦很多，这固然是因为多年前就相识、志趣相投，但或许也是因为他们都具有留学美国的背景，故而朱经农能够向胡适推荐高一涵做“政治之稿件”。朱经农在美国留学完成学业，是1921年9月2日到上海的，胡适特地在上海迎接他。胡适1921年9月1日的日记记载：“与云五同去大关码头等候‘日本皇后’船，因为我们怕经农今天能到也未可知。船过时不到，天又大雨，我们就回到经农的朋友岑君家去，问明船期果是明天，就与云五同去我寓中长谈。”①第二天（9月2日）的胡适日记又记载：“下午四时与云五同到大关码头接经农。等到六点半始见着他。我们四年多不相见了。我们送他到大东旅社，同吃了饭，同到他房中谈。云五去后，我又回到他房中长谈。”②胡适到上海迎接朱经农回国并“长谈”，可见朋友之间的情谊是很深的。朱经农刚刚回国，胡适就帮助朱经农处

---

① 《胡适日记全编》（三），安徽教育出版社2001年版，第456页。

② 《胡适日记全编》（三），安徽教育出版社2001年版，第457页。

理离婚这一“家事”。胡适 1921 年 9 月 5 日的日记有这样的记载:“饭后,到大东,云五也在经农处。我们商量经农的家事。经农久客五年,他的夫人在北京做了一件很对不住她丈夫的事。证据凿凿,无可疑了。经农在友朋中,可算是一个道德最高的人,真是一个守义的丈夫,万不料得这样一个报酬!他的母亲和妹子,为了此事,受尽多少委屈。我为此事在上海等候他,想宽慰他一点,我们已谈了几天。今晚商定,决计离异。此事大伤经农之心,但实无可如何。”①这一时期,胡适与朱经农的交往很是频繁,但也不全然是为处理朱经农离婚的事。据胡适日记,1921 年 9 月 16 日“经农来看我”②;1921 年 9 月 24 日“经农来”,“下午与经农同访律师刘崇佑先生”③。胡适 1921 年 9 月 27 日访问一个朋友,主要是“谈经农事”,并“给他(朱经农)拟了一个离异约的稿”④。胡适 1921 年 10 月 2 日的日记中也记载:“来者,子馀、经农、文伯、叔永。他们把我拉到欧美同学会的餐会,竟被举为副主任干事。”⑤可见,朱经农回国初期,与胡适的关系非同一般,两人交往很是过密的。

高一涵能够进入《努力周报》阵营,有多种因素。首先,高一涵当时在思想舆论界的地位,此观诸他在《新青年》、《每周评论》和《晨报》上的政论文章便可理解。高一涵在“五四”期间发表的声援学生运动的文章,在当时影响很大,他进入《努力周报》这一政论刊物,也是顺利理成章的事。其次,高一涵在当时中国政治学界的地位正在不断提升,他的加入也能为《努力周报》的政论产生更大的政治影响和舆论效果。在北大的政治学系中,研究政治学最有名者,大致有两大派别:一是以李大钊、陈启修等为代表的马克思主义政治学者,一是以高一涵、张慰慈等为代表的自由主义政治学者,故而高、张之进入《努力周报》并担任“政治之稿件”,也可以说是势所必然。再次,高一涵与胡适的亲密关系,也使他能成为“努力”派的核心成员。高一涵与胡适是安徽同乡,又一同执教于北京大学。一方面,高一涵与陈独秀、李大钊保持良好的关系,

① 《胡适日记全编》(三),安徽教育出版社 2001 年版,第 460—461 页。

② 《胡适日记全编》(三),安徽教育出版社 2001 年版,第 469 页。

③ 《胡适日记全编》(三),安徽教育出版社 2001 年版,第 478 页。

④ 《胡适日记全编》(三),安徽教育出版社 2001 年版,第 487 页。

⑤ 《胡适日记全编》(三),安徽教育出版社 2001 年版,第 489 页。

是陈独秀主编的《新青年》最早的而且是主要撰稿者之一，同时又是陈独秀、李大钊主编的《每周评论》的主要人物；另一方面，高一涵又与胡适有亲密的关系，与胡适同住一宅，思想上的交流也比较充分，并与胡适一道在1920年的《争自由的宣言》上签字。可见，高、胡之间关系非同一般。这样看，朱经农向胡适提出杂志的撰稿人选，并将高一涵列于极为重要的位置，也就合情合理了。

胡适在1923年5月间生病，《努力周报》由高一涵代为主编，负责组稿事宜。在此期间，高一涵虽遇有重大事宜时亦向胡适汇报，但实际主持着《努力周报》的具体编务工作，因而高一涵对该刊来说是一位极为重要的核心人物。

高一涵在编辑《努力周报》的过程中，关于刊物的重大事项是与胡适商量的，但主体性意见还是高一涵首先提出的。如1923年5月30日，高一涵致胡适信中说："本期《努力》（系指1923年6月3日出版的《努力周报》第55期，——引者注）拟将所有关于《科学与玄学》的讨论完全登出，——在君要占十四栏以上，经农三栏，林宰平有六七栏——作一结束。《读书杂志》暂延一周。下一期文稿还缺数栏，或者叔永、经农诸君已寄文来在半途了。"①从这封的内容来看，办刊方向的确定、稿件的选择、栏目的安排等都是由高一涵决定的，因而可以说高一涵此时对《努力周报》负有实际的责任。

高一涵进入《努力周报》阵营，即为政治舆论的主笔，其政治思想在于维护《努力周报》的政治理想。高一涵在《努力周报》中尽管还没有主编之职，但在政治言论方面仍然是主要人物。胡适生病期间，由高一涵代为《努力周报》主编，他此时对时局的判断自然与《努力周报》的政治方向有着密切的关联，或者可以说直接影响着《努力周报》的政治方向。对此，需要进行相关的分析。

1923年6月9日，高一涵致胡适信中谈及自己对政局的看法："内阁的问题还没有定夺。大概彭无耻一定要去，继任的人还没有定。不过此次内阁的总辞职，背后全为什么最高问题。张绍曾还在奋斗，今天收买的什么国民大

① 《高一涵致胡适》（1923年5月30日），《胡适来往书信选》上卷，中华书局1979年版，第204页。

会，在天安门没有开成；日内当有军人大索饷的骚动，恐怕他们非迫黎去职不止。此后中央政治又到活动的时期，不过换来换去，仍然是半斤和八两罢了。”①过了三天，即 1923 年 6 月 12 日，高一涵又致信胡适，对当时北京政局变动发表意见，一方面希望胡适能为《努力周报》做“极短的时评”来表达意见，另一方面还对《努力周报》今后的态度予以定位。信中说：“北京政变，我不敢发议论，究竟本报应该取什么样的态度？我的意思是反对曹锟做下届总统，尤其是反对曹锟用逼走黎元洪的阴谋攫取总统的地位。你能做极短的时评吗？赶快寄来，还可以赶得上 57 期。……再教育界没有中心的人物在北京，顶好趁此时机，主张将来新阁的继任教育总长的人物。彭仍运动张阁复活，或高凌蔚代阁，好使其他阁员继任下去。——这是我们应该出死力反对的。”②

对于高一涵致胡适的这两封信的理解，需要知道当时的政治背景。高一涵这里所说的“北京政变”，是指逼黎下台的“第一次北京政变”。事情的原委是，第一次直奉战争（1922 年 4 月至 1922 年 6 月）后，直系军阀独霸了北京政权，玩弄了“法统重光”的把戏，恢复了民国初年的国会，让黎元洪复任总统；在直系自认为其政治上的统治地位业已巩固后，1923 年 6 月便策划了倒阁驱黎政变，由曹锟直接上台。于是，1923 年 6 月上旬，在曹锟授意下，直系内阁成员首先制造内阁危机，迫使张绍曾内阁总辞职。事后，直系军人反而指责黎元洪干涉内阁职权，以所谓“国民大会”、“市民请愿”及军警索饷，乃至围困黎宅等手段，逼黎下台。6 月 3 日，黎元洪被迫出走天津，但在天津车站又被扣留，在被迫交出印信并发表辞职通电后，始放行而获得“自由”。

在大致了解北京政府的政治生态及驱黎下台的“第一次北京政变”情形后，则对于高一涵致胡适的这两封信，就不难理解了。首先，高一涵关于张绍曾内阁总辞职的“背后全为什么最高问题”，直系军人活动“非迫黎去职不止”，这个判断是正确的，事件的发展正如高一涵所预料。其次，高一涵主张坚决地“反对曹锟用逼走黎元洪的阴谋攫取总统的地位”，因为这不符合民元

---

① 《高一涵致胡适》（1923 年 6 月 9 日），《胡适来往书信选》上卷，中华书局 1979 年版，第 207 页。

② 《高一涵致胡适》（1923 年 6 月 12 日），《胡适来往书信选》上卷。中华书局 1979 年版，第 207 页。

以来政治制度的安排,而且有违民国的政治传统。当时的情形是,如果曹锟当上总统,自然是进一步加强直系在中央的地位,也将会继续其“武力统一”政策。所以,高一涵希望胡适能做“极短的时评”来揭露曹锟攫取总统的阴谋。再次,高一涵反对张阁“复活”,因为张阁“复活”将仍然是彭允彝在教育界占据统治地位,“五四”以来的“驱彭运动”的成果将化为乌有,而当时正在进行的“争取教育自由”运动也将难以有结果。至于北大的教育经费不仅仍然无望,而且将处于更为危险的境地。据先前高一涵致胡适的信中说,“彭无耻近来又倒行逆施,专想与北大为难。听说教育经费绝对不发给北大,沈步洲与他辩,他已同沈翻脸了。他以为北大系少数出风头的人反对他,只要不发薪水就可使内部破裂,由此可推倒此少数出风头的人。”①所以,高一涵主张《努力周报》的同人们,“应该出死力反对”张阁的“复活”。高一涵的这一政治主张,成为《努力周报》后期政论文章的中心内容之一。

高一涵经营后期的《努力周报》,遇到了多种难以想象的困难,但他仍然坚持维持着,可谓是惨淡经营、如履薄冰。当时,高一涵所遇到的困难主要有这样几个方面:

第一,稿件的组织困难重重。“巧妇难为无米之炊”,编辑杂志自然离不开高质量的稿件。而高一涵在主编《努力周报》时,高质量的稿件严重不足,作者所投的稿件,有时质量也不高。为此,高一涵经常为稿件犯愁,也不得不经常向同人写信索要稿件。高一涵在致胡适的信中,曾多次说到因为稿件的问题将会影响到杂志的质量。如,1923 年 6 月 9 日高一涵在致胡适的信中说:“此后望分担文字的人,继续来点高稿子,不要钞旧作塞责就好了。”②又如,1923 年 7 月 15 日高一涵致胡适信中说:“《努力》的稿子近来很觉得困难,上海方面分期担任的人,有一半不曾按期寄稿。北京方面徐志摩又时常出京,在君也许久没有文字交来了。近来时常打饥荒,而且洛声又回去了,我的能力又不够,弄得这个报近来很没有精彩,想必你自己看到也有这样的感想吧。你

① 《高一涵致胡适》(1923 年 5 月 30 日),《胡适来往书信选》上卷,中华书局 1979 年版,第 204 页。

② 《高一涵致胡适》(1923 年 6 月 9 日),《胡适来往书信选》上卷,中华书局 1979 年版,第 207 页。

要在上海，或有信到上海，还要催促他们，好教他们打起精神的干，才好。”①高一涵虽然尽力维持着，但因为没有好的稿件，《努力周报》只能在经常的“打饥荒”中生存着，其质量自然受到影响，为此又引起同人的不满。蒋梦麟致信胡适，甚至要求胡适“把不死不活的《努力》停了版”②。任鸿隽在1923年7月也向胡适抱怨说：“《努力》这两期很少重要文章。不过我想一涵因为要登你的著作，所以把你的《〈镜花缘〉引论》登上去，不完全是为没稿子的原故。”③至于读者方面，对于《努力周报》的意见更大。如有一个叫孟凝道的人，在致“适之、一涵先生们”的信中这样写道：

> 你们改革文学，功勋甚伟，很得青年们的信仰和崇拜，所以你们所办的《努力》报，亦大受欢迎。
>
> 究竟《努力》的内容，有时很没有用、很没有价值的材料，白占地位，——选材欠斟酌。
>
> 态度，“时评”栏的，很多带“洛阳味”！——态度不光明，(《努力》若是“洛阳”的机关报，此条那就责怪的不对了。)
>
> 所以我是十分的失望、不满。——我先这样说，你们也先这样听，以后我若有工夫，还要用十二分力气，详详细细的攻击你们，你们候着吧。
>
> 我这封信是警告的性质，要你们及时觉悟，别再像以前那样的欺侮人了。④

这位读者以这样的口吻来写信，可见《努力周报》此时在一定程度上逐渐

---

① 《高一涵致胡适》(1923年7月15日)，《胡适来往书信选》上卷，中华书局1979年版，第209页。

② 《蒋梦麟致胡适》(1923年)，《胡适来往书信选》上卷，中华书局1979年版，第219页。此信落款处的时间为“十一月十三日”，不确。10月份，遵照胡适的意思，《努力周报》即已停刊；故这里的“十一月”当为“十月”之误。——引者注。

③ 《任鸿隽致胡适》(1923年7月22日)，《胡适来往书信选》上卷，中华书局1979年版，第212页。

④ 《孟凝道致适之、一涵》(1923年5月8日)，《胡适来往书信选》上卷，中华书局1979年版，第199页。

失去其在读者群中的影响力,这也从一个侧面反映刊物的质量在下降。

不过,高一涵还是尽力维持《努力周报》的生存。为了征集到高质量的稿件,高一涵不得不多次向努力社同人催稿,甚至引起同人的不解。任鸿隽就是误解高一涵的一位。高一涵在致胡适的信中说到,他致任鸿隽的信中,虽然曾提到"《努力》或者停刊的话",但"也是为催文字而发的",其"所以要向叔永说这些话,是想请叔永在上海替《努力》讨沈、王、叶诸位的文字债,因为他们是答应过了,没有践言的"。尽管稿源成问题,但高一涵还是坚持将《努力周报》办下去,不愿意就此停刊。为此,高一涵甚至还说些安慰胡适的话:"真正说到停办,我也同你一样想,觉得可惜!不过在这一个半月中,我总可以维持下去,或者为凑篇幅起见,文字不好或有之,断不致中止。"①高一涵说"可以维持下去",实在是为了安慰胡适,因为《努力周报》到了"凑篇幅"的地步,确实是难以办下去了。

第二,编辑人员生活的困窘。办杂志需要经费,这是自不待言的。但《努力周报》没有资本,"全靠朋友友谊的投稿",而且"《努力周报》不出稿费,连发行部的人也不支薪"②。因此,高一涵等人的工作,纯属义务性的劳动。此时,以高一涵为首的《努力周报》同人皆为北大的教职员,而北大已经几个月没有发薪水了,办《努力周报》又没有收入,因而他们的生活处于极度的困苦之中。这自然又影响到《努力周报》能否延续下去。高一涵本人因为北大几个月未发薪水,生活也是极为窘迫。高一涵 1923 年 6 月 12 日在致胡适的信中说:"北京教育经费恐怕一时无着落,不知商务书店可否将我的《政治思想史》的版权税支付若干?你能代我交涉一下吗?"③急等预付的版税来维持生计,可知高一涵当时生活的艰难情形。北大当时经济极为困难,高一涵的情况恐怕是普遍现象,而不是特例。关于北大教职员生活困苦的情形,时任北大代理校长的蒋梦麟 1923 年 7 月在致胡适的信中也有披露:"蔡先生致评议会函,

① 《高一涵致胡适》(1923 年 8 月 6 日),《胡适来往书信选》上卷,中华书局 1979 年版,第 215 页。

② 《胡适书信集》上卷,北京大学出版社 1996 年版,第 339 页。

③ 《高一涵致胡适》(1923 年 6 月 12 日),《胡适来往书信选》上卷,中华书局 1979 年版,第 207—208 页。

又属我代理校长。半年的欠款，六百的饿教职员，三千的惹祸的学生，交了我手里，叫我什么办！我昨晚一夜睡不着觉。”又说：“北大内部颇好，不过实在穷死！我个人则穷而且忙！”[①]高一涵等作为北大教职员，在生活无着落的情况下来尽义务地办《努力周报》，很可见其可贵的精神；但生活无法解决，《努力周报》自是难以支撑下去的。

第三，议政空间越来越狭小。《努力周报》是政论性刊物，议论现实政治、评析时局走向，自然是其主要使命。但在高一涵代为主编后，随着政局的演变，言论自由度受到极大的限制，可议论的空间越来越小。特别是在1923年10月曹锟贿选而“当上”总统后，“此时谈政治已到‘向壁’的地步。若攻击人，则至多不过于全国恶骂之中，加上一骂，有何趣味？若撇开人而谈问题和主张，——如全国会议，息兵，宪法之类，——则势必引起外人的误解，而为强盗上条陈也不是我们爱干的事！”于是，胡适于1923年10月7日晚在上海约见任鸿隽夫妇、朱经农等商议，讨论《努力周报》的现状与前景问题，结果是“《努力》暂时停办”，并决定将此结果通知在北京的高一涵、陶孟和、张慰慈、沈性仁（陶孟和的夫人）。《努力周报》因为议政的空间越来越小，到最后又到了“谈政治已到‘向壁’的地步”[②]，于是只好停刊。

高一涵与《努力周报》这一后“五四”时期自由主义刊物有着十分重要的关系，他在编辑《努力周报》过程中做过艰辛努力，在议论时政及凝聚自由主义知识分子方面起了很大的作用，对于这份刊物在中国现代报刊史上地位的确立也是有重要贡献的。因而，无论是研究中国自由主义知识分子的历史，还是研究现代中国新闻报刊的历史，高一涵与《努力周报》的关系都是应该值得重视的。

《努力周报》中的四次大讨论

高一涵在经营《努力周报》的过程中，该报曾引发四次较大的讨论，即“好

① 《蒋梦麟致胡适》（1923年7月16日），《胡适来往书信选》上卷，中华书局1979年版，第210—211页。

② 《胡适致高一涵、陶孟和等》，《努力周报》第75期，1923年10月21日。

人政府”的讨论、“省制入宪——联邦分权制”的讨论、“科学与玄学”的讨论及关于“国民党改造”的讨论。这一时期，高一涵的政治思想及其对《努力周报》政治方向的影响，也更多地体现在《努力周报》所引发的四大讨论之中。

（1）“好人政府”的讨论

1922 年 5 月 14 日，《努力周报》第二期发表了由胡适起草，蔡元培、王宠惠、罗文干、汤尔和、陶行知、王实秋、梁漱溟、李大钊、陶孟和、朱经农、张慰慈、高一涵、徐宝璜、王征、丁文江联名签署的《我们的政治主张》。该“政治主张”提出：以建立“好政府”作为改革中国政治的最低目标，故而希望建立一个可以监督防止一切营私舞弊的不法官吏、为社会全体谋充分的福利、充分容纳个人的自由、爱护个性的发展的政府，即“宪法的政府”、“公开的政府”、“有计划的政府”。为此，发出了总动员令般的呼吁：“政治改革的第一步在于好人须有奋斗的精神。凡是社会上的优秀分子，应该为自卫计，为社会国家计，出来和恶势力奋斗”。这个政治宣言，以言论的方式呼吁“全国的人考虑批评，或赞助与宣传”，从而引发了关于“好人政府”的大讨论，这可以说是迈出了实践“好政府主义”的第一步。

《我们的政治主张》发表以后，舆论界对其反映不一，赞成者有之，反对者也固然不少。譬如，《晨报》和《益世报》的记者对《我们的政治主张》提出疑问，认为这种主张是忽视社会的改造而单纯以政治改革为一途。面对舆论界对《我们的政治主张》的责难，《努力周报》同人中即有人希望高一涵出面组织一班人，对反对者予以反驳。如朱经农于 1922 年 10 月在致高一涵的信中说：“上海近来出了一种杂志，名叫《孤军》，对于‘我们的政治主张’大加批评，又把宗淹（指丁文江，——引者注）、慰慈的文章拉在一起，瞎驳了半天，全是卖弄小聪明的话。我已用个人名义写了一封信答复他们，倘使不替我登出，还要作一篇文章痛痛快快地骂他们一顿。希望各位在北京也作篇文章反驳他们一下。”①朱经农致高一涵的这封信，其用意就在于动员高一涵能“作篇文章”来反驳反对者。这可见高一涵在当时《努力周报》同人中的位置，特别是高一涵

① 《朱经农致高一涵》（1922 年 10 月 2 日），《胡适来往书信选》下卷，中华书局 1979 年版，第 522—523 页。

的政治言论在《努力周报》中的地位。

1922 年 5 月 21 日，高一涵在《努力周报》发表《政治与社会》的长篇文章，对《晨报》和《益世报》记者提出的责疑进行答辩。他指出：政治与社会两者绝对不能分离的。《我们的政治主张》的宣言，并不是抛弃我们多年“改良政治必先从改良社会下手”的主张，实在只是贯彻我们多年主张的一种办法。《我们的政治主张》只想“平心降格”的要求一个能够容许、至少是不妨害办社会事业的政府，并不是痴心妄想地在这里做“政治一好什么事都好”的一场春梦！《我们的政治主张》的内容不只要求“人”的变更，并且要求“制度”的变更。故而，所谓的“宪法的政府”、“公开的政府”、“有计划的政府”，都要用法律定为制度，并不是换汤不换药便可了事的。高一涵这里的言论，在于捍卫《我们的政治主张》中的基本理念，申明以“好人”来建设所谓的“宪法的政府”的合理性，这大体上反映了当时的自由主义知识分子建设民主政治的思想诉求。但高一涵也许忘记了这样的事实：即政治变革尽管表现为制度的变革，但制度的变革必须有着必备的前提条件，同时也有其应走的道路选择，它不是在原来的制度体系中加入几个“好人”就能实现的。从高一涵的这篇文章来看，他在《努力周报》创刊不久，确实是主张通过政治改良的途径来改造中国社会的，但他强调“制度的变更”又说明，他也不是完全主张一点一滴的改良，这应该说与胡适办刊的基本政治倾向还是有所差异的。

“我们的政治主张”发表后不久，似乎有了践行的时机。随着第一次直奉战争的结束，拥有重兵的直系洛派首领吴佩孚，打出“法统重光”的旗号，恢复 1916 年的旧国会，并一手推动“好人”王宠惠组阁。1922 年 9 月 19 日，王宠惠在吴佩孚的支持下出任国务总理并正式组阁，而参与署名《我们的政治主张》的王宠惠、罗文干、汤尔和等均为内阁成员，这便是所谓的“好人政府”。然而在各派军阀的实际掌控和争斗下，依托十几个“好人”来实现宪政的、公开的、有计划的政府是根本不可能实现的。“好人政府”仅存在了 72 天，便告破产。

“好人政府”的破产说明，《努力周报》所倡导的“好人政府”主张，在中国政治上并不能产生实质性影响，同时也说明高一涵等人通过所谓“宪政的政府”、“公开的政府”、“有计划的政府”来影响中国政治的设想，具有极大的空想性的性质，与现实中的政治存在着很大的距离。在半殖民地半封建的中国，在军阀武人横行的时代，依靠几个“好人”来改变中国政治并企求中国由此走上民主与宪政的道路，这实在是文人知识分子议论时政中“自娱自乐”式的幻想，只能在实践中完全破产。当然，“好人政府”实践的破产，虽然没能改变中国社会的政治架构，但在客观上也提供了一个社会实践失败的案例，促使中国知识界中更多的爱国志士重新思考救国之道。

(2)“省制入宪——联邦分权制”的讨论

联邦分权制在民国初年就有人开始倡导，袁世凯灭亡至“五四”前夕渐成声浪，20 世纪 20 年代形成高潮。此时的联邦分权制的政治主张，不全然都是地方军阀用来对抗中央政府的策略，很大一部分是一些自由主义知识分子关于中国政治前途的理想设计。如胡适所说，“根据于省自治的联邦制，是今日打倒军阀的一个重要武器”①。这可见，知识分子倡导联邦分权论也不尽是为军阀服务的。高一涵在《努力周报》期间，撰写了《省制的讨论》、《希望反对联邦论者注意最近的国家性质新论》、《宪法草案中国权及地方制度》等文章，以其政治学的理论素养和对中国专制传统弊端的深入研究，积极主张“省制入宪”并倡导联邦分权制，反对北洋军阀集权制的政治体制。

高一涵对当时的关于省制的讨论表现出积极的态度，并和胡适进行过深入的探讨。在胡适 1922 年 5 月 31 日的日记中便记载道：“下午，与一涵谈联邦制，请他作一文登《努力》。”②看来，高一涵此时研究联邦制问题，也是有着胡适的支持与影响。由此，高一涵在《努力周报》第 6 期(1922 年 6 月 11 日)发表的《省制的讨论》文章，也就不能说与胡适没有关系。高一涵主张以制定省宪为基础进行政治体制的改革，通过确立省的地位来建立和巩固联邦制。从思想演进的角度来看，“省制入宪”是民国五年宪法会议中争论最激烈的一个问题，也是当时中央集权制和联邦制主张争论的焦点。当时的高一涵就是分权制的主张者，据他回忆：“一九一七年，孙(洪伊)找人起草地方自治法规，把守常和我找去，我们负责起草工作，经过三个月，草成。我们主张分权，旧派则站在集权方面，这个草案终于被北洋政府否决。”③由于有这一段经历，高一

① 胡适：《联省自治与军阀割据：答陈独秀》，《努力周报》第 19 期，1922 年 9 月 10 日。

② 《胡适日记全编》(三)，安徽教育出版社 2001 年版，第 681 页。

③ 《五四运动回忆录》上卷，中国社会科学出版社 1979 年版，第 339 页。

涵在1922年6月发表的《省制的讨论》文章中认为，那时的“省制人宪”主张还不完善，特别是在贯彻地方分权方面存在重大问题。具体说，当时议员关于“省制入宪”的主张存在着这样几个根本的“误点”：一是“只注重行政分权不注重立法分权”，二是“只注重省制的加入不注重省制的内容”，三是“只注重省制的巩固不注重省制的变通”，四是“只注重省性质的规定不注重表现省性质的法制”。在高一涵看来，制定国宪就必须克服这四个“误点”。他指出：“如果不纠正这四个误点，我敢断言仍是中央集权制，不是各省分权制；仍是单一的制度，不是联邦国的制度。”[①]高一涵主张的“省制人宪”，其目的在于将中央与地方的权能有所划分，即中央的权限集中在外交行政权、国军行政权、交通行政权、国税行政权、司法行政权、币制的制定和国币的铸造权、对外的宣战媾和及缔约修约权等七个方面，而不在中央权限之列的一切权限则一律归各省所有。值得注意的是，高一涵所说的“省制入宪”，与通常所说的宪法规定省制有很大的不同。高一涵说：“我主张中央的宪法上边，只能规定国权与省权的分配，不得由中央代各省去规定省制，各省省制要让各省各自制宪规定。”问题是，当时的中国处于南北分裂状态，北京的国会尚未恢复，总统黎元洪又不在其位，如何能使国家宪法体现省制的内容呢？高一涵提出的办法是，经由省制到国宪再到组织中央政府的程序。他说：“假定国会不能恢复，黎元洪不能复位，也没有什么不得了的。我以为如果真是走投无路，还有一个绝妙的办法：就是暂让南北两政府暂时各维持各方面的现状，双方协定，划出一年期限，让南北各省自行制定省宪法；待省宪法完成之后，由各省按照省宪法组成省政府，再由省议会选举国宪起草员，把中央的宪法定好，交由各省人民投票批准，然后按照国宪来组织中央政府。”高一涵认为，按照这样的程序既能保证地方的权益，又能使中央政府依各省的民意选举产生，从而奠定联邦制的制度构架。他说：“这样一来，可以得到许多好处：（一）省宪法由各省自定，可以免去中央集权法制的一切弊病。（二）按照联邦国‘先有邦后有国’的先例，也可以说得过去，故所定的国宪必充满联邦制的精神。（三）省既为创造中央政府的基础，省的势力必定增大，可以制止中央政府的一切专制。

① 高一涵：《省制的讨论》，《努力周报》第6期，1922年6月11日。

（四）省的势力既大，政治势力的中心必定由中央移到各省，各省的政治必定日见发展。（五）省既有很强固的组织，中央政变必不能摇动各省的政治基础。”①高一涵是从学理和中国政治现实相联系的视角来倡导“省制入宪”主张的，但这样的主张在当时的中国并没有实现的可能，因而其理想化色彩是非常突出的。

与当时社会上的“联省自治”论相比，高一涵的言论不仅以“省制入宪”为主要特色，而且在政治构架的设计上更注重理想的层面。《努力周报》是当时国内知识分子倡导联邦制主张的主要阵地，是现实中国政治混乱景象引起《努力周报》办刊成员对国内政治体制变革的高度关注，因而这一刊物在讨论联邦制的过程中，自然是想能为中国政治找到现实的出路。如胡适就说，倡导联邦制主张的目的是“增加地方的实权，使地方能充分发展他的潜力，来和军阀作战，来推翻军阀”②。不过，高一涵虽也是由现实政治混乱现状来立言，但理想层面的考虑可能更多一些。高一涵说，“联邦制度下的分权，乃是把关于公共目的和公共事件划归中央，把各邦的单独目的和单独事件划归各邦”。因此，他认为“中国宪法上的分权，也当然要仿照这个原则，把全国公共事项划归中央，把一省单独事项划归一省，更把一县单独事项划归一县；既不得把国权划归各省，更不得把国权分给各县”③。这显然是对中国政治体制的一种理想设计，并没有任何的现实可能性。与高一涵同在《我们的政治主张》上签名的李大钊，此时已是中共北方区委的最主要负责人，也同高一涵一样从理想层面来看待联邦问题。李大钊说：“中国自从改造共和以来，南北冲突总是不止；那蒙、藏边圉，不是说自主，就是说自治。各省对于中央，亦都不肯服从，依我看，非行联邦主义不能造成一个新联合。……我们可以断言，现在的世界，是联邦化的世界，亦是‘平民主义’化的世界；将来的世界组织，亦必为联邦的组织，‘平民主义’的组织。联邦主义，不过是‘平民主义’的另一形态罢了。”④

① 高一涵：《省制的讨论》，《努力周报》第6期，1922年6月11日。

② 胡适：《联省自治与军阀割据：答陈独秀》，《努力周报》第19期，1922年9月10日。

③ 高一涵：《希望反对联邦论者注意最近的国家性质新论》，《努力周报》第37期，1923年1月14日。

④ 李大钊：《平民主义》（1923年1月），《李大钊文集》第4卷，人民出版社1999年版，第255—256页。

由此看来,高一涵倡导联邦制在现实性的考量上有与胡适同一的方面,而在理想层面又与李大钊有着某种相一致的地方。当然,高一涵提出的联邦制主张也有自己的特色。就学术思想的渊源来看,高一涵所倡导的联邦分权制度是当时西方一种新的国家学说,即认为国家不是奠定在个人的基础上而是建立在“群”之上。高一涵曾引用英国学者白尔克(E.Barker)的观点,对这种新的国家观进行解释,他指出:“现在的国家并不是个人与个人的集合体,乃是群与群的联合体;现在的主权也并不是单一的主权,乃是许多对等权力同时并立的主权。”换句话说,就是“现在的国家并不是一盘散沙的个人的总积,乃是集合成群的群的联合体”。正是根据这种新的国家学说,高一涵认为“分权于民”的主张具体化就是“分权给群”,所以“‘分权于民’,必定要分给有组织有团体的人民”①。高一涵是依据白尔克的观点来阐述联邦制的分权问题的,故而特别重视政治组织的地位,从而将“分权于民”主张发展为“分权于群”主张,这就与当时的“联邦论”有着较大的不同。

高一涵对当时的制宪问题发表评论,声明“省宪即联邦之说”,并力图使他的政治主张对中国的现实政治进程产生影响。1922 年 12 月,北京的国会在宪法草案中对“国权”和“地方制度”进行了讨论,并形成了宪法草案。该草案的精神是“中央事权取列举主义,各省事权取赅括主义”。中央事权计列举 28 项,28 项中又划分出 15 项完全由中央立法、中央执行,其余 13 项则是由中央立法或执行,并令地方执行。为此,高一涵发表了《宪法草案中国权及地方制度》一文,认为该“草案”是近一年来各团体和私人所拟定宪法草案中“比较尽善的法案”,不仅肯定该“草案”中关于“中央事权取列举主义,各省事权取赅括主义”是“为各种法案上所未见的”,而且认为这“两种分类的方法,很可算是有斟酌的类别,为各种法案上所未见的”②。因而,高一涵对这一法案总体上予以赞成,并希望该“草案”能够得到推行。高一涵固然是赞同联邦论,因而他批评社会上反对联邦论者是“单一的国性观”,说“这一派人的错误就在把国家看作单一体,以为一国之内,上只有国家,下只有个人,决不承认有由

① 李大钊:《平民主义》(1923 年 1 月),《李大钊文集》第 4 卷,人民出版社 1999 年版,第 255—256 页。

② 涵:《宪法草案中国权及地方制度》,《努力周报》第 35 期,1922 年 12 月 31 日。

个人集合的'群'"。同时,高一涵也不满意当时主张制定"省宪"的人"畏首畏尾的态度",认为省宪同志会中的人有"一大部分胆子很小,不但不敢高唱联邦制,就是牺牲'省宪'的名称,定为'省自治法',他们也可以承认";希望他们不要做"'省宪'非'联邦"'的证明,而要以"直截痛快"的态度来"大唱省宪即联邦之说"。高一涵"忠告"省宪同志会同人:"就是诸公应该为主义而定宪法,不应该为宪法而牺牲主义。……省宪同志会应该以宪法起草委员会的地方制度修正案及增加国权一章草案为最后的主张,不当再有所让步。"①当然,高一涵对省宪同志会的批评是善意的,只是要求他们对联邦制保持信心,希望他们公开打出自己的旗帜。而对社会上出现的"反对省宪同志会"这一组织,高一涵则采取严厉的抨击态度。当时,"反对省宪同志会"在发表的宣言中认为,"今兹制宪,原期巩固国家,乃置二千余年之统一历史于不顾,而令各省自制宪法。由合而分,以构成联邦之势,必致各省制度各不相同,画中国为二十余国。破统一之旧制,召全国之分崩,造成乱因,后难收拾"。高一涵指出,"反对省宪同志会"的"这几句话很可以代表现在反对省宪者的普通心理",即认为"一让各省制宪,便破坏国家的统一"。在高一涵看来,用"集权"的方法进行所谓的"统一",虽有霍布斯等学者的主张,"但是这是理想的方法,不但事实上做不到,就是做到了,因为一人有权,万人无权,结果反惹起不统一的扰乱"。而联邦制的方法因为有着"分权"的理念,故而不仅不会导致国家的分裂,反而更利于国家的统一。因为,在分权制下,"分权的结果,使人人各得其所;人人各得其所,便可相安无事;人人相安无事,国家内便有了秩序。人人遵守秩序,就是真正的统一"②。高一涵无论是对"省宪同志会"的善意批评,还是对"反对省宪同志会"的严厉抨击,都在于宣传自己的联邦制思想有着"省宪"的特色而有助于国家的统一,并希望对当时的社会舆论和现实政治能够产生影响。

从高一涵对联邦制下分权理论的倡导来看,高一涵首先是一位思想进步、关注政局演变的政治学学者,有着变革中国政治的思想诉求和推进中国政治

① 涵:《介绍〈制宪特刊〉》,《努力周报》第56期,1923年6月10日。
② 涵:《反对省宪同志会宣言》,《努力周报》第53期,1923年5月20日。

走上民主道路的强烈愿望。他力图从学理的高度来研究政治,通过阐发政治演进的基本理法,以为中国政治的进步提供学理性的依据。他在军阀专横的时代旗帜鲜明地倡导分权理论,无论是主观上还是在客观上都有助于反对专制下的集权体制,这在当时的思想界是有鲜明特色的。

(3)"科学与玄学"的讨论

"科学与玄学"的讨论是在《努力周报》引领下开展起来的,高一涵与这场讨论有着重要的关联。1923 年 2 月,北京大学教授张君劢在清华大学作了题为《人生观》的专题演讲,并整理成文,发表于《清华周刊》第二百七十二期上。张君劢认为,科学是客观的,它受因果律的支配,方法上则以逻辑与分析方式为主;人生观则是主观的,为自由意志的表现,了解人生观要采用直觉与综合的方法,因而科学不能支配人生观。针对这一观点,丁文江于同年 4 月在《努力周报》上发表《玄学与科学》一文,关于"科学与玄学"的讨论由此展开。丁文江认为,科学与人生观不可分离,科学对人生观具有决定作用,"今日最大的责任与需要,是把科学方法应用到人生问题上去"。张君劢随后对此作了答辩。由于这一争论涉及众多哲学问题,立刻引起学术界的普遍关注,梁启超、胡适、吴稚晖、张东荪、林宰平、王星拱、唐钺、任鸿隽、孙伏园、朱经农、陆志韦、范寿康等知名学者纷纷发表文章,并结合本体论与认识论、自然观与历史观等理论问题展开辩论,从而使科学与玄学这一争论不断深入并成为当时学术思想界的热点。

"科学与玄学"论争的文章主要发表在《努力周报》、《时事新报》副刊《学灯》等报刊上。随后,上海亚东图书馆编辑出版了《科学与人生观》一书,收入二十九篇论战文章,陈独秀、胡适作序;上海泰东图书局则发行了内容相同的《人生观的论战》文集,张君劢作序。至此,科学与玄学论战大体结束。

"科学与玄学"的讨论即"科学与人生观"论战,不仅是在《努力周报》引领下发生的,而且成为《努力周报》的亮点所在。所以,分析和评价《努力周报》,自然要关涉到这场论战;研究高一涵与《努力周报》的关系,也必然要注意他与这场论战的关系。而研究高一涵与这场论战的关系,则需要分析高一涵接手《努力周报》后所编辑的第 55 期。查《努力周报》第 55 期,与此前的各期有所不同:一是栏目有重大变化,原来常设的"小说"、"诗"、"附录"等栏目未设，而集中登载的是关于"科学与玄学"的论文。二是所载文章的内容围绕一个主题即科学与玄学问题。这期发表了章演存的《张君劢主张的人生观对科学的五个异点》、朱经农的《读张君劢的论人生观与科学的两篇文章后所发生的疑问》、丁文江的《玄学与科学——答张君劢（续）》等三篇文章，都是"科学"派批判"玄学"派的文章，而没有刊载计划要发表的与张君劢持同一观点的林宰平的文章，其后的《努力周报》也没有发表林宰平的文章。林宰平的文章《读丁在君先生的"玄学与科学"》，是援助论战的另一方张君劢的，此文最终也没有在《努力周报》上发表（林宰平的文章以后发表在《学灯》（上海《时事新报》的"副刊"）上，这或许是高一涵的决定，或者是因为有其他的原因，但至少是与高一涵脱不了干系的。至于高一涵对林宰平的文章，先是决定发表而后又不发表，个中的原因不得而知。但至少可以推测，高一涵对论战的双方不能那么"平等"地对待，他对"科学"派的文章尽其所长，连篇累牍，而对张君劢这一方则未能给予"声辩"的机会①。三是这期《努力周报》增加了四个版面，是平常一期版面的两倍，这在《努力周报》的历史中还是不多见的（虽然《努力周报》的最后一期即75期，因为要将连载的文稿登完，出了增刊，但也只是增加了两个版面）。打破常规而增加多个版面，以集中登载关于"科学与人生观"论战的文章，反映此时作为《努力周报》代主编的高一涵对此论战的重视程度。值得注意的是，《努力周报》第55期有一个"本报特别启事"云："本期因讨论'科学与玄学'的文字过多，急欲告一结束，故特出增刊一张。"这一"启事"就字面意思，是说关于"科学与玄学"争论即将结束，如高一涵1923年5月30日致胡适信之所言。但就高一涵的本意而言，是还想将这一论战继续下去，而不愿意刊发这样一则"启事"。关于这一推测的依据是，高一涵于1923年6月9日致胡适信中曾这样说："前期登载结束的广告，是洛声的主张，嗣后当然仍接续登载。"②这说明，高一涵在主观上还是想将"科学与玄学"的讨论继续下去的。

---

① 这一方面反映主张平等、自由的高一涵等《努力周报》同人，实际上也存在某些"私见"；但另一方面，也反映高一涵对报刊的舆论导向作用予以十分的注重。

② 《高一涵致胡适》（1923年6月9日），《胡适来往书信选》上卷，中华书局1979年版，第206页。

关于“科玄”的大讨论，胡适曾认为：“这一场大战的战线的延长，参战武士人数之多，战争的旷日持久，可算是中国和西方文化接触以后三十年中的第一场大战……我们对于这一次挑战引起的响应，不禁发生无限的乐观。”①这场人生观问题的论争，就哲学观念来说，双方都没有跳出唯心主义的窠臼，但是论战的真正实质并不在于关于科学的评价和哲学的分析，而在于争辩建立什么样的意识形态或信仰。可以说，这场关于人生观问题的争论，又是与选择何种社会改造方案联系在一起的。

在科玄论战展开之后，中国共产党人陈独秀、邓中夏、瞿秋白等用马克思主义的观点在《中国青年》、《新青年》上发表了评论文章，在基本支持科学派主张的同时也表明了自身的观点，并揭示了论战双方的唯心主义错误，这对推动马克思主义唯物史观与科学方法论的传播有着积极作用。

（4）“国民党改造”的讨论

关于“国民党改造”的讨论，源自于高一涵于1923年7月29日在《努力周报》第63期上发表的《答KC君》这篇文章。此前，曹锟为争夺总统大位，与众议院院长吴景濂联手逼迫总统黎元洪下台（即北京政变），强行推动“总统选举”，从而导致持异议的众多议员离京南下，北京政局再次陷入混沌局面。国人期盼的南北统一和“政治上轨道”的愿望，再次落空。目睹“好人政府”无果而终，国会制宪无望、政变选起的局面，高一涵在《答KC君》文章中相当失望地表示：“这一次政变，在我个人只认为是退步的政变，不是进步的政变。”“一部二十四史中的所有的政变，只是政治首领的变更，绝不是制度或政策的变更。换句话说，只是一家的兴亡，不是政体的变革。……我们从前正在做梦，所以每逢一次政变，照例总要高兴一次，以为这回该可以有点光明的希望了。谁知结果仍然是半斤之于八两。”对于国民党，高一涵不仅对北方吴景濂一系的表现大为不满，而且对南方孙、陈“内讧”后而分裂的国民党也深表失望，并由此发出了“一律绝望”的感叹：“国民党诚然比什么研究系、政学系、安福系、直隶系等——在历史上看起来——稍胜一点。可是现在北京的民宪同志会……内中有一大部分，正在这里做攀龙附凤的事业，还有谁想‘统率国民

---

① 胡适：《一年半的回顾》，《努力周报》第75期，1923年10月21日。

做革命运动’呢？退一步说：他们就是肯去做革命运动，像吴景濂这一派人，又有那个‘国民’肯听他‘统率’呢？所以我们对于国民党也老早就绝望了。”高一涵的想法代表了当时知识界一部分人的看法，如胡适也同样明显地对国民党缺乏信心，认为“西南各省内乱多不易收拾，自顾还不暇”。当然，高一涵此时对于中国政治上各实力派的绝望，并不是对中国政治前途的失望，他由此更主张对中国社会进行“根本改造”。他说：“英美的实验主义派可以主张零碎修补，我们便不得不主张根本改造。”在他看来，“中国政府坏到这步田地，如果我们仍抱着头痛医头、脚痛医脚的办法，终究是没有功效的”。高一涵提出“根本改造”的主张，还在于他认为中国存在着“大有希望的阶级”，这个阶级就是“教育界和工商界”。鉴于对北京政府的“绝望”与对教育界和工商界的“希望”，高一涵提出“最后的希望”就是：“中国商业阶级如果觉悟，很可以和工业界、教育界联合起来，共同担任改造中国的大责任。”由此，他也希望社会各界“对于这几个大有希望的阶级，却不可不想方设法地赞助”①。高一涵身在教育界，自然是希望教育界的学者名流身体力行，开展反对黑暗政治的斗争，使教育界能首先脱离军阀政治的束缚。他说：“当此非常政变之时，教育界如果要想表示人格，如果要想表示我们不是那‘有奶就是娘’的学者，只有公然作抵抗拿金钱势力强夺总统的黑暗运动。”②从“只有革命”到“根本改造”主张的发展，反映高一涵在寻求中国社会变革力量的过程中，对中国现实政治的研究逐步深入，同时也反映高一涵此时的政治思想有了巨大进步。

高一涵在分析中国政治力量时虽然对国民党有所批评，但总的来说是赞同国民党的政治主张的。他此时提出对国民党失望的说法，当有恨铁不成钢之意，事实上是期盼国民党来一次根本的改造，因而对于国民党也就不是真正的“绝望”。

首先对高一涵提出的对国民党抱有“一律绝望”的态度进行反驳的，是政治学者邓初民。邓初民（1889—1981 年）于 1913 年留学日本，入东京法政大学法学部攻读政治学。1915 年，邓初民任东京中国留日学生会总会评议会会

① 涵：《我们最后的希望》，《努力周报》第 64 期，1923 年 8 月 5 日。

② 涵：《北京教育界的歧路》，《努力周报》第 61 期，1923 年 7 月 15 日。

长,参加反对“二十一条”的斗争,并兼会刊《民彝》编辑,与高一涵、李大钊等同为留日学生会中的重要人物。不久,邓初民亦参与组织神州学会,与高一涵、李大钊等一起从事反袁斗争。因此,高一涵对于邓初民并不陌生。邓初民认为,国民党是有“三民主义五权宪法的党纲的……始终是一个革命的政党”,应当寄希望于国民党来进行改变政治现状的“大变革”,而不能因为对政治现状的不满而对国民党失去希望。

高一涵随即在《我对于国民党的态度》一文中回应道,自己是“尊重国民党的主义和精神”的,并且也是“赞成国民党的主张”的,但不相信旧国民党员能够实行国民党的主张。在高一涵看来,“国民党的多数党员在共患难时有主义,在共安乐时却无主义”,所以“国民党得荣誉往往在失败之后,国民党遭痛骂往往在得意之时”①。由此,他表示对国民党很失望,但这种失望乃是“像我们这一类诚心诚意赞同国民党的人大大的失望”。高一涵在此文中,还正式提出了改造国民党的主张,认为“既然只剩下一空店面和一块老招牌,就应该重订店规,重新招股,从新批发,最好是从新制造些货物。在用户面前贩卖,必恃用户有个‘货真价实’的总批评出来,方可撑持这个门面。”他同意邓初民所谓“将来我要开始我的政治行动时,如果不能独立组党,就要加入国民党”的说法,并提出自己改造国民党的三点设想:(一)将北京民宪同志会中的“老国民党的党员”全部清除出国民党;(二)使国民党完全变成“社会主义的政党”;(三)要使“有职业的人”加入国民党。

高一涵的这篇《我对于国民党的态度》文章,引起了人们的注意。北大学生邹德高读了高一涵的文章后,也就国民党改造提出了五个问题,即:民治国家是否要政党?中华民国有无政党?国民党是否政党?改造中国是否需要国民党?人民对于国民党应持什么态度?该文还就国民党存在的合理性进行阐述,认为“改造中国,先要从振作国民党入手;改造国民党,以改造中国,是很必要的。”②不难看出,邹德高文章是赞同高一涵主张的,并就“改造国民党”问题作出进一步的探讨,因而也就有助于关于如何“改造国民党”问题的讨

① 涵:《我对于国民党的态度》,《努力周报》第66期,1923年8月19日。

② 邹德高:《读了一涵先生“我对于国民党的态度”以后》,《努力周报》第67期,1923年8月26日。

论,并使国民党的改组有着舆论上的氛围。

随后,周明在《我对于邓初民君与高一涵君讨论国民党的讨论》一文中,就国民党能否改造以及怎样改造提出几点意见:"国民党,成为国民党的国民党,不是孙文式的国民党,也不是集权制的国民党";"三民主义五权宪法是孙文等少数人的主张,不是国民党的——社会化的——主义,不足以应付环境,不能号召一切,非修改成国民党的——社会化的——主张不可";"政党的结合既在具有共同的政治目的和意见,那嘛(么),就该把具有共同政治目的和意见与否作为出党入党的准则,就是孙文不是,也必出党;段祺瑞同情,也许入党。"①周明的文章,不仅提出在国民党改造问题上孙中山"出党"问题,而且还提出段祺瑞"入党"问题,这显然是认为国民党没有"社会化的"改造的可能,故而也就不赞成高一涵关于改造国民党的主张。

周明的文章立即引起邓初民的回应,邓初民指出:"邹君的讨论是针对高君提出的,周明君的讨论是专对我提出的。"邓将辩论双方的异同点进行了归纳,即相同点是均认为"国民党是有'三民五权'的党纲的;国民党的分子是不尽善的;国民党是须加以改造而后完满的。"不同的观点是认为"国民党只是一块空招牌;国民党的事实都与主义相背。"②邓初民在文章中还就国民党的"空招牌"和"革命性"问题进行论述。邓文发表后不久,《努力周报》即停刊,这场在《努力周报》引发的关于国民党改造的讨论也暂告一段落。关于"国民党改造"的讨论尽管结束了,但它引发了国人对国民党问题的关注。

高一涵关于"国民党改造"的言论,在总体上是与中国共产党人主张相近的。在这场辩论中,高一涵曾两次引用陈独秀在《向导》上发表的对于国民党现状的评价。一段是:"此时国人无论对于何人都绝望了,所希望能救国的只有国民党。国民党就应试起来统率国民做革命运动,便应该断然抛弃以前徘徊军阀之间,鼓吹什么四派势力裁兵会议与和平统一政策。"③另一段是:"国

① 周明:《我对于邓初民君与高一涵君讨论国民党的讨论》,《努力周报》第 73 期,1923 年 10 月 7 日。

② 邓初民:《答周明君对我提出之关于国民党的讨论》,《努力周报》第 75 期,1923 年 10 月 21 日。

③ 参见涵:《答 KC 君》,《努力周报》第 63 期,1923 年 7 月 29 日。

民党究竟怎样？我们用不着夸张，我们敢说，国民党两次在广东执政，为期尚短，虽无什么积极的建设，而消极的未曾压制人民集会结社出版之自由，这是我们亲见的；至于国家每有大难，如袁氏谋叛，张勋复辟，段氏毁法等，国民党莫不出而肩负钜任，为国牺牲。这些事实，便是反对党也不能否认。"①高一涵征引陈独秀的这两段论述，并表示赞同的态度，此可见在改造国民党问题上具有较多的共同性。在《向导》上，"春木"（张太雷）亦发表《羞见国民的中国国民党》的文章，认为国民"所以怕国民党的名字"，是由于"国民党一直所采的方法和一切混蛋的政团如安福系，交通系，直系，奉系等的无甚差别"，国民党的现状快接近"变成无国民的党"②。该文指出国民党必须改造的窘迫境地，和高一涵异曲同工，亦有互相呼应的效果。

高一涵关于国民党改造的意见，对于孙中山改组国民党亦发生过影响。当时，身处舆论漩涡的国民党，也深感国民党改造的紧迫性。继 1922 年 8 月，孙中山在上海与中共代表李大钊和苏俄越飞代表马林举行会谈后，加紧了改造国民党的步伐。对高一涵提出改组国民党的提议，"中山先生见了这个提议，十分满意，便派汪精卫等着手预备"③。孙中山于 1923 年 11 月发表了《中国国民党改组宣言》，并在苏俄和中共的帮助下，于 1924 年 1 月在广州召开了中国国民党第一次全国代表大会，通过了大会宣言和《建国大纲》等，事实上确立了联俄、联共、扶助农工的三大政策，同意共产党员以个人名义加入国民党，从而实现了国共第一次合作。

这一时期高一涵不仅加强对国民党历史和现状的，而且对于国民党的态度也有了重大变化。他在 1924 年 1 月 10 日的《东方杂志》第 21 卷纪念号上，发表了《二十年来中国的政党》长篇文章，列举了国民党所宣布的民族主义、民权主义及民生主义三项政纲的基本内容，并对此政纲表示高度的赞赏和积极的评价，认为这是"中国国民党的适合时代思潮和中国需要的政纲"。这篇文章的最后，在提出"政党组织的条件"是"须立下一定的主义"、"须以利害相同的阶级为基础"、"须有坚固的组织"这三项时，有一段对国民党表示希望的

---

① 参见涵：《我对于国民党的态度》，《努力周报》第 66 期，1923 年 8 月 19 日。

② 春木：《羞见国民的中国国民党》，《向导》第 29 期，1923 年 6 月 13 日。

③ 蔡东藩：《中国史 · 民国史》（下），中国华侨出版社 2014 年版，第 782 页。

总结性言论:“我深望中国国民党缓缓的进行,如果这个政纲得到全国中多数人同意,然后再用大规模的组织,使党员随时可以监督本党在朝党,庶可免掉今日政党无主义、无实力且与人民相隔绝的大弊!”①其后,高一涵于 1924 年 3 月发表《政党要怎样改造?》文章,将上面提出的“政党组织”的三条件,也视为“政党改造”的三条件,即政党改造“须立下一定的主义”、“须以厉(利)害相同的阶级为基础”、“须有坚固的组织”,并认为“这三层是改造中国政党须不可缺条件”,“如能采用,至少可以免除中国近几年来政党的各种积弊”②。高一涵希望国民党能够顺应时代潮流,振作精神、重整旗鼓,通过改造的办法塑造自己的形象,从而在中国政治变革中担负起领导的责任。

高一涵对国民党态度的变化有多种原因,而李大钊的影响也是最为重要的因素。李大钊在参加国民党“一大”回来后,对高一涵说:“现在国民党与共产党合作了,国民党的纲领也改进了,我愿国民党中多一个朋友,不愿国民党中多一个敌人。因此,我劝你加入国民党。”于是,在第一次国共合作期间,高一涵由石瑛、王星拱介绍参加了国民党。高一涵对国民党所采取的积极态度,对他以后的政治生涯产生了重大影响。

与胡适的渐行渐远

高一涵与胡适的合作总体来说是密切的、愉快的,但相互间也不是没有一点误会、没有一点分歧。

早在 1924 年下半年,高一涵曾因为《努力周报》改为《努力月刊》并由商务印书馆担负“编辑费”的问题,与胡适发生很大的误会,双方的关系处于不愉快的状态。高一涵在 1924 年 8 月 28 日的《晨报副刊》上发表《关于〈努力月刊〉的几句话》,对商务印书馆提出了批评。该文中说:“《努力月刊》的创意在去年秋天,商务书馆一听到这个消息便要求归该书馆承办(或包办),同时

① 高一涵:《二十年来中国的政党》,《东方杂志》第 21 卷第 1 号(二十周年纪念号),1924 年 1 月 10 日。

② 高一涵:《政党要怎样改造》,《晨光》第 2 卷第 1 号,1924 年 3 月。

亚东图书馆也想代为发行，两家竞争的结果，终让商务书馆战胜。商务书馆于是便板起资本家的面孔，说‘给你们做文字的人三块钱至五块钱一千字！’适之先生想得一点稿费来报酬长期投稿的穷朋友，本是办报人应该有的善意，但是教(叫)我们出来为‘三块钱至五块钱’去替那些持商务书馆股票的人挣红利，老实说，心中总有一点痛！所以我这一个小卒子对于商务书馆要包办的《努力月刊》，不得不暗地里抱着‘不合作主义’了！”①胡适认为，高一涵这番言论是误会了商务印书馆“友谊的帮助”，故而于1924年9月8日致信高一涵，信中说：

> 至于“商务”对《努力》的关系，并非谋“红利”，乃是“商务”里面有几位朋友赞成我们奋斗牺牲的态度，故为友谊的帮助。《周刊》出版后，“商务”即破例愿为代售，并为代定。以几百万资本的公司，而担当三个铜子的小生意，至一年半之久，这是他们谋“挣红利”的表示吗？《月刊》之非挣钱营业，人皆知之。“商务”所办杂志，至今能挣钱者，有几个呢？他们这一次不恤冒险而担任《努力月刊》的编辑费，我们自己计算，姑以每年五千四百元编辑费而论，加上印刷、发行、广告的费，须真有八千份的销数方可够本，而月刊不比周刊，周刊能有八千份而月刊不易至此数。……君子立论，宜存心忠厚。凡不知其真实动机，而事迹有可取者，尚当嘉许其行为，而不当学理学家苛刻诛心的谬论，——何况我深知“商务”此番全出于好意的友谊，而你说的话太过火了，使我觉得很对“商务”不住。②

胡适9月8日致高一涵的信，显然是在批评和责备高一涵，尤其是信中的“君子立论，宜存心忠厚。凡不知其真实动机，而事迹有可取者，尚当嘉许其行为，而不当学理学家苛刻诛心的谬论”等语句，更可见胡适当时的不满态度。由于高一涵的《关于〈努力月刊〉的几句话》文章是在《晨报副刊》上发表的，胡适又于第二天(9月9日)写了《致〈晨报〉副刊》(载9月12日的《晨报

---

① 高一涵：《关于〈努力月刊〉的几句话》，《晨报副刊》1924年8月28日。

② 《胡适书信集》(上)，北京大学出版社1996年版，第339—340页。

副刊》）的文章，更正高一涵的说法。胡适在该文说：“他（高一涵）提及商务印书馆的一层，未免有点失实。商务印书馆对于努力的关系，并不是资本家对待‘脑筋苦力’的关系，办杂志也不是‘挣红利’的好法子。至于‘商务印书馆于是便板起资本家的面孔说：给你三块钱至五块钱一千字。’那更是一涵笔锋的情感，却不是事实。”①这说明，胡适对于高一涵在《晨报副刊》上的言论，确实不是一般地生气了。

朱经农看到胡适在《晨报副刊》上的这篇文章，知道胡适与高一涵关系处于紧张状态，遂致信胡适予以调和。朱经农在致胡适的信中说：“今天我看了你在《晨报副刊》上发表关于《努力》的一篇短简，我恐怕你和一涵或因此事生意见。我想一涵也不免书生偏见，知一而不知二，我们也不过于责备他。好几年的朋友，不要为这些小事伤了和气。一涵对于商务不知因何忽生意见，我曾作书为商务解释，没有得他回信。但我也不再问了。我想好朋友难得，为小事伤和气是不值得的。你以为如何。我想以后一涵或他人关于此事再有文字发表，你莫再和他们辩论，好好歹歹随他们去说吧。”②1924 年 11 月 30 日，朱经农在致胡适的信中又谈及高一涵：“一涵无非对于商务表示不满。总说商务对他太薄，因为他没有大名气。他总觉得商务只知敷衍有名人物，而薄待学者。其实商务对于一涵实在不曾薄待。他所享的权利与其他有名人物一样。他要误会，商务方面也只好由他，我们做朋友的也没法解释。一涵未免太量小一点。他若和别家书店交涉，也决不能得较优的条件。况且战争初罢，商务方面诸事未能恢复旧观，外间的责备太严，期望太奢，他们也没法应付，只好听其自然了。”③朱经农既是胡适的朋友也是高一涵的朋友，他致信胡适在于调解他们的关系，希望他们不要因为“小事伤了和气”。

1924 年八九月间高一涵与胡适之间的不愉快，随着时间的推移也渐渐地淡化了。笔者在胡适的来往书信中，没有找到高一涵就此事给胡适的回信，也

① 《胡适书信集》（上），北京大学出版社 1996 年版，第 341—342 页。

② 《朱经农致胡适》（1924 年 9 月 22 日），载《胡适来往书信选》（上），中华书局香港分局 1983 年版，第 265 页。

③ 《朱经农致胡适》（1924 年 11 月 30 日），载《胡适来往书信选》（上），中华书局香港分局 1983 年版，第 282 页。

没有发现高一涵再在报刊上发表关于“努力月刊”与商务印书馆关系的意见。这大致可以推断,高一涵此后也不再关心此事了。故而,高一涵与胡适双方的不愉快,也算是告一段落。

高一涵在中国公学的时期(1928—1930年),与胡适也是有着密切的合作,但两人的关系多少发生了微妙的变化。故而,中国公学也就成为考察高一涵与胡适之间关系的重要“节点”。

胡适奉行“实验主义”,开展相关的改良活动。如果说“好人政府”是胡适政治理念的实验,创办《努力周报》是他谈政治的实验,那么,主持中国公学便是他在教育领域的实验。1928年4月30日,胡适正式接任中国公学校长职,开始了教学实验的改革。他为中国公学制定了一系列规章制度,裁掉工学院、法学院,只设文理学院和社会科学院,将各系裁减为商学系、中文系、外语系、哲学系、数理系、史学社会学系和政治经济学等七个系。胡适兼任文理学院院长,聘高一涵为社会科学院院长。高一涵也全力辅佐胡适进行一系列改革。在胡适的大力推动下,通过聘任名流教员,提倡学术自由,奖励优秀学生,裁减管理人员、革除公学旧习等一系列措施,使中国公学摆脱了内外交困的局面。当时,在中国公学可以不挂国民党旗,不做国民党纪念周,只脚踏实地地营建“不苟且”的治学风尚。胡适和高一涵都亲自登台讲课,为学生授业解惑,学校风气为之一变,成为“宁静得犹如我国古代书院”的传播知识场所。

当年中国公学的学生江厚垲这样记叙高一涵讲授《欧洲政治思想史》和《政治学》课程的情景:中国公学时代的高一涵“喜欢剃光头,高高的个子,戴副金丝眼镜,穿着长衫,国语不离合肥音”;他“教我们欧洲政治思想史,因为讲解清晰,材料丰富,选读这课的人很多,而且听得津津有味,真佩服他的精力过人,他能自早晨九时上课,直到十二点多钟下课,接连四堂,一气呵成,虽休息时间亦不停止讲授。而且不看书本,讲得头头是道,有条不紊,他站了四个钟点倒毫无倦容;我们坐在底下听讲的,反有些‘吃勿消’,真是说来惭愧!”而在倪思毅的记忆里,印象最深的是高一涵的政治学课程和他的大板烟斗:“高教授一手拿着粉笔,一手拿着大板烟斗,器度轩昂地走进教室,室内虽有一百多学生,但是鸦雀无声,静悄悄地等待他。高教授的这门政治学,既没有指定课本,又没有发讲义,完全是口授笔记,他先把纲目写在黑板上,然后按照纲目的次序，口若悬河，滔滔不绝的讲授，他讲完一节便走近窗口，吸几口板烟，休息一会儿，正好让同学们利用这一点空隙，把笔记整理完毕，再听他继续讲下去。那一股悠闲的情趣，或许在今日的各大学中已经不能看到了。"①

对于胡适掌管中国公学后的巨大变化，董事长蔡元培在1930年5月15日致信胡适，盛赞他把中国公学"从破产中救了出来"②。然而仅四天之后，胡适就正式离开了中国公学的校长岗位。起因是胡适在《新月》上连续发表了《知难，行亦不易》、《人权与约法》、《我们什么时候才可有宪法》等三篇文章，剑指国民党当局。1929年8月28日，国民党上海市党部以胡适三文侮辱总理、背叛政府为由，作出决议："请中央转令国府，严予惩办。"10月4日，教育部以"该校长言论不合，奉令警告"发出1282号训令送达胡适。胡适于10月7日，致信蒋梦麟，予以批驳，并退还此令。但在强大的政治压力下，中国公学校董会1930年1月12日通过决议，胡适辞去中国公学校长职，由马君武续任③。

高一涵在胡适辞职前后，也曾萌生辞职的打算。他在给胡适的信中写道："中公是非真多，上学期已得兄允许，准我辞卸一切职务，马校长处请代为助一臂之力。我实不愿受此无期徒刑，教书已够生厌了，教书外更受莫须有之冤，真是冤哉枉也。"④高一涵信中所说的"中公是非真多"，是指胡适离职后，中国公学内由学生派别的斗争而引发的"拥马"、"反马"的学潮，以及因此而被卷入此争的马君武、于右任和众多教职员。胡适当然希望高一涵能够力佐他所推荐的马君武校长，将中国公学继续办理下去。在高一涵请辞社会科学院院长职时，胡适曾两次前去挽留高一涵⑤；为"中公"事，胡适还和马君武一起专访高一涵，以求支持⑥。但高一涵去意已决，并由此与胡适意见相左。1930年11月20日，高一涵为中公事致信胡适，信中写道：

---

① 章玉政：《光荣与梦想：中国公学往事》，浙江人民出版社2014年版，第167—168页。

② 罗尔纲：《师门五年记·胡适琐记》，三联书店1995年版，第3、4页。

③ 《胡适日记全编》（五），安徽教育出版社2001年版，第665页。

④ 《胡适来往书信选》（中），中华书局1979年版，第37页。

⑤ 《胡适日记全编》（五），安徽教育出版社2001年版，第671页。

⑥ 《胡适日记全编》（五），安徽教育出版社2001年版，第748页。

适之兄：

亮功来信托我劝劝你不必管中公风潮，此事你我皆在局中，我之不能劝你，亦犹你之不能劝我，然旁观者的意见究竟不能抹煞，故特将原书奉陈兄一阅。书架子已教人来取，不知兄廿六日能成行否？余候面谈，即颂著安

一涵[十一月]廿日①

此后两人的面谈，据胡适日记记载："十一月中，为了中公的事，几乎与一涵绝交而散。"这里，两人的关系"几乎"是"绝交而散"，看来两人之间是谈崩了。谈崩的具体原因，没有确切的记载，也不好妄加猜测。但在此后不久，高一涵接受于右任的邀请，就任国民党监察委员职。看来，两人谈崩除为"中公"事外，更重要的原因，可能是高一涵已决定弃学从政，而这正是胡适所不屑的。11 月 28 日，胡适离沪赴北京。在胡适当日的日记中，所记的送行人员，没有高一涵。大致可以说，两人关系可能由此而疏远。

此后，尽管两人都有过修复之间关系的努力，如 1931 年 1 月 17 日，胡适到沪后特地前去探访高一涵。对此，胡适在日记中记道："去看高一涵。……今念'故者无失其为故也'之义，特去看他。"②又如，1937 年 9 月 12 日，胡适到武汉大学，高一涵也赶往珞珈山与其会晤，第二天又往机场送行③。此后，胡适与高一涵还见过几次面。高一涵晚年在《漫谈胡适》一文中写道："1946 年，国民党制宪会议时，他(指胡适)来南京出席，我和他见过几次面。最后，在 1948 年，北京解放的前几天，他逃到南京，又见过几次面。"④至于高一涵与胡适见面谈些什么内容，已不得而知，但毕竟两人关系是渐行渐远了。

新中国成立后，高一涵与胡适更是越洋相隔，再无往来。1954 年 10 月 16 日，毛泽东就《红楼梦》研究问题写信给中共中央政治局委员和有关同志，要

① 《胡适来往书信选》(中)，中华书局 1979 年版，第 31 页。

② 《胡适日记全编》(六)，安徽教育出版社 2001 年版，第 29 页。

③ 《胡适日记全编》(六)，安徽教育出版社 2001 年版，第 713—714 页。

④ 高一涵：《漫谈胡适》，《胡适思想批判论文汇编》第四辑，三联出版社 1955 年版，第 187—188 页。

求开展“反对在古典文学领域毒害青年三十余年的胡适派资产阶级唯心论的斗争”。11月8日,《光明日报》发表郭沫若就《红楼梦》研究问题批判胡适派资产阶级唯心论的谈话。自此,批判胡适的运动开始。高一涵也被卷入,先后写了《实用主义的政治思想的反动本质》、《漫谈胡适》等文章,加入了批判行列。远隔重洋的胡适将大陆批判他的三百多万字的文章,一一看完,他一定也读到了高一涵的批判文章。胡适在读完批判他的文字之后,有这样评价:“这些谩骂的文字,也同时使我感到愉快和兴奋,因为……我个人四十年来的一点努力,也不是完全白费的。”①又说:“此事确使我为许多朋友、学生担忧,因为‘胡适的幽灵’确不止附在俞平伯一个人身上,也不单留在《红楼梦》研究或古典文学研究的范围里。这‘幽灵’是扫不清,除不净的。所苦的是一些活着人要因我受罪苦。”②胡适写下此段文字时,对他的朋友高一涵有怎样的感觉,笔者不好轻下断语,这只能留给学者们继续研究了。

尽管高一涵与胡适渐行渐远,但胡适在五四时期对高一涵的影响是较大的。高一涵在1959年12月撰写的自传中,在记述对自己影响最大的人时,曾这样写道:“对我思想教育有重大影响的,在求学时代有严复……在做事的时候,有蔡元培,因为他是北京大学校长,提倡兼容并包,主张学术思想自由;有陈独秀,他反对封建文学,提倡新文学和科学及民主;有胡适,他传播实用主义思想;有章士钊,他传播政治调和论。这几个人对我的思想都起过很大作用。”可见,胡适在高一涵的一生中,确实留下了较大的影响。这也是高一涵自己所承认的事实。

---

① 《胡适作品集》第25册,台北远流出版公司1986年版,第39、44页。

② 胡颂平编著:《胡适之先生年谱长编初稿》第7册,台北联经出版公司1990年版,第2461页。

第八章　著名政治学家

现代中国的政治学在学术在渊源上来自于两个方面：一是中国古代政治学的学术遗产，集我国数千年的治国理念与实践，这可以说是现代中国政治学产出的重要宝库；二是近代以来引进的西方政治学。近代以来尤其是19世纪末以来，先进的知识分子受甲午战争惨败的刺激，积极探寻西方崛起的奥秘，寄希望借助于西方政治学的理论，谋求拯救国家于危难的良策。这之中，严复、梁启超对西方政治学的引进发挥了先驱者的作用。1903年，作为当时中国现代学术中心的京师大学堂（北京大学前身），率先开设政治科。此后，“癸卯学制”又对大学政法科的课程作了规定，政治学遂在中国学科体系中占有一席之地。高一涵自1905年就读安徽高等学堂，就在总监严复的直接影响下，对西方政治学有了初步的接触；赴日留学，又系统地学习了西方政治学的理论，对西方近代政治学的演变有了一个比较准确的把握。高一涵归国后，即以政治学者和政论家身份活跃在思想启蒙的前列。不久又在蔡元培主持的北大任教，这为他提供了研究政治学的学术舞台。高一涵凭借其深厚的国学功底，以及接受的西方政治学理论，并联系民国政治建设的需要，从而在政治学方面作出了许多开创性的工作，成为五四时期著名的政治学家。

政治学研究开拓者

五四时期的政治学迎着两条道路发展，一条是马克思主义政治学的道路，一条是自由主义政治学的道路。前者是李大钊、陈独秀、瞿秋白等开创的，后者是在承继严复、梁启超等人研究成果基础上而发展起来的,以高一涵、张慰慈等为代表。对此,笔者在《留学生与近代中国社会变迁》一书中有这样的论述:

> 政治学这门学科在中国的开创与留学生的努力是分不开的。严复作为留学生的代表,对中国政治学的开创有积极的贡献,但政治学在中国作为一个较为完备的学科体系的形成是在五四时期。五四时期中国政治学形成两大体系,即中国马克思主义政治学和中国自由主义政治学,而这两大体系都是由归国留学生构建的。前者以李大钊、瞿秋白等为代表,后者以张慰慈、高一涵等为代表。①

关于中国马克思主义政治学开创的情况,笔者在《中国马克思主义学术史概论(1919—1949年)》中指出:

> 中国马克思主义政治学是在1919年马克思主义在中国传播以后产生的,其标志是李大钊的《我的马克思主义观》发表。以李大钊、陈独秀、李达等为代表的中国马克思主义者,不仅在政治上信仰马克思主义,而且对研究现实政治问题颇有兴趣,且具有中外学术文化的深厚功底。他们或身在大学讲坛精心研究马克思主义,或创办刊物在思想界、学术界宣传马克思主义的政治思想,或亲自投身革命斗争的实践总结政治斗争的经验,成为中国马克思主义学派的领袖群体,其代表是李大钊、陈独秀、李达、谭平山、恽代英、瞿秋白等。中国早期的马克思主义者结合马克思主义理论的政治宣传工作,初步地研究中国政治发展的特点,宣传政治大革命,并且以马克思主义唯物史观为指导,对国家、阶级、政党等政治学的内容进行探讨,初步建立了中国马克思主义政治学体系。②

---

① 吴汉全、王中平:《留学生与近代中国社会变迁》,吉林人民出版社2012年版,第202页。

② 吴汉全:《中国马克思主义学术史概论(1919—1949)》上册,吉林人民出版社2010年版,第43页。

中国自由主义政治学在五四时期不仅是以高一涵、张慰慈等为代表,而且他们在政治学研究中有着密切的合作关系。高一涵1918年进入北京大学后,立即与张慰慈合作,共同编写了北京大学第一部《政治学大纲》教材,这也是当时国内第一本自编自印的大学政治学科教材。目前可以查到两人合编版的最早版本为:1923年北京法政大学出版的《政治学大纲》。从现有资料来看,张慰慈是高一涵撰写政治学专著的最早合作者。

张慰慈于1912—1917年间留学美国,获博士学位。回国后在北大担任政治学教授,重点研究过十月革命后苏俄的政治制度,参加了《努力周报》的编辑工作,是五四时期著名的政治学家,并且与五四时期的历史(特别是思想史和学术史)有着十分重要的关联。据《中国文化界人物总鉴》的记载:张慰慈,字祖训,1893年生,江苏吴江人,依阿华大学哲学博士(Iowa,Ph.D.1917年),博士论文题为《美国市政之委员制与经理制的历史与分析》,历任北京大学及北京政法大学政治学教授,财政部秘书,上海东吴大学法学院及中国公学政治学教授,北宁铁路管理局总务处长,安徽大学图书馆馆长,铁道部参事兼南京中国政治学会干事等职,著有《英国选举制度史》、《市政制度》、《政治学大纲》、《政治概论》、《政治学》、《宪法》等书①。

高一涵是北大政治学研究的主要成员之一。据有的学者考证,20世纪20年代初的北大法科之政治系,有教授六人,他们是:陈启修(兼系主任)、陶孟和、李大钊、高一涵、周鲠生、张慰慈②。这六人都曾留学国外,受到系统的现代学术的训练。陈启修、李大钊、高一涵三人早年都曾留学日本,系统地学习政治学(陈启修留学于东京帝国大学、李大钊留学于早稻田大学、高一涵留学于明治大学);周鲠生虽然早年也留学于日本早稻田大学,但后又于1913—1921年间先后留学英国、法国,并获英国爱丁堡大学博士学位和法国巴黎大学博士学位;陶孟和早年也曾留学日本,后又留学英国伦敦经济学院。六人中,只有张慰慈是留学美国的。可以说,北大的政治学教授群体是由留学日本和留学欧美的归国学人所组成的群体,在介绍西方的政治

① 参见桥川时雄编撰:《中国文化界人物总鉴》,中华法令编印馆1940年版,第428页。

② 陈明远:《20年代知识阶层经济状况——北京教育界和学者群体》,《社会科学论坛》2000年第5期。

理论和宣传社会主义思潮方面起了积极的作用，开创了现代中国的政治学的新局面。在北大的政治学教授中，虽然各人政治思想有所不同，但在“兼容并包，思想自由”的学术氛围中，各人的思想和学术都得到存在和发展。

政治学理论研究是当时中国政治学建设的重要方面，编写相关的教材是其显著的特色。高一涵编写的《政治学纲要》，于 1930 年 2 月由神光出版社出版发行；张慰慈编写的《政治学大纲》，于 1930 年 8 月由商务出版社出版发行。这两本政治学著作，均被民国时期各大学的政治学与法科采用，或作为大学的政治学教材，或作为教学的重要参考书，受到广泛欢迎与好评。高一涵的《政治学纲要》仅 1930 年就出了五版，直到 1949 年 5 月还不断再版，足见其在民国时期的影响。据高一涵在《政治学纲要》初版的“弁言”中说，这部书的一部分是在北大讲授政治学时编写的，另一部分是在上海法政大学讲授政治学时编写的，“时间经过了五六年之久”。民国时期出版的政治学理论的研究专著，比较著名的还有邓初民的《新政治学大纲》（生活书店 1940 年版）；钱端升的《民国政制史》（商务印书馆 1939 年香港版）；浦薛风的《西洋政治思潮》（商务印书馆 1939 年版）；萧公权的《中国政治思想史》（商务印书馆 1945 年版）。应该说，高一涵的《政治学纲要》是民国时期政治学研究中比较重要的著作。

高一涵作为现代中国政治学研究的开拓者，不仅立足于北京大学讲授政治学课程、举办当代政治讲座，而且也全力推动中国政治学会的组建。1931 年夏，杭立武与高一涵等 45 位政治学者，联合发起成立中国政治学会。高一涵直接参与了学会章程的起草及筹备工作。杭立武在《中国政治学会成立刍言》中说：“中国政治学会之发起，始于去夏。时愚在中央大学，初与政治系同事陶希圣、吴颂皋、刘师舜、梅思平、杨公达诸君言，皆表赞同。会暑期各地友人过京者，如张奚若、周鲠生、高一涵、皮皓白诸君等，与谈此事，感乐观速成，促即正式发起。经即通函各地，征求发起人，未匝月而京沪平津武汉青岛广州各校络绎赞同者，五十余人。足征政治研究学者之组织学会，实久具此需要，偶经倡导，竟群谋佥同也。惟以同志散居各地，招集非易，当与高一涵君等先拟会章草案，即以通讯方法，征询各同志同意，并请推举筹备委员，共策进行。”[①]经过多方筹措，1932 年 9 月 1 日，中国政治学会在南京中央大学礼堂举行成立大会，推定高一涵与周鲠生、王世杰、杭立武、钱昌照、卢锡荣、陶希圣、萧公权等 22 人为候补当选人，10 月份，由各发起人用通信的方式选定 11 人，组成中国政治学会干事会。总干事为杭立武，副总干事为梅思平，首届干事会成员还有王世杰、高一涵、周鲠生、刘师舜、钱昌照、吴颂皋、张慰慈、张奚若、钱端升等计 11 人[②]。会员均系现任或曾任各大学的政治学教授，以及从事政治学研究工作而有对政治学有特殊贡献者。学会以研究政治科学并促进其发展为宗旨，于 1935 年、1936 年，先后举行第一、二两届年会。其时正值日本对我外交上步步进逼，学会乃以我国外交策略为主要议题，所议方案送请政府参考。1942 年政治学会在重庆召开第三届年会，经大会选定王世杰、钱端升、浦薛风、杭立武、张惠绂、马洗繁、黄正铭、周鲠生、张雁文、萧公权、陈之迈等十一人为理事，蒋廷黻、高一涵、张慰慈等三人为监事，并推王世杰为理事长，杭立武为总干事。学会主要研究工作为：1.外交策略，2.宪法草案、3.地方行政、4.改进吏治、5.大学政治学系课程标准、6.非常时期国民政治教育、7.研究战后重建世界和平、8.政治建设机构、9.宪法草案研究、10.地方自治研究等。并均定有方案分送中央各有关部会参考[③]。中国政治学会成立后，高一涵作为主要参与者与组织者，为促进我国政治学者间的联系、推进学会为现实政治服务等方面，起到了积极的作用。

政治哲学研究

高一涵在五四时期主要从事政治学理论的研究，同时也从事中国监察制度史的研究，并且对西方的政治制度和中国现实政治状况也展开相关的研究。

① 陈夏红：《百年中国法律人剪影》，中国法制出版社 2006 年版，第 54—55 页；孙宏云：《中国现代政治学的展开》，三联书店 2005 年版，第 286 页；杭立武：《中国政治学会成立刍言》，载《时代公论》第 23 号，1932 年 9 月 2 日。

② 陈夏红：《百年中国法律人剪影》，中国法制出版社 2006 年版，第 54—55 页；孙宏云：《中国现代政治学的展开》，三联书店 2005 年版，第 287 页。

③ 《第二次中国教育年鉴》（第六编第四章学术文化团体），文海出版社 1986 年版，第 58 页。

值得一提的是,高一涵还是政治哲学这一政治学分支学科的重要开拓者之一。

政治哲学是对政治现象、政治思想等所进行的哲学反思,亦即从哲学的角度来阐释和评价政治现象的规律及政治思想的价值。在政治学发展的历史上,政治哲学家依据他们的哲学观念和哲学思辨方式对政治问题进行分析,留下了重要的政治文化遗产。高一涵对政治哲学表示出浓厚的兴趣,发表了《读弥尔的自由论》、《斯宾塞的政治哲学》、《老子的政治哲学》等论文,对政治哲学家进行个案研究,并从现代政治学理论的高度来阐释其政治哲学思想的内涵,在挖掘政治哲学的学术遗产方面作出了重要的贡献。

1. 对穆勒《自由论》的研究

英国思想家约翰·穆勒的《自由论》是 19 世纪资产阶级政治学说中的重要著作。此书于 1859 年出版,主要讨论的是"公民自由或社会自由,也就是要讨论社会所能合法施用于个人的权力的性质和限度"①。全书的内容在于说明两个问题:一、个人的行为只要不涉及他人的利害,个人就有完全行动的自由,不必向社会负责;他人对于这个人的行为不得干涉,至多可以进行忠告、规劝或避而不理。二、只有当个人的行为危害到他人利益时,个人才应当接受社会的或法律的惩罚。社会只有在这个时候,才对个人行为有裁判权,也才能对个人施加强制力量。穆勒的《自由论》在西方政治学界有着重大的影响,并成为经典型的政治学名著。

高一涵对《自由论》的研究是在新文化运动时期。当然,穆勒《自由论》一书在高一涵之前中国人就有所知晓,并引起了不少中国学者的研究兴趣。早在 20 世纪初,中国学术界就已经开始注意到穆勒的《自由论》。最早的中译本是严复和马君武分别翻译的,严译本取名为《群己权界论》,1903 年商务印书馆刊行;马译本取名为《自由原理》,也于 1903 年由译书汇编社出版。清末民初,梁启超在其著作中曾对《自由论》的思想进行阐发。但是,对穆勒的《自由论》进行系统研究的是在新文化运动时期。在新文化运动中,高一涵、李大钊等都对《自由论》进行评述,阐发《自由论》的主旨及其对中国思想学术界的意义,这对中国的思想启蒙运动和中国现代政治学的发展有着巨大的影响。

---

① 约翰·密尔:《自由论》,商务印书馆 1959 年版,第 1 页。

高一涵对穆勒《自由论》的研究，其贡献主要表现在以下三个方面：

第一，肯定穆勒在英国政治思想史的“过渡的舟楫”地位。学术界对穆勒思想的评价，往往因其与乐利主义的联系而否定其进步性，如英国学者白尔克就持这样的主张。白尔克（E.Barker）著有《英国思想史》一书，虽然对穆勒的思想甚是推重，但却认为：“弥尔的《自由论》、《代议政体论》二书，皆出于一八四八年而后，虽能将旧说解释精详，然终不脱旧说之范围，故与其称弥尔为一八四八年后新派之先知先觉，不如称彼为乐利派之‘殿军’。”此外，学术界还有人认为，穆勒晚年虽然要撇开习惯礼教的势力而主张思想的自由，但他的言论仍为乐利主义所拘束，因而他晚年所提出的自由思想及其对幸福的假设大体上只是一种凭空悬揣，未能指明幸福的实质与自由实现的途径。针对这样的评价，高一涵指出：“这些批评，固也有是的；但自我个人的意见观之，未免忽略时代的实情，而以后人的眼光和现代的理想尚论古人了。”在高一涵看来，穆勒生活在英国社会之中，受英国社会思想的影响是自然的事，但穆勒与同时代英国社会主流思想却有很大的不同：“在十八世纪的时代，抱乐天主义者，不信天造的神工，即信上帝的万能。弥尔亦是抱乐天主义之一人，但他既不信自然，又不信上帝，而所信仰者惟人。尔时英国的革新派所要求者在制度，弥尔所信托者乃在人民。尔时英国的政治家所谓平民政治，在以少数服从多数；弥尔则以多数专制与一人专制同时并诋，大倡比例选举制，以为少数党谋利益。”因此，高一涵不同意学术界简单地将穆勒纳入乐利主义的范围。他认为，穆勒虽然自幼接受老穆勒（James mill）的教育，以功利主义为趋向，因而其生活的环境确实是“为乐利主义所弥漫”，并且穆勒自十岁起在事实上也曾“信仰边沁主义为宗教”。这种情况，“在他人，将终身莫逃乐利主义之范围”，但在穆勒则不是这样。事实是，穆勒“则兼容并包，打破边沁、老弥尔所传道的狭隘乐利主义，而收纳异派，炼于一炉，而成一折中主义（Eclecticism）。”这里，高一涵认为穆勒的思想具有折衷主义的色彩，并有兼容并包的特色，这一论断是非常有见地的。高一涵还进一步将穆勒的思想主张与乐利派的主张进行比较，从比较中说明穆勒自由思想的出发点及其特色。高一涵写道：“边沁与弥尔同是急进派，但边沁的急进主义是哲学的，立其基础于理想之上；弥尔的急进主义，则建其基础于常存不灭之社会上。弥尔以前之乐利主义，多为个人性质；一入弥尔之手，则由个人的性质，而变成社会的性质。先代的乐利派，在攻击少数人的特权，一部分人的私利；到弥尔则平民政治的根基，已日益巩固。故彼乃力排多数党之专制，为少数人争心思言论之自由。弥尔一生心力，不尽是用在个人主义上，乃是将个人主义引入社会之中，使得以递嬗递变，循序渐进。然则弥尔一身，不啻为过渡时代之关键。”这就是说，穆勒虽然有受乐利主义思想影响的一面，但同时又有摆脱乐利主义的一面，而成为过渡时代英国思想的“关键”人物。所以，高一涵的基本观点是：“弥尔一个人，真如那过渡的舟楫，通达两岸的桥梁。”①

第二，评定穆勒自由论的“唯一无二的宗旨，即在反对好同恶异”。高一涵对穆勒的自由论很是推崇，他曾指出：“弥尔者，诠自由之名家也。顾谓自由之道，在于人人相关之界，寻得空间以行之。”②宣传穆勒的自由思想，阐释穆勒自由思想的基本精神，是早期新文化运动在思想启蒙中引进西方政治思想的突出表现。如李大钊就曾说：“昔者英儒穆勒著《自由》(On Liberty)一书，于言论自由之理，阐发尤为尽致。”③李大钊还认为穆勒关于自由的论述是“透宗之旨”④。与李大钊一样，高一涵对穆勒的自由思想也是十分推崇的，并认为穆勒的自由论的基本内容是反对思想专制与舆论专制，即反对那种以多数人的意见压制少数人意见的“好同恶异”行为。高一涵指出：“弥尔一篇自由论，其唯一无二的宗旨，即在反对好同恶异。他说：‘倘若人类除了一个人，抱反对意见而外，其余的人，皆是一样的意见；则以全体的意见，禁止一人，和那以一人意见，阻止全体者，同为不公不正的事。’他如礼俗、宗教和世界的通义云云，凡可以拘束个人的心灵者，皆为弥尔所反对。他所以不说幸福的种类者，即是尚异恶同，不愿以我的心思拟度他人的好恶。弥尔的主旨，彻头彻尾归根于个人之自择。”⑤高一涵对穆勒自由论主旨的把握是准确的。我们知

① 高一涵：《读弥尔的自由论》，《新青年》第4卷第3号，1918年3月15日。

② 高一涵：《自治与自由》，《青年杂志》第1卷第5号，1916年1月15日。

③ 李大钊：《议会之言论》(1917年2月22日)，《李大钊文集》第1卷，人民出版社1999年版，第300页。

④ 李大钊：《民彝与政治》(1916年5月15日)，《李大钊文集》第1卷，人民出版社1999年版，第161页。

⑤ 高一涵：《读弥尔的自由论》，《新青年》第4卷第3号，1918年3月15日。

道，穆勒自由论在于倡导个人自由，认为在现实的民主政治生活中，“所谓人民意志，实际上只是最多的或者最活跃的一部分人民的意志，亦即多数或者那些能使自己被承认为多数的人们的意志。于是结果是，人民会要压迫其自己数目中的一部分”。这就形成“多数的暴虐”或称为“社会暴虐”，“而这种社会暴虐比许多种类的政治压迫还可怕，因为他虽不常以极端的刑罚为后盾，却使人们有更少的逃避办法”①。穆勒抨击的正是以多数人意见压制少数人意见所形成的舆论专制的这一“社会暴虐”，因而所反对的正是“好同恶异”这一社会舆论现象。穆勒自由论的功利性目的在于为个人自由寻得应有的空间，所以主张“任何人的行为，只有涉及他人的那部分才须对社会负责。在仅只涉及本人的那部分，他的独立性在权利上则是绝对的。对于本人自己，对于他自己的身和心，个人乃是最高主权者”②。可见，穆勒的自由论恰如高一涵所说，是主张“个人之自择”，具有反对“好同恶异”的鲜明特色。

第三，揭示穆勒自由论对中国思想界的现实意义。五四时期的中国思想界在引进和研究西方政治思想时，都是在不同的程度上与当时中国社会现实的思想斗争、政治斗争联系在一起的。新文化运动的主要领导者之一的李大钊在介绍穆勒自由论时，就猛烈抨击北洋军阀政府限制言论自由的罪恶，指出北洋军阀政府的宪法会议，在省制争议中“竟至演出用武之怪剧”，在议及孔子问题（以孔子之道为修身大本的提案）时却充斥“极鄙野之语”，而在讨论院制问题时“又几重演用武之宿剧”。由此，李大钊认为“以穆勒氏之说证之，此种现象，实背乎自由之原理，戾乎立宪之精神，此诚不能不为吾国之宪政前途惧”③。高一涵在研究和介绍穆勒自由论时，同样也是与抨击现实的思想专制结合起来，揭露北洋军阀钳制言论自由、制造舆论专制的本质，指明穆勒自由论在打破专制思想、冲击“好同恶异”舆论习惯中的现实意义。高一涵在回顾中国舆论专制历史时指出：“我们自读书以后，久已晓得英国是个自由的国家。弥尔生在世界上第一个自由的国家，还痛骂英国习俗专制、舆论专制；倘

① 约翰·密尔：《自由论》，商务印书馆1959年版，第4页。

② 约翰·密尔：《自由论》，商务印书馆1959年版，第10页。

③ 李大钊：《议会之言论》（1917年2月22日），《李大钊文集》第1卷，人民出版社1999年版，第301页。

若生在中国，不知又怎样痛骂了？中国古代思想，不用说是定于一尊的了；就是到民国成立以后，此风犹相沿未改。……他如论政治，则梦想‘哲人政治’；论德育，则想‘以孔道为修身大本’；论兵力，则想‘以北洋派统一中国’。逐类旁推，无一处不从专制思想和那好同恶异的念头，演绎变化而来。生在今日，想老天生出一个弥尔，为我们打开种种障碍，还是妄想的。要在我们自己是弥尔，我们自己亲去打开，才是真的。我们要打破习惯专制、舆论专制，必先从我们自己心中打起。因习惯、舆论，即是我们自己心意造成的。所以中国今日思想，不要统一，只要分歧。所有的学说，不必先去信他，只要先去疑他。这就是弥尔的自由论中尚异恶同的宗旨了。”①高一涵正是在研究穆勒自由论中得到现实的启示，从而在中国思想界积极倡导思想自由、打破舆论专制，主张思想言论要“尚异恶同”，反对思想定于一尊，这在当时是有助于推动思想战线上的反封建斗争的开展。

高一涵在新文化运动时期通过对穆勒自由论的介绍和研究，阐明“自由”思想对反对舆论专制、好同恶异思想习俗的时代意义，将“民主”落实到个人的自由上，这是对民主口号的进一步具体化，推动新文化运动个性解放斗争的兴起，因而具有鲜明的时代特征。高一涵对穆勒政治哲学思想的研究还具有重要的学术意义，代表了当时中国学者研究穆勒的水平，推动了学术界对穆勒思想研究的进一步重视。而从中国政治学在五四时期发展的历程来看，高一涵对穆勒自由思想的研究，也加快了中国学术界研究和介绍西方政治思想的步伐。

2. 对斯宾塞政治哲学思想的研究

高一涵对斯宾塞政治哲学所做的个案研究，体现出崭新的研究范式和学术路径。在西方学术界，斯宾塞更主要的是作为社会学家的角色而进入研究者视线的。在中国，严复早在1895年就在天津《直报》上发表《原强》一文，扼要介绍了斯宾塞的社会学思想。1903年，严复翻译了斯宾塞的《社会学研究法》，名以《群学肄言》，称“《群学肄言》非群学也，言所以治群学之涂术而

---

① 高一涵：《读弥尔的自由论》，《新青年》第4卷第3号，1918年3月15日。

已。”[①]从此，中国人对斯宾塞的社会学思想有所知晓，而斯宾塞在中国学者视阈中也主要是作为社会学家而被认可的。但是，斯宾塞的政治哲学思想一向不为学术界所重视。高一涵以政治学的眼光来看斯宾塞的学术思想，他撰写的《斯宾塞尔的政治哲学》乃是中国学术界系统地研究斯宾塞政治哲学思想的第一篇论文，此文力图发现斯宾塞作为政治哲学家的一面。

一是注重考察斯宾塞时代的政治思潮。高一涵研究政治思想，尤其注重当时社会的思想状况，将研究对象与当时社会的思想状况联系起来，因而他在研究斯宾塞时，特别注重探寻斯宾塞政治哲学与其时代政治思潮的内在联系。他通过研究指出，古今学问家的思想没有一个不受时代影响的，“斯宾塞尔的时代，可算得拿生物学经济学的原理原则，来说明社会进化的时代”。在高一涵看来，“打一八四八年到一八八〇年，前后三十二年间，是趋向个人主义的时代。主张个人主义的，必定拿天然权利作根据，拿放任政策作方法；所以这个时代，不问是政治学家，是经济学家，总脱不了天然权利和放任主义两种学说的彩色。……所以斯宾塞尔的时代，又可说是个人主义和放任主义极盛的时代。”正是对斯宾塞所处时代的整体把握和学理上的认知，高一涵认为斯宾塞虽然出生在一个科学发达的时代，但却不是用科学的训练来阐发政治原理的；“他的政治学，并不是纯从科学中得来的，是拿各种不同的观念凑成的。当他研究科学的时候，他就先有了政治上的成见，又把不能相合的人权因果观念，和那国家有机体及进化的观念合在一块。所以斯氏的哲学，从头至尾，是拿一个自然权利和生理的比譬凑合起来的。”[②]高一涵的研究说明，斯宾塞的政治哲学是那个时代的产物，植根于他生长的社会所形成的思想与学术的状况，因而也就带有那个时代思想演进的特点，并与时代思潮有着密切的关系。

二是揭示斯宾塞政治哲学思想的学术渊源。在斯宾塞本人，从未承认自己的思想有来源于他人的地方，正如高一涵所说：“斯氏生平有一种癖性，就是说凡事由我创始，不肯‘拾人牙慧’”；“所论的事，皆是拿自己眼光观察的，不是从人家观察得来的”。通过对斯宾塞思想体系的考察，高一涵认为斯宾

① 严复：《〈群学肄言〉译余赘语》，《严复集》第1册，中华书局1986年版，第125页。

② 高一涵：《斯宾塞尔的政治哲学》，《新青年》第6卷第3号，1919年3月15日。

塞本人的申明与事实不符:“照事实上说,却没有一处不是从人家思想发源下来的。”高一涵又进一步指出:“就是他信为‘独得之奇’的自由界说,‘人人自由,以不侵犯他人自由为限’一句话,也是从法国《人权宣言》书中抄来的。”接着,高一涵具体研究斯宾塞政治哲学思想的渊源,指出:“斯氏思想的来源有三:(一)激进主义(Radicalism);(二)自然科学(Natural Science);(三)唯心主义(Idealism)。”①“激进主义的发源”,是说斯宾塞早年生长在激进主义环境之中,接受了当时社会上的反对国教的教育,特别是后来受到浩思金(Thomas Hodgskin)的影响,相信社会是一种自然现象且受自然法则支配的理论。高一涵说:“斯氏早年,既受这种激进主义的影响,且把浩思金的思想奉作政治上的信条,所以他后来的思想,总脱不尽激进主义的彩色。”“自然科学的影响”是说,斯宾塞一方面接受物理学的影响,“承认‘自然律’非常的庄严”,相信“自然律”总能够淘汰不适宜的而遗留那种最适宜的部分;另一方面,斯宾塞又接受拉马克(La-marek)的生物学原则,主张“外部的境遇能够感动内部的精神,内部精神的构造和机能又常适应外界的环境”。“唯心主义的影响”主要表现为,斯宾塞受到德国学者 Schelling 和 Schlegel 的唯心主义,提出“生命观念”(Idea of life)的社会观,认为“‘生命’是宇宙进化的原因,实在就可算是宇宙进化”。高一涵在对斯宾塞政治哲学思想渊源进行探索时,还提请学术界注意:正是有这样的思想渊源,斯宾塞才成为“一个驳杂不纯的概括家”,“他是打唯心的生命观念起头,到唯物的物力永存观念收尾,一方面深信激进主义,一方面又深信自然主义”②。高一涵对斯宾塞政治哲学思想渊源的分析是极为深刻的,他是在基于社会思想状况的分析基础上而揭示斯宾塞学术思想多源性的特征,这在当时的学术界是创新性的认识。

三是注重对斯宾塞政治哲学体系的探讨和概括。在高一涵看来,斯宾塞的政治哲学是一个体系,其主要内容有四个方面:(1)斯宾塞的乌托邦主义。高一涵指出:“斯氏是一位崇拜‘乌托邦’主义的人,他确信进化的终点必达到完全均等的境界。这完全均等的境界,就是进化最终的目的,也就是终极的社

① 高一涵:《斯宾塞尔的政治哲学》,《新青年》第 6 卷第 3 号,1919 年 3 月 15 日。
② 高一涵:《斯宾塞尔的政治哲学》,《新青年》第 6 卷第 3 号,1919 年 3 月 15 日。

会观念。到了这个境界,进步就止住了,运动也停歇了。”由于斯宾塞的政治哲学贯穿“乌托邦”主义,并以此作为分析社会的标准,因而他“把现在的社会看作万恶的来源”;又由于斯宾塞把“不均等”看作是进化的原因,并且把“极端均等”看成是进化的归宿,因而他并不认为在未达到“极端均等”社会以前必须将政府废止,而是主张通过各种办法来“限制政府的权力”。由此,“斯氏很反对国家立法去管理贸易,反对立法去干涉卫生,反对国设的教育和国立的教会,反对营求属地,反对救贫的制度,并且连国家管理邮政和发行货币也一齐反对的。”①高一涵的论述说明,斯宾塞的政治主张与他的乌托邦主义密切相联,斯宾塞也正是由于乌托邦主义的理念,而使他的政治主张以独特的方式和面貌展开,并构成其政治思想体系的重要内容。(2)斯宾塞的自然权利观。斯宾塞的权利观以个人为前提,以自由为核心,并将个人权利看成是天赋的。对此,高一涵介绍道,斯宾塞所说的人生“第一件重要的事,就是自由运用个人的才能;把个人的才能,发展到了极点,就能够得最大的幸福。发展个人才能的要件,就是自由。”而其所主张的“平等的自由,就是人人自由,以不侵犯他人的自由为限。”根据自己的理解,高一涵认为斯宾塞对自由的解说最能体现他的“自然权利观”,并很鲜明地带有英国思想所具有的功利主义色彩。高一涵说:“斯氏所说的权利,是自然的权利;是从天赋得来的,在未有社会之前,已经有了的”;而且斯宾塞的自然权利观涉及范围极其广阔,“自由的权利,就是小孩子也是应该享受的,也应该和大人一样,不当让父母去压制他。这种主张,也是从自然权利观念发出来的。”②高一涵认为斯宾塞提出的以个人自由为核心的权利主张是一种自然的权利观,这不仅说明斯宾塞权利观中的“自由”是天然而神圣的,而且也深刻地揭示了斯宾塞政治哲学的主要内容所在。(3)斯宾塞的天演观。斯宾塞的天演论为研究者所重视,但其中的哲学意蕴却很少道及。高一涵从政治哲学的高度来剖析斯宾塞的天演论,特别注意天演论与斯宾塞政治上的自由观(自然权利说)相联系的内容。高一涵指出:“斯氏注重自然权利,本想为个人寻出自由的根据,让他去发展自然的

① 高一涵:《斯宾塞尔的政治哲学》,《新青年》第6卷第3号,1919年3月15日。

② 高一涵:《斯宾塞尔的政治哲学》,《新青年》第6卷第3号,1919年3月15日。

才能;他尊重天演,发挥'物竞''天择'、'适者生存'的道理,也是教人发展他适宜于环境的才能。"如此,斯宾塞"相信天演有造就人物的功能",外在环境具有"影响人生的功效"。由于斯宾塞根深蒂固的天演观,并且认为"天演是存留最适宜的,淘汰那不适宜的",所以斯宾塞在政治上是"反对救贫制度和公共卫生",并把这两者看成是"妨碍生存竞争的事,是干涉天演的事"①。高一涵对斯宾塞天演观的解析思路以及将斯宾塞天演论与其政治主张相联系的研究范式,使斯宾塞的政治思想呈现其内在的逻辑联系。(4)斯宾塞的有机体社会观。社会是有机体,遵循有机体的规律,——这是斯宾塞社会学思想的主要观点。而高一涵则从个人与国家的角度来剖析斯宾塞的社会有机体观,借以说明斯宾塞的"有机体社会观"所表达的政治思想的内容。高一涵指出:"斯氏拿这个原则(指有机体原则,引者注)来说明社会,却有两层用意:一是想让他自由生长,不教国家去干涉他;二是想叫各部分同时发达,各尽各的职务,不可单从一部分着手。"这就是说,斯宾塞的有机体论虽然是分析社会的理论,但也是力图说明国家及社会与个人的关系,阐发个人发展的观点和国家应尊重个性的思想。这就说明了斯宾塞的社会有机体论所具有的政治思想内容及其在政治思想史上的地位。值得注意的是,高一涵并不认为社会与有机体完全等同。在他看来,"国家和社会,有些地方是同有机体相同的,有些地方是同有机体两样的";"所以只能说国家社会像有机体,不能说国家社会就是有机体"。而斯宾塞则是简单地将国家社会等同于有机体,因而认识不到国家社会与有机体之间的区别,所以斯宾塞在用有机体论诠释社会时得出"许多费解的议论"②。高一涵通过以上四个方面来说明斯宾塞的政治哲学思想,在于使人们明白斯宾塞政治哲学思想的体系性特征。

3. 对老子政治哲学思想的研究

高一涵对老子政治哲学思想所进行的个案研究具有诸多的开创性,不仅体现政治学与哲学相结合的研究思路,而且使老子的思想在学术上得到新的诠释,从而使老子的政治哲学地位能够比较具体地呈现出来。这是高一涵在

---

① 高一涵:《斯宾塞尔的政治哲学》,《新青年》第6卷第3号,1919年3月15日。

② 高一涵:《斯宾塞尔的政治哲学》,《新青年》第6卷第3号,1919年3月15日。

政治哲学研究上的一个重要的贡献。

老子是中国思想史研究的重要对象，中国学术界对老子的思想并不陌生。在新文化运动时期，陈独秀在论述东西文明时曾说："老氏之教，不尚贤，使民不争。以佳兵为不详之器。"①以此来说明"东洋民族以安息为本位"的特征。陈独秀对老子学说是采取抨击态度的，认为"我们中国人受了老庄的教训，所以进化到这等地步"②。相对来说，李大钊对老子的评价要高一些，他对老子的辩证法思想多加赞同，并把老子的"道法自然"思想运用到政治领域，认为为政之道在于遵循百姓的自然之道③。但在早期新文化运动时期，从政治哲学的高度来全面系统地研究老子，高一涵是第一人。高一涵对老子政治哲学的研究，主要体现在这样几个方面：

一是从老子时代的政治社会情形来分析老子政治哲学思想。当时，学术界对老子思想的研究向来注重对老子著作的梳理，基本上是从思想资料出发，沿袭着从思想来研究思想的学术研究模式。高一涵则不然，他尽管也重视相关思想史资料的梳理和诠释，但主要的是从老子生存的社会来研究老子，将老子与其生存的时代联系起来，体现了社会史研究的眼光。具体说，高一涵是从社会政治情形的分析而切入的。高一涵首先是考察老子的生存时代，他引用《左传》、《诗经》等史料来研究周朝社会现状，认为当时既是一个战争连绵的"兵祸顶厉害的时代"，又是一个讲求贵溅的"贫富不均，'损不足以奉有余'的时代"，同时也是一个政治黑暗的"暴君污吏以百姓为土芥的时代"。在高一涵看来，老子的政治哲学也完全是"三个时代——兵祸顶厉害的时代，贫富不均、'损不足以奉有余'的时代，暴君污吏以百姓为土芥的时代——反响"④。高一涵关于老子政治哲学思想是当时社会情形反响的见解，将老子的政治哲学放在特定的社会背景中进行考察，显示了从社会历史条件出发开展学术研究的独特视角，这对于学术界转换思想史研究的范式、深化老子政治哲学的研究是有意义的。

---

① 陈独秀：《东西民族根本思想之差异》，《青年杂志》第1卷第4号，1915年12月15日。

② 陈独秀：《人生真义》，《新青年》第4卷第2号，1918年2月15日。

③ 吴汉全：《李大钊与中国现代学术》，河北教育出版社2002年版，第63页。

④ 高一涵：《老子的政治哲学》，《新青年》第6卷第5号，1919年5月。

二是揭示老子政治哲学的根本观念。老子是从“有”与“无”这一对概念来阐发其政治哲学的，说明的是“有生于无”的道理。老子明确地说：“天地万物生于有，有生于无。”高一涵则从老子哲学的根本观念分析入手，认为老子虽然讲“有”的问题，而就其实质而言，是“无”在老子政治哲学思想体系中有特别重要的位置。高一涵说：“老子哲学是起于‘无’而复归于‘无’的，以‘无’为一切事物的缘起，亦以‘无’为一切事物的究竟。”①接着，高一涵又对老子“道”的概念进行解析，进一步明确“无”在老子政治哲学中的地位。老子除了就“有”与“无”概念进行说明外，还通过“道”的概念来表达“有生于无”的内涵。高一涵评述道：“老子所说的‘道’，是‘先天地生’的。在未有天地之先，当然是一样东西也没有，所以老子的‘道’即是‘无’，‘无’也就是‘道’。他以为天地万物是有始有终的，‘道’是无始无终的。所以天地万物起于‘无’，复终于‘无’。”高一涵在对老子言论进行梳理的基础上，强调“无”与“道”在老子思想体系中的内在关联性，其结论是：“老子的意思，想把文明制度一扫而空，使天地万物复归到‘无’的境界——这就是老子政治哲学的根本观念。”②高一涵认为“无”是老子政治哲学的起点和归属，而所谓“道”也就是“无”，这应该说是符合老子思想实际的。

三是从政治哲学理论的高度评价老子的国家理想。“国家”是政治学研究的主要内容，早期的政治学亦被称为国家学。“国家理想”同时又是政治哲学研究的重要课题。老子作为政治哲学家，富于对未来社会进行理想设计，他的“小国寡民”主张就是其国家理想的集中体现。那么，如何达到这一“理想”境界呢？老子主张通过“去兵”、“尚俭”、“无为”、“尚愚”的办法来达到。高一涵评价道：老子的政治哲学是反抗当时社会情形的产物。那么，“何以说老子的政治哲学，是反抗当时政治社会情形的呢？因为他看见当时年年打仗，百姓东跑西散，所以才主张去兵。看见当时社会贫富不均、损不足以奉有余，所以才主张尚俭。看见当时暴君污吏，以百姓为土芥，所以才主张无为。看见当时智巧日生、诈伪百出，所以才主张尚愚。这四个主张——去兵、尚俭、无为、

① 高一涵：《老子的政治哲学》，《新青年》第6卷第5号，1919年5月。

② 高一涵：《老子的政治哲学》，《新青年》第6卷第5号，1919年5月。

尚愚——就是造成老子理想国的入手办法。”①高一涵认为，老子的理想国如果能实现的话，到那时将是“不但没有国家，并且没有社会”。高一涵对老子的理想国设计提出这样的质疑：“不用器械，不讲交通，不要兵甲，不要文字，学问知识、文物制度一齐废掉，这还是甚么世界、还像甚么国家？”高一涵对老子的国家观作了评价，指出老子的“国家观念是空想的，不是实际的；只从消极的方面想法子，便不从那积极的文明进步上着想。”②高一涵的这一评价和定位是极为准确的，揭示了老子国家理想的空想性、消极性的特征。

高一涵关于老子政治哲学思想的研究，说明老子的政治哲学是当时动荡社会的产物，根源于当时社会业已存在的复杂矛盾，只不过老子不是从积极方面对未来社会进行设计，故而老子的政治哲学违背了社会进步的潮流，具有浓厚的消极色彩。高一涵对老子政治哲学思想的剖析，注重从时代的政治情形入手进行分析，揭示老子政治哲学以“无”为核心的根本观念，并对老子政治哲学思想中的国家理想进行评价，这是对老子政治哲学研究的开拓性贡献，同时也是中国学术界运用西方政治学理论比较系统地整理中国政治文化的开始，因而在中国现代学术史上有着重要的学术地位。

高一涵研究政治哲学，虽然主要是通过一些个案进行阐发的，但已经显示出独特的研究视角，值得学术界加以注意。19 世纪末 20 世纪初西方政治学理论开始引进到中国，五四时期则是中国现代政治学开创时期。高一涵在引进西方政治学的同时，就开始运用西方政治学理论研究中外政治哲学家的思想，这是建构中国政治学研究体系的重大努力。从中国政治学发展史角度来说，高一涵的努力是为中国学术界形成研究政治哲学思想的基本研究范式打下重要的基础。从总体来看，高一涵研究政治哲学思想的视角有以下几个方面：

（1）从时代思潮中研究政治哲学思想。高一涵对政治哲学家的个案研究是在新的研究视野中进行的，尤其注重对政治哲学家所处时代的政治思潮的

① 高一涵：《老子的政治哲学》，《新青年》第 6 卷第 5 号，1919 年 5 月。
② 高一涵：《老子的政治哲学》，《新青年》第 6 卷第 5 号，1919 年 5 月。

研究。在他看来，要研究一个政治哲学家就必须研究那个时代的政治思潮，这是因为“政治和经济是关系最密切的，所以经济学的原理，常常影响到政治学上去了。”①高一涵认为，研究政治哲学而注重时代的政治经济背景的研究，具体而言就是要加强对当时社会状况的研究，发现那个时代的主题及其特征。之所以要这样，是由于“政治思想本是正对时事发生的，无论谁家学说，不是时代思潮的产儿，便是社会情况的反动”。他举例说：“凡当人民顶不自由、顶不平等的时代，自然会有人出来主张‘自然法’和‘放任主义’。……至于政治家，如英国的洛克、法国的卢梭、美国的浩克尔（Hooker）、文素朴（Win.Throp）等，皆生活在顶不自由、顶不平等的时代，所以一个个都拿‘自然法’、‘自然权利’、‘自然平等’、‘自然国家’等说，做攻击政府干涉民事、侵夺民权的武器——这都是当时社会情形的反响。”②高一涵认为，把政治思想看成是当时社会情形的反响，是研究政治学所必须遵循的一个基本道理，如果“讲政治学的人，明白这个道理，可以免去两种弊端：（一）知道政治学说，是对着时事而发的，不要去无的放矢；（二）知道一个时代有一个时代的政治学说，不要强拉时代不同的学说，不分青红皂白，一齐拿来应用。”③高一涵强调要注重时代思潮与“社会情形”的研究，这是他在政治哲学研究领域提出的一个崭新的研究思路，对五四时期中国现代政治学的开创有着重大的学术指导意义。

（2）从比较的角度研究政治哲学思想。高一涵在对斯宾塞、老子等的政治哲学思想所做的研究中，善于在比较中进行分析，细绎研究对象的不同点，从而使政治哲学的研究上升到新的高度。斯宾塞和老子，生于不同的时代、不同的国家，两人的政治思想亦相距很大；但高一涵却能从政治学的角度进行比较和分析，发现两人政治哲学思想的异同。如高一涵说：“斯氏的政治思想，很有许多地方和我国老子一样：（一）老子主张放任主义，斯氏也主张放任主义。不过老子的放任，是放任于天，对于个人则主张‘无为’，教他不要去‘代司杀者杀’。斯氏的放任，却是放任于个人，不教国家去干涉

① 高一涵：《斯宾塞尔的政治哲学》，《新青年》第6卷第3号，1919年3月15日。
② 高一涵：《老子的政治哲学》，《新青年》第6卷第5号，1919年5月。
③ 高一涵：《老子的政治哲学》，《新青年》第6卷第5号，1919年5月。

个人的行动。(二)老子把‘自然法’看得非常的森严,所以教人听天,不要有为。斯氏也把‘自然法’看得非常的重要,所以说天演造就人,比国家造就的好得多。(三)老子的政治学说,推到极端,只有无知无识、老死不相往来的个人,并没有国家社会。斯氏的政治理想,推到终点,也是一个人人均等的无政府的社会。(四)老子心目中的世界,是一个理想的古代的世界。斯氏心目中的社会,是一个想象的将来的社会。——这就是他两个人大同小异的地方。”①高一涵所作的比较适宜政治学理论作为先导的,因而其比较主要是观念性的比较,理论分析色彩特别显著。高一涵在研究政治哲学过程中所进行的比较研究,为以后学术界运用比较方法对政治学家开展研究提供了良好的范例。

(3)注重政治哲学的思想体系的探讨。高一涵接受的是西方政治学理论的正规训练,他研究政治哲学家特别注意从整体的观念出发,在对一个政治哲学家进行研究时善于从整体上来剖析其思想体系,从中阐释其政治哲学的主要观点及其特点。如上所述,他研究斯宾塞的政治哲学时,认为斯宾塞的乌托邦主义、自然权利观、天演观、有机体社会观等构成其政治哲学体系,但各个具体的政治哲学主张在整个思想体系中又是相互联系的。也就是说,斯宾塞是在整体思想体系中来表达其政治哲学思想的,而政治哲学思想又离不开整体思想的面貌。再如,高一涵在分析老子的政治哲学思想时,从老子的“道”这一哲学根本观念来进行剖析,将老子的具体政治主张(如去兵、尚俭、无为、尚愚等)概括为实现其国家观的手段,得出老子的政治哲学体系是“起于‘无’,而复归于‘无’”的结论。

“政治哲学”作为一门学科在五四时期处于开创阶段,高一涵基于政治学与哲学相结合的见地就斯宾塞和老子的政治哲学思想进行探讨,其学术先驱者的地位是值得肯定的。高一涵注重对政治哲学的整体思想体系的探讨,从而在研究中能够把握研究对象的整体面貌,显现了很高的政治理论修养和学术水平;高一涵将哲学与政治学这两门学科结合起来,提升了政治思想研究中的哲学内涵,成为五四时期中国政治哲学这一学科的重要开创者。

① 《斯宾塞尔的政治哲学》,《新青年》第6卷第3号,1919年3月15日。

政治学专著中的主要观点

高一涵所著《政治学纲要》于1930年由神州国光社出版，是现代中国学术界具有严密体系和学术架构的一部开拓性政治学研究著作，为政治学这门学科的建立作出了重要的贡献。

《政治学纲要》一书除“弁言”外，共十三章。第一章，导言；第二章，政治学的方法；第三章，国家；第四章，主权论；第五章，国家的范围；第六章，人民的权利；第七章，政府职能的分配；第八章，议会制度；第九章，比例代表制与职业代表制；第十章，公民团体；第十一章，行政机关；第十二章，司法机关；第十三章，监察机关。从该著的框架及其内容来看，该著主要阐发政治学的基本原理和相关理论，并介绍现代政治运行的基本情况以及现代政治学研究的各家思想流派。

高一涵的《政治学纲要》一书对政治学概念提出自己的看法，高度重视唯物史观对于政治学成为科学的意义，认为唯物史观是科学的研究方法，并主张运用马克思主义的唯物史观从事政治学研究。什么是政治学？高一涵的回答是：“所谓政治学，就是用科学的方法，研究出来关于管理众人的事的原理原则，造成一种精密的有系统的理论，和能够实地应用的政策。”①高一涵的这个政治学的定义，一方面汲取了儒家关于“政者正也”、“治者理也”的理念，同时又是对于孙中山提出的“政治就是众人的事，治就是管理；管理众人的事，便是政治”主张的通俗解释。这里，高一涵强调的政治学既是一种理论，同时又是一种科学，必须运用科学的方法，对管理众人的事的原理原则进行研究，而在形成理论之后还要应用于实践。在高一涵看来，政治学作为一种社会科学产生于社会的实践，受社会环境的影响很大，必须用科学的方法进行研究，才能产生配称科学的政治学；而所谓的科学方法，尽管有其他具体的方法，但主要的是马克思的唯物史观。高一涵指出：“凡是读过马克思唯物史观的人，大

① 高一涵：《政治学纲要》，《高一涵文选》，天马出版有限公司2013年版，第5页。

概至少可以相信人类的思想,多少总受物质环境的限制,多少总要相信他(指马克思)那经济的物造是建筑法律政治制度的真正根基的格言。所以真正配称为科学的政治学说,绝对不是凭空结撰的。一定要受到社会环境的影响。……我们根据上述的理由,便不能不承认政治学是科学,既然承认政治学是科学,那么,研究政治学的方法也当然要科学化了。"①高一涵在比较各种政治学的研究方法后,高度重视唯物史观对于政治学研究的指导作用,认为唯物史观是最好的研究方法。他在《政治学纲要》中对马克思主义的唯物史观有这样的介绍:"近代说明唯物史观的马克思(Karl Marx)把社会的经济构造看作是法律和政治等的基础,以为经济构造是地基,法律政治是在这个地基上的上层建筑。物质生活的生产方法可以决定社会的,政治的,精神的生活过程之普通性质。所以说:人类的意识不能决定人类的生活,人类的社会生活,却反能决定人类的意识。凡制度的变革,必定要在社会组织与生产力发生冲突的时候,才能完成。如果社会的旧组织,妨碍生产力的发展,便必然有缓缓的或激烈的社会革命的事实发生。如果一切生产力在旧社会中,尚有发展的余地,那么,非等候发展到再无可发展的时候,决不致颠覆。自马克思看来,政治进化的动机决不单在人类的意识,乃在物质的生产力。因此便断定政治设施,离不开经济的底盘。人类是要受物质环境的束缚和支配的,社会的变革是要随着社会生活的变革而进行的。所以说社会组织进化的原动力,不在心,而在物。"②高一涵在介绍唯物史观后又指出:"唯物论到了现在,受过科学方法的洗礼,有了许多具体的证明,当然不能看作是一部分学者的偏见了。故这个方法的确可算作社会科学中一个最好的方法。"③这里,高一涵阐发了唯物史观研究方法的普适性,实际上是主张在政治学研究中要科学地运用唯物史观的研究方法。

高一涵认为政治学是关于国家的学问,因而就必须以国家作为研究的中心问题。他在《政治学纲要》中指出:"政治学上的中心问题是国家,政治学上

① 高一涵:《政治学纲要》,《高一涵文选》,天马出版有限公司 2013 年版,第 6 页。

② 高一涵:《政治学纲要》,《高一涵文选》,天马出版有限公司 2013 年版,第 18—19 页。

③ 高一涵:《政治学纲要》,《高一涵文选》,天马出版有限公司 2013 年版,第 19 页。

最难回答的问题也是国家。”[①]高一涵早年研究国家问题，“国家”在他的思想体系中是一个特定的研究对象，并得到多个层面的解释。高一涵在新文化运动中，曾重点研究现代国家问题，认为现代国家并不是个人与个人的集合体，而是“群与群的联合体”。如高一涵曾指出：“国家乃是人类为达到公共的特殊目的而合意结成的，有一定组织的地域团体。”[②]又曾指出：“国家者何？自由人民以协意结为政治团体，藉分功（工）通力鼓舞群伦，使充其本然之能，收所欲祈之果，及以自智自力，谋充各得其所之境者也。”[③]因此，高一涵早年的文章中所研究国家问题，实际上也就是研究政治学的主要问题。在《政治学纲要》中，高一涵回顾了政治学史上关于国家的各种定义，认为近代的国家研究者大致可以分为两大派别：一是从国家的组织方面观察；一是从国家的活动方面观察。于是，从国家静的方面观察，着眼于国家的形体；而从国家的动的方面观察，着眼于国家的职能。高一涵重点介绍了近代以来西方学术界最为流行的四种国家观，即：(1)以德国的康德、黑格尔及英国的鲍桑奎等为代表的“玄理的国家观”；(2)以英国的穆勒、斯宾塞等为代表的“股份公司的国家观”；(3)以德国的马克思、恩格斯及俄国的列宁等为代表的“压迫工具的国家观”；(4)以英国的马克阿发（Maclver）、柯尔（G.D.H.Cole）等为代表的“职能的国家观”。值得注意的是，高一涵对于马克思主义的国家观有这样的介绍：

> 这一派的国家观，大概多认定国家是暂时存在的组织，不是永远存在的组织。他们以为国家是社会中阶级分裂的必然的结果，因贫富玄隔而分阶级，有阶级便有斗争，斗争的结果，在经济上占优势的阶级便成为支配阶级，因而形成国家这种制度。因此，便说国家是这阶级对于那阶级行使压迫支配的组织。恩格斯说：“国家是制止阶级斗争的欲望的结果。但是一旦从斗争之中长成了，便成为最占优势的经济阶级的国家。就是以经济的优胜势力，造成政治的支配阶级，作为支配那被榨取阶级的新工

① 高一涵：《政治学纲要》，《高一涵文选》，天马出版有限公司 2013 年版，第 24 页。
② 高一涵：《读弥尔的自由论》，《新青年》第 4 卷第 3 号，1918 年 3 月 15 日。
③ 高一涵：《共和国家与青年之自觉》，《青年杂志》第 1 卷第 1 号，1915 年 9 月 15 日。

具。”(见《家族私产及国家的原起》)因此,便认定国家是优胜的经济阶级支配被榨取阶级的工具。阶级分裂的结果,便产生国家的制度,阶级消灭,国家也同时消灭。将来在生产者自由平等的基础上建设的团体,乃是自由的社会,不是压迫的国家。由此看来,国家既不是保障自由的制度,又不是道德的团体,更不是全体社会,只是优胜的经济阶级压迫别阶级的一种方法。——这是压迫工具的国家观的特点。①

在高一涵的政治学著述中,“主权在民”是其政治学整个学术体系中最核心的理念。他在《政治学纲要》中以英国议会为例,说明人民主权的重要意义。他说:“例如英国主权在议会,英国议会是英国的最高机关,在法律上要制定什么样的法律,没有一个英国人根据法律可以起来反对的。但是英国议会在事实上万不能为所欲为,要什么法律,就制定什么法律。也须时时观察人民的需要,及社会上各种事实的趋向,然后制定相当的法律,来适应当时社会的需要。法律的实行,并不单在国家的强制力,全在全体人民的意见的赞成。全体人民又各属于个别的团体,所以各种团体的意见也能影响于一国法律的效力。例如英国议会如果要制定一种法律,禁止人民信天主教,这种法律当然不能实行。所以主权的正确意义,并不在国家有强制的权力,却在人民的共同承诺。人民承认国家有最高的权力,也许因为他们自己的意志表示在这个公共意志之内;也许因为他们知道这种权力是普通人民谋公共幸福,为政治社会所必不可少的要素。”②正是基于主权乃是在“人民的共同承诺”这一理念,高一涵对于现代共和国家的立国之主、立国之因、立国之本、立国之道的阐述,以及他对国家与人民的关系,个人与国家的关系,自由与自治的关系,自利利他主义的论述,不仅有其独到的见解而堪称经典,而且构建了以“主权在民”为基本理念的政治学研究体系。

高一涵在《政治学纲要》中,以相当的篇幅介绍俄国的政治制度。譬如,该著认为“现行制度中,完全采用职业代表的要算俄国”,并作了这样的介绍:

① 高一涵:《政治学纲要》,《高一涵文选》,天马出版有限公司 2013 年版,第 24 页。

② 高一涵:《政治学纲要》,《高一涵文选》,天马出版有限公司 2013 年版,第 42 页。

“俄国的中央最高机关‘全俄苏维埃大会’的代表，是由各城市的苏维埃及各省的苏维埃选举而来的。省苏维埃虽然不是直接的职业代表机关，但是总可以算作间接的职业代表机关。因为选举省苏维埃代表的，是城市及其他下级地方团体的苏维埃，这些苏维埃都是直接或间接由从事各种职业选举而来的。至于城市苏维埃便可以正正当当的叫做职业代表机关，因为他的代表都是直接的由各种职业团体选举而来的。”①又譬如，该著对于俄国的“人民委员会”予以高度的重视，并作了这样的介绍：“一九一八年的俄国的宪法上，也把行政权托付在‘人民委员会’，这个人民委员会负指挥共和国全部事物的责任。人民委员会凡十八人，分任各部事务，至关于全体事务却由该会议决执行。一九二三年社会主义苏维埃共和国大联合的宪法上，关于行政组织也采用合议制的委员制，由大联合的‘人民委员会’做中央执行委员会的行政和管理机关。这是近几年来新发生的行政部的组织。”②高一涵认为，苏俄的人民委员会有这样几个特点：“（一）有时各委员的权力事实上不必一律平等；（二）委员会可以决定政策，甚至于可以处决关于国家根本问题的事项；（三）委员会在法律上是承受上级各会的意旨的；（四）委员会的委员均为共产党一党所独占，接受共产党的政见。这是苏俄人民委员会在法律上或习惯上的特点。”③高一涵在《政治学纲要》中，不仅将苏联政治制度作为现代政治发展的趋向，而且也是把苏俄的政治制度作为现代政治的重要组成部分而加以介绍的。

高一涵在《政治学纲要》中，一方面积极颂扬社会主义的政治制度，另一方面对于近代资本主义政治制度采取批评与否定的态度。高一涵认为，“在社会主义之下的国家，性质上并不是治人的国家，只是治事的国家”，而“在治事的国家之中，国家以事务员的资格做事，所以经济的管理乃是国家最重要的职务”④。由此，社会主义主张与个人主义主张相反：“个人主义家主张缩小政府的权利，社会主义家却主张扩张政府或团体的权利；个人主义家不信任国家，把国家看作不好的东西，所以极力要缩小他的权利范围；社会主义家却信

① 高一涵：《政治学纲要》，《高一涵文选》，天马出版有限公司 2013 年版，第 107 页。
② 高一涵：《政治学纲要》，《高一涵文选》，天马出版有限公司 2013 年版，第 131 页。
③ 高一涵：《政治学纲要》，《高一涵文选》，天马出版有限公司 2013 年版，第 147 页。
④ 高一涵：《政治学纲要》，《高一涵文选》，天马出版有限公司 2013 年版，第 61 页。

任社会和国家，把社会和国家看作积极的好东西，所以极力要扩张他的权利和范围。”接着，高一涵介绍了社会主义在国权问题上的基本主张：“社会主义主张扩张国家权利范围，主张一切实业——包括土地资本和生产及运输的工具——都归公有公管，把私人管理的实业，交由国家管理，把私人的财产权变成公有。这样一来，便把国家的权利扩张的非常之大，凡是生产的工具都受政府的支配。在这种制度之下，国家便是一国财物的物主，个人并没有什么私有财产权。现在极端的社会党多主张由国家没收一切生产的工具，借钱给工人不收利息，为他们预备下工具，替他们建筑房屋，给他们耕地，替他们设备下娱乐。简单说起来，就是供给经济的社会的知识的一切的需要。”①高一涵还分析了社会主义主张获得社会上支持的原因，认为是资本主义制度所造成的社会不平等，劳动阶级处于社会的底层。他指出：“现在的普通思想所以赞成社会主义的原因很多。大概在现行的经济组织之下，劳动阶级不能完全收回劳动的结果，劳动的结果大部分都被资本家和监督人管理人或中介人横领去了，真正的生产者仅仅分得一小部分。简单说起来，现在的一切制度都是为有钱的人谋利益而设的，使富人的财产越发增加，使穷人得到财产的机会越发减少，生产的机关都被少数人占去，多数人的辛苦钱都被他们没收。如果没有国家根据正义来实行干涉，结果便要发生社会不安的现象。”②高一涵对于三权分立的制度和理论给予了严肃的批评，认为“三权分立说是十八世纪君主政体之下的产物”，并指出三权分立学说有“三个大缺点”：“（一）那时议会还没有发展到监督行政的地步，所以孟德斯鸠仅仅把议会看作制定法律的机关，不承认议会在制定法律之外还有许多监督行政的作用。（二）那时选举团体除掉投票选举之外，还没有多大的参与政治的权力。自从民治政体发展，政权的来源便从君主移到人民手中，故人民不得不组织起来，行使他们的职权。近来选举团体确实成政治制度中的特别部分，并且有一种特别的和确实的职务。三权分立说不承认选举团体的职务，也是他的一大缺点。（三）三权分立说没有把行政与执行分开。行政是代表政府全部，及监督政府各部是否依照法律

① 高一涵：《政治学纲要》，《高一涵文选》，天马出版有限公司2013年版，第58—59页。

② 高一涵：《政治学纲要》，《高一涵文选》，天马出版有限公司2013年版，第59页。

做事；执行是实行法律上所规定条文。行政是政治的事业，目的在决定大政方针；执行是实行的事业，目的在用专门的或科学的方法，把已经决定的政策实现起来。最近的政治情形，似乎大有注重执行方面的趋势，三权分立说派没有见到一点，也是他们的缺点。”①高一涵认为议会制度有着明显的缺点，因而“无论学者们怎样赞扬行使代表制的议会制度，而议会制度的根本原理上的缺点，终久不可掩饰”。其缺点有这样四个方面：一是“议会制度是建立在横断主义之上的制度”，表现为“以一部分人的意志为全体民众的意志”，这是因为其“所谓选举，便是一锅大杂烩，把智愚贤不肖杂合在一起”，结果由“这样糊涂选出一个人，便又糊里糊涂代表一切人”，“这就是横断主义的议会制度的理论”；二是“议会制度是服从多数的制度”，而在这种“多数决的制度”中，并不能保证少数人的自由，“所谓人人自由的国家，结果仍只有多数人的自由，没有少数人的自由”，“不但少数人不能自由，并且还要自己认错，承认与我相反的意志是正当的意志”；三是“议会制度是属地主义的制度”，这是因为各国选举代议士采取分区投票制，“分区明明是采取属地主义的”，这种“属地主义的分区选举制，偏以居住的土地为条件，强不同的利害以为同”，所选出的代议士“只有在理论上抽象的说代表全国，而在事实上却只是一个都不代表，单代表他自己一个人了”；四是“议会制度是属人主义的制度”，表现为“现在议会制度的代表制，乃是代表毫无组织的个人的本身，不是代表有组织的一群个人中间公共的某种特定的利益”，这是因为“选民一经投票之后，便没有长存的团体，因此便不能监督代表的政治活动”②。以上，仅就高一涵关于社会主义国家观及对三权分立学说、议会制度的态度，也就不难看出高一涵所著《政治学纲要》的政治倾向了。

高一涵的《政治学纲要》在国家的政治制度、行政执行机关等政治学所涉及的诸多领域，皆有重要的研究。此外，高一涵在相关的文章中，还针对中国的国情，对五权宪法、联邦制、委员制、军治、党治，特别对于监察机关的职权范围、法规建设等方面，都有较为深入的研究并形成了具有独特性的学术见解，从而现代中国的政治学建设作出了突出的贡献。

---

① 高一涵：《政治学纲要》，《高一涵文选》，天马出版有限公司2013年版，第80页。

② 高一涵：《政治学纲要》，《高一涵文选》，天马出版有限公司2013年版，第85—88页。

第九章　南下革命

高一涵在大革命的洪流中曾有南下革命的一段经历,这在高一涵一生中也是有特殊的意义。早在 1926 年,北方的形势发生重大的变化,特别是该年的 4 月段祺瑞的北京政权垮台后,张作霖建立了安国军政府,形成了更加专制独裁的高压态势,北方知识分子处于极端艰难的处境之中。此时,南方国民革命蓬勃发展,北伐军势如破竹,迅速占领长江中下游地区。在此情形下,高一涵在李大钊的劝说下,于 1926 年底南下,投入国民革命的大潮中。

南下革命的起因

1926 年初,冯玉祥因亲俄亲共的主张,遭到以张作霖为首的奉系和以吴佩孚为首的直系军阀的联手反制,北京的政治形势日趋黑暗。2 月 4 日,北京各团体讨张反日大会在北大三院大礼堂举行公开讲演大会,李大钊和高一涵均参加了讲演,同台讲演的还有吴稚晖、李石曾、徐谦、陈启修、于右任、顾孟余、陈翰笙、黄昌谷、蒋梦麟、徐旭生、王世杰等社会名流①。3 月 7 日,冯玉祥的国民军为阻止奉军军舰的进攻,封锁了大沽口。而支持奉系的日本军舰 2 艘,于 12 日闯入大沽口挑衅,并向国民军炮台发炮,国民军被迫奋起还击,将日舰逐出大沽口。16 日,日本以中国破坏《辛丑条约》为借口,联合英、

① 《晨报》,1926 年 2 月 5 日。转引自《李大钊生平史料编年》,上海人民出版社 1984 年版,第 268 页。

美、法、意、西(班牙)、比(利时)、荷公使,向北京执政府提出最后通牒,要求撤除大沽口的封锁,停止检查外国商船。列强的蛮横要求,激起了中国民众强烈的愤怒。18日,在李大钊的组织和推动下,国民党北京执行部、北京市党部、中共北方区委、北京市委、北京总工会、学生联合会等团体与八十多所学校共约五千多人,在天安门举行"反对八国最后通牒的国民大会",会后,群众游行至铁狮子胡同执政府前请愿,遭到执政府卫队排枪扫射,造成当场死亡47人、伤二百多人的惨剧。死者中有人们熟知的北师大学生刘和珍,参与组织游行的李大钊和陈乔年也都负了伤。这便是震惊中外的"三一八惨案"。

1926年4月,张作霖进入北京后,采取更为严酷的军阀专制,其后又于1927年6月在北京组织所谓的"中华民国军政府"(一称"安国军政府")。李大钊作为与冯玉祥和南方国民党的重要联系人,共产党的北方区委负责人,当然就成了张作霖的抓捕对象。为此,李大钊躲避到了东交民巷苏联大使馆内原俄国兵营院内,继续领导着中共北方区委的工作,但遭到了张作霖的严密监视。为了控制舆论,张作霖又不惜举起屠刀向新闻界痛下杀手。《京报》记者邵飘萍倾向国民革命,支持冯玉祥的国民军,曾被冯玉祥聘为高级顾问。《京报》因大胆披露张作霖的罪状,遭到张作霖的忌恨。张作霖进入北京后,即以宣传赤化为名,查封了《京报》,并于1926年4月26日,枪杀了邵飘萍。此后,又枪杀了《社会日报》社长林白水,继而逮捕了《世界日报》主编成舍我①,妄图以高压态势迫使新闻界就范,维持其军阀统治。5月3日,北京卫戍总司令发布《保安办法十七条》布告,声称:"宣传赤化,主张共产,不分首从,一律处死刑"②。高一涵不畏强权,在《现代评论》发表《护宪与卫戍司令部》文章,指出卫戍司令部不是国会,没有处罚人身的立法权,不能限制人民集会结社及议论刊行等自由;卫戍司令部同时又不是法院,不能"不经法院审判,即可执行死刑,不得法院命令,即可监禁逮捕。"该文否认卫戍司令部的合法性,认为"有宪法便不能再有卫戍司令部的法律"③。面对张作霖限制

① 《李大钊年谱长编》,中国社会科学出版社2009年版,第462、466页。

② 《李大钊年谱长编》,中国社会科学出版社2009年版,第462、463页。

③ 高一涵:《护宪与卫戍司令部》,《现代评论》第77期,1926年5月29日。

舆论自由的高压统治，一贯宣传民主政治思想、反对张作霖“军治”的高一涵，此时也备感压力，遂将关注的目光投注到南方正在进行的国民革命事业。

此时，南方的革命在国共两党的共同推动下，尽管也有暗流涌动，但仍势不可挡。1926 年 7 月，国民党发表《为国民革命军出师北伐宣言》，挥师北伐，10 月攻克武汉，11 月占领九江、南昌，取得节节胜利，吴佩孚、孙传芳的主力亦先后被歼。12 月，前往武汉的国民党中央执行委员和国民政府委员组成临时中央党政联席会议，代行最高权力。而身为国民革命军总司令的蒋介石却反对迁都武汉，意在南昌另立中央，其反共清共的面目也日益显露。革命军攻占武汉后，急需大量人才，中共中央曾于夏秋间通知李大钊前往武汉，成立中央分局，领导革命。李大钊因北方斗争形势需要却一时无法脱身，但在组织安排罗章龙、赵世炎、陈乔年、何孟雄、陈毅等共产党人前往武汉和南方省区工作的同时，也不忘开导老朋友高一涵认清形势，前去武汉投入革命。面对自己最为敬重的李大钊的劝说，高一涵毅然决定放弃北大教职，于 1926 年底南下参加国民革命。

促成高一涵南下的另一个原因，可能也是他对北京政局的忧虑和对教育界的失望。此前因北京女师大炒得沸沸扬扬的高一涵任教务长一事①，据《世界日报》所登载消息称：“前日高一涵曾约十教授方面之吴某谈话，谓林素园约彼充任师大教务长，彼确承认，但有条件附带，即林素园先请假一星期，在此星期内，学校事务由林托彼负责办理，并决定诚意挽留十教授，预料一星期内定可调和妥帖，然后再请双方集谈一次，林已件件承认。讵事逾一日林又将代理教授各员一并约就，纠纷更多，现决定即日致函于林，表示谢绝。云：余本为调和风潮承认充教务长，不料事与愿违，我辈同是教育界中人，想十教授亦必能原谅云云。”②此时，胡适已于六月前往国外考察，高一涵少了一个可以劝阻得住他的人，南下参加革命也就势在必行了。

---

① 据鲁迅致许广平 1926 年 12 月 24 日信中记载：“北京报又记傅铜等十教授与林素园大闹，辞职了，继任教务长（?）是高一涵。群犬终于相争，而得利的还是现代评论派。”载《两地书全编（二）》，浙江文艺出版社 1998 年版，第 591 页。

② 《世界日报》（北平）第七版教育界栏，1926 年 12 月 25 日。

上海途中的入党申请

1926年底，在李大钊的安排下，高一涵由北京前往武汉的途中，在上海作了停留。此时，因两次工人武装起义的失败，中共中央和中共上海区委举行联席会议，决定组织特别委员会、军事委员会和宣传委员会，指导第三次上海工人武装起义。起义的最高指挥机关是特别委员会，由陈独秀、罗亦农、赵世炎、周恩来等人组成。高一涵的老朋友高语罕，也从武汉赶来任特别宣传委员会委员，负责宣传工作①。

高一涵到达上海后，即按李大钊的叮嘱，与高语罕取得了联系，并应约和高语罕见了面。两位安徽老乡和老同学，因共同的志向，终于又走到了一起，见面之后都分外高兴。高语罕向高一涵介绍了大革命的形势，高一涵向高语罕正式提出了申请加入中国共产党的愿望。高语罕当即表示，愿意做高一涵的入党介绍人，呈请组织批准②。高一涵在"自传"中描述了这一段经历："1927年由于李大钊的推荐，去武汉参加革命工作。从北京过上海时，通过高语罕申请入党，高语罕当面回答说：'入党事已讨论过，因为正式党员纪律严肃，陈独秀的意思，请你同陈豹隐一样，作为名誉党员。'"关于"名誉党员"一事，据1991年10月17日瞿超访问高一涵儿子高宗沪谈话笔录记载："陈独秀曾讲过，按高一涵的气质，当个名誉党员比较合适。"③

高一涵成为"名誉党员"后，随即赶往武汉，而高语罕不久受中共中央安排，也赴汉口任《民国日报》总主笔。这样，两人在武汉又再度见面并合作。

---

① 王军：《高语罕传》，中共党史出版社2001年版，第87页。

② 据高晓初《一涵公传略》中记载，高一涵另一位入党介绍人是李大钊，载六安《陈门高氏宗谱》卷三十三，第112页。

③ 瞿超著《高一涵传略》中注。

在武汉的日子

1927 年 1 月，高一涵到达武汉，经陈独秀、章伯钧的介绍，到武昌中山大学任政治学教授、政治系主任、法科委员会主任委员。同时，高一涵兼任国民革命军总司令部编译委员会主任委员①。这一时期，高一涵主要从事教学和宣传的工作，并受邀在中央军事政治学校武汉分校作讲演②。

高一涵到达武汉的 1927 年 1 月，武汉人民举行了盛大的国民政府北迁庆祝大会。而此时手握军权的国民革命军总司令蒋介石，却坚持要迁都南昌。高一涵在感受到武汉人民高昂革命热情的同时，也感受到暗流涌动的阵阵寒意。同时，对自己在“革命空气紧张的武汉”，重拾教鞭，进入“冷宫”——编纂委员会——有些想法，故而在文章中对自己“戎已从了，可是笔还没有投掉”的处境，稍稍有些失望③。高一涵此时还有另一个身份，即是国民党安徽省委(左派)的执行委员和宣传部长④。在武汉期间，高一涵与随迁到武汉国民党安徽省委的沈子修、光明甫、周新民、朱蕴山等加强了联络，为《中央日报》和武汉一些报纸撰写社论、文章，宣传国内外形势，提出“打倒昏庸老朽”、“打倒个人独裁”等政治口号，引导学生和民众支持北伐，投入到反帝反军阀的大革命浪潮中⑤。为培训青年骨干力量，高一涵还多次赴国民党安徽省委在武汉设立的常务干部学校培训班讲课。

1927 年 3 月，中共领导下的上海工人第三次武装起义取得胜利后，蒋介石加快了反共清共的步伐，一手制造了“四一二”惨案，大肆屠杀共产党人。4 月 23 日，武汉举行了三十多万人参加的群众大会，谴责蒋介石发动政变、残杀工农群众的罪恶活动。高一涵也愤而作文，逐一驳斥对武汉国民政府和共产

---

① 高晓初:《一涵公传略》，载六安《陈门高氏宗谱》第 33 卷，第 112 页。

② 范继文:《记武汉分校》，黄埔军校网。

③ 高一涵:《我的共产嫌疑的证据》，《现代评论》第 6 卷第 146 期，1927 年 9 月 24 日。

④ 此前国民党(左派)安徽省临时党部 1926 年 3 月在安庆筹备成立，“增补高一涵、章伯钧等十多人为执行委员……高一涵为宣传部长”，载《统战群英》，第 207 页。

⑤ 高晓初:《一涵公传略》，载六安《陈门高氏宗谱》第 33 卷，第 112 页。

党的各种诬陷，指出："近来自广东北上至上海，自上海西行到九江，所枪毙的革命领袖，所残杀的农人工人，到底杀者是共产党人，还是国民党人？被杀者是国民党人，还是共产党人？"①高一涵痛斥蒋介石的倒行逆施。

"四一二"惨案后，国民党右派和各地军阀纷纷效仿，向共产党人大开杀戒。1927年4月28日，李大钊在北京被奉军处以绞刑。消息传来，高一涵悲痛欲绝。他回顾与李大钊交往的种种往事，深深敬佩李大钊为理想信念而献身的崇高品格和对同志对朋友肝胆相照的人格魅力。在武昌中山大学集会追悼李大钊等烈士大会上，高一涵向与会群众报告了李大钊的感人事略，并在汉口《民国日报》发表《李大钊同志略传》，以缅怀英灵。高一涵在"略传"中，细数与李大钊相知相交的往事，宣传了李大钊在中国革命中"总是立在先锋队中之一人"的事迹，称李大钊："少年所作诗文甚多，颇类游览名山大川之名士笔墨。及研究政治经济后，遂顿改文士面目，一变而为革新之政治经济家。守常在《新青年》上发表《今》之一文，大意谓方谓为今即已是古，此语颇足以代表彼个人学术思想之变迁。在维新说初倡时，彼即为维新派之一人，在要求立宪时，彼即为立宪派之一人，在辛亥革命时，彼即为革命党之一人，在民治主义盛行时，彼信仰民治主义，在社会主义初兴时，彼信仰社会主义。故无论思想变迁如何迅速，彼总是立在先锋队中之一人，绝不致落伍或退伍。对于领导思想前进者，则心悦诚服而信慕，对于思想落后者则痛心疾首而批评。彼虽富于感情，然绝不因感情而放弃理智。彼虽善善从长，恶恶从短，然绝不因交游中有一善足录，遂并其恶行而忘之。年来政治漩涡中不知陷入几许人，然彼遭逢政变一次，却思想进步一次，人格提高一次。此即守常之所以为守常矣。"高一涵盛赞李大钊的品格，称："守常为人从浑厚中透出侠义气，故朋辈对彼亦每从亲爱中露出敬畏心。"②这是现代中国第一篇为李大钊作传的文章，字里行间充满了对李大钊的崇敬之情。

高一涵在武汉多次参加了党的活动分子会议，为国民革命建言献策。据包惠僧在回忆录中记载："1927年5月下旬，革命的危机是一触即发。党仍然

① 高一涵：《武汉国民政府与共产党》，《向导》第198期，1927年6月15日。

② 高一涵：《李大钊同志略传》，《中央副刊》第60号，1927年5月23日。

要我参加活动分子会议,我们的那一个小组是由李民治当组长,开会的地方是在胭脂山上的一个教堂里,我们那一组的组成人员由吴德峰、高一涵、章伯钧、李合林及我。"①此后不久,汪精卫控制的国民党中央在7月15日实行"分共",第一次国共合作的大革命终告失败。高一涵先随安徽省国民党省党部自武汉回到安庆,后由于何健防共甚急,人身安全无保障,遂又同沈子修、周新民等先后离开安庆②,前往上海法租界避居。这样,高一涵既脱离了共产党也脱离了国民党,并再次当起教书匠,先在上海法政大学任教授兼政治系主任,后又应胡适聘请担任中国公学的社会科学院院长。

1927年的上半年,是一个极为危险的时期,中国革命处于深刻的危机之中。从1月到7月,短短的六个月,高一涵在武汉亲历了大革命由高潮迅即转向低谷的过程,目睹了蒋介石、汪精卫对共产党人的血腥屠杀,感受到痛失挚友李大钊的痛苦,这一切促使他重新审视中国社会变革的道路,并将关注的目光投向农民。1928年高一涵在《东方杂志》发表《平均地权的土地法》,分析中国土地的现状和国民党在土地问题上的主张和政策,认为:中国尚在农业经济时代,故中国之国民革命,质言之,即是农民革命。政党的政策及政府的行动,必须首先着眼于农民的利益并谋其解放。该文强调"根据平均地权的原则,来制定农业法典,实在是国民党中比什么政策都紧急的一个政策了"③。可见,大革命失败后的高一涵,对于中国革命问题仍在积极的探索之中。

---

① 《包惠僧回忆录》,人民出版社1983年版,第337页。

② 高一涵:《自传》,1959年12月。

③ 高一涵:《平均地权的土地法》,《东方杂志》第25卷第1号,1928年1月10日。

第十章　中年的监察生涯

1931 年初，在监察院长于右任的一再邀请下，高一涵早年入政参政的愿望再次被点燃。于当年初，高一涵赴南京正式就任国民政府首届监察委员。监察委员照例为国民党员，于是高一涵经于右任、王陆一的介绍，再度加入国民党。2 月 23 日，在国民政府大礼堂，举行了国民政府首届监察委员宣誓就职仪式，由王宠惠监誓，蒋介石致训词，监察院正式宣告成立，这也标志着民国政府五院制的正式完成①。高一涵至此踏上了长达十八年的监察从政的道路。

独具特色的监察思想

高一涵的中年时光是在从事监察工作中渡过的。1931 年 2 月 16 日，高一涵被南京国民政府任命为监察院首批监察委员，此时高一涵 46 岁；1935 年 4 月 6 日，被任命为监察院湖南湖北监察区监察使；1940 年 8 月 7 日，被任命为监察院甘肃宁夏青海监察区监察使；1947 年 3 月 11 日，再度调任监察院湖南湖北监察区监察使，年底调任监察院专门委员。直至 1948 年辞官隐退为止，前后达 18 年。

高一涵在监察生涯中，高度重视法制的建设。南京政府监察院自成立之日起，就在院长于右任的主持下，将监察院和监察委员的各项工作纳入法治的

① 《监察委员昨宣誓就职》，《中央日报》1931 年 2 月 24 日。

轨道，高度重视自身的法规、制度建设。在这一过程中，高一涵几乎参与了南京国民政府时期监察院各种法规、条例、办法的制定和修订的工作，仅由高一涵主持召集或参与起草的监察院法规、条例、办法，就有十部；提交具体实施办法并获监察院通过有 9 个[①]。在民国监察法规的建设中，高一涵以其政治学素养和丰富的法学知识，发挥了不可替代的作用。

高一涵始终坚持“主权在民”这一核心理念，对国家权力、政府官员权力的监督和制约予以特别的关注，重视研究五权宪法中监察权如何落实的问题。他敢于严肃弹劾贪官污吏，把反对腐败作为一项极为重要的工作。仅据《监察院公报》所载统计，高一涵提交的弹劾纠举文就有 95 份，审查报告书 35 份，被高一涵弹劾（审查）的人员，上至汪精卫、张学良、王正廷（外交部长），下至贪赃枉法、祸害百姓的县长、法官、税务官，其中仅县长以上的官员就有百人之多。高一涵在长达十八年的监察生涯中，努力探索五院制下监察工作的特点和规律。他的监察思想和实践活动，带有明显的学者型研究学理的特色，不少方面亦具有开创性的特点，受到监察院于右任院长的首肯和推广。

大致而言，高一涵的监察思想有以下几个主要的方面：

第一，加强对权力的制约与监督，并以法律的形式加以规约。

高一涵历经晚清和民国初年的历史，极度痛恨君主专制、军阀专权和领袖独裁。为此，他特别重视权力的制约问题。他认为：“共和国家之元首，其得位也，由于选举；其在任也，制有定期，非有君主之由于世袭终身也。”[②]他拥护中山先生的三民主义、五权分立的政治主张。《中华民国宪法草案初稿》在 1934 年公布后，高一涵即在《时事月报》上发表《对于国民大会职权规定之商榷》，历举“草案”中与中山先生主张的不同之处，从法理上维护中山先生的主张。在他看来，经各县完全自治后各选一人组成的国民大会，才是行使中央统治权的常驻机关；总统及立法院代议士应由各县人民投票选举；总统与五院皆对国民大会负责；各院人员失职，由监察院向国民大会弹劾；国民大会为制裁公仆失职的专司机构。由此，高一涵认为“以上所举五项，皆是宪法上最重要

① 高大同：《高一涵监察工作文选》（附录一），凤凰出版社 2015 年版，第 433 页。

② 高一涵：《共和国家与青年之自觉（一）》，《青年杂志》第 1 卷第 1 号，1915 年 9 月 15 日。

和最值得注意的地方”①,应在宪法上加以规约,以维护中山先生的建国思想。高一涵认为,只有在宪法上加以明确的规定,人民才能通过国民大会对最高权力加以监督与制约,从而以人民的选举权、罢免权、创制权、复决权,对政府的行政权、立法权、司法权、考试权、监察权进行制衡,使政府官员为人民做工。高一涵重视宪法的制订和实施,坚持民主政治的理想,强调民众在宪法中的地位,期盼能够建立完备的宪政制度体系。

高一涵依据孙中山所提出的法制思想,主张将政府官员始终置于民众的监督之下。他早年就指出:“人民创造国家,国家创造政府。政府者立于国家之下,同与全体人民受制于国家宪法规条者也。”②为此,他在从事监察活动中十分注重民众申诉渠道的畅通,并强调社会舆论对官员的监督作用。高一涵1935 年在两湖监察使署第一次纪念周的训话中,为该使署定下“几条必具的信条及执行职务时的戒律”,其中一个很重要的原则,即“凡人民向本署呈递书状,皆由呈诉人自行缮就投递,或付邮投递,绝不收取任何费用。”③高一涵在其任内,来自人民的申诉也就成为其弹劾违法、贪腐官员的重要依据。

第二,主张按照“五权分立”原则,对监察院权限加以界定。

高一涵不仅就中国历朝历代对官员的监督监察问题作过系统的梳理和研究,而且也曾对日本、苏俄、欧美各国的宪法进行过系统的研究和比较。他认为,监察院独立行使监察权,是“五权分立”制度下特有的监察制度,不能因袭传统政治中的“成规”,而必须在制度设计上加以创新,并需要在宪法中加以规定。他指出:“五权分立,乃是中国特创的制度,中国历史上的成规,既不能一一采用,而世界各国的宪法,又没有这样制度,可供我们的参考;如宪法上对于五权的基本组织和职权,不作详明的规定,不但在理论上失去五权宪法的意义,并且在事实上助长五院制度的纠纷。”他进一步强调:“监察权既然必须要在宪法上规定,就要首先决定监察权的内容。”④高一涵既反对将监察权无限

① 高一涵:《对于国民大会职权规定之商榷》,《时事月报》第 10 卷第 4 期,1934 年 4 月。

② 高一涵:《共和国家与青年之自觉(一)》,《青年杂志》第 1 卷第 1 号,1919 年 9 月 15 日。

③ 高一涵:《高监察使在使署第一次纪念周训话》,国民政府《监察院公报》第 35 期特载,第 14 页(以下简注为《监察院公报》),中国第二历史档案馆供稿,档案出版社 1992 年版。

④ 高一涵:《宪法上的监察权问题》,《东方杂志》第 30 卷第 7 号,1933 年 4 月 10 日。

缩小到仅为弹劾一权,同时也反对将监察权无限扩大以至于等同于封建御史制度下的监察权。他的看法是,宪法应明确规定监察院为国家最高的监察机构,拥有不可争议的独立性和权威性,除了对全体公务员具有弹劾权外,还应有调查取证权,对官员任免、考核、施政状况的知情权,以及纠举权、建议权、惩戒权和审计权。

高一涵高度重视惩戒权的作用,故而特别要求对于监察权中的惩戒权作出明确的界定。他指出:"监察院是为专门监督行政官吏而设立的机关,他的唯一的职责,就在监察一切官吏的行为。如果只教监察院司弹劾,不教他司审判便是半弹劾。"并进一步解释道:"所谓弹劾权与审判权通同放在监察院,并不是说通同要放监察院的监察委员手中,自己弹劾,自己审判;仍然要组织一个与监察委员对立的审判机关,与现今的公务员惩戒委员会组织相同,也与普通法院的检察官与推事关系相同。这样一来,监察机关才可以称为真正的独立,弹劾权才可以称为整个的弹劾权,而审判机关也不像现在那样的支离破碎。"①

高一涵为使监察院的监察权真正落到实处,进行了不懈的努力。1946 年的 11 月 12 月间,高一涵出席中华民国第一届国民大会(制宪会议)第一次会议,并以第一提案人身份与水梓、田炯锦、曹啟汉联名提交《对于宪法第九章第九十五条之修正案》的第 141 号提案,并获江一平等 189 名代表连署。提案拟请将九十五条原文"监察院为国家最高监察机关,行使同意、弹劾及监察权",修正为:"监察院为国家最高监察机关,行使弹劾、纠举、惩戒及审计权,对国民大会负其责任"。并列举如下的理由:

一、删去同意权:因监察委员为执法之官,宜处于超然地位,如行使议会式之同意权,易成为党派斗争之工具,必影响于监察权之超然地位。

二、增加纠举权:使调查既甚便利,处置自更迅速,于迅速之中兼寓审慎之意,此为监察院过去行使之实际经验,故应仍予继续行使。

三、增加惩戒权:依五权宪法创始人(孙中山)之原意,惩戒权应属诸

① 高一涵:《宪法上的监察权问题》,《东方杂志》第 30 卷第 7 号,1933 年 4 月 10 日。

监察院。十余年来，监察院对惩治贪污，实系有责任而无权力，管理惩戒之部门，又系有权力而无责任，欲免除此种弊病，当使惩戒机关隶属监察院。

四、增加审计权：本草案既采取五院制，自应仍照中国历史上成例，由监察院行使。审查决算权归立法院，而审计权即仍应划归监察院。

五、因监察权既已列举规定，而为概括名词之监察权三字自当删去。①

高一涵的这一提案，集中体现了对监察院作为最高监察机关所具有的独立性、权威性的诉求，是期盼从最高法的层面上对监察院监察权加以规定的最后一次尝试。

第三，强调事前监督和事后监察并重。

高一涵将监督作为权力制约的重要举措，提出了“平时的监察”与“临时弹劾”的关系：“平时的监察，是临时弹劾的前因；而临时弹劾，是平时监察的后果”。这是既强调“平时的监督”的极端重要性，同时也是要求监察权必须包括“平时的监察”，而不只是弹劾权。高一涵提出了事前监督与事后监察并重的思想，而这一思想也有其前后演进的内在联系。譬如，1929 年 7 月 6 日，当时尚未从事监察工作的高一涵就在《中国御史制度的沿革》再版自序中指出：“弹劾权只能算是监察权的结果，必须先有上述的几种特权——监督行政、考察官吏、检查会计、注销案卷等权——然后弹劾权才不致成为虚设。”又譬如，1933 年 4 月 1 日，高一涵在《东方杂志》宪法问题专号上发表《宪法上监察权的问题》，再次强调：应允许监察院有事先监督权，并在将来规定监察权的内容时，应当补充。再譬如，1941 年 1 月 1 日，高一涵在《中央日报》发表《抗战三年来监察法规增定及推行经过》，以三年来推行《非常时期监察权行使暂行办法》的实际效果，肯定“暂行办法”对建议权之增设的积极作用，并再一次强调对官员予以事前监督的重要性。他指出：“凡属非常时期内应办事

① 《高代表一涵等一九三人对于宪法草案第九条第九十五条之修正案》（1946 年），《国民大会提案原文》第三册第 141 号提案，第 1—6 页。上海图书馆近代馆藏。

项，大都直接或间接与抗战建国有关，而为刻不容缓及适应时机之事项，与其监察于事后，毋宁监察于事前；与其惩戒于构成违法失职行为之后，毋宁警惕于尚未构成违法失职行为之前。一见其有举行不力或失当之处，即以书面提出建议或意见，送交各该机关或其上级机关，俾得及时为适当之计划与处置。于消极的警惕告诫之中，隐寓有积极的督促纠正之意，对于违法失职之行为，防止一分，即对于抗战建国之实效，增加一分。”以上，高一涵力主事前监督与事后监察并重，主张监察工作应该前移，希望在阻止贪腐问题上能够防患于未然。

第四，主张监察办案须审慎翔实，并与迅捷惩处相结合。

高一涵在总结抗战三年来监察法规增定及推行过程所存在的问题时，着重剖析抗战前监察权行使中，存在着法定程序繁琐的弊端。他指出：“在抗战前关于监察权之行使，法定程序比较繁重，监察院提出弹劾案件后，必须经过调查、审查、移付等程序；惩戒机关接受弹劾案件后必须经过调查、申辩（或质询）、议决等程序；司法机关审理涉及刑事嫌疑之弹劾案件，又必须经过刑事诉讼程序，自侦查、起诉、审讯、判决，以至再审、三审、判决确定，稽延时日更多。因此，每一弹劾案件，自移付惩戒机关以后，动辄经过数月或数年之久，尚未终结，被弹劾人因未受惩戒，仍得照常执行职务，以致法律之尊严，人民之疾苦，与监察之效果，惩戒之效率，均不无较受影响。”高一涵认为，准（审慎翔实）是原则，快（简捷迅速）是手段，手段服从原则，两者结合并行，才能达到维持法纪、整饬官常之目的。为此，他主张：“监察权之行使，重在不枉不纵，故审慎详实，为监察院提出每一弹劾案件前，及惩戒机关议决每一惩戒事件前，所必须严格遵守之原则。但在抗战时期，审慎翔实，又必须与简捷迅速相辅而行。该办法（《非常时期监察权》的行使暂行办法）所特别注重之点，即在于详实中求简捷，于审慎中求迅速。该办法第一用意，在求简捷迅速，但并不因求简捷迅速，而忽略审慎翔实之原则。至简捷迅速之目的不能达到时，则宁愿严守审慎详实之原则，以达到维持法纪整饬官常之目的。”①高一涵认为：“办理案件，惟凭事实为根据，以公正为依归，以期不偏不徇，无枉无纵。对于违法失

① 高一涵：《抗战三年来监察法规增定及推行经过》，《中央日报》1941年1月1日。

职之公务员,既须严加纠正,而对于奉公守法之良吏,亦须使其安心。”①高一涵提出的“翔实中求简捷,于审慎中求迅速”原则,不仅有助于体现监察的公正性,而且也适合了抗战时期需要的快捷性,因而是一个比较符合实际需要的主张。

第五,监察委员须具有超然的境界并坚守自律的信条。

民国时期监察委员承担着监督、弹劾政府公务员的职责。针对监察委员所负职责,高一涵反复强调监察委员所应具备的超然地位和应遵守的自律信条,以维护其监察、弹劾权利的尊严。高一涵在1934年4月发表的《对于国民大会职权规定之商榷》文章中,提出了监察委员的“超然”地位问题。他指出:“监察委员为执法之官,他的地位应该超然,应该立在一切政治关系之外。他的弹劾权只是对于违法行为使然的,根本就不能过问政策之当不当;换句话说:他只能站在法律的基础上来行使弹劾权,不能站在政治的基础上来行使弹劾权。”他还强调,监察委员必须“独立不倚,绝不阿其(当权者)所好”,应该依法秉公而断,做到“铁面无私”②。为了保持监察委员“独立不倚”的超然地位,高一涵还特别要求监察官员必须自律、自重。他在两湖监察使署第一次纪念周的训话中,告诫部下:“我们在执行职务时要敬慎戒惧,惟恐做不好,在各个人平日生活上要整齐严肃,惟恐有丝毫疏忽,国家监察权之尊严,一地方监察权之推行与信赖,我们责任的负起,须在我们工作的表现力。”为此,高一涵还自订“四不”规矩:“本监察使绝不受任何方面之供给馈遗;不参加宴会及欢迎会;对于任何机关不作请托介绍书信;凡人民向本署呈递书状,绝不收取任何费用。”高一涵用这样的规矩要求自己,他表示:“我是长官,自然是身先诸位,领头来做。”③

高一涵在长达十八年的监察生涯中,以清廉自律称著。他的一件长衫大褂,亲友们称从清朝穿到民国。1944年秋,他在甘宁青监察使任上贫病交加,

① 高一涵:《高监察使在使署第一次纪念周的训话》,国民政府《监察院公报》第35期,档案出版社1992年版,第14页。

② 高一涵:《对于国民大会职权规定之商榷》,《时事月报》第10卷第4期,1934年4月。

③ 高一涵:《高监察使在使署第一次纪念周训话》,国民政府《监察院公报》第35期,档案出版社1992年版,第14页。

于右任得知后送上米粮，才助他渡过难关。高一涵曾作《病中蒙右公赐书赐米赋谢》予以答谢，诗中所说“寸薪如桂米如珠”①，是他当时甘居清贫生活的真实写照。抗战胜利高一涵调回南方任职，积蓄无多，他在南京安家的住房，还是在朋友和学生资助下才得以购得。高一涵的洁身自好、清廉自律，由此可见一斑。

打老虎与查办要案

高一涵在民国重大政治历史事件中，多次以监察委员的身份，依法对身居高位官员的丧权辱国行为，进行弹劾和审查。这在当时有着重大的影响。

1931 年“九一八”事变后，高一涵在《弹劾外交部长王正廷贻误外交，丧失国土案》的审查报告书中，认定“外交部长王正廷贻误外交，丧失国土”，指出：“外交部抗议文内，王正廷未加调查，竟自认日军与华军冲突，授日人以口实，实属丧心病狂，卖国媚外”。他提出，对于王正廷应“从严惩处，以救危亡”。监察院当日即向国民政府提交弹劾外交部长王正廷文②。

1932 年汪精卫出任国民政府行政院院长兼内政部长后，主张在外交上对日妥协，并于 5 月 5 日签订了屈辱的《淞沪停战协定》，激起全社会公愤。监察委员高友唐提出《弹劾行政院院长汪兆铭（精卫）对上海停战协定不交立法院议决遽行签字案》，由高一涵与刘三、乐景涛负责审查，并提交审查报告书。报告称：“查国民政府组织法规定：凡宣战媾和及其他重要国际事项，立法院有议决之权。此次松沪停战协定，虽与宣战媾和不同，但为国际重要事项，则无疑义。行政院不交立法院议决，遽行签字，其为违法，彰彰明甚。且事变异常，将来对外援例，随意协定，危险何可胜言？为此佥认定高委员申请惩戒行政院长汪兆铭，实为允当。”监察院于 5 月 21 日，向国民党中央党部监察委员会正式提交对汪精卫弹劾文③。

---

① 高一涵：《金城集》卷四，第 21 页。

② 《监察院公报》第 7—12 期合刊，第 186 页。

③ 《监察院公报》第 13、14 期合刊，第 50 页。

1934年7月，监察院因6月提出对铁道部长顾孟余向外国采购铁道器材时丧失主权、贪污舞弊弹劾案，交送国民政府并公布于众，从而引起行政院长汪精卫的强烈不满，遂提出补充三办法以限制监察院的职权和独立性。于右任一怒之下，以养病为由，挂官而去。高一涵与监察院全体委员，为了表示与于右任同进退，酝酿宣布全体辞职。在这种情况下，汪精卫发表谈话，以党权加以施压："今日尚为训政时期，一切权力集中于党，无有一机关能独立于党外，不听从党之指挥监督者。监委虽有保障法，但若为党员，则党之纪律制裁，固仍可加诸其身。"①高一涵不畏权贵，对汪精卫以党权压制监察院弹劾权的独立行使，表达了强烈的不满与抗议。他在诗词中写道："三办法误尽苍生，自此后言者足诫，闻者无忧。道上满豺狼，转令谔谔台官，贻诮寒蝉仗马。"②

1933年3月，身负华北军事要责的张学良，在十天之内丢失国土六百里，舆论哗然。高一涵与监察委员刘莪青、周利生、田炯锦共同提交《弹劾华北军事委员分会委员长张学良、热河省政府主席汤玉麟抗日不力，失地误国案》。该案称：此次暴日犯热，我中央政府密令抵抗，并责成张学良负华北军事责任。……张汤凭借天险，手握重兵，十日损失六百里防地。自开战以来，均未亲临前线，其无抵抗决心，实可概见。特提案弹劾，应请转呈中央，"绳张学良汤玉麟以国法，以为守土不力者戒"③。该案还指出："查张学良断送东三省等，已于去夏依法弹劾，静候中央惩处。今热河又告失守，所谓代军事分会委员长所司何事？委员等认为情节重大，事变非常，应请院长援紧急救济条文，特案提呈中央，将张学良汤玉麟立正明刑，以励人心，而挽危局。"④这一弹劾案，在当时的国民政府中引起不小的震动。

高一涵在监察院工作期间，深得于右任的信任和倚重，经常受命调查重大事件和大案要案。

1938年11月，长沙发生大火，为中国20世纪最大一次火灾。火灾后，长沙沦为一片焦土，民众生命财产损失巨大，全国亦为之震惊。11月下旬，高一

① 《汪再发表谈话警告监委》，《大公报》1934年7月20日。

② 高一涵：《挽杜羲联》，《北洋画报》第1363期，1936年。

③ 《监察院公报》第18期，第124—126页。

④ 《监察院公报》第18期，第128页。

涵奉中央监察院院长于右任的指令，星夜赶往长沙，调查长沙大火的真相，“追究起火责任”。高一涵从芷江出发，途经沅陵、常德，于12月5日深夜两点到达长沙。此次调查，十分艰难，“所遇到的人都是在大火前出走，在大火后回来的，说不出放火时的真实情况，而官僚们又绝口不言‘奉命放火’到底是奉了谁的命令”。经多日调查，高一涵于12月28日呈交监察院《调查长沙市火灾案报告书》，对火灾之酿成、责任、损失和善后等问题逐项报告，报告书写道：“其中最为主要之关键，则在该管军警机关。始则情报多疏，误以流言为实，手忙脚乱，派队四出抓车；警察撤岗，秩序无人过问；甚至市内机关电话亦竟拆卸不通。种种惊扰情形，益陷地方于慌乱。继则奉令拟订计划，准备破坏，竟于计划尚未呈准之际，遽将放火工作擅自分配多人，并给以实行放火之工具，而又无严密纪律，资以防闲；以致空前火灾，遂发动于其所分配诸人之手。虽未查出其有实施放火命令之证据，但其种种慌张躁率，举措乖方，实足以酿成巨变，与曾发命令者无殊，其责任实最为重大。查此次最应负责之军警机关，系为长沙警备司令部，警备第二团，湖南全省保安处，及湖南省会警察局。”除警备司令酆悌，警备第二团团长徐崐，省会警察局长文重孚，经军事委员会高等军法会审，判处死刑，布告在案；省政府主席张治中，业经军事委员会查为“用人失察，防范疏忽”，呈请中央，予以革职留任，责成善后，以观后效。长沙市长席楚霖，亦由该省政府以其“对于此次火灾，疏于防范”，免职留任。调查报告还提出：对此次火灾负有重大责任的保安处长徐权、警备司令部参谋长石国基、参谋处长许权，应予追加惩处，以昭国法，而平民心。调查报告书现存南京的中国第二历史档案馆①。

1942年6月，高一涵在甘宁青监察使任上，奉甘肃省政府转蒋介石电令，会同甘肃省政府严密查报中国银行仓库囤积居奇情形，制定检验步骤及办法。自6月起至8月中旬，将该行所属各仓库检验完毕，由省府电呈行政院核准分别处办，并将进行情形呈报监察院备案。此案，兰州中国银行经理郑相臣被收监，一些发“国难财”的商人、显贵被惩处②。

---

① 高一涵：《调查长沙市火灾案报告书》，中国第二历史档案馆馆藏；《金城集》卷一，第4页。

② 甘肃省档案馆馆藏7-1-70卷：《三十一年度工作报告》。

1942年10月，监察院接委员长侍秘代电称："河南灾荒情形，希派公正之监察委员与中央委员数人前往密查实报为要。"监察院当即指令高一涵前往密查。高一涵接电后立即动身前往，13日行至陕西监军镇，因雨后泥泞道滑，突然覆车，幸无受伤。15日至西安，与国民党中央委员张溥泉、中央执行委员会张厉生秘书长会同前往洛阳。在洛阳，又接监察院转17日委员长侍密代电："关于查灾要旨已面告溥泉、厉生两同志，请嘱高监察使到豫时与溥泉先生接洽，务期态度一致。"密查组在听取各方面汇报后，即赴阌乡、灵宝、陕县、渑池、新安、洛阳、偃师、登丰、密县、新郑、长葛、许昌、襄城、叶县、郏县、宝丰、鲁山、临汝、伊阳、伊川等二十县实地密查。期间，高一涵"亲至登封吴家岗，密县牛儿店之乡村中逐户视察，大抵皆家无余粟，仅恃芋叶、芋藤、榆叶、榆皮、刺芥芽（本草名小蓟）等和杂粮麸皮煮熟充饥。麦场上所晒者大多为芋叶、芋藤、榆叶等类，全家逃难者多用泥土紧封门户；其他或留一、二人守家，余皆出外就食"。密查组于10月30日返洛阳，将勘查实情上报国民党中央。高一涵也将密查豫灾详情摘要呈报监察院，并奉监察院指令，将原报告抄送国防最高委员会在案。报告称："查本年河南各县灾荒，系由多数原因凑成，高原地带多受旱灾，黄河滩地尽被水淹，而风雹霜蝗各灾又复接踵而至。河南人民食粮，素以秋收为主，秋灾一成，民食已减大半，而本年灾情以秋灾重于春灾，春麦既已歉收，秋灾又复严重，因此遂成饥荒。"加之，军粮田赋征购、各项摊派，灾重各县已经构成饥荒，人民相率外逃。密查报告强调："豫省人民，最严重时期为自本年十二月至明年四月……豫省灾民食粮大量缺乏，运粮入境自应视为首图，故办理平粜为目前最急之务。"①

1944年高一涵又在甘宁青监察使任上，查实第八战区司令部兵站总监班淦中将贪污、贩卖鸦片及其他违禁物品案，案值多达六亿多元。此案涉及面极广，连第八战区司令长官朱绍良的家属及女婿等都有牵连。朱绍良坚持要由第八战区司令部自审自判，以大事化小，判处班淦20年徒刑以结案。高一涵仍坚持要依法严惩。此时，正值国民参政会在重庆召开，参政会提出质问，促使重庆来电，令将班淦在兰州枪毙，以借他的头平息国民参政会的质问。最终

① 高一涵：《河南灾情密查报告书》，中国第二历史档案馆馆藏。

班淦伏法，百姓称快①。

履行监察的使命

高一涵在监察史任上，积极履行监察的使命，做了一些在他的一生中值得记载的事情：

（1）惩治恶吏

国民政府官员中，草菅人命、滥用酷刑，不在少数；而中饱私囊，不惜强征、乱征苛捐杂税，收刮民脂民膏的，亦大有人在。高一涵对此深恶痛绝，经他弹劾（审查）的此类案件，仅据《监察院公报》公开披露的有96起之多。

在高一涵提交的《弹劾湖南沣县荣市乡乡长吴植三假权擅杀违法渎职案》文中，他痛斥道："夫以一有区区乡长地位之人，对于其所应行解送之人犯，始而横施凌虐，继则故加枪杀，其职分虽小，权力甚微，亦竟能假借职权，以行此重大不法之事，若不严予惩处，何足以儆效尤……请即依法移付惩戒，以维法纪而保人权。"②该提案对于草菅人命的乡长提出了严惩的要求。

高一涵在提交的《弹劾湖南汉寿县前县长兼义勇总队队长脩干中、现任义勇队副总队长刘东苏、财政局长熊蛰、安乐乡团总袁建等违法失职案》文中，写道："一涵於审核之下，深觉政治黑暗至此，良可痛心。其一，废除苛捐杂税，中央久已三令五申，而盐捐向不准地方私擅加捐，即湖南省政府，对该汉寿县，亦复迭有严令制止。乃该刘东苏，仅凭一县义勇队副总队长之地位，居然挟持权势，为所欲为，该熊蛰执有专司，竟与之狼狈为奸，不惜破坏国家财政，而该脩干中身为县长，亦竟与该刘东苏通同作恶，暴敛横征，法令不足凭，长官不足重，至所谓民间疾苦，更不足在其一顾之中，迹彼等违法渎职之所为，均实系出于故意，此而不予严惩，吏治安望澄清。其二，人民遇有受害之时，全

① 高一涵：《监察院见闻》，中国人民政治协商会议全国委员会文史资料委员会编《文史资料存稿选编》（12—政府—政党），2002年8月，第492页。

② 《监察使高一涵弹劾文》（1936年6月16日），《监察院公报》第86期，第1—3页。

赖有该管之公务人员，执法为之保障，若公务人员不能执法，反假借其职务上之权力机会，以故意诬陷人民，为排除异己之工具，其为害何可胜言。此案脩干中、刘东苏等，因陈芳圃反对盐捐，故意诬以共匪，因袁国栋等反对袁建诈取包征，故意诬以秘密结社，此等为常人所不屑为所不敢为之卑劣手段，乃竟出于假借权力机会之公务人员，且出於兼理司法事务之县长，此而不予严惩，则人民尚有何保障之可言。”①这段文字，反映高一涵对贪官污吏疾恶如仇的态度。

（2）察灾察弊

重大自然灾害发生时，实地勘察灾情和救济事宜，纠弹违法渎职官员，是监察使、监察委员履行调查弹劾权的一项重要职责。据《监察院公报》特载和甘青宁监察使署逐年上报的工作报告记载，高一涵奉监察院令直接参与的便有四次。

1932年8月，高一涵与监察委员周利生受监察院委派，赴蚌埠、上海实地调查皖北赈务办事处贻误赈务案。经查实后，提交了《皖北赈务专员全绍武皖北运储主任德瑞芝皖北运输专员杨树诚易粮委员会委员长辛博森委员查良钊等营私舞弊贻误赈灾案》，文中怒斥道：“水灾为何等悲惨之事？救灾为何等慈善之举？办理赈务者，应如何慈悲为怀？廉洁自矢？今竟有人欲从赈款里面扒钱，向灾民头上揩油，此而不加纠弹，影响将来赈务前途甚大。特依法提出弹劾。”②

1935年夏，长江爆发特大洪灾，监察院严令各地监察使：“务亲临巡视堤工状况，并查察当事人员，是否切实尽职。”此时，高一涵刚到武昌就任两湖监察使，便立即投入察灾察弊的工作中，搭船前往湖南察看灾情。自汉口到新堤沿江而上，至洞庭湖沿湖数百里一路查访。此时，大雨不止，水位骤长已经超过二十年最高水位一尺之多，高一涵忧心如焚。诚如他在向监察院的报告中所说：“每闻雨声，心如刀割。”于是，高一涵一路电告灾情、提出救济方案，一面会商政府当局，加强防范。7月，武汉各堤告急。高一涵多次亲往张公堤、

① 《监察使高一涵弹劾文》（1936年3月4日），《监察院公报》第75期，第16页。

② 《委员周利生高一涵等弹劾文》（1932年8月18日），《监察院公报》第16期，第143页。

武丰、武惠各堤察勘，到抢险一线鼓励士气、共商应对办法，并对抢险一线所需物资、经费，迭令江汉工程局遵照急办；同时，派员赴关键防堤督查，要求察勘中针对当事人员表现，提交奖惩意见。在此期间，高一涵并不断与政府方面往返行文，促其注意。水灾后，高一涵做了大量的工作，并加强对赈灾工作的监督。主要是：其一，与赈务委员会许静仁委员长同乘飞机勘灾，并二度亲往湖南、湖北灾区巡查；其二，派员分赴各地查勘；其三，将两省赈务事项之调查，特交各参赞担任办理，以期监察更为严密①。

1936年，高一涵鉴于上年湖南、湖北大水灾的情况，电呈监察院，上报预察水利堤工的三个办法：第一，严加督查两省政府对各县堤工拨款、工赈、工期、办法、数目等，并均有复电到署；第二，亲巡及派员择要实地调查，交各参赞常驻调查；第三，严查各处堤工，有无失职误工、有无违法舞弊。监察院于右任院长3月7日亲复："兹阅所陈三项办法，实事求是，擘画尤为周详，至深嘉许。除分电各区监察使参照办理外，合即电令知照。"②同时，高一涵还约同全国经济委员会水利处副处长郑肇经，省政府委员范熙绩等巡视钟祥县各处堤工。并提出报告，对钟祥襄堤地位之重要、工程之浩大、施工后的困难、急救办法，一一列举。该报告称："沿堤各县人民几若生命俱可牺牲，而此堤不可不筑，故在堤民夫，日则负土挖坑，形同牛马，夜则幕天席地，饱受风寒"，并非为难供一饱的工钱，而在盼此堤早成能保家园，"此情此景，真为世界万国所无，视察之余，不禁心酸泪下……俯准速筹拨五十万元之款来鄂，……则堤防固而民命亦得保全矣！"③此请，3月18日获国民政府批准，加拨50万元工程款。4月，高一涵由汉口沿长江上至沙市，沿途视察长江干堤，计一千余里。他对于所有各险要及各重要工程地段，详细勘察，并将各处进度、存在问题、拟解决方案一一呈报。在长江汛期，高一涵自8月3日到9月6日，还将长江及襄河各站水位表逐日呈报监察院。高一涵对关系千万百姓生命财产安危的长江防堤

---

① 《高监察使一涵报告湘鄂灾情呈文、代电》（1935年），《监察院公报》第37期，第12页；第38期，第29页；第43期，第4—5页。

② 《监察院代电高监察使据陈预察水利堤工三办法已分电各区监察使参照》（1936年3月7日），《监察院公报》第71期"特载"，第66—67页。

③ 《监察使高一涵呈报视察湖北钟祥襄堤情形》（1936年3月18日），《监察院公报》第75期，第35—41页。

工程的督察,由此可见一斑①。

(3)处理百姓投诉

高一涵在监察使任上,遵照《监察使巡回监察规程》的相关规定,每年都要进行数次巡视。巡查中,高一涵特别关注的是,区内百姓疾苦及冤抑事项。

高一涵在甘宁青监察使任上,共计出巡 17 次,视察了区内 70 个县和 7 个行政区,巡查范围基本覆盖了区内各主要行政机关、院校、驻军机构,提交了多项专项调查报告和建议,查办了重要案件,接受百姓投诉状多起。以 1941 年为例,高一涵除在兰州考察了市内 14 个部门外,还出巡 6 次,巡查了甘青宁三省计 43 个县 282 个部门,以了解区内各重要机关的设置、设施和公务员的基本状况。在河西监狱,当见到违法拘押一个十几岁的孩子时,当即致电马步芳放人,马步芳接电后也无理由推托②。1946 年 5 月,高一涵赴甘肃省第一、八、九行政区各县局巡查,计接收百姓书状 29 件,并分别加以处理。由岷县至临潭途中,有回民数百人,为汉、回枪案纠纷,跪地拦车请愿。高一涵当即下车,与随行第一区行政督察专员苗任安、司令张仰文,会同回民代表了解案情,知行署已受理备案,当即责成该专员迅速依法妥慎处理报结,并慰告请愿回民,处理案件必以法令为根据,一秉公正,绝对不偏、不袒、不枉、不纵,绝无种族之分。经高一涵劝说,回民悦服而去③。

高一涵将处理百姓投诉书,视为监察使署的中心工作,处理之中格外郑重,并制定了严格的投诉书处理步骤:即拆封后,按性质分簿登记;凡属书状性质之案件,先经监察使审阅;后由监察使分配或指定人员,进行详细审查,逐项签注意见,拟具处理办法;对应该进行调查的,即将案内要点所在、证据的关连,及调查时应注意事项、采用方法,详细签明,列出调查提纲,呈报监察使审核,再交办调查;调查查明复到后,仍由专人经过审查签注;再由监察使核定处

---

① 《监察使高一涵呈报文、代电》,载《监察院公报》第 75 期,第 35—41 页;第 79 期,第 26—29 页;第 80 期,第 33—37 页;第 93 期,第 47 页;第 95 期,第 25—26 页;第 96 期,第 25—27 页;第 97 期,第 42—43 页;第 98 期,第 37—38 页;第 99 期,第 33—35 页;第 100 期,第 55—56 页。

② 高一涵:《监察院见闻》,中国人民政治协商会议全国委员会文史资料委员会编《文史资料存稿选编》(12—政府—政党),2002 年 8 月,第 492 页。

③ 《高一涵巡查工作报告》(1946 年 5 月),甘肃省档案馆馆藏 7-1-22 卷。

理办法，予以结办①。至今，在甘肃省档案馆馆藏的民国甘宁青监察院的案卷中，还可以查阅到一封封百姓的投诉信（含信封）。从登记到签注、调查、高一涵批注、办结的资料中，能够体会到手续之严谨、资料保存之完整。

（4）维护公正

高一涵主张正义与公平，坚持社会公正的原则，并将司法公正作为一个极为重要的方面。对司法队伍中违法官员的弹劾，仅就《监察院公报》公开发表的就有 44 起。以下，摘录数则，从中不难体会高一涵对司法公正的关注：

松江法院院长兼推事王思贤，承办债权人控案，先后判决，如出两人，改判决为裁定，其审判之任意出入，已可概见。似此枉法渎职，将何以维法律之威信，保法院之尊严，更将何以保障人民之权利利益。②

该推事杨昌炽（安徽高等法院第一分院推事）办理戚开章一案，既将诉讼人执行收押，未能将保证金及保证书分别发还注销，确属违法失职。③

兹湖南长沙地方法院候补推事李向荣，对于被告汪在位，仅一次传唤未到，遽许到场之原告一造辩论而判决，殊违反民事诉讼法第三百七十七条第二项之规定……自应依法提起弹劾。④

今核阅……原卷内所有二十四年七月十二日及七月二十日之两次侦查笔录，实均未经受讯问人签名画押盖章或按指印。而阅其于受讯问人签名处所签之名，竟与该侦查笔录内其他记载各项，及该书记官自己签名之笔迹相同，当系该书记官所代写。再就原卷详加查核，原卷页数号码上，印章多不相符……该汉口地方法院检察官兰锡九，及该院检察处书记官刘襄，对于办理该李泽夫等诉薛文青侵占案，实均有违法失职之行为。⑤

① 《监察院湖南湖北监察区监察使署工作概况》（1935 年 12 月），《监察院公报》第 58 期，第 9—10 页。

② 《委员高一涵弹劾文》（1933 年 9 月 12 日），《监察院公报》第 20 期，第 80 页。

③ 《委员王平政杜羲高一涵审查报告书》（1934 年 2 月 2 日），《监察院公报》第 22 期，第 14 页。

④ 《高监察使一涵弹劾文》（1935 年 8 月 17 日），《监察院公报》第 42 期，第 1 页。

⑤ 《监察使高一涵弹劾文》（1935 年 10 月 17 日），《监察院公报》第 55 期，第 14—15 页。

> 该湖南高等法院第三分院兼常德地方法院院长钟馥，对于杨陈氏妨害婚姻上诉一案所为判决，竟不为记载事实，致于第三审上诉时，被认为程序违法，发回更审，况第二审为审理事实法院，判决书内尤不应漏列事实之记载。是其违法失职，至为显然。①

高一涵有着高尚的人格，同时又是一位率性而又正直的人。他不仅严于律己，而且极富有正义感，对于贪赃枉法现象和腐败官员，深恶痛绝。他对司法公正予以高度的重视，坚决弹劾司法队伍中的违法官员，在百姓中有着很好的口碑。

专项调研与建议

高一涵作为学者型的社会活动家，在其长期的监察实践中，特别注重从个案中发现问题。他将专项调查作为搞好监察工作的重要手段，并且身体力行地进行专项调查，以查寻产生弊端的根源，从而为提前加以防范创造了条件。这是高一涵监察实践中，最具有个性特点的。1935 年 12 月，高一涵在向监察院的汇报中，指出："对于有关民生利病之各项重大事宜，又复分类特别调查，制成统计，以便就调查统计之所得，研究改善方案，以贡献于中央，期能于积极方面，使地方多促成一事之改善，即为人民多减去一份之疾苦，而尤注意于整个制度改善之促成……以有助于监察权之行使。"②

1933 年，高一涵在江苏各县实地调查后，提交《弹劾上海第二特区监狱典狱长谢福慈虐待犯人擅用非刑营私舞弊案》等四份弹劾文。同时提交的，还有《江苏各县监狱警政自治田赋等情形视察报告》。该报告一一列举江苏监狱监所拥挤不堪、办案迟缓、司法弊端等问题，请中央令饬司法行政部严令纠正，并对警政腐败的状况及原因加以考察与分析，该报告指出："政府既无以

① 《监察使高一涵弹劾文》(1936 年 8 月 29 日)，《监察院公报》第 102 期，第 4—5 页。

② 《监察院湖南湖北监察区监察使署工作概况》(1935 年 12 月)，《监察院公报》第 58 期，第 9—10 页。

维持其生活，又将何以责其清廉，如欲设法整顿，似宜增高其待遇，统一其训练，名额不必过多，驻所不必滥设，此中央所应特别注意，而严令该省限期整顿者也。”对自治问题，该报告提出自己的建议：“中央似应切实考虑，根据实际情形，另定自治政策之方针，对于法律及事实双方，务须统筹兼顾，若欲于最近一二年内，强令各县下级自治，一律完成，以符法令，则适足演成虚伪政治，此亦应中央所应深思熟虑，早定方针者也。”针对江苏省田赋问题严重的情形，该报告提出：“减税要与减租并行，为农民利益计，中央如能严厉宣布，此后在三年或五年之内，各省不得再行增加田亩附捐，更不得临时照田亩摊派捐款，及负担保安队或军队等给养，则即不减税而民心亦可稍安。对赋税者强制摊捐，应严行禁止。应准被害人民呈报中央索赔。”①高一涵的建议，在于从制度上切实解决自治与租税等问题，切实地减轻百姓的负担。

1935 年夏，长江发生特大水灾。高一涵经过详细的调查与研究，提交了《弹劾江汉工程局局长杨思廉等疏忽堤防酿成灾害案》。该弹劾案指出：“该局长在堤防蹋陷千钧一发之时，竟托病潜藏，放弃职守，论其罪案，当尤重于军人临阵脱逃，应严行惩治。”还指出：“江汉工程局此次所发见之种种弊端，由于制度者半，由于人事者半。此行政与工程不能打成一片，乃为防汛时期之极端危险现象，极应改革。”为此，高一涵数次亲上防堤，进行专项调研，向监察院提交了专项报告，历数江防制度上之弊端和各重要防堤的现状、所存在的问题和困难，并提出自己的建议：“所有该荆门县属之黄瓦堤，及武昌县属之武惠堤，似应收作干堤，归江汉工程局管辖。江陵县属之阴湘城堤及其外堤，似应收作干堤，归荆江堤工局管辖。……以重堤防，而保民命。”②高一涵提出的建议，就在于能够根本地解决水灾问题。

以下，试列举 1940—1945 年期间，高一涵在甘青宁监察使任上所提交的相关建议案：

① 高一涵：《江苏各县监狱警政自治田赋等情形视察报告》（1933 年 9 月），《江苏月报》第 1 卷第 1 期，第 50—52 页。

② 《监察院移付中央公务员惩戒委员会文》（1935 年 9 月 12 日），《监察院公报》第 46 期，第 4—11 页；《监察使高一涵调查呈报文》（1936 年 5 月 4 日），《监察院公报》第 81 期，第 34—37 页。

1940年，与监察委员黄少谷等建议改进征兵办法，经国防部最高委员会秘书厅函送各省，函请查照办理①。

1941年，提交建议三件，即《关于改善壮丁待遇的建议》、《关于拟请修改现行法令的建议》及《关于拟请彻底解决甘青两省边境纠纷办法的建议》。同时，提出意见案一件，即《关于请甘肃省政府令行兰州市政府转饬警察局拘留所改善羁押人犯待遇的意见案》。

1942年，提交建议案一件，即《关于为甘肃省田赋征实及军屯粮应请酌予减征配购的建议》，并呈请国防最高委员会。

1943年，提交建议案七件：1.《关于拟请取缔天水、秦安等县违反限价发生黑市买卖的建议案》；2.《关于拟请增贷甘肃省第六、第七两行政区内各县籽粮以利春耕的建议案》；3.《关于拟请增派酒泉仓库斗级名额免除人民纳粮感受不便的建议》；4.《关于请西北公路局改善运输局对于旅客行李保管及损失赔偿办法建议案》；5.《关于拟请改善各地中央机关员工待遇的建议》；6.《关于甘肃省平凉县囤积居奇之风日甚，银行提高放款利率刺激物价破坏限政，建议行政院依法制止的建议案》；7.《关于西北公路被洪水冲毁多处，建议交通部赶修以利交通的建议案》。

1944年，向甘肃省政府建议改善隆德县政府积习的意见；建议交通部公路总局改善西北公路运输局对于旅客行李保管及赔偿办法。

1945年，提交建议案一件：《为甘肃省各县市乡三十四年度遭受灾荒拟定救济方略请予救济案》。

从高一涵提出的诸多建议案中，可以看出他始终将关注的焦点，集中在民生的改善、民权的维护。从中还可以看出，高一涵作为一名学者型的监察官员，在监察实践中对专项调查的高度重视，及其在监察领域所作的不懈努力②。

如果说1930年前的高一涵，更多的是他作为学者、报人和思想启蒙家、政

① 《浙江兵役》第24期，1940年，第22页。

② 详见《甘青宁监察使署二十九—三十四年度工作报告》，1940—1945年，甘肃省档案馆馆藏：7-1-4、7-1-5、7-1-14、7-1-22、7-1-70卷；《监察院公报》（渝版）1—5期，1943年5月—1945年5月。

论家、法学家，一个为新文化运动冲锋陷阵、摇旗呐喊的斗士的话；那么，1930年后的高一涵则是一位立足于监察岗位，廉洁自律，与贪腐现象作不懈斗争的实践家。1945年11月，国民政府241号令明令嘉奖高一涵、童冠贤两监察使，"嘉奖"中称："监察院呈称甘肃宁夏青海区监察使高一涵，持正不阿，克尽厥职，山西陕西区监察使童冠贤，整躬率属，巡察各方，检举案件极严明，兹由党政工作考核委员会考察列报，行列到院，转请鉴核准予明令嘉奖等情。查该两监察使高一涵、童冠贤巡回监察，任职忠勤，历年以来，具著成绩。特予明令嘉奖，以资激励。此令。"①这里的"持正不阿、克尽厥职"，便是高一涵十八年监察生涯的真实写照。

高一涵的监察活动，在"一党专制、领袖独裁"的制度下，是注定要碰壁的。由高一涵负责召集审查，获监察院通过提交的《弹劾法草案》，其中有关对国民政府主席弹劾权的条款，在立法院修正时被删除；而高一涵所坚持的"监察院应有惩戒权"的主张，也始终未能实现。监察院被完全排斥在审理和惩戒程序之外，使监察权失去了完整性、强制性和权威性，许多案件弹而不惩。对王正廷、汪精卫、张学良等高官的弹劾，更是石沉大海，"老虎打不成，反被老虎咬"，正如监察院院长于右任所言"为民鸣不平之难矣"②。

高一涵此时心灰意冷，萌生退意。1948年夏，终于获准辞去监察院专门委员职。这就结束了长达十八年的监察从政生涯。为此，高一涵曾作《解职后喜赋》诗一首，提醒自己："身无言责应缄口，锥欲藏锋合处囊。"③

---

① 《中央研究院近代史研究所档案馆》忠勤任职嘉奖，入藏号：001000003758A。

② 戴晨京：《学者的悲哀》，华文出版社2006年版，第74页。

③ 高一涵：《金城集》（未刊）卷八。

第十一章　诗人情怀

高一涵深受华夏文化的熏陶，对诗歌有着特殊的喜爱，他自称："余平生喜读诗，而不善作诗。""不善作诗"固然是高一涵谦虚的说法，但高一涵早年的诗作确实存世较少。1940 年，高一涵调任甘宁青监察使，由湘赴兰州途径重庆时，会见了章士钊。章士钊极力劝高一涵写诗，以诗记事言志，陶冶情趣，寄情怀于诗歌之中。高一涵到兰州后，"孑然一身，交游益寡，深宵孤灯独坐，郁郁寡欢"，故而以诗为伴，记述情怀。日积月累，逐渐成癖，兴到则作，在兰州五年间存诗六百余首。1946 年他自费印刷了《金城集》①，在自序中称："自鸣自已"、"挥情直发"。刊印出版的《金城集》共有五卷，分两册线装，封面为范之杰题签，扉页由高一涵自题书名，收录了 1941 年至 1945 年间所作 620 首诗作，其中：卷一为 1941 年所作，计有 90 首，卷二为 1942 年所作，计有 109 首，卷三为 1943 年所作，计有 66 首，卷四为 1944 年所作，计有 180 首，卷五为 1945 年所作，计有 175 首。近年来又发现高一涵《金城集》7—9 卷未刊印的手稿②，写作时间为 1947 年至 1964 年，共录有诗作 125 首。其中卷七为 1947 年所作，共有 51 首；卷八为 1948 年所作，共有 19 首；卷九为 1949 年至 1964 年间所作，共有 55 首。缺失的第六卷，应为 1946 年之诗作，今恐已佚失不存。在《金城集》中，高一涵写下了大量纪事、咏景、感时的诗作，也成为自己思想、感情的记录。《金城集》也由此成为研究高一涵诗人情怀和思想状况的重要史料。

---

① 1990 年 10 月，中国西北文献丛书编辑委员会将《金城集》收录于西北文学丛书第六辑第十七卷中。

② 见沈海波、黄丹丹：《高一涵〈金城集〉未刊手稿被发现》，载《上海党史与党建》2007 年第 7 期。

敦煌卫士

高一涵与敦煌结下不解之缘，他也成为名副其实的敦煌卫士。这还得从高一涵的《敦煌石室歌》的诗作说起。

《金城集》中有一首题名为《敦煌石室歌》著名的诗作，这是1941年高一涵陪同于右任巡视西北期间，专程前往敦煌考察时所作。当时的敦煌莫高窟，非常荒凉，方圆数百里，鲜有人迹。整个莫高窟被沙漠包围，很多石窟都被沙子埋没了。刚刚通车的兰新公路只经过安西，从安西到敦煌120公里，要骑上马和骆驼穿过沙漠才能到达。高一涵一行历经千辛，终于在1941年的十月初到达莫高窟，和正在临摹敦煌壁画的老友张大千会合。张大千带着于右任、高一涵等人一一参观了各个洞窟，洞窟内的丹青千壁，彩塑如生，使于、高一行惊喜万分，叹为天造。他们面对莫高窟惊人的艺术瑰宝和当时呈现的破败凄惨的景象，痛感再不能让这些无价国宝遭到毁坏和散失了。是日，恰逢中秋。当晚张大千在敦煌临时住所，亲自下厨，款待于右任、高一涵一行。异地故友相聚，情趣非同一般，加以中秋佳节，众人把酒赏月吟诗。于右任提出建立"敦煌艺术学院"的设想，并作诗记道："敦煌文物散全球，画塑精奇美并收；同拂残龛同赞赏，莫高窟下作中秋。斯氏伯氏去多时，东窟西窟亦可悲。敦煌学已名天下，中国学人知不知?"高一涵亦作长诗《敦煌石室歌》①，描述莫高窟的起源与神韵：

阳关古道接天竺，西连佛国犹比屋；
沙门乐樽托钵来，步入敦煌鸣沙麓。
榛莽蔽天无人室，独坐崖头看落日；
日耀金光烛霄汉，幻作千佛森灿烂。
神僧到此悟禅机，缘以荒崖作彼岸；

① 高一涵：《敦煌石室歌》，载《金城集》卷一，第9—10页。

鸠工凿石创一龛，开山大业烦圬墁。
物换时移几星霜，踵事增华竞辉煌；
前有刺史建平公，继起复有东阳王。
先后开凿千余洞，通以长廊间以墙；
一洞一龛一世界，千门万户疑蜂房。
符秦经始犹椎轮，大辂之成自盛唐；
下逮宋元历千载，自桧以下无低昂。
画师一一逞意匠，妙到秋毫难穷状；
飞楼涌殿灿珠光，幡刹幢牙列仙仗。
梵呗咏歌如闻声，维摩说法花散帐；
一佛化作千万身，千万身生千万相。
就中圣手谁第一，右相宗派推至上；
洞中复壁尘封久，琳琅秘室富二酉。
西夏兵戈动地来，权作文物逋逃薮；
梨枣半属宋前镌，经卷多出唐人手。
斯氏伯氏一顾空，毡苞席卷闖关走；
后有好者勤搜求，十存一二遗八九。
琅嬛福地一朝空，欧西书府栋为充；
石室遗书传万国，秘籍翻为天下公。
世界竞夸敦煌学，失马浑难罪塞翁；
我来又后四十年，烟熏壁坏损妍鲜。
篝火入室摩挲遍，粉墨剥落叹神全；
月仪墨迹西夏字，幸从灰烬见残编。
汤盘孔鼎器已渺，文辞述作尚连篇；
敦煌艺术卓千古，薪尽行当看火传。
张八画佛本天授，神妙直追吴道玄；
请君放出大手笔，尽收神采入毫颠。
嗟予十指无一技，坐对至宝空潸然；
夜深道院万籁寂，仰见秋月来娟娟。

诗中不仅赞赏莫高窟的神韵，而且对稀世国宝惨遭斯氏伯氏窃盗、又遭流沙侵蚀、烟熏壁坏的现状感到忧心忡忡，更对张大千临摹壁画给予期盼与鼓励："请君放出大手笔，尽收神采入毫颠。"

高一涵面对无人管理，无人保护的莫高窟，非常赞成于右任提出的建立"敦煌艺术学院"的设想，希望于右任能力促政府尽快筹措，以救敦煌于危亡。张大千也对于右任说："你是政府要员，有责任出来为保护我们祖先创造的灿烂文化遗产说几句话。"①敦煌考察后，高一涵又陪同于右任考察了安西榆林窟。

于右任回到重庆，立即向国民政府提出设立敦煌艺术学院、保护莫高窟的提案。提案中详述了莫高窟和榆林窟的文化价值，指出："似此东方民族之文艺渊海，若再不积极设法保护，则世称敦煌文物恐遂湮销。非特为考古家所叹息，实是民族之最大损失。因此，提议设立敦煌艺术学院，招容大学艺术学生，就地学习，寓保管于研究之中。费用不多，成功将大。拟请教育部负责筹划办理。"②于右任的提案先后在重庆《新华日报》和《文史杂志》上发表，引起社会各界强烈反响。

不久，西南联大向达教授所率中央研究院西北科学考察团和王子云所率西北艺术文物考察团，也先后来到敦煌考察。途经兰州时，高一涵盛情接待了他们，并为王子云赴鸣沙诸山及莫高窟、塔尔寺、拉卜楞寺等胜境写生赠诗留念："冰雪寒岩起冻皴，一经渲染便成春。关山万里生颜色，始信营邱笔有神。烽烟掀动满天星，谁向三边款段巡。折叠祁连藏一室，从容且作卧游人。"③高一涵为王子云的《三危山与鸣沙山写生画长卷》，特作《鸣沙山》一诗，题于该画卷首④。

考察团赴敦煌考察后，向达撰写了《论敦煌千佛洞的管理研究以及其他连带的几个问题》文章，在重庆《大公报》上发表，建议将莫高窟收归国有，并

---

① 王渊：《敦煌轶事》，甘肃人民出版社 2005 年版，第 325 页。

② 王渊：《敦煌轶事》，甘肃人民出版社 2005 年版，第 326 页。

③ 王璜生主编：《抗战中的文化责任："西北艺术文物考察团"六十周年纪念图集》，艺术图版 2005 年版，第 237 页。

④ 王璜生主编：《抗战中的文化责任："西北艺术文物考察团"六十周年纪念图集》（四图卷版一），2005 年 9 月版，见该书插图。

设立管理研究机构。1943 年 1 月，王子云一行在重庆沙坪坝中央大学举行“敦煌艺术及西北民俗写生画展”，破天荒地用临摹品将敦煌艺术公之于世，并发表了第一份莫高窟内容总录，引起艺术界的轰动。同年 1 月 17 日，国民政府行政院通过决议：设立敦煌艺术所，隶属教育部。即日成立国立敦煌艺术研究所筹备委员会，聘请高一涵为主任委员，常书鸿为副主任委员，秘书长为王子云，委员张庚由、张维、郑通和（字西谷）、张大千、窦景椿。①

高一涵在国民党行政院宣布成立国立敦煌艺术研究所筹备委员会不久，便在兰州甘宁青监察使署主持召开了第一、二次筹备会议。出席人员有：副主任委员常书鸿、委员张维、郑通和（甘肃教育厅长）、张庚由（张半琴代）、王子云（何正璜代）。由龚祥礼担任记录。高一涵致开会词，常、郑两委员报告教育部筹设该所经过，及省府与该所共同保管敦煌艺术的办法。会议讨论了组织规章及其他议案多起，通过了敦煌艺术保管研究计划大纲②。

高一涵在筹备会议期间，带领常书鸿等，逐一登门拜访甘肃省政府主席谷正伦、省参议会议长兼《甘肃省通志》主编张鸿汀、历史学家慕少堂、西北公路局长何竟武等甘肃省军政要员与文化名人，寻求他们对国立敦煌艺术研究所筹委会的支持，终于使财政上的支持得到落实。在高一涵的大力推动下，谷正伦于 4 月 6 日在甘肃省政府第 1036 次会议上，提议并议决通过由国立敦煌研究所筹备委员会提交、教育厅签呈、财政厅会计处核签的《国立敦煌研究所筹备委员会开办经费和薪津预算》，“款项由年度省第一预备金项下开支，下半年度应需薪津，列入敦煌县地方预算内。”③这为敦煌研究所的筹备提供了财力的保障。

高一涵在筹备会议后，即率领常书鸿等一行六人，前往敦煌。早春二月，他们“像中世纪的苦行僧一样，披着老羊皮大衣，冒着西北刺骨的冷风，沿着古代著名的丝绸之路”，开始了“最艰苦的敦煌之行”，于 1943 年 3 月 24 日抵

---

① 王渊：《敦煌轶事》，甘肃人民出版社 2005 年版，第 327 页。

② 敦煌研究院网：敦煌研究院史第一部分（国立敦煌研究所时期）。

③ 叶文玲：《敦煌守护神——常书鸿》，上海文艺出版社 2001 年版，第 241 页；甘肃省档案馆：《公布国立敦煌艺术研究所史料一组》，载《档案》2000 年第 3 期。

达千佛洞，并就地设立办事处，开始了筹备工作①。针对危及莫高窟的流沙和水浸腐蚀这两大灾害，高一涵与常书鸿、张大千等筹委会的工作人员，商定先从去沙、开渠、筑防护围墙着手，着力解决防风防沙问题，然后再采取对千佛洞的保护措施。高一涵出面请当地驻军在开春后，义务为莫高窟去沙、开渠。仅去沙一项，据当地工程师测算，便节省了近300万元的开支。

筹委会工作开始正常运转后，高一涵对相关事项予以交代。他在离开莫高窟前往敦煌巡视前，再三叮咛老友张大千，给予常书鸿以多多帮助，并鼓励常书鸿说："现在你们要抱着白手起家的精神，在千佛洞孤岛上去开辟一个新天地。"②高一涵在视察敦煌期间，还要求当地军政要员大力支持国立敦煌艺术研究所筹备委员会的工作。至此，敦煌艺术研究所筹备委员会迈出了保护敦煌文化重要的第一步。在这个过程中，高一涵为保管敦煌文化作出了重要贡献。

高一涵对敦煌文化的关注，源自于他对中华文化由衷的挚爱之情。在《金城集》中，还有大量高一涵遍寻古迹，追慕英雄贤达，怀古思今的篇章。如他撰写的《兴隆山祭成吉思汗陵》等诗篇，通过抒发自己对成吉思汗的仰慕之情，表达了他的这种追思先贤、挚爱文化的心愿。

成吉思汗陵的搬迁是在特定的背景之下的。1939年初，为防日寇染指成吉思汗陵影响内蒙古局势，国民政府同意伊克昭盟盟长沙克都尔扎布的建议，将成吉思汗灵柩西迁以避战乱。蒋介石特别委任沙王和绥远省政府主席傅作义、晋陕绥边区总司令邓宝珊等为起灵致祭官，沙王为主祭官，奉移经费从国库拨发。6月，将成吉思汗与孛儿帖哈屯灵柩，以及忽兰哈屯灵柩和成吉思汗战神哈日苏勒德（黑纛）西迁至甘肃省榆中县兴隆山。兴隆山距兰州市60公里，最高峰海拔2400米，被誉为"陇右第一名山"。高一涵在兰州任上，每年都要到兴隆山上祭拜成吉思汗陵两次，留下了祭成陵诗多首：

① 常书鸿：《常书鸿文集》，甘肃人民出版社2004版，第253、469页。

② 常书鸿：《从敦煌近事说到千佛洞的危机》，载《大公报》1948年9月10日。

兴隆山祭成吉思汗陵①

飞岸云龙接玉台，丁香红柳满山隈。
扫空翠柏依岩立，挂壁清泉出寺来。
一代雄才余画戟，百年大业賸寒灰。
可怜万马纵横地，帛裂惟凭酒半杯。

甲申三月二十一日兴隆山祭成陵时山中积雪盈尺恍似严冬②

臯兰山下杏花红，成帝陵前雪映空。
银榇不遮寒骨冷，朔风犹拥大王雄。
斡难玉帐埋荒土，钦察铜驼泣故宫。
壮志初酬人已逝，遗言珍重嘱和衷。
（遗诏有广土众民万众一心之语）

诗中，高一涵对不同季节下成陵景色的描写，犹若风景油画般地展现在人们面前。他对一代雄才成吉思汗百年大业的缅怀仰慕之情，跃然纸上。而“遗言珍重嘱和衷”一句，更是寄托了他对万众一心收复河山的期盼。高一涵的这一情怀，在途经贺兰山的“岳飞书送张紫岩北伐碑”时所作的诗中，更是表达得淋漓尽致。其诗云：

龙盘虎踞几经秋，万里峰烟次第收。
横扫千军资笔阵，词源如海接天流。
千秋浩气贯精忠，凤舞龙飞字字雄。
行到贺兰山阙处，放怀高唱满江红。③

---

① 高一涵：《兴隆山祭成吉思汗陵》，载《金城集》卷一，第4页。

② 高一涵：《甲申三月二十一日兴隆山祭成陵时山中积雪盈尺恍似严冬》，载《金城集》卷四，第6页。

③ 高一涵：《宁夏杂咏》，《金城集》卷一，第8页。

1941年5月1日，高一涵登上皋兰山第三峰。当年，汉代名将霍去病曾在此大败匈奴，建立丰功伟业。此时，正值卫立煌将军在晋南与日寇酣战。高一涵即兴而作：

偶寻壁垒到林泉，曳杖攀登古戍巅。
百战勋名垂断臂，万山云树绕屯田。
河倾积石涛声壮，地接秦关紫气连。
今日边功谁第一，愿为下笔写凌烟。①

诗中，高一涵期盼抗战将士承接汉时名将霍去病“匈奴未灭，何以家还”的风骨，横扫倭寇再建边功，并愿下笔为之书写春秋。

《金城集》还收录了不少高一涵面对史迹，触景生情，因情而发的诗作。

譬如，高一涵在兰州白塔山相传大禹治水处，曾作《九州台》，思念大禹治水之功：“禹迹空山上，苍茫瞰九州。中原方板荡，黄水复横流。淮海谁包贡，湖湘痛缺瓯。龙门天险共，东望不胜愁。”②诗中，高一涵不仅思念大禹治水业绩，而且也联系现实，期盼尽快根绝水患，造福华夏百姓。

又譬如，高一涵在平凉县柳湖书院左宗棠读书课士处，作《平凉柳湖追怀左文襄公》③，留下“崆峒剑气干云日，韩范威名慑塞胡”的名句。高一涵在诗中，对左宗堂收复新疆、威震西北边陲的功勋，赞赏有加。

再譬如，高一涵在成县作《天水社堂镇口杜公草堂》④、《成县飞龙峡谒杜公祠》⑤，思念诗圣杜少陵，留下：“耿耿孤忠故国思”、“我亦无家堪送老”的诗句，既抒发对诗圣的钦佩之情和敬仰之意，也暗喻自己游宦甘肃、远离故土、境遇不济；同时，诗中也表达了与杜甫相比，自愧弗如的心情。

高一涵毕生酷爱书法，在《访西狭颂摩崖》一章中，诗人写道：

---

① 高一涵：《辛巳五月朔偕石轩刚直登皋兰山第三峰》，《金城集》卷一，第6页。

② 高一涵：《九州台》，《金城集》卷四，第14页。

③ 高一涵：《平凉柳湖追怀左文襄公》，《金城集》卷四，第7页。

④ 高一涵：《天水社堂镇口杜公草堂》，《金城集》卷三，第9页。

⑤ 高一涵：《成县飞龙峡谒杜公祠》，《金城集》卷三，第10页。

万里寻碑不辞远，但恨与碑相见晚。
昔从窗下玩纸本，喜见笔画无缺损。
二十年来日临摹，今距咫尺宁蹉跎。
盘崖绕壑口接膝，剜苔剔鲜频摩挲。
三颂至今仅余二，深山赖有神撝呵。
口读指画终复始，吟哦岂止十遍过。
山峻遮日日早暮，徘徊欲去不忍去。
贪看鸾翔凤翥姿，暝色渐没山前路。
回途再访耿勋碑，崖石剥落无完处。①

高一涵作此诗时，已年近六旬。当他攀登上峻峭的摩西狭，探寻到儿时所临摹的《西狭颂碑》真迹时，欣喜若狂。诗中，以近乎白描的手法，书写诗人万里寻碑，喜见真迹，碑前一遍一遍口读、指画、吟诵的情景，仿佛可以看见诗人在夕阳西下的西狭颂碑前的身影，感悟到诗人翘首观碑拓碑时的惬意神情和迟迟不忍离去的情景。高一涵一生酷爱书法，对书法的造诣很深，据《一涵公传略》所记："他的隶书有邓石如之风，魏碑则近郑文公之体，其行楷则汇苏东坡、黄庭坚、赵孟頫之大成，运笔苍劲有力而又潇洒自如。"②在当年唯一的研究草书艺术的专业期刊《草书月刊》上，时有高一涵的佳作发表。《金城集》中不仅记录了高一涵为张大千、王子云、黄宾虹等名家画作题字的诗作，同时也收有《题鹧鸪图》、《题饭牛翁图》、《题渔村图》、《题蕃僧图》、《题画》、《题画马》、《题剑阁图》等诗作，可见高一涵的书法在当年颇为名流雅士所推崇。至今，在陇南武都著名景点万象洞，尚留有高一涵所提"别有洞天"大字的石刻。

高一涵在《金城集》诗中，所表达的无论是对敦煌文化的挚爱，还是对史迹的探寻、对书法的痴迷，都折射出他对中华文化的无比热爱和一颗拳拳的爱国之心。

---

① 高一涵:《访西狭颂摩崖》，《金城集》卷三，第 10 页。

② 高晓初:《一涵公传略》，载六安《陈门高氏宗谱》第三十三卷，第 127 页。

以诗记史

高一涵刊印《金城集》时，正是抗日战争由最艰难的相持阶段迈向胜利的时期。他以诗作史，追踪抗战时期的重大历史事件，关注民情民心，表达自己的情感。他的诗有感而发，直抒情怀，正如其诗中所云："乱日少陵悲故国，将诗作史记干戈"。他的心情和诗作，直追诗圣杜少陵，表达了忧国忧民、民族独立的心愿。

日本法西斯对中国的野蛮侵略，给中华民族带来了深重的灾难，使得我泱泱中华山河破碎、国土沦丧，人民流离失所、饱受战争煎熬。高一涵一腔热血、满腔悲愤。他的诗作直斥侵略者的暴行，讴歌我中华民族不屈不挠、前仆后继的伟大民族精神。

在七七事变五周年时，高一涵作"七七节"一诗①：

谁将杀戮作耕耘？五载妖氛塞上横。
锦绣河山时带甲，烽烟海陆见连营。
虎衣铁胄齐生虱，樵斧农锄尽利兵。
跳跃旄头犹未落，好凭众志筑长城。

高一涵盛赞投笔从戎的爱国青年，勉励青年奋起抗争，勇往直前，视死如归，血洒疆场，用自己生命谱写民族的历史。他写道："投笔赴国难，环甲争先驰。前拒虎狼秦，回定西南夷。复我九世仇，奠我万年基。"②又写道："男儿报国须投笔，卫霍功名起戍楼。"③他以"人生只合沙场死，何用丹青污姓名"、

① 高一涵：《七七节》，《金城集》卷二，第 4 页。
② 高一涵：《白马篇送知识青年从军》，《金城集》卷四，第 22 页。
③ 高一涵：《客至谈新疆事有感次果青见贻诗韵》，《金城集》卷一，第 4 页。

"愿凭铁血捍长城"、"英雄死去精灵在,力尽关山志未酬"等诗句①,歌颂不畏强敌、舍生忘死的抗战将士及其所表现出的英雄气节。

高一涵面对大敌当前、民族危亡的严峻形势,以诗作说明:"河山久战馀焦土,兄弟何心尚阋墙。"②寄希望于国共两党,摒弃前嫌,一致抗日,共驱倭寇,还我河山。在《壬午中秋夜登望河楼望月》中,他写道:"雄师百万护山河,四海丁男尽荷戈。料得今宵闺里月,团乐人少别离多。"③此诗描述了百姓舍小家为大家,众志成城,威武不屈,齐心保卫祖国山河的情景。高一涵的长诗《从军行》,更是描写了一对少数民族夫妇割舍儿女情长,报国从军的动人故事,诗中写道:"忽焉东海肆长鲸,神州万里阵云横。羽檄交驰起壮士,男儿相率请长缨,蕃儿自是群中秀,不持寸铁犹格斗。借躯复仇不顾身,报国岂甘落人后。"丈夫报国参军,妻子高歌相送:"不作寻常儿女态,牵衣拦道语其私。慷慨高歌声裂地,塞雁哀鸣塞马痴。良人挥手从军去,回幕自抚褓中儿。"④诗中描写的一位西北少妇怀抱幼儿,以其特有的民族方式,引腔高歌,送丈夫参军的形象,跃然于眼前。正是我中华民族万众一心,矢志不移,勇于牺牲,不畏强暴,抵御强敌,才赢得了全民族抗战的最后胜利。《金城集》诸多诗作中的细腻描述,是民情民心的真实写照,反映我中华儿女共赴国难的历史画面。

高一涵的诗作,关注民生,同情百姓的境遇。国难当头,百姓遭受战争之苦,又遭贪官污吏的强征暴敛,民不聊生。高一涵作《仆夫吟》、《老马行》、《猛虎行》、《酒泉乡中所见》、《邻舍翁》等诗,为民代言,为民申冤。其中,尤以《邻舍翁》⑤一诗,将西北人民在兵灾战祸中的悲惨遭遇,刻画得入木三分:

邻舍老翁夜张弩,深宵捕鼠如捕虎。里人惊从梦里醒,隔墙呼问无回语。

---

① 参见高一涵:《屯艰》、《归梦》、《宁夏东教场大阅》,分别载《金城集》卷三第3页、13页,卷四第8页。

② 高一涵:《西峰镇感事》,《金城集》卷四,第9页。

③ 高一涵:《壬午中秋夜登望河楼望月》,《金城集》卷二,第6页。

④ 高一涵:《从军行》,《金城集》卷三,第13页。

⑤ 高一涵:《邻舍翁》,《金城集》卷五,第9页。

左舍父老向余言，比岁军兴闾阎苦。从征馈粮人不归，农村十室九易主。

此老四子三从军，昨日良田今荒土。朝来里正催献金，正值孙饥妇无乳。

室如磬悬仓如洗，呼儿折屋货梁柱。忽闻仓底饥鼠号，顿令老翁毛发竖。

昔年红朽尔不啮，今偏与我争馀腐。挽弓蹀躞夜不眠，誓将灭此宵行虏。

平明里巷炊烟高，不见翁家洗尘釜。尽室相向默无言，穷檐仰屋泪如雨。

诗中，通过邻舍老翁夜间张弩射鼠、人鼠争食的悲剧，揭示日本侵略者带给西北百姓的深重灾难。在战争、征兵、征税（催献金）的多重挤压下，百姓陷于"昨日良田今荒土"、"仓如洗"、"泪如雨"、"十室九空"的悲惨景地。对那些欺压百姓、大发国难财的贪官污吏，诗人更是在《猛虎行》中作了无情的揭露："炳然蔚为大人仪，却攫血肉恣吞吐……一饱势将吞万人，口下余生亦何有？"①为此，他时时不敢忘记自己身负的监察重任，并以诗言志："愧非干城选，分当巡故疆。将士久浴血，宁处我岂遑。"②高一涵在兰州南府街寻访吴柳堂御史住宅，在读其书札之后，又作《题吴御史柳堂书札卷后》："风骨棱棱峻，云笺字字芳。罢归途托钵，老去笔凝霜。古道存肝胆，愚忠动庙堂。经过南府宅，仰止荐心香。"③诗中，表达了学习前辈御史风骨，肝胆相照为国为民，誓当神箭手，"引弓扫群丑"的情怀。

高一涵虽然深处西北边陲，消息闭塞，但仍时时关注着抗日战场的态势。高一涵每逢获悉失守要地险关的消息，皆悲从心来，抑制不住自己的情绪。他先后作《惊闻函谷关弃守》、《潼关怅望》、《痛闻潇湘沦陷》、《痛闻桂林弃守》、《闻兴始曲江沦陷》、《痛闻襄阳沦陷》等，以诗记事抒怀。如诗作云："如何咽

① 高一涵：《猛虎行》，《金城集》卷三，第7页。

② 高一涵：《行役篇》，《金城集》卷二，第11页。

③ 高一涵：《题吴御史柳堂书札卷后》，《金城集》卷四，第14页。

喉地，一旦成灰尘？片水界华夷，河山乱主宾。临关长太息，屯难思经纶。”又如诗作云：“冥冥氛祲暗南天，百万苍生正倒悬”；“岘首碑前清泪堕……汉家馀业归豚犬，争怪山公醉似泥”；“国殇已逝英灵在，雄鬼依依为守陴。”悲鸣由心而发，并以诗为祭，痛悼为国捐躯的英烈们。而每当胜利消息传来，诗人的高一涵更是不能自已，言为心声，诗由心出。1942 年秋，浙江、江西战场大捷，高一涵喜不自禁，作《喜闻浙赣国军破敌》：“一日追奔下七城，风驰电击鬼神惊。常山已布长蛇阵，遥指西湖洗甲兵。疾风扫叶趁秋时，一往无前破竹师。盛事行将观北伐，中原父老望旌旗。”①1943 年，他在《适闻鄂西渔洋关之捷》诗中记道：“渔洋鼓角殊悲壮，沣浦旌旗正奋扬。日暮弯弓齐竞渡，细腰宫畔射斜阳。”②此后又有诸多诗作，记述国军失复失地后的喜悦心情：

昆明鳞甲汉时多，横海功勋忆伏波。南下雄师收越赕，西来飞盖接牂牁。③

鸡陵金鼓震南天，夜夺昆仑月正圆……洗尽瘴云淫潦后，再标铜柱界山河。④

微子山边夕照残，台儿庄上角声酸。斑斓十万男儿血，染得枫林树树丹。⑤

襄阳下后克樊城，万岘深潭水又清。羊傅祠前鼍鼓壮，鹿门山上贼壕平。槎头戏浪参差出，楚艑乘潮自在行。新谱铜鞮作铙吹。儿童箪食道旁迎。⑥

高一涵不仅关注中华民族的命运，而且也留意国际反法西斯战场的态势，先后作有多首诗记之。在《二月十八日美海空军进攻土鲁克岛》一诗中，诗人已经预见到日寇行将灭亡的命运：“海上旌旗射日红，穴中蝼蚁运将终。千窠

① 高一涵：《《喜闻浙赣国军破敌》，《金城集》卷二，第 5 页。
② 高一涵：《适闻鄂西渔洋关之捷》，《金城集》卷三，第 4 页。
③ 高一涵：《书印泉滇缅战场纪事诗成卷后》，《金城集》卷五，第 2 页。
④ 高一涵：《叠闻广西捷报喜而有作》，《金城集》卷五，第 15 页。
⑤ 高一涵：《喜闻国军收复徐州》，《金城集》卷五，第 20 页。
⑥ 高一涵：《喜闻国军连克襄樊》，《金城集》卷五，第 6 页。

篙透珊瑚岛，五两帆乘贸易风。雌伏舳舻鱼在釜，高飞鹅鹳翼翻空。斩开铁锁降幡出，破竹初收第一功。”①在《哀墨索里尼》诗前，诗人加入小序，对于战争狂人墨索里尼遭万人唾弃的可耻下场，作了描述：“报载墨氏于四月二十八日在摩科湖村中被杀，陈尸米兰市中，为群众践踏。有一妇人向彼发射五枪，云彼有子五人均被谋害，故报以五枪。”其诗云：“飞扬跋扈一穷奇，二十年来几丧师。死后项王犹裂体，墓中楚子任鞭尸。”②他还用诗记录盟军会晤莱茵河畔，描绘出希特勒纳粹霸业行将覆灭的情景：“纳粹城边水皴鳞，独夫霸业此沉沦。半生逐逐缘何事，天下汹汹为二人。两路红旗扬易北，三年碧血涨来茵。”③在《喜旧金山和平会议开幕》一诗中，诗人更是以“谋闭兵销想大同”④，表达了渴望世界和平，实现大同世界的强烈愿望。

1945 年 8 月 15 日，日本天皇宣告无条件投降。高一涵与全国人民一样，终于迎来了抗日战争的最后胜利。他喜极而作《闻降约签字喜赋四十韵》、《胜利凯歌》和长诗“胜利歌”二首，记录了“大和魂已断，武士道无终”，日寇穷兵黩武、走向末路的全过程，同时也感叹抗战胜利的来之不易：“八年焦土玉石焚，痛定思痛赋策勋。一曲凯歌千白骨，万瓮行酒祭忠魂。”高一涵提醒国人：“武装之下无和平，和平只是弱者声。”在欢庆伟大胜利之时，高一涵更是提出要居安思危，其诗云：“今日痛饮黄龙卮……安不忘危念在兹，万世永保胜利旗。”⑤

高一涵诗作达到了很高的艺术水平和思想境界，是一份值得珍视的文学遗产。对高一涵所作《金城集》，南京大学许永璋教授曾作“题高一涵先生金城集”一诗，大加赞赏其意境及在诗词创作上的成就：“文章雄一代，五十始为诗。天地纵横笔，山川动静姿。鸾皇刷羽后，韶濩入声时。盥漱金城集，浑忘肉味滋。”

高一涵的《金城集》，意境高远，格调清新，直抒胸臆，既展示了他作为诗

---

① 高一涵：《二月十八日美海空军进攻土鲁克岛》，《金城集》卷四，第 5 页。

② 高一涵：《哀墨索里尼》，《金城集》卷五，第 7 页。

③ 高一涵：《四月二十九日传希特勒及墨索里尼被戮，德国投降》，《金城集》卷五，第 7 页。

④ 高一涵：《喜旧金山和平会议开幕》，《金城集》卷五，第 7 页。

⑤ 参见高一涵：《金城集》卷五，第 17 页、18 页、19 页、20 页。

人的才华,又表达了他对华夏文明的挚爱之情,对祖国、家乡、人民所怀抱的赤子之心,以及在国难当头所具有的忧国忧民的情怀。他的志向、抱负,正如他在 1938 年 6 月的自题小照一诗中所表达的那样:

高希翠竹凌云志,洁羡青莲出水姿。
十丈红尘浑不管,一灯风雨写清词。

百代文章罗眼底,万家忧乐系心初。
研几探奥吾人事,不为千秋亦著书。①

高一涵自费刊印《金城集》,说明他对自己诗作有着充分的自信。高一涵是以政论家身份步入新文化运动前列的,而其"改良戏剧"主张又显现出建设新文学的独特风格。其后,高一涵在北大从事政治学的教学与研究工作,从报人身份向政治学家身份转换,成为中国现代政治学重要的开创者之一,民国时期著名的政治学家。高一涵中年时期从事监察工作,不仅体现政治活动家身份,而且留下《金城集》诗集,成为中国现代文学艺术史上的重要财富。从研究的角度来看,作为诗人的高一涵,亦有著名学者、政治活动家的背景,故而他的诗作又不同于一般的文人诗作,其思想性、艺术性、现实性亦值得细加品味。如此,作为诗人高一涵的形象,才能真实地呈现出来。仅就《金城集》而言,高一涵在中国现代文学史上就有着特殊的地位。

① 许正英:《将诗作史纪干戈》,载《金安文史》(第一辑),安徽人民出版社 2004 年版,第 635 页。

第十二章　不寻常的晚年

1949 年中华人民共和国建立时，高一涵已经 64 岁。中华人民共和国建立后，除旧布新，各项制度在变革中不断完善，历史呈现崭新的发展态势。步入老年的高一涵，积极地适应社会的变化，力所能及地进行相关的活动。高一涵生命中最后的十九年，是在不寻常中度过的。

迎接新中国的诞生

高一涵以积极的态度，热烈地迎接新中国的诞生。1949 年 4 月 1 日，处于风雨飘摇之中的南京国民政府，曾任命高一涵为考试院委员，并力促其与国民政府一道南迁。高一涵早已对"一党专制、领袖独裁"的国民党政权丧失信心，故坚辞未就，并隐居南京；同时，他和朱子帆、沈子修等民主人士，与中共秘密联系，以迎接南京解放。

高一涵的态度在他的诗词中得以充分地表达。1949 年 4 月 23 日，南京解放。高一涵于次日欣然作诗一首，题为《三十八年四月二十四日解放军入城纪事》。该诗热情洋溢，气势磅礴，意境高远，记载南京解放这一盛事："江南红雨落花天，江北朱旗照眼鲜。幡出石头争弃甲，将飞天堑未投鞭。破荒大业开新运，多难苍生解倒悬。刁斗无声军令肃，青鞋布袜六街前。"①诗中对共产党领导的人民革命予以高度的赞赏，表现了诗人迎接解放、欢欣鼓舞的心

① 高一涵:《金城集》卷九(未刊诗稿)。

情。诗中的“江北朱旗照眼鲜”一句,清晰地呈现人民解放军占领的江北,意气风发,生机勃勃,呈现崭新的气象;而诗中的“江南红雨落花天”一句,则又描绘出人民革命的“红雨”洒满江南大地,江南由此也更换了天地的历史画面。人民革命的洪流浩浩荡荡,如秋风扫落叶一般,涤荡一切腐朽势力。国民党的军队在人民解放军的进攻下,兵败如山倒,慌乱地逃出石头城,士兵们竞相“弃甲”,可谓慌不择路,狼狈不堪;与此形成鲜明对比是,人民解放军势不可挡,“将飞天堑未投鞭”,以“飞”的速度跨过了长江“天堑”,不费吹灰之力迅即占领南京,歼灭一切顽抗之敌。人民解放军是人民之师,是劳苦大众的军队,进入南京城,纪律严明,“青鞋布袜六街前”。诗中寄托了诗人对解苍生以倒悬的解放军,开创“破荒大业”的厚望。

不久,高一涵又作“闻歌”一诗,记载解放军进驻南京城后,南京民众愉悦欢腾的场面:“宛转秧歌笑语哗,喜将腰鼓换城笳。年衰无补人间世,木拙难添锦上花。曼衍鱼龙趋海市,高低禾黍付田家。乾坤一雨兵尘了,解愠风回舞袖斜。”①面对即将诞生的新中国,高一涵百感交集,他在给侄孙高绪楷的信中,曾这样描述自己的心情:“你们兄弟今天所得到的世界,也是我在三四十年前想看见而未看见,直到白尽了头发才能看见的世界,虽属可喜抑甚可悲。究竟你们的幸运比我好,在青年中就可以看见,要算比我早了四十年。我当初入世到现在,如走到大沙漠中,风沙蔽天、荆棘满地,所能看到的只是兽蹄鸟迹,绝看不见一条正正当当的道路,到了后来——北伐以后,现在前面的好像是一条道路,谁知走了二十多年,才发现前面却是悬崖绝壑之中了。这个死路,费了一生中正好的光阴,说来真正的可惜可恨。你们现在不同了,……这是何等的幸运。”②他致信家乡的人民政府,把自己名下所有的土地,全部交给人民政府。他在信中说:“我以诚恳的心情,将祖遗土地六十亩,连同契约,一并呈交政府,请求分配给无田无地的农民,这既符合‘耕者有其田’的口号,也表示我拥护土地改革的实际行动”③。

1950年,高一涵在给高晓初的信中,满怀激情地写道:“喜看我们伟大的

① 高一涵:《金城集》卷九(未刊诗稿)。

② 高晓初:《一涵公传略》,载《六安陈门高氏宗谱》卷三十三,第121—123页。

③ 高晓初:《一涵公传略》,载《六安陈门高氏宗谱》卷三十三,第118页。

祖国，从一个睡狮变成了东方巨人，今天才是我们炎黄子孙扬眉吐气的时候，这是何等幸福、何等光荣而又何等骄傲，这不是中国共产党的英明领导，那是想也不敢想的。我虽进入晚年，但体质尚健，誓为社会主义建设流尽自己的汗水，借报人民之恩而遂平生之愿”①。当美国将战火烧到鸭绿江边，直接威胁到刚刚诞生的新中国时，高一涵发表了《百年来美帝对华政策的透视》，对其帝国主义侵略的本质予以揭露。并毅然送自己正在复旦大学读书的独子高宗沪参加空军，奔赴丹东空军基地，投入到抗美援朝、保家卫国的第一线②。新中国建立初期，高一涵即以自己的实际行动，表明了自己的政治态度和选择：“听毛主席的话，跟共产党走，走社会主义道路。”

高一涵以无比激动的心情，迎接新中国的诞生，并以实际行动拥抱新生的人民共和国。这是旧中国的知识分子迎接新时代的缩影。

为新中国法制建言献策

新中国建立后，高一涵先后担任过南京大学法学院院长（1949 年 6 月—1952 年），南京市人民政府人民监察委员会委员、政治法律委员会委员，江苏省省府参事（1953 年 2 月—1955 年 2 月），江苏省首届司法厅厅长（1955 年 2 月—1959 年 6 月）等职务。南京解放后不久，高一涵又经中国民主同盟中央委员周新民③和陈敏之的介绍，加入中国民主同盟。先后担任南京市民盟委员，民盟江苏省第一、二、三届副主任委员、江苏省政协副主席、全国政协第二、三、四届委员，以民主党派的身份参政议政，为新中国的法制建设建言献策，可谓肝胆相照。

1949 年 10 月，在南京市庆祝开国典礼的座谈会上，高一涵列举法国多党

① 高晓初：《一涵公传略》，载《六安陈门高氏宗谱》卷三十三，第 117—118 页。

② 高一涵儿媳樊铮口述。

③ 周新民（1897—1979），中共党员，高一涵任湖南湖北监察使期间，曾任监察使署秘书。高一涵曾多次利用自己身份掩护其脱险。建国后，周新民先后任中央人民政府办公厅副主任、最高人民检察署秘书长、全国政协副秘书长、民盟中央常委兼组织部长。

内阁的寿命，在历史上最长的只有二年多，最短的只有三天等等，对于刚成立的中央人民政府，坦然直言提出忠告：要多多注意①。

1952年，高一涵在南京大学参加了整整一个学期的思想改造学习后，面对全国院系调整而撤销南京大学法学院的决定，仍顶着巨大压力，直述己见，要求国家重视和充分使用政治学、法律学和社会学的人才。他认为，为培养法学界的专门人才，应保留住南京大学法学院。高一涵的意见并未被采纳，而是受到了批评，并要求作“检讨”。尽管如此，高一涵仍积极做好法学院学生的工作。10月22日，高一涵来到成贤街南京大学法学院政治系大二学生宿舍，劝慰学生前往新成立的华东政法学院继续学业，他勉慰道：“同学们，你们先走一步，我们随后也要到上海来。”②高一涵对法学院学生的承诺并没有兑现，不久他便被调离了南京大学，当了一名省政府的参事。然而，对于撤销南大法学院一事，高一涵始终没有释怀。1957年5月16日，高一涵参加民盟南京市委召开的十教授座谈会，此次座谈会主要是帮助党整风，但高一涵又旧事重提，并再次批评撤销南京大学法学院的做法。他说：

> 有人说南京大学重理轻文，其实社会学、法律学更被轻视。马列主义哲学是一切科学的指导原则，但不能代替社会学、法律学；政府的政策方针也不可以代替法律。南京有一大批搞法学工作的人，现在很多人都改行了，还有许多人没有工作岗位。这是否说搞旧法的就不能搞新法？但是，北京有些司法工作的领导同志也是学的旧法，难道南京有旧法观的人是不能改造的吗？要巩固人民民主专政，就要加强法制，但谁来订法，现在审理案件时，法律条文上没有，有时判错了，有时就无法判案。记得1952年院系调整时把南大法学院取消了，领导上说：取消是国家政策要这样。我不同意这种说法，他们还要我作检讨，但我的思想还是不通。③

---

① 中共南京市委统战部：《高一涵小传》，1953年11月，江苏省委统战部档案室藏。

② 刘芳：《国立中央大学“一分为八”之伤》，载《看历史》2012年6月。作者文中记道：高一涵院长及其他法学院教授与学生的作别，已成诀别。

③ 《南京市十位学者对撤销南京大学法学院提出批评》，《人民日报》1957年5月19日

新中国成立后，高一涵一直紧跟时代前进的步伐，并就法制问题进行理论上的探索，努力为新中国的法制建设贡献自己的一份力量。

1954 年，高一涵在担任江苏省宪法草案讨论委员会委员时，对草案各款做了大量的研讨工作，并发表了《热烈拥护中华人民共和国宪法草案》的文章，文章说："《中华人民共和国宪法草案》公布了，这是我国有史以来一件符合全国人民共同愿望的喜事，是我国有史以来全国人民政治生活上值得纪念值得骄傲的大喜事……从清政府到国民党（政府）大半个世纪以来，没有哪一个政府能颁布这样符合全国人民愿望和维护全国人民利益的伟大宪法。"他诚恳地表示："我当垂老之年躬逢其盛，亲眼看到这个宪法的公布，自当虚心学习，衷心拥护，并争取为社会主义彻底实现而奋斗到底！"①

此后，高一涵在江苏省司法厅厅长任上，针对现实中所遇到的法律问题，先后在《人民日报》和《光明日报》上多次发表文章，阐述自己的意见。

1956 年 12 月 19 日，高一涵在《人民日报》发表《审判人员能不能向科学进军》文章。该文强调，审判人员所进行的审判实践就是法律科学的基础，而审判实践既是刑法、民法科学的发源地，同时又是刑法、民法科学的检验所；审判人员在每一案件的审理过程中，从头到尾都要牢记住"事实是根据，法律是准绳"这一科学的审判原则，故而对事实的认定和证据的鉴定都必须掌握或根据科学的方法，才能得到正确的判决。高一涵希望审判人员必须在"治事治学"上"同时并进"，创造向科学进军的条件。

1957 年 3 月 7 日，高一涵在《人民日报》发表《对于目前婚姻关系变化的分析》。文章根据江苏省受理婚姻案件的变化情况，认为自婚姻法颁布后江苏省和全国一样，婚姻案件数量自 1953 年达到顶点后，呈逐年下降趋势；但在所受理的民事案件中的比例仍呈上升趋势，而申请离婚的原因中，包办婚姻的比例下降，富有劳动能力的青年女子申请离婚的增多，片面理解婚姻自由、草率结婚离婚的年轻人比例上升。文章认为："我国在 1955 年下半年和 1956 年

① 高晓初：《一涵公传略》，载《六安陈门高氏宗谱》卷三十三，第 121 页。又见高一涵：《致〈光明日报〉信》，《光明日报》1954 年 4 月 4 日。

上半年中，社会主义革命取得了全面的决定性的胜利，使我国社会生产关系发生了根本变化，这种变化反映到人们的家庭关系上，就不可避免地要发生一定数量的婚姻纠纷事件。”对于处理婚姻纠纷案件的准则，高一涵指出：“凡是封建包办的婚姻，只要双方自愿离婚就一律准予离婚。这时离婚的作用，就在解除男女双方所受的压迫，使他们得到自由。”但“在现阶段中，应该坚决主张：结婚与离婚都应该出之于对个人对社会对子女负责的慎重态度”。高一涵认为，办案时为体现这种精神，就要严格遵守婚姻法第十九条的规定，凡是一方要求离婚的案件，必须先经过调解；调解无效再经过法院审理，调解和审理的过程，也就是说服教育的过程。这样的判决，于情于理于法，就必然是恰当的。高一涵还强调“家庭关系是多方面的，除了法律关系外，还有思想的、道德的关系……必须坚持教育的方针，用思想教育来打好婚姻关系的基础，用道德教育来建立婚姻关系的准则”。高一涵重视教育在婚姻关系中的作用，在于促使民主和睦、互助合作的社会主义新型家庭的普遍诞生。

1957 年 3 月 12 日，高一涵在《光明日报》发表《对被告人供词应该怎样正确地评价》。文章指出：

> 法院判案不得把被告人的供词当作真实可靠的独立证据，必须有其他证据证明被告人供词确是真实，然后才有作为证据意义的价值。
>
> 如果我们忽视被告人的供词，不许被告人充分陈述意见，那就是既不尊重被告人的合法权利，又容易轻轻放过了可能得到的线索和证据。
>
> 司法人员要从被告人供词中解决其：犯罪意图、动机、方法、促使犯罪或中止的原因、有无同谋、物证等问题，正确评价被告人供词，才能搞清案情，正确定案。

高一涵在文章中还说明，用刑讯逼出来的供词是最不可靠的供词，被告人在“苟求得死”的情况下供出的供词，如果用作审判证据，那就一定要造成彻底的冤案。

政治运动中的自我改造

新中国成立后，政治运动一个接着一个。面对接踵而来的政治运动，高一涵是茫然而不知所措的，他进行着痛苦的自我改造，力图跟上时代前进的步伐。在这些政治运动中，对他思想触动最大的便是 1952 年的思想改造运动和 1957 年的反右运动。

1951 年 11 月 30 日，中共中央发出《关于在学校中进行思想改造和组织清理的指示》，要求在学校教职员和高中以上学生中普遍开展学习运动，认真学习马列主义、毛泽东思想，联系实际，开展批评和自我批评，进行自我教育和自我改造；"指示"还指出，这次运动的目的主要是分清革命和反革命，树立为人民服务的思想。此后，运动由教育界逐步扩展到文艺界和整个知识界。1952 年春，高一涵在南京大学法学院院长任上，参加了整整一个学期的思想改造学习。这次运动对他的冲击和震动，可以从他所填报的《南京大学思想改造学习总结登记表》（计四大类九项登记表）中，看出他的认识态度和对自己思想的清算情况。

在本人经历和当时主要政治思想活动栏目中，高一涵是这样填写的：

> 安庆高等学堂时：因清廷政治腐败，国势危急，想救国就要维新，想维新就要学科学；在安庆都督府教育司时：初出学校，希望研究中等学校改进事项；在日本明治大学时：认为辛亥革命后，国民党不能担任政治建设任务，要想建设新中国，必须学习民主理论和制度；在北京大学时：进一步研究政治理论，想以资产阶级民主制来代替北洋军阀的封建政治，提倡科学与民主，加深了改良社会主义的思想；在武昌大革命时：为联俄、联共、扶助工农三大政策而努力培养青年干部；在大革命失败后：逃避现实，埋头教书，参加国民党改组会，秘密进行反蒋工作；在监察委员任上：认为中国整部历史，就是贪官污吏的违法舞弊史，妄想实现孙中山先生的理想，利用伪监察院来检举贪污，纠正社会风气；在监察使任上：因为在伪监察

院中，弹劾大官无效，又妄想到各省去检举小官，以除民害，而不知竟做了反动政府的装饰品；参加伪制宪国大：妄想制定完整的监察权法制，那时旧政协尚未破裂，妄想争取一部分中立代表，与民主党派结合，孤立反动派，错在旧政协破裂后，尚未中止出席。

在社会关系与本人政治、经济关系栏目中，高一涵梳理了一生中对自己政治思想产生过重大影响的人物，如："蔡元培，受他自由主义影响；胡适，受他实验主义影响；于右任，由他介绍任伪监察委员、监察使；王世杰，在北大时同办现代评论周刊，发展改良主义思想；汪精卫，1927 年在武汉，1928—1931 年在改组同志会时受他影响，1932 年弹劾他后，即断绝关系；陈独秀，新青年投稿时相识，在北大及武汉工作时，受他影响，1937 年为他向新华日报请求息争，登启事（辩解）署名之一，犯了极大错误。李大钊，在日本留学时相识，同到北京办报，同入北大工作，并推荐我到武汉参加大革命工作，参加共产党（未取得正式党员资格）；周新民，1925 年在安徽省党部工作时同事，1936—1938 年在武昌为伪监察使署同事；章伯钧，1927 年在武汉介绍我到中山大学及总政治部参加大革命工作；章士钊，受他甲寅杂志调和立国论中间路线的政治思想影响；沈子修，1927 年安徽省党部同事，解放前做地下革命工作时，指示我政治方向；朱蕴山，1927 年在武汉安徽省党部同事，1927 年 8 月以后在上海时与之联系……"。

在本人优缺点自我鉴定一栏中，高一涵填写道："缺点：在旧社会饱受事变教训，屡进屡退，得过且过，遇事保守，不能发挥积极作用，知难而退，往往在困难情况下投降。自由散漫，无纪律，无计划，脱离群众，脱离实际，绝对不宜负行政领导责任。教学上只能背诵教条，不能联系实际，常常发生为理论而理论的偏差。此后愿决心从头学起，逐渐改造，准备做好人民教师。优点：遵守法令，接受批评，爱护组织，服从领导。"

南京大学学习委员会对高一涵的鉴定意见是"交代清楚"，江苏省委统战部对高一涵这一时期的评价是："一九四九年就任南京大学法学院院长，在各种运动中表现还算积极，镇压反革命的学习，在民盟中起了一定作用，其他如独养子参军，土地自动交还农民，三反五反思想改造等，批判自己的旧名（利）

思想,自入民盟以来有些进步。解放以后,愿接受我党的领导,但是年纪大了,旧的影响较深,进步是有限的。”①

高一涵经历过思想改造学习后,在填写干部履历表“熟识何种业务?志愿做何工作?”一栏中填写道:“经过思想检查后,认识了自己一无所长。将来志愿文史工作。”②高一涵对自己做了全面否定,当他落笔写下这段话时,其内心一定是十分痛苦而又无奈的。

随着社会主义改造的基本完成,中国社会发生了由革命转向建设的深刻变化,亟待解决党内存在着许多与形势发展不相适应的问题。中共中央于1957年4月27日发出《关于整风运动的指示》,决定在全党进行一次以正确处理人民内部矛盾问题为主题,以反对官僚主义、宗派主义和主观主义为内容的整风运动。毛泽东亲自号召:一切同共产党共同奋斗的人们勇敢地负起责任,向共产党提出批评和建议。中央还邀请各民主党派负责人在天安门城楼上举行座谈,请他们帮助中国共产党整风。一场轰轰烈烈的整风运动由此拉开序幕。

高一涵在参加民盟中央四月召开的全国工作会议后,和陈敏之一起留在北京参加民盟中央的常务会议。会议期间,章伯钧还宴请了高一涵,交换了对整风的看法和意见。“鸣放运动”一开始,高一涵的态度是谨慎小心、很有戒备的,曾说:“不要乱搞,否则要被作为典型。”但随着鸣放的深入,高一涵也渐渐打消了顾虑,在民盟和省市政协的座谈会上吐露了自己的一些意见:

一、认为南京大学撤销法学院,是南大领导“重理轻文,尤其轻视法学和社会学”的结果。高一涵说:“旧政法人员调出南京就可出名,安在南京就不能出名。南京有十多个研究法学的老教授,院系调整后所分配的工作是‘学非所用’,这十几个人不能搞大民主,也会搞小民主。”

二、对高等学校党委制领导问题,高一涵认为“外行不能办学。学校应由党、教务、行政、工会、民主党派共同来领导”。

---

①　以上所引,见高一涵:《南京大学思想改造学习总结登记表》,1952年7月4日;江苏省委统战部:《高一涵小传》,1953年11月,江苏省委统战部档案室藏。

②　高一涵:《干部履历表》,1952年7月,江苏省统战部档案室藏。

三、对法制问题，高一涵说："现在宪法是有了，但没有保证。"

四、对思想改造有怀疑，认为不能以思想定罪。高一涵说："思想改造是可以的，但是思想总不能作为犯罪的根据。今天不敢发言，就是怕思想犯罪。"又说："思想见之于行动，才可判罪，除非是秦始皇，那是最黑暗时代的产物，人不敢说话就怕这个。"

1957年6月8日的《人民日报》发表《这是为什么?》的社论，整风运动开始转为"反右"。社论发表后，高一涵即表示这是"失信于国人"，并在民盟省、市委的反右派斗争中，表现很软弱，带有抵触情绪。省委书记找高一涵谈话后，他一面表示要揭发章伯钧、罗隆基和检查自己，另一方面却按兵不动，表示："四月会议时，与章伯钧所说的话已记不清了。"直到7月6日，在斗争右派分子樊光的会上，民盟基层组织对省、市委领导提了很多意见后，高一涵的情绪转为沉重紧张。7月10日，他寄信给省委统战部，表示自己："宣誓要在斗争中主动向党请罪。"并在民盟的领导小组会上，初步作了检查和揭发。民盟领导整风开始后，高一涵对大字报有很大抵触，认为贴大字报是"罗积罪名"，怕把许多问题集中在一起，成为右派，思想顾虑很重①。从1957年7月19日——1958年3月11日，高一涵参加民盟江苏省暨南京市整风领导小组会议计44次②。经多次检查，方得以过关。对"反右整风"这段经历，高一涵在江苏省政协第一届委员会第四次会议的大会发言上，作了这样的总结：

> 直到整风第四阶段，批评反省，彻底搜寻，才找出自己的真正病根，就是立场观点问题没有解决。我一直是自己蒙蔽自己，自欺欺人地说：我是超阶级的，没有阶级立场观点，也不知道用阶级分析方法来观察处理问题。错误地认为我从来只服从"真理"，只用真理做标准来分析是非，不用阶级做标准去划分敌我。这种迷信，直到整风最后阶段，才得到根本的认识。

---

① 以上所引，见江苏省委统战部《江苏省第二届人民代表大会常务委员会委员候选人提名表——高一涵》，1957年11月25日。

② 江苏省民盟档案室：《民盟江苏省暨南京市整风领导小组会议记录和全省整风工作会议记录》，1957—1958短期4-0014号卷。

现在就用我交心的材料，来说明这一点：

我过去认为我对于历次运动的看法是站在超然地位上的，没有什么阶级立场观点。可是在土改时总是处处为地主设想，说最好土改不要杀人；在"三反五反"时，看到有人被斗争，又处处为贪污分子和犯"五毒"分子着想，说斗争过火，不近人情；在镇反肃反时，又处处为反革命分子设想，说最好法律不溯既往，为他们网开三面……。

立场观点不改变，不但对历次运动，对国家基本制度和党的方针政策的看法处处都有抵触，就对其他任何事物也一样有抵触。我在这一年多反右和整风运动过程中，几乎对每件事都有抵触。例如用资产阶级立场观点去反右，那就藕断丝连，无法与右派分子划清界限。因为自己同右派分子的思想体系和阶级根源一样，口头上在批判右派，内心中就在批判自己，感到句句话都刺到自己的痛处。立场观点不改变，对同志们善意的帮助，往往当作恶意的攻击，不以为德，反以为仇，因而就无法接受。立场观点不改变，看到每张大字报都似乎在揭发自己，感到心情处处紧张。立场观点不改变，参加每一次辩论会，都似乎以自己为对象，说人人都在整我。立场观点不改变，感到我的心与我相处无间，处处情投意合，没有什么黑心可交。立场观点不改变，交心而后，反而多生顾虑，多生感伤，死抱着资产阶级思想的灵牌不放，那就只有感到"如丧考妣""抱恨终天"，根本就谈不到心情舒畅。这都是我在这次整风运动过程中所感受到的心理上的激刺。……改造思想的关键，要从立场的根本改造做起。只要站到工人阶级的立场上，立场变了，观点马上就能够改变。①

经历整风反右后，高一涵更加谨言慎为，很少有涉及时政的建议和意见发表。查阅此后高一涵在报刊发表的文章和在历届政协的发言稿，除回忆文章和汇报参观访问的感想外，都是谈自我思想改造的体会。高一涵在反右后，除参加民盟、政协日常活动和每年赴中山陵谒陵参加纪念孙中山诞辰的活动外，他的主要精力和工作重心都放在对文史资料的收集和发掘上。到 1964 年 6

① 江苏省档案馆：《省政协 1958 永久卷》，第 1-67-7 号，第 86—87 页。

月底，高一涵主持江苏省政协文史资料研究委员会工作期间，共征集史料1022篇，近700万字，其中选送全国政协的就有159篇，约170万字。这一时期高一涵也写了多篇回忆文章，为后人留下了珍贵的历史史料①。

“文革”蒙难

1966年5月，“文化大革命”席卷全国，给国家和民族带来了深重的灾难。高一涵有着从旧中国走过来的经历，自然也未能躲过这场政治运动。

“文革”开始后不久，高一涵便收到了周新民的来信②，信中回顾了高一涵在上海避难和在任两湖监察使时，多次掩护他和其他同志，并给予经费上支持的事实，赞扬高一涵为党所立下的功劳。周新民希望通过自己的证明来帮助老友高一涵过关，但周新民本人不久便被揪斗。

高一涵未能躲过“文革”的劫难，被点名批判，造反派抄了他的家。高一涵一生珍藏的书籍、书稿和好友张大千、谢稚柳、黄宾虹等赠送的名人字画，都被悉数抄走，装了满满一大卡车。眼见这些浸透了自己毕生心血的心爱之物被抄走，高一涵此时的心情是可以想见的。更有甚者，大字报贴得满处都是，并强加给自己许多莫须有的罪名。高一涵心灰意冷，哮喘病日益加重。除参加批斗外，每天只能以练书法度日。一天儿子高宗沪回来，看到桌上放着一张抄写好的“风景这边独好”诗词条幅，怕因此惹祸，一把拿过来撕了，高一涵一声未吭，转过身去，只是默默流泪③。

高一涵的身体可谓每况愈下，长时间的忧郁，严重影响高一涵的身体。自1967年元旦起，高一涵因患支气管肺炎，住进省中医院治疗，直至四月下旬才回家。回家后，仍一动就喘，常常卧床，只在屋内行动。1968年1月15日起，高一涵开始发热，虽请医服药，终不见好。1月23日，上午10时20分，高一

① 《江苏省志·政协志》（增补修订稿），江苏人民出版社2002年版，第302页。

② 此信“文革”中，从高一涵家中被抄走，至今尚未找回。

③ 樊铮：《回忆父亲二、三事》，载政协六安市金安区委员会编《高一涵文选》，天马出版有限公司2013年版，第750页。

涵在家中逝世，终年 83 岁。25 日火化后，骨灰盒暂厝家中①。

十年后的 1978 年 12 月 27 日，江苏省政协、民盟江苏省委在江苏省政协礼堂，联合为高一涵举行了骨灰安放仪式，为高一涵恢复名誉。

全国政协、中共中央统战部、民盟中央、江苏省委、政协江苏省委员会、省委统战部、省高级人民法院、政协安徽省委员会、中共安徽省委统战部、南京大学等单位送了花圈。送花圈的还有：许家屯、朱蕴山、周新民、张光中、管文蔚、杨廷宝、吴贻芳、陈鹤琴、刘树勋、陈中凡、王昭铨、廖运泽、朱辉、陈良、叶胥朝、陈玉生、林希昭、王亚东、林浩然、范存忠、戴安邦、戈福鼎、张敬礼、程秉文、陈邃衡、胡颜立、叶橘泉、严恺、李庆逵、吴桢等。

参加骨灰安放仪式的有江苏省委、政协、民盟和有关部门负责人、生前友好及亲属共二百人。骨灰安放仪式由省政协副主席管文蔚主持，省民盟副主委范存忠致悼词。悼词说，高一涵先生早年参加过五四运动，从事反帝反封建的活动。新中国成立前，曾经不畏风险，掩护过一些共产党员的安全。新中国成立后，他先后担任南京大学教授、法学院院长、南京市人民政府监察委员会委员、江苏省司法厅厅长、全国政协委员、中国民主同盟中央委员、民盟江苏省委员会副主委、政协江苏省委员会副主席等职，为巩固和发展革命统一战线做了有益的工作，发挥了积极作用。这是值得我们学习的。对强加给高一涵先生的一切诬陷不实之词，应予推倒，恢复名誉②。

高一涵终于入土为安，安葬于南京雨花台公墓③。

又过了二十年，张春丽撰写的《"五四"新文化运动中高一涵启蒙思想初探》一文，在《中共党史研究》1999 年第 3 期上公开发表。从而，拉开了学术界、思想界对高一涵历史作用深入研究的序幕。此后，一批研究高一涵的论文相继问世。高一涵政治思想研究的专著，以及高一涵的年谱、文选等，也应运而生，代表性的著作有吴汉全的《五四时期高一涵的政治思想研究》（吉林人民出版社 2012 年版）、高大同的《高一涵先生年谱》（上海文化出版

---

① 《高一涵夫人陈廷祺致潘兰清信》，1968 年 2 月 2 日。

② 《高一涵骨灰安放仪式在宁举行》，《新华日报》1979 年 1 月 14 日。

③ 高一涵墓在雨花台烈士陵园扩建时，被通知迁移，亲属将其移葬于南京市浦口区盘城镇老幼岗村公益性公墓，一个鲜为人知的墓地。

社2011年版)、六安市金安区编选的《高一涵文选》(天马出版有限公司2013年版)以及郭双林、高波编《高一涵卷》(中国人民大学出版社2015年版)等。

高一涵的一生是追求进步、追寻民族复兴理想的一生,始终贯穿着强烈的爱国主义思想,表现出深沉的爱国主义情怀。他在新文化运动时期以政论家身份走上时代的舞台,在追求民主政治的斗争中向思想家、学者、文化人的身份转变,并在大革命洪流中向政治活动家方向努力,尽管这种努力是不成功的。从现代中国历史进程来看,高一涵所具有的爱国情怀、批判意识、开放视域、求真态度以及诸多的学术著述,都曾发生过相当大的社会影响和学术影响,因而也是值得认真地研究并加以科学地总结的。高一涵是五四时期思想启蒙的先驱者,是现代中国著名的思想家、教育家、政治学家、政论家和社会活动家,在中国现代学术史和政治思想史上有着重要的地位。

附　　录

高一涵年表①

1885 年 4 月 4 日　（清光绪乙酉十一年二月十九日卯时）

生于安徽省六安州官亭保田埠榜。为高显墀第四子，取名永灏，字效梁，号一涵。

1885—1889 年　1—4 岁在家。

1890 年　5 岁　从长兄永著在家且戏且读。

1891 年　6 岁　从长兄在家读书。

1892 年　7 岁　父亲去世，长兄永著掌管家事，从长兄在家塾读书。

1893—1901 年　8—16 岁　从长兄在家塾读书。

1902 年　17 岁　中秀才，从二兄永昭读书，以应江南乡试。

1903—1904 年　18—19 岁　从二兄永昭读书。

1905 年　20 岁

9 月 2 日，清政府发布停罢科举令，嗣后入六安州中等学堂，开始接触梁启超启蒙思想。

11 月　原配夫人陈氏去世。

1906 年　21 岁　经县府选送，考取安徽高等学堂。

1907 年　22 岁　安徽高等学堂就读。

期间目睹徐锡麟被清廷极刑处死，对清廷统治深恶痛绝，对革命党人深表

---

① 本年谱由高大同编写，2013 年初稿于上海，2015 年 4 月 28 日修订于上海。

同情。

1908—1910 年　23—25 岁　安徽高等学堂就读。

接受《民报》宣扬的共和思想。阅读了严复的大量译著，向往西方民主政治制度。

1911 年　26 岁　安徽高等学堂预科毕业，奖给优贡生。

1912 年　27 岁　供职于安徽民政司教育司署，任科员。

是年，靠友人资助留学日本，就读于日本东京明治大学政治经济科，开始系统地接受西方政治学、法学等方面的教育。

1913 年　28 岁　继续在明治大学就读。

二次革命失败，资助中断，靠作文维持生计，继续学业。

1914 年　29 岁　继续在明治大学就读。

在东京结识章士钊、陈独秀，成为《甲寅月刊》重要的作者。

1915 年　30 岁　继续在明治大学政治经济科学习。

参与留日学生总会工作，反对"二十一条"；与李大钊相识相交，成为挚友。

9 月，应陈独秀所邀，在《青年杂志》创刊号（后改名《新青年》）发表《共和国家与青年之自觉》文章，为其担纲助阵，投身新文化运动。

年末，与在日本的留学生共同发起组织神州学会，该学会以"研究学术、敦崇气节，唤起国民自觉、图谋国家富强"为宗旨。

1916 年　31 岁

2 月，被推选为留日学生总会文事委员会委员长。在机关刊物《民彝》（李大钊任编辑部主任）上发表《国本》《共和》《程度与民政》等文章，明确主张共和体制。

4 月 29 日，长兄永著去世，作《先兄熔经传》痛悼。

7 月，东京明治大学政治经济科毕业，获政治学士学位。此后，由神户出发，与许怡荪同船回国，在沪稍作停留后，回故里探亲。

9 月，赴北京，应李大钊邀，参加《宪法公言》的编辑工作，并继续为《新青年》撰文。

1917 年　32 岁　应章士钊之约，为《甲寅日刊》编辑及撰稿。

2月，母亲去世，作《先母胡夫人行述》痛悼，10月继配汪氏去世。

1918年 33岁 任北大编译处编译员。

11月参与创办《每周评论》。

冬，在北大协助李大钊发起组织中国首个“马克斯学说研究会”。

1919年 34岁 继续在北大任教。

5月，五四运动爆发，在《晨报》发表《市民运动的研究》、《学生事件和国家法律问题》等文章，在《每周评论》连续发表时评、社论，引领舆论走向，并为运动正名。

6月，与陈独秀等散发《北京市民宣言》，鼓动全国各界声援学生。

9月20日起，记录杜威的演讲稿，以《杜威哲学与政治哲学》为题，在《晨报》、《新青年》上连载。

11月，在《太平洋》上发表《俄国新宪法的根本原理》。

12月14日，参与发起组织“工读互助团”。

12月27日，启程再赴日本，访问游学。

1920年 35岁

1月2日，到达日本东京，遍收政治学的相关史料，编写《欧洲政治思想史》。

5月，参与北大游日学生团在日本的活动，并发表演讲，抨击日本帝国主义和军国民教育。

6月，返回北京，继续在北大任教。

8月，与李大钊、胡适等联署发表《争自由的宣言》。

发起组织成立旅京皖事改进会，支持和声援皖省革命运动，主张整顿教育。

10月，所著《欧洲政治思想小史》，由上海中华书局出版。

1921年 36岁 继续在北大任教。

1月，赞成胡适的意见，同意把《新青年》重新移回北京编辑，“仍以趋重哲学、文学为是”。

8月，应邀赴四川讲学，受吴玉章邀请，参与起草四川省宪。

12月，任《晨光》杂志社编辑部主任。

在《新青年》上发表《共产主义历史上的变迁》、《省宪法中的民权问题》等文章。

1922 年　37 岁

4 月,参与发起非宗教运动大同盟;

5 月 5 日,在北大马克思学说研究会举办的马克思诞生百又四周纪念会上,发表演讲。

5 月 7 日,《努力周报》创刊,为其核心成员。与胡适等联署发表《我们的政治主张》,主张“好政府主义”。

8 月,在武昌暑期学校讲演《女子参政问题》。

与李石曾、李大钊等共同发起组织“民权大同盟”。

1923 年　38 岁

1 月,所著《欧洲政治思想史》(上),由商务印书馆出版发行。

4 月 21 日,胡适南下养病,期间代编《努力周报》。主持《努力周报》关于“制宪”和“国民党改造”问题的讨论。

10 月 13 日,被聘为北大教授。

1924 年　39 岁

发表《二十年来中国的政党》、《政党要怎样改造》等文章。经李大钊劝说,由石瑛、王星拱介绍加入国民党。

9 月,为修第十一届家谱,撰写谱序。

12 月,《现代评论》同人杂志创刊,为主要撰稿人之一。

1925 年　40 岁

1 月,聘为国民会议促成会讲演大会的宣讲人;3 月,聘为专门委员,反对段祺瑞的善后会议。

4 月,得猩红热病休养三月,完成《中国御史制度的沿革》著作的写作。

5 月,所著《欧洲政治思想史》(中),由商务印书馆出版发行。

8 月,与胡适等人,反对北大脱离教育部。

10 月 27 日,当选为本届北大评议会评议员。

1926 年　41 岁　仍在北大任教,所著《中国内阁制度的沿革》由北大出版社出版发行。

1 月，国民党中执委第四次全会函请为特别宣传委员。

2 月，参加北京各团体讨张（作霖）反日大会，并公开演讲。

3 月，被国民党（左派）安徽省临时党部增补为执委、宣传部长。

“三一八”惨案发生后，发表《惨案的前途黑暗》、《政局的前途》等时评，参加公祭大会并作挽联，痛斥军阀黑暗统治。

12 月 25 日，致信林素园，对就任女师大教务长职表示辞意。

1927 年　42 岁

1 月抵达武汉。途经上海时，由李大钊推荐，高语罕介绍，成为中国共产党的“名誉党员”。

任武昌中山大学政治系主任、教授、法科委员会委员，兼国民革命军总司令部编译委员会主任。

4 月 28 日，挚友李大钊遇害，悲痛欲绝。5 月，在公祭大会上发表《李大钊同志略传》演讲。

6 月，在《向导》发表《武汉国民政府与共产党》，时任国民革命军总政治部宣传科科长。

7 月，避居上海，在上海法政大学任教授，并兼政治系主任。

1928 年　43 岁　应蔡元培、胡适聘请，出任中国公学社会科学院院长兼本科教授。

11 月，由王乐平介绍参加中国国民党改组同志会，主张“恢复十三年国民党改组的精神”，担任反蒋秘密刊物的编辑。

是年，发表《平均地权的土地法》文章，强调中国国民革命的实质是农民革命，必须首先着眼于农民的利益，并谋农民的解放。

1929 年　44 岁　从事中国公学社会科学院的管理与教学。

1930 年　45 岁　继续从事中国公学社会科学院的管理与教学。

1 月，所著《政治学纲要》由神光出版社出版发行，当年四次再版。

2 月，请辞中国公学社会科学院院长职（之前，胡适业已辞去中国公学校长职，马君武接任），胡、马多次挽留。

9 月，被国民党中央党部扩大会议约法起草委员会聘为委员。

11 月为中国公学事与胡适闹僵。

1931 年 46 岁

2 月 经国民政府监察院院长于右任提请，任首批监察委员，再次加入国民党。

参与起草《弹劾案审查规则》、《接收人民诉状规则及审查人民诉状规则》、《监察使监察条例草案》、《修正弹劾法草案》等一系列监察法规。

8 月，赴江苏查灾赈灾。

夏，与杭立武等发起成立中国政治学会，参与起草学会章程等。

1932 年 47 岁。

5 月，提交对汪精卫弹劾案审查报告书，认定“申请惩戒行政院长汪兆铭，实为允当”。6 月，对弹劾外交部长王正廷案久拖不办，提交质问书。

9 月，中国政治学会成立，被选为干事

1933 年 48 岁 赴江苏视察政务。参与审查《修正监试法案》

3 月 7 日，提交对张学良、汤玉麟抗日不力、失地误国案的弹劾文。

4 月 1 日，在《东方杂志》发表《宪法上监察权的问题》文章。

1934 年 49 岁

负责召集审查《修正惩戒法案》、《修正弹劾法案》、《修改监察院组织法第六条、监察委员保障法第六条案》等。

4 月，就宪法草案所定国民大会职权违反孙文学说，发表《对于国民大会职权规定之商榷》文章，表示异议。

1935 年 50 岁

4 月，任监察院湖南湖北监察区监察使。

6 月，出席中国政治学会第一届年会并连任干事。

7 月，赴湘鄂查灾赈灾，弹劾失职官员。

1936 年 51 岁

3—4 月，巡查钟祥县与长江干堤各处堤工，提呈督办意见。

4 月，获准辞监察委员职，专任监察使职。

11 月，制定湖南湖北监察使署秘书处及各科办事细则，获监察院批准公布。

1937 年 52 岁

2 月,编辑《使署二十四年度年刊》,于右任为封面题字。

4 月,赴沅陵巡视。

8—9 月,会晤途经武汉的旧友高语罕、胡适。

9 月,为出狱不久的陈独秀租屋,与包惠僧、王星拱等成为陈独秀的常客。

1938 年　53 岁

3 月　与王星拱等九人在《大公报》、《武汉日报》上发表《为陈独秀辩诬》。

6 月,随两湖监察使署撤退到芷江。

11 月,奉命调查长沙大火的起火真相,主张“追究起火责任”,并呈报“调查长沙市火灾案报告书”。

1939 年　54 岁

与沈子修共同救济安徽难民。秋,奉命赴长沙前线视察。

1940 年　55 岁

8 月,与监察委员黄少谷等建议改进征兵办法,经国防部最高委员会秘书厅函送各省查照办理。

11 月,赴兰州,任甘肃、宁夏、青海监察区监察使。

1941 年　56 岁

1 月,在《中央日报》上发表《抗战三年来监察法规增定及推行经过》文章。

4 月,调查、调停马步芳部与藏班智达活佛。

10 月,陪同于右任视察河西、考察敦煌。

1942 年　57 岁

3 月,接待王子云所率西北艺术文物考察团。

5 月 27 日,陈独秀病逝,作《悼仲甫》,痛悼故人。

6 月,严查兰州中央银行仓库囤积居奇案。

10 月,奉命前往河南勘察灾情,呈报“河南灾情密查报告书”。

12 月,二兄病故,作《哭德章二兄》四首痛悼。

岁末,夫人陈廷祺历经千辛携子来兰州,其时已分别六年,喜极作诗庆贺。

1943 年　58 岁

1月，出任国立敦煌艺术研究所筹备委员会主任委员，主持制订敦煌艺术保管研究计划大纲与组织规章制度。

3月，率常书鸿等一行六人，抵达千佛洞，就地设立办事处，协调各方支持筹委会运作。

赴所辖各地巡视。

1944年 59岁

查实第八战区司令部兵站总监班淦中将贪污、贩卖鸦片案，班淦被判处死刑。

8月，为修第十二届家谱，撰写谱序，并作《德章二兄传》。

秋，卧病。作怀旧故人诗多首。

1945年 60岁

5月，国民党第六次全国代表大会在重庆召开，特准列席参加。

赴甘肃、青海多地巡视，提交视察青海省政治教育建设及骑五军移防新疆等情况报告。

因"巡回监察任职忠勤、历年以来具著成绩"，获国民政府通令嘉奖。

1946年 61岁

1月，自费出版所著《金城集》诗集（1941—1945）。

1月25日，民国教育部决定重建安徽大学，为筹备委员。

8月，国立兰州大学聘为法学院特聘教授。

11月，参加"制宪国民大会"，提交《对于宪法第九章第95条之修正案》第141号提案，"力图制定完整的监察权法制度"。

1947年 62岁

3月，再任两湖监察使。

6月，对制造武大"六一惨案"武汉警备司令彭善及部属提起弹劾。

12月，调任监察院专门委员，由武汉返南京。

1948年 63岁

任监察院专门委员职，7月请辞获准。

1949年 64岁

4月，被国民政府任命为考试院考试委员，坚辞不就。与民主人士朱子帆、沈子修等人一起，积极活动，迎接解放。

6月，经民盟中央委员周新民、陈敏之介绍，加入中国民主同盟。

南京解放后，被聘为南京大学教授、法学院院长兼政治系主任。

1950年　65岁

任南京大学法学院院长、南京大学校务委员。

土改开始时，致信家乡南官亭乡人民政府，把名下所有的土地（共六十亩），交给人民政府。

12月，发表《百年来美帝对华政策的透视》文章。

1951年　66岁　仍任南京大学法学院院长、南京大学校务委员。

5月，任南京市人民政府人民监察委员会委员。

抗美援朝期间，送独子高宗沪参加空军。

1952年　67岁　在南京大学参加思想改造学习一学期。

全国院系调整，对撤销南京大学法学院持不同意见，被批。

1953年　68岁　任江苏省府参事。

1954年　69岁　参加南京市民盟市委日常工作。

4月，回家乡参观佛子岭水库等。

12月，被选为第二届全国政协委员，出席全国政协第二届委员会第一次会议。

1955年　70岁

出任建国后江苏省首届司法厅厅长，任期至1959年6月。

1956年　71岁

1—2月，出席全国政协第二届委员会第二次会议。

8月，出席江苏省民盟第一次代表大会，被选为常委、副主任委员。

11—12月，率省政协参观团赴武汉参观。

1957年　72岁

5月，参加十教授座谈会，批评撤销南京大学法学院，要求国家重视法制建设，重视和充分使用相关人才。

7月起到次年3月，参加民盟江苏省暨南京市整风领导小组会议计44次。

1958 年　73 岁

3 月，出席江苏省民盟第二次代表大会，被选为常委、副主任委员。

1959 年　74 岁

4 月，被选为第三届全国政协委员，出席全国政协第三届委员会第一次会议。

12 月，被选为江苏省政协第二届委员会副主席，率团赴大运河苏北工程段慰问。

1960 年　75 岁

3—4 月，出席全国政协第三届委员会第二次会议。

10 月，出任江苏省文史资料研究委员会主任委员。

1961 年　76 岁

10 月 10 日，出席江苏省暨南京市各界人士纪念辛亥革命五十周年大会并发言。

12 月，出席江苏省民盟第三次代表大会，被选为常委、副主任委员。

1962 年　77 岁

1 月，赴广东、福建参观。

3 月，以“咏梅花追忆旧游”为题，致函于右任先生。香港大公报予以转载。

6 月，赴徐州视察灾情慰问灾民。

力推《江苏文史资料选辑》第一辑出版，并作为不定期刊物连续发行后续史料。

1963 年　78 岁

6 月，出席沈钧儒先生追悼大会，介绍其生平事迹。

1964 年　79 岁

9 月，被选为江苏省政协第三届委员会副主席。

12 月，被选为第四届全国政协委员，出席政协第四届全国委员会第一次会议。

至 1964 年 6 月底，主持文史资料研究委员会，共征集史料 1022 篇，近 700 万字；选送全国政协 159 篇，约 170 万字。

1965 年　80 岁

2 月,参与接待坦桑尼亚总统尼雷尔一行。

3 月,参加江苏省纪念孙中山逝世四十周年谒陵仪式。

9 月,参加纪念抗战胜利二十周年活动。

1966 年　81 岁

5 月,参与接待李宗仁先生。

11 月,出席江苏省纪念孙中山先生一百周年诞辰大会。

“文革”中,被点名受到批判。

1967 年　82 岁

1—4 月,因病住院治疗。

1968 年　83 岁

1 月 23 日上午十时二十分,在南京莫干路三号家中病逝。

附注:1978 年 12 月 28 日,江苏省政协、民盟江苏省委在江苏省政协礼堂,为高一涵举行骨灰安放仪式。

后　记

这部《高一涵评传》，是我与高大同先生合著的。我与高大同本来不相识，但各自皆在进行高一涵的研究工作。高大同前几年一直在从事高一涵年谱的编写工作，了解到我在高一涵方面做了些研究，发表了高一涵研究的论文，于是在 2011 年 6 月的时候，到南京专程拜访我，并赠送了他出版的《高一涵先生年谱》。从此，我们也就相识了。

在与高大同先生的这次相见中，我提出要编纂《高一涵文集》，最好再能写出一部《高一涵评传》。我说，自己撰写的《高一涵五四时期的政治思想研究》一书，已在出版社，不久将面世。现在已有高大同先生编纂的“年谱”，如果再有《高一涵文集》、《高一涵评传》，将为高一涵研究奠定基础。他告知我，安徽六安金安区政协正在编纂《高一涵文选》，这项工作已有进展。我得知这个消息很高兴，因为我一直想做这件事，只是由于忙于手头的工作，没有能编出高一涵的文集。2012 年 10 月，我到欧洲的法国、德国考察高等教育，回来后即收到安徽六安市金安区政协陈良亭先生寄来的《高一涵文选》的样稿，并随信希望我为“文选”作一个序。我写序后不久，天马出版有限公司也就出版了《高一涵文选》。至此，我更觉得需要尽快地写出一部《高一涵评传》。这些年来，高大同先生致力于高一涵资料的搜集、整理和研究工作，跑了全国各大图书馆、档案馆，还到台湾去查考史料，为高一涵研究作出了重要的贡献。于是，我就想起了高大同先生，希望能与他合作撰写一部《高一涵评传》，并向他发出了合作的邀请，他表示乐意做这件事。这样，我们经过努力，终于写出了这部《高一涵评传》。

说实在的，我们合作撰写《高一涵评传》这部著作，可以说是凭着知识分子的责任感来做这件事的。在我看来,高一涵是五四时期著名的政治思想家、政治学家,对于现代中国的思想、学术发展有着重要的贡献,应该引起当今的研究者的高度重视,理所当然地要有一部高一涵的评传。我们今天的精神传统,有着中华文化的历史渊源,但很大一部分是"五四"以来所奠定的。我们今天所开展的学术研究,不管是哲学、政治学、历史学,还是经济学、法学、社会学等等,都是承继着中国近代以来所建立的学术基础,有着五四以来所构建的学术传统。历史不能隔断,也无法割断。任何文化的建设和学术的研究工作,都需要不断开新,这没有疑义,但都必须重视传承的关系,重视既有的本土化学术资源的利用。像高一涵这样重要的人物,不知道是什么原因,长期以来得不到重视和研究。这是很不应该的。五四时期的历史,可谓是中国近现代史研究的重点之一,也可以说是这段历史研究中的"显学"。有关"五四"的著作,可以说是汗牛充栋,唯独研究高一涵的专著寥寥无几,除笔者所著《高一涵五四时期的政治思想研究》外,尚未看到有分量的高一涵研究的专著。五四时期的一些重要历史人物,绝大多数有其文集、选集、年谱出版,一人有几个评传的也很多,可高一涵至今还没有其评传。这不能说是正常现象。在中国,研究政治学自然需要有着本土化的政治学资源,这就需要了解和研究近现代中国出版了哪些政治学的著作、有哪些著名的政治学家,亦即需要知道中国近现代政治学史,可政治学的研究者似乎并没有高度关注高一涵的《政治学纲要》、《中国御史制度的沿革》、《中国内阁制度的沿革》、《欧洲政治思想史》等著作。基于这种情况,笔者觉得有必要写出《高一涵评传》,不仅使人们知道这位五四时期的思想启蒙家,知道这位为现代中国政治学研究作出重要贡献的著名学者,而且使研究者对于我们的历史和文化(包括中国近现代的历史与文化)有着应有的尊重和敬畏,并在学术研究中予以批判地承继。

这部《高一涵评传》对于高一涵的研究,大致可以概括出这样三点结论:第一,高一涵是现代中国著名的思想家。高一涵是新文化运动的主要领导者之一、启蒙思想家,在引进西方思想文化、宣传十月革命、研究唯物史观等方面有着重要的贡献,是五四时期舆论界有影响的人物,因而是当之无愧的思想家。2015 年中国人民大学出版社出版了一套"中国近代思想家文库",就将高一涵的文章和著作列入其中,出版了《高一涵卷》。可见,高一涵在近代中国思想界的影响与地位也是得到当今中国学术界有识之士认可和重视的。第二,高一涵是现代中国著名的政治活动家。高一涵是从辛亥革命中走出的历史人物,留学日本时积极参加政治活动,五四运动发生后积极参加政治斗争,国共合作期间加入中国共产党,中年以后有着较长一段的监察生涯,建国后加入民盟为新中国建言献策。可以说,政治活动在高一涵的一生中有着重要的地位,是著名的政治活动家,在现代中国的政治史上有着重要的影响。第三,高一涵是中国现代政治学史上著名的政治学家。高一涵有着较为复杂的经历,但学者的身份也是十分显著的,并且在其一生中也是占主要的地位。高一涵在五四时期研究政治学,在北京大学主要的也是从事政治学的研究和教学工作,出版了大量的政治学专著,为推进西方政治学中国化及建构本土化的政治学体系作出了重要的贡献,其在中国现代学术史上有着政治学家的地位。在20世纪的30年代,高一涵即使离开了高校讲坛,但还是积极参与中国政治学的学科建设,曾担任中国政治学会干事,这说明高一涵在当时就有着很高的学术声望。当然,高一涵是一位历史内涵十分丰富而又有曲折经历的人物,需要在现当代中国社会演变的历史进程予以把握和呈现,但其政治思想家、政治活动家、政治学家的地位是十分显著的。

这部《高一涵评传》不能说十全十美,存在的问题一定不少,但大致描述出高一涵活动的轨迹,梳理出高一涵的思想、学术和道路,比较全面地再现了高一涵的形象。出版这部著作,目的在于为推进高一涵研究的深化起积极的作用。人们从这部"评传"中也许可以了解到高一涵的基本情况,对高一涵形成一个整体的感知,因而也就可以在相应的地方加以进一步的研究。本著如果能达到这样的目的,笔者也就感到欣慰了。

吴汉全

2016年2月5日

责任编辑:马长虹
封面设计:伊木桃

图书在版编目(CIP)数据

高一涵评传/吴汉全,高大同 著. —北京:人民出版社,2019.5
ISBN 978－7－01－020493－2

Ⅰ.①高… Ⅱ.①吴… ②高… Ⅲ.①高一涵(1885－1968)-评传 Ⅳ.①K827＝7

中国版本图书馆 CIP 数据核字(2019)第 041392 号

高一涵评传

GAOYIHAN PINGZHUAN

吴汉全　高大同　著

人民出版社 出版发行
(100706　北京市东城区隆福寺街 99 号)

北京中科印刷有限公司印刷　新华书店经销

2019 年 5 月第 1 版　2019 年 5 月北京第 1 次印刷
开本:710 毫米×1000 毫米 1/16　印张:21.25
字数:340 千字　印数:0,001-3,000 册

ISBN 978－7－01－020493－2　定价:58.00 元

邮购地址 100706　北京市东城区隆福寺街 99 号
人民东方图书销售中心　电话 (010)65250042　65289539